Unternehmenssicherheit

von
Dr. Stephan Gundel
und
Lars Mülli

Oldenbourg Verlag München

Bibliografische Information der Deutschen Nationalbibliothek

Die Deutsche Nationalbibliothek verzeichnet diese Publikation in der Deutschen
Nationalbibliografie; detaillierte bibliografische Daten sind im Internet über
<http://dnb.d-nb.de> abrufbar.

© 2009 Oldenbourg Wissenschaftsverlag GmbH
Rosenheimer Straße 145, D-81671 München
Telefon: (089) 45051-0
oldenbourg.de

Lektorat: Wirtschafts- und Sozialwissenschaften, wiso@oldenbourg.de
Herstellung: Anna Grosser
Coverentwurf: Kochan & Partner, München
Coverbild: Tijmen van Dobbenburgh, sxc.hu
Gedruckt auf säure- und chlorfreiem Papier
Gesamtherstellung: Druckhaus „Thomas Müntzer" GmbH, Bad Langensalza

ISBN 978-3-486-58712-8

Vorwort

Unternehmen suchen in der Regel die Aufmerksamkeit ihrer (potentiellen) Geschäftspartner und Kunden durch einschlägige Maßnahmen der Kommunikationspolitik. Eine besondere Form der Aufmerksamkeit, die sich oft nachhaltig auf Bekanntheitsgrad und Ruf eines Unternehmens auswirkt, ergibt sich allerdings mitunter gratis, aber ungewollt: Jene Aufmerksamkeit, die mit sicherheitskritischen Ereignissen in einem Unternehmen einhergeht, bei den Betrachtern Gefühle des Schauerns, der Angst, Ablehnung oder Wut auslöst und gerade aufgrund der mit ihr verbundenen Emotionen lange das Bild eines Unternehmens in der Öffentlichkeit prägt. Nur wenigen Menschen war beispielsweise die Schweizer Flugsicherung skyguide bekannt, bis in einer warmen Sommernacht im Juli 2002 zwei Flugzeuge im von skyguide überwachten Luftraum des Bodensees kollidierten und 71 Menschen den Tod fanden. Auch das österreichische Gletscherskigebiet Kaprun erlangte eine zuvor wahrscheinlich nie für möglich gehaltene Medienresonanz, nachdem die Wagengarnitur „Kitzsteingams" der dort ansässigen Gletscherbahnen Kaprun AG am 11. November 2000 in einem Tunnel Feuer fing und 155 junge Fahrgäste die Eröffnung der Snowboard-Saison nicht überlebten. Die Nennung unzähliger anderer Unternehmen führt bei den meisten Zuhörern zu ähnlichen Assoziationen, die auf einschneidende Ereignisse, sicherheitskritische Zustände oder kriminelle Verhaltensweisen im Aktionsradius dieser Unternehmen zurückzuführen sind. In Verbindung mit den entstehenden Schäden an Infrastruktur oder sonstigen Vermögensgütern des betroffenen Unternehmens sowie weiteren immateriellen Verlusten können diese Reputationsschäden den Fortbestand eines Unternehmens, das sich soeben noch erfolgreich und gesund wähnte, teilweise innerhalb nur weniger Stunden in Frage stellen.

Unternehmen müssen sich daher vor Risiken und Gefährdungen aus ihrem operativen Betrieb schützen. Während mit der zunehmenden Popularität des eher dem Finanz- und Rechnungswesen und somit den finanziellen Risiken zuzurechnenden Risikomanagements unzählige einschlägige Publikationen und Lehrbücher verfügbar sind, wird dem Themengebiet der operativen Betriebsrisiken vergleichsweise wenig Aufmerksamkeit zuteil. Im Rahmen unserer Beratungstätigkeit im Bereich der Unternehmenssicherheit haben wir nichtsdestoweniger festgestellt, dass gerade hier die Vielfalt der zu beachtenden Gefährdungen und Maßnahmen bei vielen Entscheidungsträgern und Sicherheitsverantwortlichen in Unternehmen zu Unsicherheit und dem Wunsch nach Unterstützung führt. Aus dieser Erkenntnis entstand schließlich die Idee, unser Wissen und unsere Erfahrungen in einem umfassenden Lehrbuch zu bündeln, um interessierten Lesern die Möglichkeit zu geben, sich mit einem Werk einen soliden Überblick über die unterschiedlichen Handlungsfelder der Unternehmenssicherheit zu verschaffen.

Das vorliegende Buch richtet sich daher primär an Praktiker in Unternehmen, Versicherungen oder Behörden, die täglich mit den operativen Risiken und Maßnahmen zu deren Minimierung konfrontiert sind oder sich vertieft mit ihnen auseinander setzen wollen. Darüber hinaus bietet es auch dem interessierten Studenten einschlägiger Studiengänge eine erste Übersicht über Gegenstand und Maßnahmen der Unternehmenssicherheit. Aufgrund der Komplexität des behandelten Themengebiets und unserem Anspruch, einen umfassenden, auch gegenseitige Abhängigkeiten zwischen einzelnen Gefährdungen und Maßnahmen aufzeigenden Überblick zu ermöglichen, stellt das Buch vor allem einen Einstieg in die Themen der Unternehmenssicherheit dar. Dementsprechend ist es auch aufgebaut: Anhand eines in Kapitel 1 eingeführten Prozessmodells von der Ermittlung der Schutzziele und Gefährdungen über die Planung von Sicherheitsmaßnahmen bis zur Überprüfung der Unternehmenssicherheit werden die notwendigen Methoden, Maßnahmen und Probleme strukturiert dargestellt und diskutiert. Für den interessierten Leser sind an den entsprechenden Stellen Verweise auf weitergehende Literatur eingefügt, damit dieses Buch sowohl solide Grundlage als auch Ausgangspunkt weiterer Explorationen sein kann. Neben der Empfehlung, bei Interesse an bestimmten Fragestellungen tiefergehende Fachliteratur zu konsultieren, weisen wir deshalb auch darauf hin, dass die Lektüre unseres Buches keinesfalls davon befreit, bei unternehmensspezifischen Fragestellungen gegebenenfalls Spezialisten beizuziehen und mit ihnen bzw. den zuständigen Behörden ein angemessenes, objektspezifisches Sicherheitskonzept zu erarbeiten.

Verfasst wurde das Buch zwischen Januar und Oktober 2008, sodass sich die Aussagen zum aktuellen Stand der Technik und den gültigen Gesetzen, Normen und Richtlinien auch auf diesen Zeitraum beziehen. Neben den beiden Autoren haben an der Entstehung verschiedene andere Personen hilfreich mitgewirkt, denen wir Dank für ihr Engagement und ihre Unterstützung schulden. In erster Linie ist hier Herr Dr. Jürgen Schechler, Leiter des Lektorats Wirtschafts- und Sozialwissenschaften beim Oldenbourg Verlag, zu nennen; er hat unsere Buchidee von Anfang an unterstützt und durch das in uns gesetzte Vertrauen die Publikation erst ermöglicht. Frau Diplomvolkswirtin Maike Rosenplänter vom Lehrstuhl für Personal- und Organisationsökonomie der Universität Freiburg war uns durch verschiedene Literaturrecherchen, Hinweise zu inhaltlichen sowie sprachlichen Verbesserungen und die Erstellung der Anhänge ebenfalls eine große Hilfe. Schließlich hat auch unser gemeinsamer Vorgesetzter bei der Gruner AG Ingenieure und Planer in Basel, Jon Mengiardi (Leiter Geschäftsbereich Umwelt und Sicherheit), die zeitintensive Nebentätigkeit als Autoren genehmigt, wohlwollend unterstützt und erwartungsfroh ein Exemplar lange vor Druckbeginn bestellt. Ihm und allen anderen Lesern wünschen wir nun viel Freude und Erkenntnisgewinn bei der Lektüre.

Basel, im Oktober 2008   Stephan Gundel und Lars Mülli

Inhalt

1 Gegenstand und Bedeutung der Unternehmenssicherheit

1.1 Einführung

Unternehmen sind bei der Erbringung ihrer Leistungen und Erfüllung ihrer Aufgaben häufig Gefahren ausgesetzt, die im Extremfall den Fortbestand des Unternehmens gefährden können. Selbst wenn Unfälle oder Katastrophen nicht die Existenz eines Unternehmens in Frage stellen, bringen sie regelmäßig erhebliche materielle und immaterielle Schäden vielfältiger Natur mit sich. Nach dem Untergang der Titanic im Jahr 1912 weigerten sich beispielsweise die Besatzungsmitglieder des Schwesterschiffs Olympic, auf einem Schiff zu arbeiten, das nicht genügend Rettungsboote mit sich führt, und bestreikten die White Star Line als Eigentümerin. Das Schiff konnte nicht auslaufen und die geplante Reise musste, mit entsprechenden Konsequenzen für die bereits durch die eigentliche Katastrophe reduzierten Einnahmen und das angeschlagene Image der Reederei, abgesagt werden. Auch weniger spektakuläre Ereignisse können erhebliche Konsequenzen mit sich bringen: Ein profaner Brand in einer Hotelküche kann zur Absage einer lange geplanten, internationalen Konferenz in den hoteleigenen Tagungsräumen führen, umfangreicher Personaldiebstahl den Gewinn von Konsumgüterherstellern minimieren und die Beeinträchtigung der IT-Infrastruktur durch einen Hackerangriff den temporären Zusammenbruch des Onlinegeschäfts eines Unternehmens verursachen. Die Sicherstellung eines störungsfreien und zuverlässigen Betriebs kann deshalb als wesentliches Handlungsfeld jeder Unternehmensführung angesehen werden, deren grundsätzliche Aufgabe gemäß dem Modell des „strategischen Managements" in der Bewältigung der Umweltanforderungen an das Unternehmen besteht (vgl. Macharzina, 2003: 10).

Bezüglich der Unternehmenssicherheit sind diese Umweltanforderungen ohne Zweifel als besonders hoch einzuschätzen, sieht sich doch mittlerweile fast jedes Unternehmen mit einer Vielzahl exogener und endogener Gefährdungen sowie unterschiedlichsten regulatorischen Rahmenbedingungen konfrontiert. Die öffentliche Hand bietet in den meisten Ländern zwar aufgrund der Charakteristika von Sicherheitsdienstleistungen und der unumstrittenen Tatsache, dass die elementare Gewährleistung von Sicherheit und Ordnung ein sogenanntes „öffentliches Gut" darstellt (vgl. Brümmerhoff, 2001: 91), ein grundsätzliches Schutzniveau, etwa durch Polizeibehörden, Feuerwehr und Rettungsdienst, an; darüber hinaus jedoch muss jedes Unternehmen seine eigenen Sicherheitsbedürfnisse qualifiziert und unter wirtschaftlichen Gesichtspunkten selbst abdecken. Dabei sind die unternehmensbezogenen Risiken ebenso zu berücksichtigen wie die durch Unfälle und Katastrophen verursachten direkten und indirekten Schäden beziehungsweise die zur Verfügung stehenden und rechtlich zulässigen Maßnahmen. Diese privatwirtschaftliche Vorsorge ist insbesondere von hoher Bedeutung, wenn es darum geht, mögliche Haftungsansprüche oder strafrechtliche Anklagen nach Unfällen oder Katastrophen abzuwehren. Aufgrund der anhaltend angespannten Lage der öffentlichen Haushalte ist zudem davon auszugehen, dass in Zukunft privatwirtschaftlichen Initiativen und Maßnahmen zur Erhöhung der Unternehmenssicherheit eine wachsende Rolle zukommt. Bereits heute setzen unzählige Unternehmen und privatwirtschaftliche Zusammenschlüsse verschiedene Sicherheitsdienstleister oder eigene Kräfte ein, um über den staatlichen Schutz hinaus vorbeugende und abwehrende Maßnahmen zu treffen. Bei internationalen Katastrophen größeren Ausmaßes, etwa weiträumigen Umweltkatastrophen oder Pandemieereignissen, ist die Zusammenarbeit von Unternehmen sowie nationalen und internationalen Behörden ohnehin obligatorisch (Quarantelli, 2001).

Die Erarbeitung und Umsetzung eines unternehmensinternen Konzepts zur Gewährleistung eines sicheren, störungsfreien Betriebs ist daher notwendig, durch die vielfältigen Gefährdungen und Gegenmaßnahmen aber auch anspruchsvoll. Bereits ein durchschnittliches Industrie- oder Dienstleistungsunternehmen sieht sich mit Bedrohungen durch natürliche Ereignisse, durch menschliches oder technisches Versagen sowie mit kriminellen Handlungen und Sabotage konfrontiert. Innerhalb dieser drei Bedrohungsarten existieren wiederum unterschiedliche Gefährdungen und Ereignisse, aber auch unterschiedlichste bauliche, technische und organisatorische Gegenmaßnahmen präventiver und reaktiver Art, die zur Verhinderung oder Abwehr unerwünschter Ereignisse beitragen. Weiterhin sind die Anforderungen des Gesetzgebers und der entsprechenden Vollzugsbehörden, die sowohl Maßnahmen verlangen, etwa im Bereich des vorbeugenden Brandschutzes, als auch untersagen, etwa im Spannungsfeld zwischen Überwachung und Datenschutz, ebenso zu beachten wie Auflagen von Versicherungen, Kapitalgebern oder Geschäftspartnern.

Nach Erfahrung der Autoren ist den meisten Entscheidungsträgern in Unternehmen die soeben skizzierte, hohe und weiterhin wachsende Bedeutung der Unternehmenssicherheit bewusst, wenn auch häufig auf eine mitunter diffuse Art und Weise. Die Erarbeitung eines unternehmensbezogenen, gesamtheitlichen Sicherheitskonzepts sowie die Umsetzung der notwendigen Maßnahmen scheitern aber häufig an der Komplexität des Themas und der damit verbundenen Unsicherheit. Das vorliegende Buch soll daher eine Hilfe sein, das wichtige, aber auch unübersichtliche Feld der Unternehmenssicherheit zu strukturieren und näher zu beleuchten, indem das grundsätzliche Vorgehen zur Erarbeitung eines unternehmensbezogenen Sicherheitskonzepts sowie die notwendigen, einzelnen Schritte anhand eines Prozessmodells der Unternehmenssicherheit dargestellt werden. Es liegt in der Natur der Sache, dass im Rahmen eines solchen Buches nicht auf alle denkbaren Gefährdungen, Methoden und Maßnahmen detailliert eingegangen werden kann – dafür ist die Thematik zu breit und die betroffenen Unternehmen sind zu unterschiedlich. Nichtsdestoweniger kann es nach Hoffnung der Autoren aber den Verantwortlichen in möglichst vielen Unternehmen als Richtschnur, Arbeits- und Entscheidungshilfe bei der Erstellung eines individuellen, unternehmensbezogenen Sicherheitskonzepts dienen.

1.2 Gegenstand der Unternehmenssicherheit

Der Begriff Unternehmenssicherheit ist derzeit nicht in allgemein akzeptierter Form definiert. Vielmehr wird er mit wechselnden Bedeutungen und in unterschiedlichen Kontexten verwendet, beispielsweise in Bezug auf IT-Sicherheit, Informationsschutz oder Werkschutzmaßnahmen. Notwendig ist allerdings ein ganzheitliches Verständnis von Unternehmenssicherheit, welche alle relevanten Gefährdungen ebenso wie alle dazu korrespondierenden Gegenmaßnahmen umfassen muss. Vor den weiteren Ausführungen ist es daher hilfreich, den Begriff und somit den Gegenstand der Unternehmenssicherheit zu bestimmen und abzugrenzen. Dazu dient Abbildung 1.1, die den Gegenstand der Unternehmenssicherheit schematisch verdeutlicht.

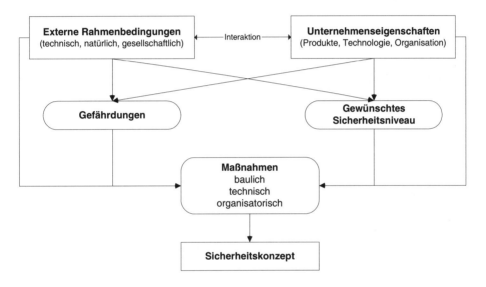

Abbildung 1.1   Gegenstand der Unternehmenssicherheit

Unternehmen bewegen sich in einem Umfeld, dessen gegebene natürliche, technische und gesellschaftliche Rahmenbedingungen wiederum mit den Unternehmenseigenschaften (z. B. angebotene Leistungen, verwendete Technologie, Organisationsstrukturen) interagieren und gemeinsam die Gefährdungen, denen ein Unternehmen ausgesetzt ist, bestimmen. Ein Transportunternehmen, das gefährliche Güter transportiert (Unternehmenseigenschaft) und diese Transporte gelegentlich auf durch Lawinen und Steinschlag gefährdeten Routen (externe Rahmenbedingung) durchführt, ist beispielsweise spezifischen Gefahren ausgesetzt, die für einen großstädtischen Kurierdienst aufgrund seiner Eigenschaften und Rahmenbedingungen keine Rolle spielen.

Aus den externen Rahmenbedingungen und den Unternehmenseigenschaften ergibt sich neben den Gefährdungen auch das angestrebte Sicherheitsniveau. In diesem Zusammenhang sind ordnungs- oder haftungsrechtliche Bestimmungen (im obigen Beispiel des Transportun-

ternehmens etwa die Vorschriften der Straßenverkehrsordnung oder des Europäischen Über-
einkommens zum Straßen-Gefahrgut-Transport ADR), die verfügbare Sicherheitstechnologie
(z. B. für Gefahrgut-LKW) oder die durch Behörden und andere Unternehmen abgedeckten
Maßnahmen (etwa vorbeugende und abwehrende Sicherheitsmaßnahmen für Straßentunnel)
als externe Rahmenbedingungen relevant; die Risikoeinstellung der Unternehmenseigner und
leitenden Angestellten sowie Nutzen/Aufwand-Überlegungen bestimmen als Teil der Unternehmenseigenschaften ebenfalls die Sicherheitsziele bzw. das angestrebte Sicherheitsniveau.

Das Wesen der Unternehmenssicherheit zielt darauf ab, den als maßgebend identifizierten
Gefährdungen durch geeignete Maßnahmen zu begegnen, um das gewünschte Sicherheitsniveau zu erreichen. Dazu werden die Gefährdungen mit dem gewünschten Sicherheitsniveau
verglichen und als Risiken dargestellt, welche die Eintretenswahrscheinlichkeit eines aus
einer Gefährdung resultierenden Ereignisses ebenso berücksichtigen wie die resultierenden
Konsequenzen (d. h. das Ausmaß) aus einem Ereignis, die wiederum eng mit dem gewünschten Sicherheitsniveau zusammenhängen. Anhand der einzelnen Risikowerte ergeben sich
dann die wesentlichen Gefährdungen und überdies die notwendigen Maßnahmen. Diese
Maßnahmen hängen wiederum ebenfalls von den Rahmenbedingungen (z. B. gesetzliche
Einschränkungen, Entwicklung innovativer Maßnahmen) und den Unternehmenseigenschaften (z. B. aktuell verfügbare Ressourcen, Organisationsstrukturen und Personal) ab. Die
Gesamtheit der baulichen, technischen und organisatorischen Maßnahmen wird als Sicherheitskonzept bezeichnet.

Ziel der Maßnahmen der Unternehmenssicherheit ist schließlich, im Rahmen des Sicherheitskonzepts und unter den gegebenen internen und externen Rahmenbedingungen das gewünschte Maß an Sicherheit zu generieren. Dies schließt auch die bewusste Akzeptanz bestimmter Gefährdungen bzw. Risiken ein, die aufgrund unternehmensinterner Überlegungen
oder externer Einflussfaktoren nicht durch Gegenmaßnahmen reduziert werden. In der Praxis
hat sich aufgrund der unternehmerischen Organisationsstrukturen zudem durchgesetzt, den
Fokus der Unternehmenssicherheit auf bestimmte Gefährdungen bzw. Risiken zu reduzieren.
Risiken, die aus der eigentlichen unternehmerischen Geschäftstätigkeit resultieren, etwa
bezüglich der grundsätzlich gewählten Strategie, der angebotenen Produkte und Dienstleis-
tungen oder Forschungs- und Entwicklungstätigkeiten, ergeben sich grundsätzlich aus der
Unternehmensführung und sind in der Regel nicht Gegenstand der Unternehmenssicherheit.
Auch Risiken im Finanzbereich, etwa Liquiditätsrisiken, sind Bestandteil des Finanz- und
Rechnungswesens und können nicht durch die Unternehmenssicherheit abgedeckt werden.
Somit verbleiben als Kernbestandteile der Unternehmenssicherheit folgende Gefährdungen:

- Gefährdungen aus höherer Gewalt bzw. die Gefährdungsgruppe Naturgefahren,
- Gefährdungen aus menschlichem und technischem Versagen,
- Gefährdungen aus kriminellen Handlungen gegen das Unternehmen.

Diese Gefährdungen sind allesamt dazu geeignet, den durch die Unternehmensführung
grundsätzlich festgelegten Betriebsablauf zu stören oder sogar zum Erliegen zu bringen.
Dementsprechend handelt es sich um „operative Risiken", die in den meisten Unternehmen
getrennt von den strategischen Risiken bzw. Finanzrisiken betrachtet werden, eine aufgrund

der unterschiedlichen betroffenen Hierarchiestufen und notwendigen Kenntnisse sinnvolle Aufteilung.

Aus der obigen Beschreibung und Abgrenzung des Gegenstands der Unternehmenssicherheit lässt sich nun die gewünschte Definition des Begriffs Unternehmenssicherheit ableiten. Sie ist in Box 1 hervorgehoben.

Box 1: Unternehmenssicherheit und Sicherheitskonzept (Definitionen)

Unternehmenssicherheit

Unternehmenssicherheit beinhaltet die bewusste Akzeptanz, Verhinderung und Bekämpfung der Gefährdungen bzw. Risiken, die den operativen Betrieb des Unternehmens beeinträchtigen oder sogar unterbrechen können und aus den Unternehmenseigenschaften und der Unternehmensumwelt resultieren. Das gewünschte Sicherheitsniveau wird durch die Ergreifung geeigneter, unternehmensinterner Maßnahmen erreicht. Strategische Risiken und Finanzrisiken sind nicht Gegenstand der Unternehmenssicherheit.

Sicherheitskonzept

Ein Sicherheitskonzept beschreibt die Gesamtheit aller unternehmensinternen Maßnahmen zur Erreichung des gewünschten Sicherheitsniveaus im Rahmen der Unternehmenssicherheit. In ihm werden auch die unternehmerischen Schutzziele, untersuchten Gefährdungen sowie ermittelten Risiken als Grundlagen der Maßnahmenplanung dargestellt.

Für das Verständnis des Begriffs Unternehmenssicherheit ist dabei wesentlich, dass dieser nur auf unternehmensinterne Maßnahmen abzielt, die unternehmensexternen Maßnahmen staatlicher Behörden also unter die Rahmenbedingungen zu fassen und somit gegeben sind. Nichtsdestoweniger ist Unternehmenssicherheit ein sehr heterogenes, interdisziplinäres Gebiet, welches die Berücksichtigung von Methoden und Kenntnissen aus unterschiedlichen Disziplinen, beispielsweise Ingenieur- und Naturwissenschaften (technische und natürliche Gefährdungen) oder Wirtschafts- und Sozialwissenschaften (kriminelle Handlungen), erfordert.

In der Praxis taucht häufig die auch angesichts der obigen Definition durchaus naheliegende Frage auf, in welchem Rahmen sich ein Unternehmen mit den strategischen und Finanzrisiken auseinandersetzen sollte bzw. wie diese Risikofelder mit jenen der Unternehmenssicherheit koordiniert werden. Diese Fragestellungen müssen Unternehmen im Rahmen eines übergeordneten Risikomanagements (häufig auch unter der englischen Bezeichnung Risk Management zu finden) abhandeln. Es ist in den Industrienationen mittlerweile zumindest für Unternehmen ab einer gewissen Größe weitestgehend flächendeckend vorgeschrieben (vgl. auch Kapitel 3.1) und beinhaltet die Analyse und Steuerung aller unternehmensbezogenen Risiken, also der strategischen, finanziellen und operativen Risiken. Streng genommen ist die Betrachtung der operativen Risiken im Rahmen der Unternehmenssicherheit deshalb ein untergeordneter Aspekt des Risikomanagements. In der Realität wird das Risikomanagement derzeit allerdings noch häufig ausschließlich auf den Finanzbereich beschränkt, was mit der Herkunft des Risikomanagements aus dem Bankensektor zusammenhängen mag. Die Überwachung und Steuerung der strategischen Risiken wiederum erfolgt mehrheitlich durch die Unternehmensführung direkt und laufend, sodass die Betrachtung der operativen Risiken durch die Unternehmenssicherheit derzeit noch als losgelöster Prozess zu betrachten ist. Ihre Einbettung in ein übergeordnetes, wie auch immer ausgestaltetes Risikomanagementsystem ist nichtsdestoweniger aufgrund der vielfältigen Interaktionen zu strategischen und finanziellen Risiken sinnvoll; ob sich ein derartiges Vorgehen durchsetzen wird, bleibt abzuwarten.

1.3   Bedeutung der Unternehmenssicherheit

1.3.1   Grundsätzliche Bemerkungen

Fast jede unternehmerische Maßnahme ist mit Kosten verbunden und bindet somit finanzielle Ressourcen. Dies gilt auch für Maßnahmen zur Erhöhung der Unternehmenssicherheit, die daher nicht selten aufgrund von Kostenüberlegungen vernachlässigt oder sogar unterlassen werden. Eine derartige Haltung wird allerdings der Bedeutung der Unternehmenssicherheit nicht gerecht, die sich aus ethisch-moralischen Überlegungen, Konsequenzen aus Verstößen gegen die in Zusammenhang mit der Unternehmenssicherheit einschlägigen Rechtsnormen und, in besonderem Maße, den direkten und indirekten Schäden bzw. finanziellen Konsequenzen eines sicherheitskritischen Ereignisses ergeben. Die besondere Bedeutung der Unternehmenssicherheit sowie die durch sie zu erreichenden Ziele sind in Abbildung 1.2 visualisiert.

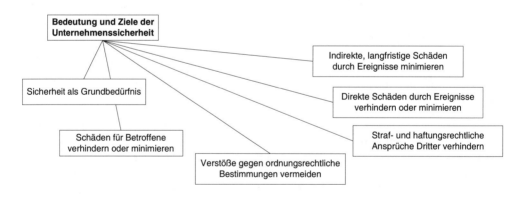

Abbildung 1.2   Bedeutung und Ziele der Unternehmenssicherheit

In den folgenden Unterkapiteln werden die verschiedenen Einflussfaktoren auf die Bedeutung der Unternehmenssicherheit kurz einzeln dargestellt. Im Verlaufe der weiteren Ausführungen wird auf sie an geeigneter Stelle jeweils nochmals detailliert eingegangen.

1.3.2 Ethisch-moralische Überlegungen

Die Bedeutung der Unternehmenssicherheit aus ethisch-moralischen Gründen ergibt sich dadurch, dass Sicherheit als eines der Grundbedürfnisse des Menschen gilt. Bereits Maslow (1954) verdeutlichte anhand seiner Bedürfnispyramide, dass der Mensch ein sicheres Umfeld als Basis eines zufriedenen Lebens erachtet. Daraus lässt sich für Unternehmen ableiten, dass die sichere Gestaltung ihrer Prozesse und Produkte sowie die Gewährleistung der Personensicherheit für Mitarbeiter und sonstige betroffene Personen notwendig sind, um nicht gegen gesellschaftliche Normen zu verstoßen. Die Unternehmenssicherheit hat hier zunächst die Aufgabe, ein sicheres, ungefährliches Umfeld für alle Beteiligten zu schaffen, wodurch auch die Leistungsfähigkeit der Mitarbeiter bzw. das Wohlbefinden von Kunden und Besuchern gesteigert werden sollte.

Kommt es dennoch zu sicherheitskritischen Ereignissen, sind gesundheitliche bzw. seelische Schäden bei den Betroffenen zumeist nicht zu vermeiden. Die Aufgabe des Unternehmens liegt neben der Prävention solcher Ereignisse vor allem darin, durch entsprechende reaktive Maßnahmen diese Schäden auf möglichst wenige Lebewesen (d. h. Menschen und Tiere) einzugrenzen und die Schäden für die dennoch Betroffenen zu lindern. Die eng mit den ethisch-moralischen Vorstellungen der Öffentlichkeit zusammenhängende Berichterstattung in den Medien und daraus möglicherweise resultierenden materielle Konsequenzen für das Unternehmen hängen stark davon ab, ob und in welchem Ausmaß ein Unternehmen versucht, Schäden für Mitarbeiter und (unbeteiligte) Dritte durch sicherheitskritische Ereignisse abzuwenden oder zumindest zu minimieren.

1.3.3 Rechtliche Überlegungen

Auf konkretere Art und Weise lässt sich die Bedeutung der Unternehmenssicherheit aus einschlägigen rechtlichen Bestimmungen ableiten. Im Rahmen des Genehmigungsrechts als Teil des ordnungsrechtlichen Regelrahmens wird beispielsweise geprüft, ob eine Tätigkeit prinzipiell unter sicherheitsrelevanten Aspekten genehmigungsfähig ist und daher überhaupt im Status des Normalbetriebs durchgeführt werden darf. Weiterhin werden bei Errichtung und Betrieb eines Unternehmens und seiner Produktionsmittel fast immer konkrete, materielle Normen erlassen, die als Auflagen bestimmte Einzelaspekte festlegen. Auch haftungsrechtliche Regelungen spielen bereits im Normalbetrieb eine erhebliche Rolle, führen sie doch häufig, mitunter auf Drängen der Versicherungen, Kapitalgeber und Geschäftspartner, zu umfassenden präventiven Anstrengungen. Die einschlägigen Gesetzesnormen haben daher erheblichen Einfluss auf die Festlegung der Sicherheitsziele und werden dementsprechend in Kapitel 2 des Buches umfassend behandelt. Im Anhang befindet sich zudem eine thematisch gegliederte Übersicht über relevante Gesetze, Verordnungen und Normen.

Auch wenn sicherheitskritische Ereignisse tatsächlich eintreten, lässt sich anhand der resultierenden rechtlichen Konsequenzen die Bedeutung der Unternehmenssicherheit hervorheben. Neben Geldbußen, die bei Verstößen gegen ordnungsrechtliche Bestimmungen fällig werden, können Haftungsansprüche bei umfangreichen Schäden sogar die Existenz des Unternehmens gefährden. Dies gilt insbesondere, wenn nicht dem Konzept der Verschuldenshaftung, bei dem eine Konzentration auf den subjektiven Schuldvorwurf und somit die Sorgfalt des verursachenden Unternehmens erfolgt, gefolgt wird, sondern im Rahmen der Gefährdungshaftung die grundsätzlichen Risiken einer Gefährdung als Maßstab zur Beurteilung herangezogen werden (Herbst, 1996). Zwar besteht grundsätzlich die Möglichkeit einer Versicherung, allerdings sind nicht alle Risiken zu vertretbaren Prämien versicherbar oder die Versicherungen weigern sich je nach Hergang und Verlauf des Ereignisses, Haftungsansprüche zu befriedigen. Schließlich sind je nach Art und Umfang des sicherheitsrelevanten Vorfalls auch strafrechtliche Konsequenzen für die Beteiligten nicht auszuschließen. In der Regel stehen bei Verstößen zunächst immer die Unternehmensleitungen in der haftungs- und strafrechtlichen Verantwortung, deren mit der Umsetzung des Sicherheitskonzepts beauftragte Mitarbeiter werden jedoch häufig ebenfalls belangt.

1.3.4   Finanzielle Überlegungen

Ebenfalls erheblichen Einfluss auf die Bedeutung der Unternehmenssicherheit haben die entstehenden Schäden aus sicherheitsrelevanten Vorfällen, die sich in direkte und indirekte Schäden unterteilen lassen. Direkte Schäden ergeben sich dabei aus den durch sicherheitsrelevante Ereignisse verursachten Sach- und Vermögensschäden. Hierzu gehören etwa die entwendeten oder veruntreuten Werte bei Fällen von Wirtschaftskriminalität oder die Beschädigungen an Produktionsmitteln nach Bränden.

Die indirekten, durch sicherheitsrelevante Vorfälle verursachten Schäden übersteigen die direkten Kosten zumeist deutlich. Bei wirtschaftskriminellen Handlungen liegen beispielsweise die immateriellen Schäden durch Reputationsverlust und Demotivation der Mitarbeiter nach Auskunft der Betroffenen stark über den direkten Vermögensschäden (Füss/Gundel/Hecker, 2006). Indirekte Schäden beinhalten verschiedene, nachfolgend beispielhaft aufgezählte Komponenten:

- Kurz- bis mittelfristige Kosten aus Betriebsunterbruch (Produktions- und Liefersicherheit),
- Erhöhte Versicherungsprämien,
- Behördlich auferlegte, zusätzliche Sicherheitsmaßnahmen,
- Schäden des Images und der Reputation sowie dadurch verursachter Kundenschwund,
- Erschwerter Zugang zu Kapital und Personal,
- Abbruch von Geschäftsbeziehungen mit Geschäftspartnern im Business-to-Business-Bereich,
- Umbenennung, Neuausrichtung bzw. Übernahme des betroffenen Unternehmens.

Nicht selten führen sicherheitsrelevante Ereignisse sogar letztlich zur Insolvenz des betroffenen Unternehmens.

Die oben skizzierten Überlegungen verdeutlichen die Bedeutung der Unternehmenssicherheit. Zur Illustration werden in Box 2 unterschiedliche Konsequenzen aus sicherheitsrelevanten Ereignissen anhand von Fallbeispielen dargestellt. Auch diese Beispiele zeigen, dass eine Vernachlässigung der Unternehmenssicherheit unangemessen erscheint.

Box 2: Konsequenzen aus sicherheitsrelevanten Ereignissen

Die Auswirkungen des Störfalls [Krümmel] sind in allen deutschen Stromkonzernen zu spüren. In den Vorständen haben sie die Hoffnung aufgegeben, den Ausstiegsbeschluss in naher Zukunft noch einmal zur Diskussion stellen zu können. In der Union, die der Kernenergie aufgeschlossen gegenüber steht, finden sich kaum noch Leute, die offen für die Atomkraft eintreten. Die Stimmung ist gekippt...

Der Spiegel, Nr. 43, 22.10.2007

Der Anschlag in Madrid ließ die Börsen in Europa unverzüglich um 10% einbrechen. Ein Milliardenverlust, der die leise aufkommende Hoffnung auf eine spürbare Wirtschaftsbelebung wieder abdämpfte.

Krieg gegen den Terror, Sonderpublikation Activity Medien, April/Mai 2004

Wir werden alles tun, um die Ursachen dieses Unglücks aufzudecken und bemühen uns um größte Transparenz. Unsere heftig kritisierte Kommunikation in den ersten Stunden nach dem Unfall hat nichts mit Vertuschungsabsichten zu tun, sondern erklärt sich mit der Ungeheuerlichkeit eines Dramas [...]. Der Vorwurf, unmenschlich auf das Unglück reagiert zu haben, hat uns deshalb alle getroffen.

Alain Rossier, CEO skyguide, im Geschäftsbericht 2002 zum Bodensee-Unglück am 1. Juli 2002

Witti streitet zusammen mit dem nun als Zeugen vorgesehenen US-Anwalt Fagan parallel zum Strafprozess in Salzburg in einer Sammelklage vor einem New Yorker Gericht um die Schadenersatzansprüche für die Hinterbliebenen. In diesem Prozess rechne er mit einer Entscheidung bis Mitte Juli, sagte Witti. Dann werde es entweder ein Urteil mit hohen Schadenersatzverpflichtungen oder eine Berufung vor der nächsthöheren Instanz geben. Es müsse für Betreiber einer solchen Bahn wie in Kaprun deutlich werden, dass ein solcher Unfall „den Ruin bedeuten kann".

Frankfurter Allgemeine Zeitung, 18. Juni 2002

1.4   Prozessmodell der Unternehmenssicherheit

Aus den vorangegangenen Ausführungen ging der (sehr breite) Gegenstand der Unternehmenssicherheit ebenso hervor wie die besondere Bedeutung eines effektiven Sicherheitskonzepts, um unangenehme Konsequenzen unterschiedlichster Art für das Unternehmen bzw. für die für es handelnden Personen zu vermeiden. Die daraus resultierende Erkenntnis, dass die Planung und Umsetzung geeigneter Sicherheitsmaßnahmen für fast jedes Unternehmen dringend notwendig ist, dürfte keinesfalls neu sein. Problematisch ist in der Praxis vielmehr, diesem unübersichtlichen Themengebiet Herr zu werden und ein geeignetes Sicherheitskonzept tatsächlich zu erarbeiten, ohne wesentliche Handlungsfelder zu übersehen bzw. falsche Prioritäten zu setzen. Ziel des vorliegenden Buches ist daher, eine strukturierte Vorgehensweise zur Erarbeitung und Umsetzung des unternehmensinternen Sicherheitskonzepts aufzuzeigen und Schritt für Schritt darzustellen. Diese Zielsetzung bedingt insbesondere eine stufengerechte Herangehensweise, die Interaktionen zwischen einzelnen Gefährdungen und Maßnahmen frühzeitig berücksichtigt, da ansonsten Probleme und Einschränkungen bei der Umsetzung von Sicherheitsmaßnahmen resultieren können. Grundlage der weiteren Ausführungen ist daher ein Prozessmodell der Unternehmenssicherheit, welches die einzelnen Bestandteile eines Sicherheitskonzepts in eine sinnvolle zeitliche Reihenfolge bringt. Dieses Prozessmodell ist in Abbildung 1.3 grafisch dargestellt und baut auf die schematische Darstellung des Gegenstands der Unternehmenssicherheit in Abbildung 1.1 auf.

Unternehmenssicherheit beginnt mit zwei eng miteinander verbundenen Prozessen. Einerseits müssen zunächst die unternehmensbezogenen Gefährdungen analysiert werden, die gemäß Abbildung 1.1 sowohl von externen als auch internen Einflussfaktoren abhängen, um ein möglichst vollständiges Bild der spezifischen Bedrohungslage zu erhalten (Schritt 1). Diese Gefährdungsanalyse darf nicht nur den gegenwärtigen Status quo beinhalten, sondern muss auch mögliche zukünftige Ereignisse und Gefährdungsszenarien berücksichtigen. Andererseits müssen durch die betroffenen Unternehmen Schutzziele definiert werden, die das gewünschte Sicherheitsniveau reflektieren und wiedergeben, welches Sicherheitsniveau grundsätzlich angestrebt werden soll (Schritt 2). Bei dieser Festlegung sind die betroffenen Entscheidungsträger aber keineswegs frei, da, wie Abbildung 1.1 bereits verdeutlicht hat, neben unternehmensbezogenen auch unterschiedliche externe Einflussfaktoren berücksichtigt werden müssen. Hierzu gehören beispielsweise die gesetzlichen Anforderungen an Brand- und Explosionsschutz, Arbeitssicherheit oder Gesundheitsschutz ebenso wie eventuelle Auflagen von Versicherungen oder Geschäftspartnern. Diese Schutzziele können sowohl qualitativer als auch quantitativer Art sein; wichtig ist jedoch in jedem Fall, dass sie sich auf die in Schritt 1 identifizierten Gefährdungen beziehen. Sind beispielsweise umfangreiche Gefährdungen identifiziert worden, die auf die Verfügbarkeit und Zuverlässigkeit eines Eisenbahnunternehmens Einfluss haben, sollten als Schutzziele nicht nur Schäden für Leib und Leben bzw. direkte finanzielle Schäden aufgeführt sein, sondern auch Aussagen zu Leistungsausfällen aufgrund ungenügenden Unterhalts von Infrastruktur und Rollmaterial oder Unpünktlichkeit der Züge getroffen werden. Im Rahmen der Schutzzieldefinition ergeben sich deshalb häufig Überschneidungen zu anderen Zielsetzungen des Unternehmens, insbesondere zu jenen aus einem möglicherweise bereits implementierten Qualitätsmanagementsystem (QMS).

Zwischen den Schritten 1 und 2 besteht eine wechselseitige Abhängigkeit, da die Festlegung der Schutzziele von den bei der Gefährdungsanalyse erlangten Erkenntnissen stark beeinflusst wird, andererseits aber auch das Analysefeld für unternehmensbezogene Gefährdungen mitbestimmt. In der Regel werden diese beiden Schritte daher in einem iterativen Verfahren gemeinsam durchgeführt werden müssen. Sie sind für die Erarbeitung eines Sicherheitskonzepts von fundamentaler Bedeutung, da die unternehmensspezifischen Sicherheitsmaßnahmen regelmäßig in einer restriktiven Verbundbeziehung stehen. Bei einem derartigen Restriktionsverbund hängen die Aktionsmöglichkeiten bezüglich eines Maßnahmenbündels von den bereits ergriffenen Maßnahmen ab (vgl. Laux/Liermann, 2003), d. h. dass zusätzliche

Sicherheitsmaßnahmen nachträglich mitunter schwer zu implementieren sind, sich sogar gegenseitig ausschließen oder nicht mehr genügend Ressourcen vorhanden sind. Die sorgfältige und vollständige Analyse der unternehmensbezogenen Gefährdungen unter Berücksichtigung der Schutzziele stellt daher die zentrale Basis für jedes Sicherheitskonzept dar.

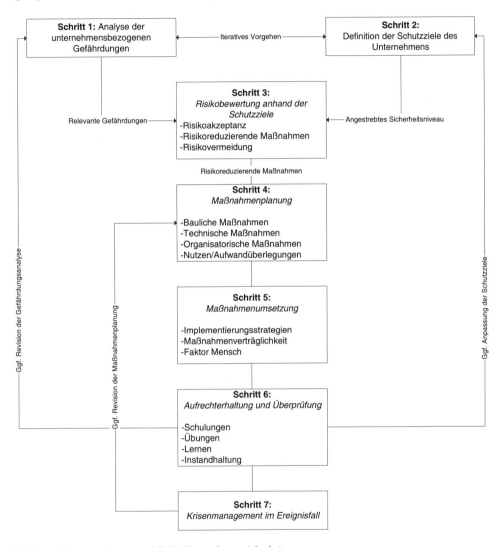

Abbildung 1.3   Prozessmodell der Unternehmenssicherheit

Aufbauend auf die Analyse der unternehmensbezogenen Gefährdungen und der Definition des gewünschten Sicherheitsniveaus erfolgt die Ermittlung, vor allem aber Bewertung der unternehmensbezogenen Risiken anhand der Schutzziele (Schritt 3). Zu diesem Zweck werden aus den relevanten Gefährdungen Risiken gebildet, die sich aus der Multiplikation der

Eintrittswahrscheinlichkeit bzw. Häufigkeit eines Ereignisses mit ihrem Ausmaß bei Eintritt, das wiederum im Zusammenhang mit den definierten Schutzzielen stehen sollte, ergeben (vgl. Box 3). Darauf aufbauend kann anhand unterschiedlicher Verfahren bestimmt werden, ob Risiken ohne Maßnahmen akzeptiert werden, ob risikomindernde Maßnahmen durchgeführt werden oder ob die Risiken so hoch sind, dass die zugrundeliegenden Tätigkeiten oder Prozesse nicht oder nur andersartig durchgeführt werden können.

Box 3: Gefährdung und Risiko

Unter einer *Gefährdung* versteht man ein mögliches, sicherheitsrelevantes Ereignis, das sich aus den Unternehmenseigenschaften und/oder den externen Rahmenbedingungen ergibt. Die Existenz einer Gefährdung sagt nichts darüber aus, wie oft dieses Ereignis eintreten kann bzw. welche Schäden mit ihm einhergehen.

Unter *Risiko* versteht man das Produkt aus Ausmaß (im Sinne von Konsequenzen) und Eintretenswahrscheinlichkeit (bevorzugt mit Dimension) bzw. Häufigkeit einer Gefährdung. Der resultierende Risikowert kann je nach angewendetem Verfahren dimensionslos, in Geldeinheiten, Todesopfern oder sonstigen Größen sein. Die Beurteilung eines Risikowerts hängt wiederum von der individuellen Einschätzung des Betrachters ab, wodurch Risikobetrachtungen bzw. Aussagen zu Risiken bei Fehlen einer belastbaren, intersubjektiv überprüfbaren Methodik häufig sehr subjektiv sind. Risiken müssen deshalb fast immer monetarisiert werden, um sinnvolle Nutzen-/Aufwand-Überlegungen bezüglich der Sicherheitsmaßnahmen zu ermöglichen.

In Schritt 4 werden geeignete, risikoreduzierende Sicherheitsmaßnahmen abgeleitet, die baulicher, technischer oder organisatorischer Natur sein können. Im Rahmen der Maßnahmenplanung sind die gesetzlichen Rahmenbedingungen, die verfügbaren Ressourcen und die Interdependenzen zwischen den Einzelmaßnahmen zu berücksichtigen. Zudem müssen die ermittelten Kosten der Maßnahmen mit ihrem Nutzen verglichen werden, um finanzielle Ressourcen zielgerichtet einsetzen zu können. Neben der Ermittlung von Gefährdungen, Schutzzielen und Risiken stellt die Maßnahmenplanung daher den Kern des Sicherheitskonzepts dar.

Nach der Maßnahmenplanung erfolgt die Maßnahmenumsetzung (Schritt 5). Dabei muss anhand einer Implementierungsstrategie aufgezeigt werden, in welcher Reihenfolge und in welcher Form Sicherheitsmaßnahmen umgesetzt werden sollen. Gerade bei umfangreichen baulichen und technischen Maßnahmen, deren Implementierung während der Betriebsphase eines Unternehmens vorgesehen ist, kommt dieser Aufgabe hohe Bedeutung zu. In diesem Rahmen ist auch zu prüfen, ob durch die vorgesehenen Maßnahmen nicht neue Gefährdungen entstehen (sog. Maßnahmenverträglichkeit). Beispielsweise kann durch den nachträglichen Einbau einer Sprinkleranlage in einem brandgefährdeten Bereich das Risiko eines Wasserschadens ansteigen. Wesentlicher Punkt ist weiterhin der Aufbau und die Implementierung einer Sicherheitsorganisation, welche für die weitere Betreuung der Sicherheitsmaßnahmen und die organisatorische Ereignisprävention zuständig ist. Schließlich ist auch der sog. „Faktor Mensch" zu berücksichtigen, d. h. die betroffenen Mitarbeiter müssen in das Sicherheitskonzept eingebunden werden, ihnen muss die Notwendigkeit der Maßnahmen vermittelt und ihre Bedeutung für einen sicheren, störungsfreien Betrieb verdeutlicht werden, um die Akzeptanz und Durchführung der Maßnahmen sicherzustellen (Gundel, 2007).

Mit der Umsetzung der Sicherheitsmaßnahmen ist ein wichtiger Schritt zur Erhöhung der Unternehmenssicherheit vollzogen. Um das gewünschte Sicherheitsniveau dauerhaft zu halten, ist ergänzend die Aufrechterhaltung und permanente Überprüfung der Unternehmenssicherheit notwendig (Schritt 6), um die Instandhaltung baulich-technischer Maßnahmen zu gewährleisten, eventuelle Schwachstellen baulich-technischer oder organisatorischer Art möglichst frühzeitig identifizieren und Sicherheitslücken schließen zu können. Dabei sind regelmäßige Schulungen und Übungen zur Überprüfung der organisatorischen Sicherheitskonzepte ebenso bedeutsam wie die Auswertung von und somit das Lernen aus sicherheitsrelevanten Ereignissen. Es ist allerdings umstritten, ob derartige Lerneffekte in der Realität nach Unfällen und Katastrophen tatsächlich eintreten (vgl. Stern, 1997). Nach Unfällen und Katastrophen werden nichtsdestoweniger häufig, ebenso wie nach Übungen, zumindest neue Gefährdungen identifiziert oder die Notwendigkeit von Maßnahmen neu beurteilt, was zu einer grundsätzlichen Revision des Sicherheitskonzepts führen kann. Die mit den kurz angesprochenen Aktivitäten implizit verbundene Überprüfung der Gefährdungsanalyse, Schutzziele und Risikobewertung sowie daraus ggf. resultierend die Anpassung der Maßnahmen dient schließlich auch der übergeordneten Überprüfung der Unternehmenssicherheit auf konzeptioneller Ebene, insbesondere bei Veränderungen der Unternehmenseigenschaften oder der Unternehmensumwelt.

Handlungsfeld der Unternehmenssicherheit ist schließlich auch das Krisenmanagement im Ereignisfall, das der Bewältigung von Ereignissen dient. Es gehört bei genauer Betrachtung zwar in die Maßnahmenplanung und Umsetzung (Schritte 4 und 5), unterscheidet sich aufgrund der besonderen Anforderungen bei einem sicherheitskritischen Ereignis allerdings sehr stark von den anderen, überwiegend präventiv ausgerichteten baulich-technischen und organisatorischen Maßnahmen der Unternehmenssicherheit. Von hoher Relevanz ist in diesem Zusammenhang die Erarbeitung und ereignisgerechte Aufbereitung einer Notfall- bzw. Krisenplanung, die fast schon als Paralleldokumente zum unternehmerischen Sicherheitskonzept gelten können. Vertieft betrachtet werden müssen für Notfallbewältigung und Krisenmanagement außerdem die Vorhaltung der notwendigen Hilfsmittel und Infrastruktur, die Zusammenarbeit mit Ereignisdiensten und Behörden sowie die zielgerichtete Krisenkommunikation. Diese Themengebiete werden daher als gesonderter Schritt des Prozessmodells (Schritt 7) betrachtet. Die Eingliederung als letzter Schritt spiegelt dabei die Beobachtung wider, dass sich die meisten Unternehmen dem Krisenmanagement als letzte, auf das implementierte Sicherheitskonzept aufbauende Maßnahme widmen. Die Erfahrungen mit dem Krisenmanagement dienen häufig auch einer Revision der Maßnahmenplanung, wenn die Untauglichkeit bestehender oder das Fehlen notwendiger Maßnahmen im Rahmen der Ereignisbewältigung offensichtlich werden.

1.5 Sicherheitsberater und -dienstleister

1.5.1 Sicherheitsberater

In den obigen Abschnitten wurden Gegenstand und Bedeutung der Unternehmenssicherheit dargelegt sowie ein Prozessmodell zur Erarbeitung eines Sicherheitskonzepts vorgestellt. In den folgenden Kapiteln erfolgt nun die detaillierte Darstellung der einzelnen Schritte des Erarbeitungsprozesses, an dessen Ende ein tragfähiges Sicherheitskonzept für das betrachtete Unternehmen steht. Bevor man sich diesem Prozess widmet, sollte allerdings seitens der Verantwortlichen überprüft werden, ob die Erarbeitung und Umsetzung des Sicherheitskonzepts ausschließlich mit internen Mitteln oder unter Beizug von externem Know-how erfolgt. Tatsächlich kommen heutzutage aufgrund des interdisziplinären und komplexen Themenfeldes die wenigsten Unternehmen ohne Sicherheitsberater oder entsprechende Dienstleister aus, deren Unterstützung deshalb vielen Unternehmensleitungen und Sicherheitsverantwortlichen als zwingend notwendig erscheint.

Sicherheitsberater unterstützen Unternehmen bei der Erarbeitung eines Sicherheitskonzepts, wobei sich in der Praxis eine Unterteilung in Safety- und Security-Experten ergeben hat (vgl. Box 4).

Box 4: Safety und Security

Die deutsche Sprache bietet bezüglich des Begriffs *Sicherheit* keine weiteren Unterscheidungen an. Im englischen Sprachraum hat sich hingegen schon lange die Differenzierung zwischen Safety und Security durchgesetzt, die mittlerweile auch in den deutschen Sprachgebrauch übernommen wurde. Dabei versteht man unter Safety jenen Bereich der Sicherheit, der sich mit natürlichen oder technischen Gefährdungen sowie menschlichem Versagen auseinandersetzt, während Security den Schutz vor willentlich herbeigeführten Ereignissen beinhaltet. Oft überschneiden sich die beiden Bereiche; beispielsweise sieht der Schutz vor Störfällen (Safety) auch Maßnahmen gegen Vandalismus oder unbefugte Eingriffe in chemische Anlagen (Security) vor.

Einige Beratungsunternehmen bieten umfassende Beratungsleitungen an, die je nach Ausrichtung des Unternehmens eher baulich-technisch (i.d.R. Ingenieurbüros) oder organisatorisch-wirtschaftlich (i.d.R. Wirtschaftsprüfungsgesellschaften, Unternehmensberatungen) orientiert sind. Der Begriff des Sicherheitsberaters ist nicht geschützt; besondere Prüfungen und Vorkenntnisse, etwa vergleichbar dem Examen zum Steuerberater oder Wirtschaftsprüfer, sind für das Führen einer derartigen Berufsbezeichnung nicht notwendig. Vor der Konsultation oder Beauftragung eines externen Beraters empfiehlt sich daher dringend, die relevanten Unternehmensdaten, den Werdegang des oder der vorgesehenen Berater sowie die bereits bearbeiteten Referenzobjekte zu recherchieren. Eine sinnvolle Vorgehensweise ist ein Qualifikationsverfahren, bei dem die potentiellen Anbieter Auskunft über ihr Unternehmen, die vorgesehenen Projektmitarbeiter mit Lebensläufen sowie über Referenzprojekte und Personen einreichen müssen. Je nach Art und Umfang des zu vergebenden Auftrags können auch polizeiliche Führungszeugnisse verlangt werden.

In Deutschland und der Schweiz existieren zudem Berufsverbände wie der Bundesverband unabhängiger deutscher Sicherheitsberater und -Ingenieure (BdSI) und die Schweizerische Vereinigung unabhängiger Sicherheitsingenieure und -Berater (SSI), die zumindest grundlegende Anforderungen an die Mitgliedsunternehmen definiert haben, beispielsweise die Qualifikation der Mitarbeiter oder die Unabhängigkeit von Herstellern von Sicherheitsanlagen betreffend.

Vor dem Beizug eines Sicherheitsberaters ist es außerdem häufig hilfreich, zunächst mit den zuständigen Behörden Kontakt aufzunehmen. Diese verfügen in allen deutschsprachigen Ländern über Beratungs- und Präventionsstellen, welche Hinweise zur Erarbeitung eines Sicherheitskonzepts aus polizeilicher Sicht geben können sowie grundlegende Fragen über Notwendigkeit und Umfang unternehmensinterner Sicherheitsmaßnahmen beantworten. Auch die Brandschutzbehörden und Feuerpolizeien verfügen in der Regel über umfassende Beratungsangebote, die bei der ersten Orientierung über Gefährdungen und Maßnahmen unterstützen. Schließlich lassen sich zur Erarbeitung von Grundlagen im Internet bei deutschen und schweizerischen Bundesbehörden diverse Leitfäden herunterladen, etwa zur IT-Sicherheit, zum Schutz kritischer Infrastruktureinrichtungen, Brandschutz, Geheimnisschutz oder Sabotageschutz.

1.5.2   Sicherheitsdienstleister

Sicherheitsdienstleister sind primär mit der konkreten Durchführung von Sicherheitsmaßnahmen betraut, beispielsweise Werkschutz oder Geldtransporte. Da sie häufig als integrale Anbieter auftreten und somit bereits in der Frühphase der Erarbeitung eines Sicherheitskonzepts beratend beigezogen werden, werden ihre wesentlichen Merkmale bereits an dieser Stelle vorgestellt.

Der Umsatz im Wach- und Sicherheitsgewerbe betrug in Deutschland im Jahr 2006 über vier Mrd. EUR, d. h. es handelt sich um einen beachtlichen Markt, der zudem seit Jahren Wachstumszahlen aufweist. Nichtsdestoweniger gelten die obigen Ausführungen zur Auswahl geeigneter Anbieter sinngemäß, da es in der Vergangenheit häufig zu Zwischenfällen und Fehlverhalten der Mitarbeiter einschlägiger Unternehmen gekommen ist. Zuletzt geriet die Branche aufgrund der unter Anderem durch wirtschaftskriminelle Handlungen verursachten Insolvenz des größten deutschen Werttransport-Unternehmens Heros im Jahr 2006 in die Negativschlagzeilen.

In Deutschland sind daher in der jüngeren Vergangenheit diverse Zertifikate und Ausbildungsgänge eingeführt worden, um eine Qualitätserhöhung des privaten Sicherheitsgewerbes zu erreichen und der wachsenden Bedeutung entsprechender Dienstleistungen gerecht zu werden. Hierzu gehören insbesondere der 2002 eingeführte Ausbildungsberuf zur Fachkraft für Schutz und Sicherheit sowie die seit 2003 notwendige Sachkundeprüfung im Bewachungsgewerbe nach § 34a der Gewerbeverordnung, die (abgesehen von einigen Ausnahmen) von jedem Unternehmer oder Angestellten erfolgreich absolviert werden muss, der einschlägige Tätigkeiten (Kontrollgänge im öffentlichen Verkehrsraum, Ladendetektiv, Türsteher etc.) ausübt. Die Meinungen über den Vertiefungs- und Schwierigkeitsgrad der einschlägigen Kurse gehen allerdings auseinander, sodass neben den notwendigen Zertifikaten immer auch die bereits durchgeführten Aufträge Bestandteil des Beurteilungsverfahrens sein sollten. Der Nachweis einer ausreichenden Haftpflichtversicherung durch den Anbieter ist obligatorisch. Zudem existiert in Deutschland mit dem Bundesverband Deutscher Wach- und Sicherheitsunternehmen (BDWS) ein Interessensverband, der allerdings die Mitgliedschaft weitaus weniger streng regelt als die entsprechenden Zusammenschlüsse der Sicherheitsberater.

Weitaus höhere Anforderungen sind mit einer Mitgliedschaft im Verband Schweizerischer Sicherheitsdienstleistungs-Unternehmen (VSSU) verbunden. In der Schweiz besteht außerdem ebenfalls die Möglichkeit, die durch das Bundesamt für Berufsbildung und Technologie (BBT) geprüften und anerkannten Fachausweise Fachmann für Sicherheit und Bewachung bzw. für Personen- und Objektschutz zu erlangen. Um die Bewilligung zum Betrieb eines Sicherheitsunternehmens zu erhalten, ist zudem in der Regel eine kantonale Prüfung über die Berufskenntnisse und die einschlägige Gesetzgebung abzulegen, deren Inhalt und Vertiefungsgrad allerdings zwischen den unterschiedlichen Kantonen variiert.

2 Analyse der unternehmensbezogenen Gefährdungen

2.1 Grundsätzliche Bemerkungen

Die Erarbeitung eines unternehmensbezogenen Sicherheitskonzepts beginnt gemäß dem im vorangegangenen Kapitel eingeführten Prozessmodell der Unternehmenssicherheit mit der Gefährdungsermittlung und Schutzzieldefinition, die gemeinsam in einem iterativen Verfahren durchgeführt werden. Ausgangspunkt sollte dabei nach Ansicht der Autoren die Gefährdungsermittlung sein, da sich aus ihr wesentliche Hinweise zur Schutzzieldefinition ergeben. Die Bedeutung der Gefährdungsanalyse wird in der Praxis dennoch oft unterschätzt. Dies ist problematisch, da nur bei sorgfältiger Analyse und vollständiger Identifikation der auf das Unternehmen einwirkenden oder von ihm ausgehenden Gefährdungen grundsätzliche Sicherheitslücken bei späteren Erarbeitungsschritten vermieden werden können.

Eine Gefährdungsanalyse besteht im Regelfall aus drei Schritten:

1. Die für das Unternehmen relevanten *Gefährdungsgruppen* werden identifiziert.
2. Den Gefährdungsgruppen werden für das Unternehmen relevante *Einzelgefährdungen* zugeordnet.
3. Die Einzelgefährdungen werden anhand einzelner, repräsentativer *Szenarien* dargestellt.

Das Vorgehen ist in Abbildung 2.1 schematisch anhand eines Beispiels dargestellt. Ein entsprechend strukturiertes Vorgehen ermöglicht, Gefährdungen systematisch, vollständig und unter Berücksichtigung der unternehmensspezifischen Gegebenheiten sowohl zu erfassen als auch zu dokumentieren. Nachteilig ist vordergründig allerdings der hohe Initialaufwand bei der Gefährdungsermittlung, der sich nach Erfahrung der Autoren allerdings insbesondere bei nachträglichen Anpassungen auszahlt.

Bezüglich der Vollständigkeit der zu untersuchenden Gefährdungen tauchen in der Praxis häufig die Fragen auf, inwieweit Gefährdungen in die Analyse aufgenommen werden sollen, die scheinbar in keinem direkten Zusammenhang mit dem Unternehmen stehen, und ob auch zukünftige Gefahrenentwicklungen zu untersuchen sind. Dazu sind folgende Bemerkungen angebracht:

Gefährdungsgruppen	Einzelgefährdungen	Szenarien
Natur- und Umweltgefahren	▪ Erdbeben ▪ Hochwasser ▪ **Blitzeinschlag** ▪ Lawinen ▪ ...	▪ Blitzeinschlag in Verwaltungsgebäude ▪ Blitzeinschlag in Produktionsgebäude ▪ Blitzeinschlag in Freigelände mit anschließendem Flächenbrand ▪ Blitzeinschlag in externe Stromverteilung ▪ Blitzeinschlag mit Unterbruch IT ▪ Blitzeinschlag mit Unterbruch Telekommunikation ▪ Blitzeinschlag in Lichtsignalanlagen Werkverkehr ▪ ...
Menschliches und technisches Versagen	▪ Brand ▪ Explosion ▪ Verkehrsunfall ▪ Arbeitsunfall ▪ ...	
Polizeiliche Gefahrenabwehr	▪ Diebstahl ▪ Einbruch ▪ Körperverletzung ▪ Drohung ▪ ...	

Abbildung 2.1   Dreistufiges Vorgehen bei der Gefährdungsanalyse

Grundsätzlich stellt eine Gefährdungsermittlung eine unternehmensbezogene Betrachtung dar, die sich dementsprechend auf jene Gefährdungen beziehen muss, die für das Unternehmen relevant sind. Mit diesem Grundsatz sind im Wesentlichen solche Gefährdungen gemeint, deren Eintretenswahrscheinlichkeit oder Auswirkungen durch unternehmensinterne Maßnahmen präventiver bzw. reaktiver Natur überhaupt beeinflusst werden können. Diese scheinbar offensichtliche Abgrenzung führt in der Realität häufig zu Problemen, da beispielsweise ein in unmittelbarer Nähe des Unternehmens angesiedeltes Atomkraftwerk auf den ersten Blick keine relevante Gefährdung darzustellen scheint. Bei genauerer Betrachtung existieren jedoch sehr wohl Maßnahmen, welche die Auswirkungen auf das Unternehmen im Havariefall mindern können, etwa ein entsprechendes Evakuierungskonzept. Um die notwendigen Maßnahmen in späteren Schritten initialisieren zu können, ist eine Berücksichtigung auch dieser Gefährdung in der Gefährdungsermittlung notwendig. Bei der Planung und Durchführung einer Gefährdungsanalyse sollte also ein angemessen breiter Analyserahmen berücksichtigt werden.

Bezüglich des Zeithorizonts ist festzuhalten, dass eine Gefährdungsermittlung zunächst eine zeitpunktbezogene Betrachtung darstellt. Gefährdungsanalysen beziehen sich daher typischerweise auf die gegenwärtige Situation, d. h. die zum Zeitpunkt der Analyse aktuellen Unternehmenscharakteristika und Rahmenbedingungen werden als Daten angenommen. Aufgrund der Komplexität sicherheitsrelevanter Fragestellungen ist diese Betrachtungsweise häufig unabdingbar, kann aber gegebenenfalls auch zur Festlegung falscher Sicherheitsprioritäten führen: Möglicherweise bestehende Gefährdungen können in absehbarer Zeit völlig an Bedeutung verlieren, bisher vernachlässigte Ereignisse hingegen zukünftig mit hoher Wahrscheinlichkeit ernsthafte Bedrohungen darstellen. Ein solcher Fall ergibt sich etwa je nach geografischer Lage des Unternehmens aufgrund der globalen Umweltveränderungen, deren sicherheitsrelevante Konsequenzen in den nächsten Jahren bereits jetzt für viele Regionen einigermaßen präzise prognostiziert werden können. Eine vollständige Gefährdungsanalyse muss daher auch mögliche Szenarien der Gefahrenentwicklung berücksichtigen, um bei der Initialisierung eines Sicherheitskonzepts langfristig wirkende Fehlinvestitionen in zukünftig ineffektive Sicherheitsmaßnahmen ebenso zu vermeiden wie absehbare Sicherheitsdefizite. Folglich sollte eine Gefährdungsanalyse mit solcher Sorgfalt durchgeführt werden, dass der Gefahrenkatalog über eine Frist von mindestens fünf Jahren als vollständig erachtet werden kann. Über längere Zeiträume sind grundsätzliche Revisionen des Gefahrenkatalogs in der Regel notwendig, um veränderten technologischen, gesellschaftlichen und natürlichen Rahmenbedingungen Rechnung zu tragen.

In den folgenden Unterkapiteln werden die einzelnen Schritte der Gefährdungsermittlung unter Berücksichtigung der hier beschriebenen Grundsätze näher beleuchtet. Abschließend wird auch auf das Verhältnis von Gefährdungsanalyse und Risikobewertung eingegangen.

2.2   Relevante Gefährdungsgruppen

In der Krisenforschung werden seit jeher Versuche unternommen, Unfälle und Katastrophen bzw. die ihnen zugrundeliegenden Gefährdungen zu klassifizieren bzw. strukturieren. Obwohl diese Versuche vor allem einer besseren wissenschaftlichen Aufarbeitung, insbesondere einer genaueren Analyse von möglichen Gemeinsamkeiten und zukünftigen Bekämpfungsstrategien, dienen, sind sie auch für den Gebrauch in der Unternehmenspraxis tauglich (vgl. Gundel, 2005). Eine Unterteilung in verschiedene Gefährdungsgruppen ist dabei hilfreich, um das heterogene Feld möglicher Gefährdungen zu durchleuchten und nach Möglichkeit übergeordnete Handlungsprioritäten für das untersuchte Unternehmen abzuleiten.

Die älteste und wohl auch am weitesten verbreitete Klassifikation unterteilt Gefährdungen in natürliche und durch menschliches Versagen verursachte Ereignisse, sog. *man-made disasters* (vgl. Rosenthal / Kouzmin, 1993). Ergänzend werden seit einiger Zeit auch soziale oder gesellschaftliche Gefährdungen bzw. Ereignisse, etwa Massendemonstrationen und Ausschreitungen, gesondert betrachtet (vgl. Rike, 2003). Trotz ihrer weiten Verbreitung wird diese Klassifikation vor allem aus wissenschaftlicher Sicht häufig kritisiert, da sie neuere Phänomene, etwa die unter alle drei Kategorien gleichzeitig fallenden globalen Umweltveränderungen, nur schlecht abbildet, dementsprechend wenig zur Problemanalyse beitragen kann und in Bezug auf ihre Bekämpfung teilweise sehr heterogene Szenarien unter nur drei Überschriften subsummiert (vgl. Gundel, 2005). Diese Schwächen sind allerdings für einzelne Unternehmen, deren Analysefeld a priori begrenzt ist, nicht von überragender Bedeutung. Zudem lässt sich durch eine weitere Detaillierung der einzelnen Klassen bzw. Gefährdungsgruppen eine weitaus höhere Aussagekraft erreichen. In Bezug auf die Analyse der Schutzziele ist schließlich von Belang, dass sich die einschlägigen Gesetze und Verordnungen sowie Produkte der Versicherungen implizit an die obige Unterscheidung anlehnen.

Aufbauend auf die vorangegangenen Überlegungen lassen sich die für Unternehmen relevanten Gefährdungen deshalb unter Verwendung bzw. leichter Abwandlung der obigen Klassifikation folgenden drei Gefährdungsgruppen zuordnen:

- Gefährdungsgruppe Natur- und Umweltgefahren (1)
- Gefährdungsgruppe menschliches und technisches Versagen (2)
- Gefährdungsgruppe polizeiliche Gefahrenabwehr bzw. kriminelle Handlungen (3)

Während die Gefährdungsgruppen (1) und (2) im Wesentlichen den ersten beiden zuvor unterschiedenen Klassen entsprechen, wurde aus den sozialen Ereignissen die aus Sicht eines einzelnen Unternehmens relevantere Gefährdungsgruppe (3), welche sich auf die in den Strafgesetzbuchen kodifizierten, kriminellen Handlungen (inkl. gemeingefährliche Verbrechen und Vergehen bzw. kriminelle Handlungen) bzw. auf solche Ereignisse, die nicht a priori kriminell, aber dennoch potentiell gefährlich sind (z. B. Demonstrationen), bezieht.

Gefährdungen der Gruppe Natur- und Umweltgefahren sind dadurch gekennzeichnet, dass ihre Entstehung in der überwiegenden Mehrheit kaum durch das Unternehmen beeinflusst werden kann, sie also fast ausschließlich von außen verursacht werden. Eine wesentliche Ausnahme stellen Epidemieereignisse dar, die auch von einem Unternehmen, etwa einem landwirtschaftlichen Großbetrieb, ausgehen oder doch zumindest beschleunigt werden können. Zu dieser Gefährdungsgruppe gehören ansonsten beispielsweise Extremwetterlagen, seismische Ereignisse, Flächenbrände, Massenbewegungen oder eben Epidemien bzw. Pandemien, die Tiere und/oder Menschen betreffen können. Die Exposition zu Natur- und Umweltgefahren wird stark durch die geographische Lage des betroffenen Unternehmens bzw. seiner Produktionsstätten und sonstigen Außenstellen beeinflusst. Da durch Umwelt- und Naturgefahren typischerweise mehrere Unternehmen bzw. Haushalte betroffen sind und ihre Aufarbeitung bzw. Präventivmaßnahmen somit als klassische Aufgabe der öffentlichen Hand angesehen werden können, stehen Unternehmen zur Ermittlung entsprechender Gefährdungen meistens Gefahrenkarten, Statistiken oder sonstiges, verlässliches Informationsmaterial ohne großen Aufwand zur Verfügung. Die grundsätzlich schlechte Beeinflussbarkeit, die offensichtliche Verantwortung der öffentlichen Stellen und das zumeist durch hohe Schäden, aber auch eine sehr geringe Eintretenswahrscheinlichkeit gekennzeichnete Risikoprofil von Natur- und Umweltgefahren (vgl. dazu Kapitel 4.3) führen dennoch in der Praxis leider häufig zu einer Vernachlässigung der entsprechenden Gefährdungsgruppe.

Die Gefährdungsgruppe menschliches und technisches Versagen stellt einen deutlich heterogeneren Untersuchungsgegenstand dar. Zu ihr sind hauptsächlich Brände und Explosionen, Störfälle mit der Freisetzung von chemischen, biologischen oder atomaren Gefahrstoffen, Arbeits- bzw. Verkehrsunfälle, medizinische Notfälle oder der Ausfall kritischer Infrastruktureinrichtungen (z. B. Energie- und Wasserversorgung, IT) zu zählen. Diese Gefährdungen werden bei den betrachteten Unternehmen mehrheitlich im Unternehmen selbst verursacht, können jedoch durchaus auch durch Betriebe und Anlagen in der Nachbarschaft, etwa chemische Betriebe oder eine nahe gelegene Autobahn, verursacht werden. Nicht zuletzt durch die weit verbreiteten Arbeiten des Katastrophenforschers Charles Perrow zu den sog. *normal accidents* (vgl. Perrow, 1984), die nach seinen Ausführungen durch komplexe technische Systeme mit wenig Redundanz verursacht werden, konzentrieren sich viele Gefährdungsanalysen auf die vertiefende Begutachtung der technischen Systeme und Gestaltungskriterien. Allerdings gehen viele Forschungsarbeiten davon aus, dass bis zu 80% aller Unfälle und Katastrophen durch menschliches Versagen bzw. Organisations- und Managementfehler verursacht sind (vgl. Turner, 1994), weshalb eine dementsprechende Gefährdungsanalyse zwingend auch die Untersuchung der Organisationsstrukturen bzw. ergonomischer Aspekte beinhalten muss.

Die letzte Gefährdungsgruppe der polizeilichen Gefahrenabwehr ist nicht nur durch Heterogenität, sondern auch durch stetigen Wandel gekennzeichnet. Während zu ihr einerseits „klassische" Delikte wie strafbare Handlungen gegen das Vermögen (z. B. Einbruchdiebstahl, Raub) oder Leib und Leben (z. B. vorsätzliche Körperverletzungen) gehören, sind andererseits zunehmend unter Verwendung neuer Technologien begangene Delikte, etwa Betrugsdelikte im Internet, bedeutsam. Durch die hohe Bedeutung von Informationen in der heutigen Wissensgesellschaft beziehen sich auch viele Straftaten explizit auf das Wissen eines Unternehmens in Form von Patenten, Kundendaten oder Ähnlichem. Schließlich sind auch gemeingefährliche Verbrechen und Vergehen, etwa Anschläge oder Brandstiftungen, aufgrund ihrer erheblichen Auswirkungen nicht zu vernachlässigen. Bei allen Gefährdungen ist zusätzlich zu berücksichtigen, dass sie zwar mehrheitlich von externen Tätern begangen werden, Innentäter jedoch ebenso zu immensen Schäden beitragen können.

Die übergeordnete Analyse der für das Unternehmen relevanten Gefährdungsgruppen liefert häufig schon ein aussagekräftiges, wenn auch grobes Bild der unternehmensspezifischen Bedrohungslage und ermöglicht, das Verhältnis zwischen Gefährdungen aus den Bereichen Safety und Security abzuschätzen. Gegebenenfalls lassen sich bereits eindeutige Gefährdungsschwerpunkte identifizieren oder sogar eine Gefährdungsgruppe vollständig aus den Betrachtungen eliminieren. Aufbauend auf diese ersten Erkenntnisse ist dann die vertiefte Betrachtung von Einzelgefährdungen und Szenarien sinnvoll.

2.3 Einzelgefährdungen und Szenarien

Neben einem ersten Überblick über die unternehmensspezifische Gefährdungslage bietet die Einteilung in Gefährdungsgruppen vor allem ein methodisches Gerüst für die Betrachtung von Einzelgefährdungen und Szenarien. Bei der Analyse der Einzelgefährdungen werden darauf aufbauend die einzelnen, denkbaren Gefährdungen je Gefährdungsgruppe aufgeführt. Diese können je nach untersuchtem Unternehmen bzw. Objekt sehr stark schwanken. In einem ersten Schritt ergeben sie sich aus den bekannten und üblichen Gefährdungen, die sich aus einschlägigen Checklisten, Normen und Verordnungen oder Literaturquellen wie diesem Buch entnehmen lassen. Es geht zunächst daher vor allem darum, ihre Relevanz für das betroffene Unternehmen kritisch zu hinterfragen. Ergänzend sind allerdings auch die von einem Forscher als „abnormal accidents" (Mitroff, 2002: 19) bezeichneten, ungewöhnlichen oder unwahrscheinlichen Gefährdungen einzubeziehen. Je nach gewünschtem Vertiefungsgrad der Einzelgefährdungen kann dabei auf gewisse Managementtechniken zur Informationsaufdeckung zurückgegriffen werden. Denkbar sind beispielsweise verschiedene Formen des Brainstormings, der Austausch mit Führungskräften anderer Unternehmen, die ähnlichen

oder völlig verschiedenartigen Gefährdungen ausgesetzt sind, sowie die Beauftragung externer „Täter", die fiktive Angriffe gegen das Unternehmen planen. In diese Richtung gehen
auch entsprechende Rollenspiele eigener Mitarbeiter (vgl. Mitroff / Alpaslan, 2003: 112–
115).

Mit der Identifikation der Einzelgefährdungen ist die Gefährdungsanalyse gegenüber der
reinen Darstellung der Gefährdungsgruppen erheblich vertieft. Dabei ist nochmals zu beto-
nen, dass eine möglichst umfangreiche Bearbeitung der potentiellen Einzelgefährdungen
notwendig ist, um tatsächlich ein vollständiges Bild aller, auch der scheinbar undenkbaren
Gefährdungen zu erhalten. Als nächster und letzter Schritt ist dann noch die Ableitung konkreter Szenarien aus den Einzelgefährdungen notwendig. Solche Szenarien dienen einerseits
der nochmaligen Überprüfung getroffener Annahmen bezüglich der Einzelgefährdungen;
beispielsweise kann die (vergebliche) Suche nach einem Szenario für die Einzelgefährdung
Großbrand in einer Produktionsstätte mit kleinen Brandabschnitten und Sprinklerschutz
zeigen, dass diese Einzelgefährdung einer genaueren Betrachtung für das untersuchte Objekt
nicht standhält und somit für die weitere Risikoanalyse nicht relevant ist. Andererseits dient
die Szenarioanalyse auch der weiteren Vertiefung des Gefährdungskatalogs, da auch Einzelgefährdungen noch in weitere Szenarien untergliedert werden können, die in Ausmaß und
Wahrscheinlichkeit möglicherweise differieren. So stellen Brände, die einen Brandabschnitt
betreffen, im Verwaltungsgebäude eines Unternehmens regelmäßig eine grundsätzlich anders
zu beurteilende Gefährdung dar als derartige Brände in einer Lagerhalle. Die Beschreibung
von Szenarien hilft somit bei der Konkretisierung und Vervollständigung der Gefährdungsanalyse.

Zur Illustration ist in Tabelle 2.1 eine Gefährdungsanalyse für ein fiktives Speditionsunternehmen (Stückgutverkehr, gelegentlicher Umschlag von Propangas und Chemikalien) dokumentiert. Neben den Gefährdungsgruppen, Einzelgefährdungen und Szenarien ist ebenfalls
aufgeführt, ob ein Szenario tatsächlich relevant für das betrachtete Unternehmen ist und ob
es im Verantwortungsbereich des Unternehmens liegt. Während erstere Information insbesondere der vollständigen Dokumentation der Gefährdungssituation dient, ist der zweite
Punkt vor allem für die folgende Risikoanalyse und die aus ihr resultierenden Schlussfolge-
rungen bedeutsam.

Sind für eine Einzelgefährdung sehr viele unterschiedliche Szenarien zu unterscheiden, z. B.
für Arbeitsunfälle, kann gegebenenfalls eine gesonderte Gefährdungsermittlung angefertigt
werden, auf die verwiesen wird. Dies empfiehlt sich besonders dann, wenn dieser Teil der
Gefährdungsermittlung für einen gesonderten Adressatenkreis, beispielsweise die mit der
Aufsicht über Arbeitssicherheit- und Gesundheitsschutz betrauten Berufsgenossenschaften,
bestimmt ist.

Einzelgefährdung	Szenario	Relevant?	Beeinflussbar?
Gefährdungsgruppe Natur- und Umweltgefahren			
Blitzeinschlag	Blitzeinschlag in Gebäude	Ja	Nein
	Blitzeinschlag in Außenanlagen	Ja	Nein
Erdreichbewegung	Stein- oder Blockschlag	Nein	—
	Rutschung	Ja	Nein
Erdbeben	max. Stärke V nach EMS-98	Ja	Nein
	Min. Stärke VI nach EMS-98	Nein	—
Hochwasser	— (kein Szenario gefunden)	Nein	—
Schnee / Frost	— (kein Szenario gefunden)	Nein	—
Sturm	Schwerer Sturm (mind. Beaufort 9)	Ja	Nein
Gefährdungsgruppe menschliches und technisches Versagen			
Brand	Kleinbrand (ein Raum)	Ja	Ja
	Mittlerer Brand (ein Brandabschnitt)	Ja	Ja
	Großbrand (mehrere Brandabschnitte)	Ja	Ja
	Großbrand (ein Brandabschnitt: Lagerhalle)	Ja	Ja
	Großbrand außerhalb Areal	Ja	Nein
Explosion	Explosion Gasflasche in Küche	Ja	Ja
	Explosion mehrere Gasflaschen in Anlieferung	Ja	Ja
	Explosion LKW mit Gefahrgut auf Straße	Ja	Nein
Freisetzung Gefahrstoffe	Chemische Substanzen in Lagerhalle	Ja	Ja
	Biologisch aktives Material	Nein	—
	Radioaktivität	Nein	—
Verkehrsunfälle	PKW mit/ohne Personenschaden auf Parkplatz	Ja	Ja
	LKW mit/ohne Personenschaden auf Parkplatz	Ja	Ja
	LKW im Anlieferungsbereich	Ja	Ja
	LKW in Lagerhalle	Ja	Ja
	PKW/LKW in Ausfahrt	Ja	Ja
Gebäudeversagen	Absturz Fassaden-/Deckenelemente	Ja	Ja
	Teileinsturz/Gebäudeversagen	Ja	Ja
Arbeitsunfall	> Vertiefte Gefährdungsermittlung	Ja	Ja
Medizinischer Notfall	lebensbedrohlich	Ja	Nein
	nichtlebensbedrohlich	Ja	Nein
Ausfall Infrastruktur	Stromversorgung	Ja	Teilweise
	Wasserversorgung	Ja	Teilweise
	Lüftung/Kühlung	Ja	Ja
	Hausleittechnik	Ja	Ja
	IT	Ja	Ja
	Telekommunikation / Internet	Ja	Teilweise
	Liftanlagen	Ja	Ja
Altlasten	— (kein Szenario gefunden)		

Tabelle 2.1   Gefährdungsanalyse für ein fiktives Speditionsunternehmen

Einzelgefährdung	Szenario	Relevant?	Beeinflussbar?
Gefährdungsgruppe polizeiliche Gefahrenabwehr			
Strafbare Handlungen gegen das Vermögen	Sachbeschädigung	Ja	Ja
	(Einbruch-)Diebstahl Verwaltungsgebäude	Ja	Ja
	(Einbruch-)Diebstahl Lagerhalle	Ja	Ja
	Raub an Warenannahme	Ja	Ja
Straftaten gegen Leib und Leben	Tätlichkeiten unter Fahrern	Ja	Nein
	Fahrlässige Körperverletzung bei Verkehrsunfällen	Ja	Teilweise
	Vorsätzliche Körperverletzungen bei Streitereien unter Fahrern	Ja	Nein
Verbrechen und Vergehen gegen die Freiheit	— (kein Szenario gefunden)		
Gemeingefährliche Verbrechen und Vergehen	Brandstiftung Lagerhalle	Ja	Ja
Politische Handlungen	Demonstrationen Umweltaktivisten	Ja	Ja
	Besetzungen/Blockaden Einfahrt	Ja	Ja
	Streik der Fahrer	Ja	Nein
Personen- und Wertschutz	— (kein Szenario gefunden)		

Tabelle 2.1   Gefährdungsanalyse für ein fiktives Speditionsunternehmen (Fortsetzung)

Die beispielhaft dargestellte Gefährdungsanalyse ist bezüglich des Umfangs und Detaillierungsgrades überschaubar, was bei Unternehmen mit vergleichsweise wenigen und bekannten Gefährdungen aus wirtschaftlichen Überlegungen sinnvoll ist. Grundsätzlich stellt sich in der Praxis bei der Aufstellung der Einzelszenarien recht schnell die bereits andiskutierte Frage, wie ausführlich die Unterscheidung der Szenarien sein sollte. Bei großen Unternehmen, insbesondere solche mit komplexen Organisationsstrukturen und einem heterogenen Leistungsportfolio, ist recht schnell eine unübersichtliche Anzahl an denkbaren Szenarien möglich, wodurch wiederum die Übersichtlichkeit der Gefährdungsanalyse leidet. Trotz der Verwendung der einzelnen Gefährdungsgruppen ergibt sich eine kaum noch zu handhabende Anzahl an Einzelszenarien. Für den Erfolg der Gefährdungsanalyse und der aus ihr resultierenden Risikoanalyse ist deshalb eine sorgfältige Abwägung der noch zu berücksichtigenden Szenarien wesentlich. In Gundel (2005) finden sich diverse Grundsätze zur Typologisierung von Katastrophen bzw. Gefährdungen, aus denen auch für Unternehmen wertvolle Hinweise abgeleitet werden können:

- Es sollten nur solche Szenarien aufgenommen werden, die sich mutmaßlich von den bereits in die Gefährdungsanalyse aufgenommenen Szenarien in Eintretenswahrscheinlichkeit, Ausmaß oder notwendigen Maßnahmen unterscheiden.
- Die Gefährdungsanalyse sollte gleichzeitig alle tatsächlich unterschiedlichen Szenarien auch berücksichtigen.
- Der praktische Nutzen der Szenarioanalyse für die Abschätzung von Risiken und Ableitung von unternehmerischen Maßnahmen sollte immer im Auge behalten werden. Es ist daher wenig sinnvoll, in aller Ausführlichkeit verschiedene, in Häufigkeit und Ausmaß unterschiedliche aber vom Unternehmen kaum zu beeinflussende Szenarien zu untersuchen.

Zusammenfassend empfiehlt sich deshalb bei der Erarbeitung einer unternehmensbezogenen Gefährdungsanalyse ein mehrstufiges Verfahren. Zunächst können, möglichst unter Beizug verschiedener, heterogener Mitarbeiter oder externer Experten, in einem Workshop alle denkbaren, unter die einzelnen Gefährdungsgruppen fallenden Einzelgefährdungen gesammelt werden. Zu ihrer Überprüfung und Erweiterung ist dann die Ableitung verschiedener Szenarien notwendig, bevor schließlich die resultierenden Szenarien auf tatsächliche Verschiedenheit und Vollständigkeit bzw. der Umfang der Gefährdungsanalyse auf Praktikabilität überprüft werden sowie eine grundsätzliche Bereinigung der Gefährdungsanalyse stattfindet. Alle Arbeitsschritte, deren Ergebnisse und Entscheidungen sollten für spätere Überarbeitungen der Gefährdungsanalyse bzw. etwaige Recherchen ausreichend dokumentiert werden. Bei allen Erarbeitungsschritten ist zudem der vertrauliche Umgang mit den gewonnenen Erkenntnissen zu empfehlen, da je nach Unternehmen eine komplette Aufstellung aller relevanten Szenarien bei Mitarbeitern oder sogar der Öffentlichkeit zu Hysterie führen bzw. in Bezug auf die Gefährdungsgruppe polizeiliche Gefahrenabwehr ungewollte Denkanstöße geben können.

Abschließend ist noch die Frage zu beantworten, inwieweit in einer Gefährdungsanalyse das gleichzeitige Auftreten verschiedener Szenarien zu berücksichtigen ist, da viele spektakuläre Katastrophen durch simultan eintretende Szenarien verursacht wurden sind (vgl. dazu auch Box 5 auf Seite 27). Gegen ein derartiges Vorgehen sprechen allerdings grundsätzlich verschiedene Einwände:

- Zunächst sollten bereits aus der normalen Gefährdungs- und Risikoanalyse Maßnahmen gegen die Einzelszenarien abgeleitet werden, die ihre Eintretenswahrscheinlichkeit und/oder ihr Ausmaß senken. Die Wahrscheinlichkeit eines Simultanereignisses wird dadurch in der Regel bereits nochmals deutlich gesenkt, ohne dass eine gesonderte Untersuchung notwendig ist.
- Ergänzend lassen sich die Gegenmaßnahmen zu möglicherweise auftretenden Simultanereignissen analog zu den Verbundeffekten bei der flexiblen Planung analysieren (vgl. Gundel, 2004; Schauenberg, 2004):
  - Einerseits können gleichzeitig auftretende Ereignisse zu Restriktionsverbundeffekten führen, d. h. die Mittel zur Bekämpfung der Ereignisse reichen quantitativ nicht aus, etwa bei mehreren gleichzeitig auftretenden Bränden und Explosionen. Kosten/Nutzen-Überlegungen verhindern allerdings regelmäßig eine Ausweitung der Maßnahmen für sehr unwahrscheinliche Extremereignisse, sodass ihre gesonderte Analyse in den seltensten Fällen zu konkreten Änderungen in der Maßnahmenplanung führen.
  - Interessanter ist jedoch der Fall des Ergebnisverbundes, d. h. wenn gleichzeitig auftretende Szenarien zu sich gegenseitig ausschließenden Maßnahmen führen. Dies ist häufig im Spannungsfeld von Safety und Security der Fall, etwa wenn ein Brand und ein Diebstahl in einem Geschäft mit wertvollen Exponaten simultan auftreten: Der Brand verlangt eine sofortige Evakuierung, der Diebstahl hingegen eine Zurückhaltung der potentiellen Täter im Gebäude. Auch im Zusammenhang mit Fußballstadien sind solche Probleme leidlich bekannt. Hieraus resultieren dann tatsächlich gesonderte Anforderungen an die zu treffenden Maßnahmen, die allerdings in der Regel auch bei der einer vollständigen Analyse der Einzelszenarien und spätestens bei der Planung der Gegenmaßnahmen identifiziert werden können.

Vor dem Hintergrund dieser Überlegungen scheint es angemessen, aus Gründen der Wirtschaftlichkeit und Vereinfachung auf die breite Analyse von möglichen Simultanereignissen zu verzichten. Die Möglichkeit sich gegenseitig ausschließender Maßnahmen sollte allerdings bei der Erarbeitung und Bereinigung einer Gefährdungsanalyse immer in Betracht gezogen werden. Entsprechende Szenarien können dann ausgeschieden, dokumentiert und in der Risikoanalyse bzw. Maßnahmenplanung gesondert untersucht werden.

2.4   Nutzen der Gefährdungsanalyse

Mit der Dokumentation der Gefährdungsanalyse ist der erste Schritt im Prozessmodell der Unternehmenssicherheit abgeschlossen. In der Praxis ist die Durchführung einer Gefährdungsanalyse trotz ihres grundlegenden Charakters allerdings eher selten, vielmehr wird häufig direkt mit der Risikoanalyse begonnen. Von einer derartigen Verkürzung können die Autoren nur abraten. Eine ausführliche Gefährdungsanalyse bringt zwar zunächst Aufwand mit sich, führt durch die verschiedenen, zuvor beschriebenen Schritte und die damit einhergehende Bereinigung der einzelnen Gefährdungen aber auch erst zu einer saubereren Grundlage für die Festlegung des gewünschten Sicherheitsniveaus und der Risikobetrachtungen. Bei einer Vermischung dieser beiden (oder sogar drei) Schritte ist deshalb zu befürchten, dass ineffizienter Mehraufwand betrieben wird, beispielsweise wenn Szenarien einer Risikoanalyse unterzogen werden, die bei einer sorgfältigen Prüfung der Gefährdungsanalyse als irrelevant aussortiert worden wären. Abbildung 2.2 verdeutlicht deshalb nochmals den Umfang der Gefährdungsanalyse als Vorbereitung der Risikoermittlung.

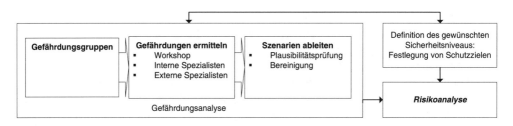

Abbildung 2.2   Gefährdungsanalyse als Vorstufe der Risikoanalyse

Der hauptsächliche Nutzen der Gefährdungsanalyse liegt allerdings in der nur mit ihr als Analyseinstrument möglichen, methodisch sauberen Ermittlung aller unternehmensbezogenen Gefährdungen. In diesem Zusammenhang muss man sich vor Augen halten, dass die Risikoermittlung streng genommen nur ein methodisches Vorgehen auf Basis der als gegeben angenommenen Gefährdungen ist, das bestenfalls zur Berechnung eines quantitativen Risikowerts dient. Dementsprechend steht bei Risikobetrachtungen vor allem die Entwicklung und Anwendung einer einwandfreien, nachvollziehbaren und weitestgehend manipulationssicheren Berechnungsmethodik im Vordergrund (vgl. dazu auch Kapitel 4). Bei der Gefährdungsanalyse hingegen ist die Sammlung und Auswertung von unternehmensbezogenem Wissen hauptsächliche Aufgabe der Beteiligten, die deshalb fast zwangsläufig einen anderen Erfahrungs- und Wissenshintergrund als die mit Risikobetrachtungen befassten Personen benötigen. Gerade in großen Unternehmen mit weit verstreutem Wissen ist die Gefährdungsanalyse daher eine ressourcenintensive Angelegenheit und wird trotz ihres offensichtlichen Nutzens vernachlässigt. Eine nicht oder nur unvollständig durchgeführte Analyse führt unter Umständen, wie das Beispiel des in Box 5 dargestellten Gletscherbahnunglückes von Kaprun in Österreich zeigt, allerdings zu erheblichen Lücken im Sicherheitskonzept und kann deshalb bei genauerer Betrachtung nicht zur Diskussion stehen.

Box 5: Das Gletscherbahnunglück von Kaprun

Am 11. November 2000 kommt es bei einem Brand der Tunnelstandseilbahn in Kaprun, die das Gletscherskigebiet Kitzsteinhorn im österreichischen Bundesland Salzburg erschließt, zu einer Brandkatastrophe, bei der 155 zumeist junge Fahrgäste ums Leben kommen. Verursacht wird der Brand durch die Überhitzung eines Heizlüfters im unbesetzten hinteren Führerstand der havarierten Wagengarnitur, auf den zudem Hydrauliköl aus einer undichten Leitung der Bremsanlage tropft. Der durch diese Verkettung unglücklicher Umstände entstandene Brand breitet sich sehr schnell vom Führerstand auf die ganze im Tunnel befindliche Wagengarnitur aus, die nur wenige Passagiere lebend verlassen.

Bei den folgenden Untersuchungen und Prozessen werden die Schuldfrage und die Vorhersehbarkeit des Ereignisses intensiv diskutiert. Dabei kommen verschiedene Gutachten, unter anderem einer Internationalen Expertenkommission Tunnel-Standseilbahnen, zu dem kontroversen Ergebnis, dass „das Unglück in Kaprun ein in diesem Ausmaß neues, bisher nicht erkanntes Gefährdungsbild darstellt" (IETS, 2001: S. 3). Damit werden die vergleichsweise geringen Brandschutzanforderungen und Maßnahmen der Bahn und des Tunnels, beispielsweise bezüglich der verwendeten Materialen und existierenden Fluchtmöglichkeiten, begründet. Hintergrund dieser Beurteilung ist die vor dem Ereignis vertretende Ansicht, dass ein ohne Motor betriebener Seilbahnwaggon nicht brennen könne und diese Gefährdung daher bei unternehmensinternen oder externen Überprüfungen nicht zu untersuchen ist. Diese Beurteilung löst bei vielen Betrachtern aufgrund der Tatsache Empörung aus, dass gerade im Bundesland Salzburg vor dem Unglück diverse Erfahrungen mit Tunnelbränden, zuletzt 1999 im Tauerntunnel, gemacht worden waren und die grundsätzliche Gefährdung daher eigentlich leidlich bekannt gewesen sein sollte.

3 Definition des gewünschten Sicherheitsniveaus

3.1 Grundsätzliche Bemerkungen

Durch die Analyse der unternehmensbezogenen Gefährdungen können sich die Entscheidungsträger eines Unternehmens darüber Klarheit verschaffen, welche Ereignisse mutmaßlich zu erwarten sind. Andererseits muss vice versa das Maß an gewünschter Sicherheit bestimmt werden, an dem sich die Maßnahmen zur Prävention bzw. Bekämpfung dieser Ereignisse orientieren können. Da die Definition des Begriffs „Sicherheit" subjektiv ist, ist die Bestimmung von Sicherheitsindikatoren und ihrer konkret angestrebten Ausprägung zwingend notwendig. In diesem Zusammenhang spricht man von Schutz- oder Sicherheitszielen.

Die Schutzziele eines Unternehmens legen letztendlich fest, inwieweit aus Gefährdungen resultierende Risiken noch akzeptiert werden können oder durch entsprechende Sicherheitsmaßnahmen zu senken sind. Sie haben daher erheblichen Einfluss auf die Ermittlung, vor allem aber auf die Bewertung der unternehmensbezogenen Risiken.

Die Festlegung der Schutzziele besteht aus zwei zeitlich nachfolgenden Aufgaben. Anfangs muss geklärt werden, welche operationalisierbaren Hilfsgrößen zur Annäherung an das Oberziel „Sicherheit" als Sicherheitsindikatoren überhaupt gewählt werden. Dabei kann es sich neben anderen um Zuverlässigkeitseigenschaften, wie die Anzahl der Unfälle, Verletzten oder Todesopfer, aber auch um monetäre Schäden aus Ereignissen handeln. Dann wird diesen Indikatoren jeweils ein Wert oder ein konkretes Ziel zugewiesen werden, dessen Erfüllung als Schutzziel ausgegeben wird. Bei Bedarf wird auch die Rangfolge der einzelnen Schutzziele festgelegt (vgl. Box 6).

Unternehmen sind bei der Festlegung von Sicherheitsindikatoren und Schutzzielen keinesfalls vollständig frei, sondern müssen folgende Determinanten bei der Definition des gewünschten Sicherheitsniveaus berücksichtigen:

- *Externe Einflussfaktoren*, insbesondere gesetzlich vorgeschriebene Schutzziele, die Auflagen von Versicherungen, Geschäftspartnern und Kapitalgebern oder die in der öffentlichen Meinung verbreiteten Vorstellungen zu Sicherheit;
- *Unternehmensbezogene Einflussfaktoren*, die sich vor allem aus den Aufgaben und Leistungen eines Unternehmens ergeben.

Box 6: Sicherheitsindikatoren und Schutzziele (Beispiel)

Für eine Großbaustelle wird ein Sicherheitskonzept erarbeitet. In einem ersten Schritt werden als Indikatoren für den sicheren Baubetrieb die Anzahl Unfälle pro 1000 Mitarbeiter/Jahr und die Unterbrechung des Baubetriebs durch Ereignisse (in Stunden) gewählt. Darauf aufbauend werden die Schutzziele wie folgt quantifiziert:

1.   Maximal 100 Unfälle / 1000 Mitarbeiter [Jahr]

2.   Maximaler Betriebsunterbruch nach Unfall: 4 Stunden

Die Risikoermittlung und die Maßnahmenplanung orientieren sich bei der weiteren Erarbeitung an diesen Schutzzielen und ihrer Reihenfolge.

In den folgenden Unterkapiteln werden dieser Überlegung folgend zunächst die Determinanten der Schutzzieldefinition und ihr konkreter Einfluss auf das angestrebte Sicherheitsniveau von Unternehmen beleuchtet. Darauf aufbauend erfolgen die Beschreibung von Verfahren zur tatsächlichen Festlegung der Schutzziele sowie die Diskussion notwendiger Anpassungen an einmal bestimmten Schutzzielen.

3.2   Externe Einflussfaktoren

3.2.1   Rechtliche Rahmenbedingungen

Die Regulierung privatwirtschaftlicher Unternehmen durch staatliche oder suprastaatliche Institutionen ist, obwohl ihre Vor- und Nachteile generell intensiv diskutiert werden (vgl. Laffont, 1994), heutzutage in fast allen Ländern eine Selbstverständlichkeit. Gesetze und Verordnungen, die die Sicherheit von Mitarbeitern, Kunden oder Anrainern potentiell gefährlicher Unternehmen zum Gegenstand haben, sind dabei seit jeher wesentlicher Bestandteil ordnungspolitischer Eingriffe. Bereits 1840 wurde in Großbritannien der erste *Railway Regulation Act* verabschiedet, der umfangreiche Sicherheitsbestimmungen enthielt; auch Regelungen zu Arbeitssicherheit und Gesundheitsschutz gehen teilweise bis in die zweite Hälfte des 19. Jahrhunderts zurück (vgl. Clark, 1999: 96).

Bis heute wurden auch in den deutschsprachigen Ländern Gesetze und Verordnungen eher ausgeweitet als im Rahmen oftmals angekündigter Deregulierungsinitiativen im Sinne einer Vereinfachung revidiert. Dabei haben sich für den Bereich der Unternehmenssicherheit insbesondere die Regelungen des Ordnungs-, Haftungs-, Straf- und seit einiger Zeit auch des Aktienrechts als von Bedeutung erwiesen. Ihnen ist in der Regel gemein, dass ihre Nichtbeachtung bei der Festlegung von Schutzzielen und Durchführung von Maßnahmen mit empfindlichen Nachteilen für das betroffene Unternehmen, etwa in Form von nicht erteilten Genehmigungen, Schadenersatzklagen im Ereignisfall oder Geldbußen und sonstigen Strafzahlungen verbunden ist. Zudem basieren die Urteile Dritter zu einem sicherheitsrelevanten Zwischenfall häufig auf der Einhaltung gesetzlicher Bestimmungen durch das Unternehmen, sodass die Schadendeckung von Versicherungen oder die Be-

richterstattung in den Medien implizit durch die rechtlichen Rahmenbedingungen beeinflusst werden.

Eine vollständige Aufzählung und Kommentierung aller gesetzgeberischen Quellen würde
den Rahmen des vorliegenden Buches sprengen. Während sich eine Aufstellung ausgewähl-
ter Gesetzesgrundlagen im Anhang findet, werden an dieser Stelle daher nur die wichtigsten
Besonderheiten der einzelnen Regelungskreise zusammenfassend dargestellt.

- *Ordnungsrecht:* Ordnungs- oder Genehmigungsrecht ist ein weit verbreitetes Instrument
  zur Regulierung potentiell gefährlicher Tätigkeiten. Anhand der Genehmigungsverfahren
  wird sichergestellt, dass konkrete Normen zur Betriebssicherheit bzw. zum Schutz von
  Mensch und Umwelt beim Errichten oder dem Betrieb eines Unternehmens eingehalten
  werden (vgl. WBGU, 1998: 268). Auf nationaler Ebene gehören zum Ordnungsrecht beispielsweise die Bestimmungen zum vorbeugenden Brandschutz, die in Deutschland in
  der Musterbauordnung resp. den einzelnen Landesbauordnungen und in der Schweiz
  durch die Regelwerke der Vereinigung Kantonaler Feuerversicherungen (VKF) kodifiziert sind. Auch die Regelungen der Umweltschutzgesetzgebung, insbesondere die auf
  eine europäische Richtlinie zurückgehende Störfallverordnung, und die Vorschriften zu
  Arbeitssicherheit und Gesundheitsschutz stellen fundamentale Bestandteile des für die
  Unternehmenssicherheit relevanten Ordnungsrechts dar. Daneben existieren verschiedene
  Spezialgesetze und Verordnungen, die nur für besondere Wirtschaftszweige oder Tätigkeiten von Relevanz sind, etwa das Eisenbahnbundesgesetz (EBG), und teilweise auch
  von supranationalen Institutionen erlassen werden, beispielsweise in der See- und Luft-
  fahrt. Ordnungsrechtliche Regelungen sind einerseits bei der Neuaufnahme von Tätigkeiten, Neu- und Erweiterungsbauten, der Inbetriebnahme neuer Anlagen etc. relevant, da
  sie im Rahmen des Genehmigungsverfahrens zur Anwendung kommen. Darüber hinaus
  finden in den Betriebsphasen meistens regelmäßige Überprüfungen in kodifizierten Abständen statt, bei denen die Einhaltung organisatorischer Genehmigungsauflagen bzw.
  etwaige Änderungen der genehmigten Anlagen beurteilt werden. Dies kann durch die
  staatlichen Behörden selbst, aber auch durch besonders geeignete Dritte, beispielsweise
  Sachverständige oder Mitarbeiter des TÜV erfolgen. Neben dem nationalen ordnungsrechtlichen Regelrahmen sind zunehmend auch internationale Bestimmungen zu beachten, etwa EU-Richtlinien. In der Regel werden sie jedoch erst bei einer Ratifizierung und
  Übernahme in nationales Recht verbindlich, wobei in einigen Fällen auch schlicht auf die
  Einhaltung internationaler Standards als Genehmigungsvoraussetzung verwiesen wird.
  Die ordnungsrechtlichen Regelungen sind aufgrund ihres verbindlichen Charakters we-
  sentliche Entscheidungsgrundlagen für Unternehmen, konzentrieren sich aufgrund des
  Fokus des Gesetzgebers allerdings auf die Schutzziele Personen, Umwelt und, in be-
  grenztem Umfang, Sachgüter (vgl. Mehl, 2007: 247). Diese Einengung ist für die meisten
  Unternehmen jedoch kaum ausreichend, da sie sich auch mit wirtschaftlich orientierten
  Schutzzielen, beispielsweise bezüglich Business Continuity Management, oder sich auf
  kriminelle Handlungen beziehende Schutzziele auseinandersetzen müssen. Schließlich
  eignen sie sich aufgrund der teilweise langwierigen Anpassungsprozesse des Gesetzgebers nur bedingt als Maßstab zur Abwehr bisher unbekannter Gefährdungen und sind zudem durch Unübersichtlichkeit gekennzeichnet.

- *Haftungsrecht:* Die Auswirkungen haftungsrechtlicher Regelungen ergeben sich für Unternehmen zumeist erst nach Eintritt eines sicherheitsrelevanten Ereignisses, wenn im Rahmen zivilrechtlicher Verfahren Schadenersatzansprüche geschädigter Dritter befriedigt werden müssen. Nichtsdestoweniger wird Haftungsregeln auch eine präventive Funktion zugebilligt, da durch sie Anreize zur Erhöhung der Sicherheitsmaßnahmen entstehen (vgl. WBGU, 1998: S. 238). Ob und in welchem Umfang durch das verursachende Unternehmen Schadenersatzleistungen geleistet werden müssen, wird unter Berücksichtigung des einschlägigen Ordnungsrechts und dem Beizug sachverständiger Dritter entschieden. Dabei kommt in der Regel das System der Verschuldenshaftung zur Anwendung, nach dessen Logik die Sorgfalt des verursachenden Unternehmens als Maßstab herangezogen wird. Mitunter wird sich allerdings auch dem System der Gefährdungshaftung angeschlossen, nach dem ein Unternehmen bereits aufgrund der Tatsache, dass eine potentiell gefährliche Technologie verwendet wird, haften muss (vgl. Steffen, 1990). Aufgrund der mit juristischen Auseinandersetzungen verbundenen Unsicherheiten ist die konkrete Ableitung von Schutzzielen aus Haftungsregeln schwierig. Sie verstärken vielmehr die Notwendigkeit, ordnungsrechtliche Regelungen umzusetzen und allgemein eine objektiv ausreichende Sorgfalt beim Betrieb gefährlicher Technologien walten zu lassen. Indirekt üben sie jedoch durch die Versicherungen, die für die Haftungsansprüche eintreten müssen, erheblichen Einfluss auf die Schutzzieldefinition aus, da die Versicherungen durch Auflagen an das Unternehmen versuchen, sicherheitsgerechtes Verhalten zu erreichen und somit mögliche Schadenersatzansprüche abzuwenden bzw. gering zu halten.

- *Strafrecht:* Strafrechtliche Konsequenzen zielen aufgrund der gesetzgeberischen Logik nicht auf ein Unternehmen, sondern auf in diesem Unternehmen handelnde Personen. Im Bereich der Personenschäden kommen insbesondere die Tatbestände der fahrlässigen resp. grob fahrlässigen Körperverletzung oder Tötung in Betracht, für die einzelne Mitarbeiter, Vorgesetzte oder die Mitglieder der Geschäftsleitung bei entsprechenden Ereignissen belangt werden können. Hier ist ein Nachweis der individuellen Schuld allerdings regelmäßig schwer zu führen, da zumeist verschiedene Mitarbeiter in unterschiedlichem, schwer zu beurteilenden Ausmaß beteiligt sind. Bei Vermögensdelikten hingegen, etwa wirtschaftskriminellen Handlungen, sind die Täter häufig deutlich einfacher zu identifizieren und dementsprechend zu belangen. Seit längerer Zeit wird allerdings diskutiert, bei unternehmensinternen Versäumnissen nicht nur die direkt Beteiligten strafrechtlich zur Rechenschaft zu ziehen, sondern auch die leitenden Angestellten, sofern ihnen eine Vernachlässigung der Aufsichtspflicht nachgewiesen werden kann, anzuklagen. Die unklare Zuständigkeit bei strafrechtlich relevanten Verstößen verhindert allerdings derzeit noch häufig, dass sie bei der Definition der Schutzziele noch stärker berücksichtigt werden.

- *Aktienrecht:* Die Aufnahme sicherheitsrelevanter Bestimmungen in den handelsrechtlichen Regelkreis ist in Kontinentaleuropa vergleichsweise neu und geht primär auf die spektakulären wirtschaftskriminellen Handlungen und diverse Firmenpleiten zu Beginn dieses Jahrtausends zurück. Der Ausgestaltung des Handelsrechts mit seinen teilweise recht breiten, im Rahmen der Bilanzpolitik auszulegenden Bestimmungen folgend sind die relevanten Paragraphen vergleichsweise allgemein gehalten. So verlangt § 91 des deutschen Aktiengesetzes (AktG) lediglich den Aufbau eines Risikomanagement- und Überwachungssystems, ohne dessen Inhalte genauer zu spezifizieren. Ähnliche Formulierungen finden sich auch im Handelsgesetzbuch (HGB), speziell in § 289, der auf die

Berichtspflichten bezüglich des Risikomanagements im Lagebericht eingeht. Im vergleichbaren Schweizer Obligationenrecht (Artikel 663b, Ziffer 12) wird ebenfalls gefordert, dass jedes Unternehmen, welches einer ordentlichen oder eingeschränkten Revision unterliegt, eine Risikobeurteilung durchführen und im Anhang der Jahresrechnung darstellen muss. Die konkreten Auswirkungen dieser handelsrechtlichen Bestimmungen abzuschätzen fällt allerdings schwer; aufgrund des Adressatenkreises handelsrechtlicher Bestimmungen, den Erstellern und Lesern der Unternehmensbilanzen, ist allerdings eher davon auszugehen, dass mit den entsprechenden Vorschriften vor allem eine bessere Darstellung der sicherheitsrelevanten Maßnahmen erreicht werden soll. Zudem fokussieren sie stark auf finanzwirtschaftliche oder sogar strategische Risiken, die nach der diesem Buch zugrundeliegenden Abgrenzung nicht Gegenstand der Unternehmenssicherheit sind.

Eine Gesamtschau des rechtlichen Regelrahmens verdeutlicht, dass dieser insbesondere verbindliche Minimalstandards im Bereich Umwelt- und Personenschutz festlegt, deren Durchsetzung durch Haftungsregeln vereinfacht wird. Strafrechtliche Konsequenzen sind regelmäßig schwer durchzusetzen, das Aktienrecht beinhaltet nur vergleichsweise allgemeine Vorschriften. Somit reicht das Studium gesetzlicher Vorschriften alleine in der Regel keineswegs aus, um das gewünschte Sicherheitsniveau bzw. Schutzziele zu definieren, zumal Vorschriften zur Abwehr krimineller Handlungen kaum existieren. Nichtsdestoweniger bildet der rechtliche Regelrahmen die Basis für die Festlegung von Schutzzielen und späteren Maßnahmen, da verschiedene andere Einflussfaktoren, insbesondere Versicherungen, direkt von gesetzlichen Regelungen abhängen.

3.2.2   Versicherungen

Im Zusammenhang mit den haftungsrechtlichen Regelungen, aber auch aufgrund der zu erwartenden Schäden aus sicherheitsrelevanten Ereignissen an den unternehmenseigenen Vermögensgegenständen spielen Versicherungen für die Festlegung der Schutzziele eine wesentliche, oftmals über die Bedeutung des rechtlichen Regelrahmens hinausgehende Rolle.

Versicherungen dienen dem Risikoausgleich zwischen von derselben Gefahr bedrohten Wirtschaftseinheiten, im betrachteten Fall Unternehmen. Sie machen sich dabei das sog. Gesetz der großen Zahlen zunutze, nach dem sich die relative Häufigkeit eines (sicherheitsrelevanten) Zufallsereignisses immer weiter der theoretischen Wahrscheinlichkeit annähert, je größer die Zahl der beobachteten Fälle ist. Für Versicherungen bedeutet dies, dass sie bei einer großen Anzahl versicherter Personen, Güter oder Sachwerte die Ereigniswahrscheinlichkeit relativ genau berechnen können, unter Berücksichtigung der auftretenden Schäden eine Prämie festlegen und somit die Zufallskomponenten, denen einzelne Unternehmen ausgesetzt sind, minimieren können. In der Versicherungsprämie ist dabei auch ein Gewinn für die Versicherung enthalten; sie stellt praktisch die Gegenleistung für die Übernahme eines Risikos durch die Versicherung dar. Der Funktionsmechanismus der Versicherungen ist in Box 7 beispielhaft beschrieben.

Box 7: Wie arbeitet eine Versicherung?

Betrachtet sei eine fiktive Versicherung, die Bahnunternehmen gegen die Sachschäden aus Bränden von Triebfahrzeugen versichert. Derzeit sind Bahnunternehmen mit insgesamt 10000 Fahrzeugen bei der Versicherung versichert, die im letzten Jahr 50 leichte Brände ($p = 0.005$), 12 mittelschwere Brände ($p = 0.0012$) und 4 schwere Brände ($p = 0.0004$) aufwiesen (p: jeweils Brände/Fahrzeug). Die mittleren Kosten für einen leichten Brand liegen bei € 8000, die mittleren Kosten für einen mittelschweren Brand bei € 45000 und die mittleren Kosten für einen schweren Brand bei € 120000. Multipliziert man jeweils die Wahrscheinlichkeit eines Brandes mit den mittleren Kosten eines Brandes und addiert diese über die drei Brandkategorien, erhält man einen rechnerischen Gesamtschaden pro Triebfahrzeug und Jahr von € 40 + € 54 + € 480 = € 574, der die Basis für die Prämie der Versicherung pro Triebfahrzeug und Jahr darstellt. Hierzu werden noch der Gewinn der Versicherung und ggf. Verwaltungskosten zugeschlagen.

Die Versicherung berechnet ihre Prämien jährlich aufgrund der aktuellen Ereigniswahrscheinlichkeiten und resultierenden Kosten neu. Zusätzlich aufgenommene Kunden verändern daher, sofern sie über ein abweichendes Risikoprofil verfügen (also mehr oder weniger Brände bzw. Schäden in anderer Höhe), etwa aufgrund anderer Fahrzeuge oder beförderter Güter, die Versicherungsprämie für alle Versicherungskunden. Bei einer Zunahme der Kunden kann die Versicherung wiederum einzelne Versicherungen für unterschiedliche, sich in ihren Risiken gleichende Triebfahrzeuge anbieten, sofern eine ausreichende Annäherung an die theoretische Eintretenswahrscheinlichkeit gegeben ist. Dadurch wird eine Differenzierung der Versicherungsprämie für „sichere" und „unsichere" Fahrzeuge bzw. Kunden möglich. Auf- und Abschläge der Prämie für Kunden mit besonders vielen/wenigen und kostenintensiven/-günstigen Brandereignissen sind ebenfalls denkbar.

Die für Unternehmen relevanten Versicherungen lassen sich grundsätzlich in drei Gruppen einteilen:

- *Sachversicherungen*, beispielsweise gegen Schäden an den Vermögensgütern des Unternehmens aus Feuer, Explosionen, Fahrzeugunfällen, Erdbeben, Hochwasser etc.,
- *Vermögensversicherungen*, beispielsweise Haftpflichtversicherungen bei Beschädigung der Vermögensgüter Dritter, Rechtsschutzversicherungen oder Betriebsunterbrechungsversicherungen,
- *Personenversicherungen*, beispielsweise Unfall- oder Krankenversicherungen für die Mitarbeiter des Unternehmens. Personenversicherungen spielen allerdings im Bereich der Unternehmenssicherheit eine eher untergeordnete Rolle.

Die Versicherungen, unabhängig von der Art der angebotenen Versicherung, überprüfen vor dem Abschluss eines Versicherungsvertrags insbesondere die für die Berechnung der Prämie relevanten Parameter Eintretenswahrscheinlichkeit oder Häufigkeit bzw. mittlere Kosten der zu versichernden Ereignisse. Zu diesem Zweck verfügen sie zumeist über eigene Risk Management oder Risk Engineering-Abteilungen, in denen entsprechend qualifizierte Mitarbeiter das jeweilige Risikoprofil des zu versichernden Unternehmens ermitteln. Bei außergewöhnlichen Versicherungsgegenständen oder Risiken werden mitunter auch externe Gutachter beigezogen; bei Standardprodukten, etwa Feuerversicherungen, übernimmt der Sachbearbeiter (sog. Underwriter) die Ermittlung der Risiken hingegen teilweise selbst.

Bei der Risikoermittlung überprüfen die Versicherungen naturgemäß neben den grundsätzlich relevanten Gefährdungen auch die ergriffenen oder vorgesehenen Maßnahmen zur Erhöhung der Sicherheit (d. h. Schadenvorsorge oder Schadenverminderung) und somit die zugrundeliegenden Schutzziele. Erscheinen den Versicherungen diese Maßnahmen unangemessen, können sie entweder von einem Versicherungsvertrag Abstand nehmen, Ausschlussklauseln für bestimmte Risiken in den Versicherungsvertrag aufnehmen oder die Versicherungsprämie erhöhen. Während letztere Variante vor allem finanzielle Konsequenzen mit sich bringt, kann die Verweigerung der Versicherung, ein Risiko abzudecken, zur Einstellung der gewünschten Tätigkeit führen und somit erhebliche Schäden für das betroffene Unternehmen verursachen. Dies ist insbesondere dann der Fall, wenn Genehmigungen an den Nachweis ausreichender Versicherungen geknüpft sind oder die Risiken durch das Unternehmen keinesfalls selbst getragen werden können. Da in den meisten Ländern keine grundsätzliche Pflichtversicherung für Unternehmen besteht, können die Versicherungen durch die Verweigerung eines Versicherungsvertrags erheblichen Druck ausüben.

Bei der Festlegung von Schutzzielen, aber auch bei der darauf aufbauenden Planung und Realisierung von Maßnahmen empfiehlt sich daher dringend, frühzeitig mit der oder den entsprechenden Versicherungsgesellschaften Kontakt aufzunehmen und die Vorstellungen bezüglich des gewünschten und versicherbaren Sicherheitsniveaus abzustimmen. Neben dem persönlichen Kontakt können in einer ersten Phase auch die vom Gesamtverband der deutschen Versicherungswirtschaft (GDV), insbesondere den Bereichen

- Büro für Schadenverhütung und Technik, Köln;
- VdS-Schadenverhütung (VdS stand vor der Gründung des GDV für den Verband der Schadenversicherer);

gemeinsam herausgegebenen technischen Spezifikationen, Regeln und Verhaltenskodizes konsultiert werden. Sie können entweder direkt bei den einzelnen Versicherungsgesellschaften oder beim GDV bezogen werden. Darüber hinaus existieren zusätzliche Zusammenschlüsse und besondere Regelwerke für Spezialversicherungen, etwa im Bereich der Kunst- oder Werttransportversicherungen. Sie ergänzen die staatlichen Regelwerke vor allem im Bereich der polizeilichen Gefahrenabwehr bzw. Vermögensdelikte.

Einschränkend ist allerdings anzumerken, dass durch Versicherungen nur solche Risiken abgedeckt werden, die tatsächlich versicherbar sind, also gleichartige, eine ausreichend große Anzahl von Personen betreffende Risiken, bei denen die Gesamtsumme des Schadens kalkulierbar ist und der Eintritt des Schadens zufällig erfolgt (vgl. Brümmerhoff, 2001: 322). Nicht alle für Unternehmen relevante Risiken erfüllen diese Merkmale vollumfänglich, etwa Betriebsunterbrechungen, die durchaus auch bewusst und nicht zufällig (etwa im Rahmen von Streiks) herbeigeführt werden können. Hier nehmen Versicherungen dann auch keinen Einfluss auf die Definition der Schutzziele.

3.2.3   Geschäftspartner und Kapitalgeber

Neben den Versicherungen üben in vielen Fällen auch andere Geschäftspartner Einfluss auf die Definition des gewünschten Sicherheitsniveaus im Unternehmen aus. Dies gilt im besonderen Maße für Kapitalgeber, die über die Kapitalmärkte oder direkt zur Finanzierung des Unternehmens beigetragen haben. Andere Geschäftspartner wiederum können mit dem Unternehmen auf vor- oder nachgelagerter Produktionsebene, als Nutzer bzw. Ersteller von durch das Unternehmen erbrachten bzw. in Anspruch genommenen Dienstleistungen oder im Rahmen einer Partnerschaft bzw. Allianz verbunden sein.

Auch diese Geschäftspartner beeinflussen die Definition der Schutzziele stark, da sie immer öfter Geschäftsbeziehungen entweder an die Einhaltung direkter Auflagen bezüglich Qualität und Sicherheit knüpfen oder von vorneherein zertifizierte Qualitäts- und Sicherheitsmanagementsysteme verlangen. Eine Auswertung verschiedener diesbezüglicher Befragungen hat ergeben, dass für 60% der befragten Unternehmen das Kundenverlangen (in der Regel handelt es sich dabei um größere, als Geschäftspartner zu bezeichnende Kunden) der Grund für die Implementierung und Zertifizierung eines Qualitätsmanagementsystems ist (vgl. Ebel, 2003: 144). Der damit verbundene Anpassungsdruck führt dazu, dass eine steigende Anzahl von Unternehmen ein Qualitätsmanagementsystem aufbauen und zertifizieren lassen muss, um insbesondere im Bereich der Geschäftskunden am Markt bestehen zu können. Diese Feststellung gilt darüber hinaus nicht nur für Kunden, sondern auch bezüglich der Mitgliedschaft in vorübergehenden oder dauerhaften Zusammenschlüssen und Gemeinschaften.

Bereits die üblichen Qualitätsmanagementsysteme nach DIN ISO 9000 ff. sollen dabei der Risikominimierung dienen, in dem sie, so die DIN EN ISO 9004 in Abschnitt 7.3.1, der Unternehmensleitung dabei helfen, „potenzielle Risiken für die Nutzer der Produkte und Prozesse der Organisation zu erkennen und zu verringern." Gerade bei Geschäftsbeziehungen in sicherheitskritischen Bereichen reicht vielen Geschäftspartnern ein reines Qualitätsmanagementsystem jedoch nicht mehr aus. Sie verlangen bei der Vergabe von Aufträgen die Umsetzung bzw. Zertifizierung spezifischer Managementsysteme, wobei insbesondere folgende Systeme relevant sind:

- Umweltmanagementsystem nach DIN ISO 14000 ff., das Aussagen u.a. zu Wasser-, Abfall- und Luftemissionen sowie zu Boden- und Grundwassermanagement enthält. Der Einbezug eines Unfall- und Risikomanagements wird dabei, obwohl nicht explizit vorgeschrieben, nach Ansicht diverser Autoren immer bedeutsamer (vgl. Glaap, 1995; Linß, 2005).
- Managementsystem für Arbeitssicherheit und Gesundheitsschutz nach OHSAS 18001 (OHSAS steht für die Occupational Health and Safety Assessment Series, die mit den o.g. DIN ISO-Normen kompatibel ist), das Aussagen zu Grundsätzen, Strategie und Programmen bezüglich Arbeitssicherheit und Gesundheitsschutz enthält.
- Managementsystem zur Informationssicherheit nach ISO 17799 (internationale Norm) oder IT-Grundschutz-Zertifikat des deutschen Bundesamtes für Sicherheit in der Informationstechnik (BSI), das die Umsetzung der Standardsicherheitsmaßnahmen in Bezug auf informationstechnische Einrichtungen sicherstellt.

Neben aus dem Bedürfnis nach einer Zertifizierung resultierenden Schutzzielen werden Unternehmen ergänzend auch von Geschäftspartnern direkt zur Einhaltung gewisser sicherheitsrelevanter Auflagen angehalten. Häufig gehören dazu Erklärungen bezüglich Informationssicherheit und Geheimhaltung, Einhaltung oder Übererfüllung von Regelungen bezüglich Arbeitssicherheit und Gesundheitsschutz, etwa wenn in einem Drittland nur gesetzliche Minimalstandards gelten, oder zum Business Continuity Management bei zeitkritischen Lieferungen und Leistungen. Derartige Erklärungen werden dann Bestandteil des abgeschlossenen Vertrags, ihre Nichteinhaltung mit Geldbußen oder einer Vertragsauflösung geahndet.

Bei der Definition der Schutzziele empfiehlt sich daher, entsprechende Anforderungen der aktuellen oder zukünftigen Geschäftspartner mit einzubeziehen sowie die Gepflogenheiten und Entwicklungen in der eigenen Branche sorgfältig zu beobachten. Schließlich ist bei der Analyse der Gefährdungen vice versa auch einzubeziehen, dass Geschäftspartner möglicherweise geringere Schutzziele definiert haben als das betrachtete Unternehmen. In diesem Fall sollten die diesbezüglichen Einflussmöglichkeiten auf das gewünschte Sicherheitsniveau solcher Partner eruiert werden.

Eine nochmals exponierte Rolle bei der Festlegung der Schutzziele nehmen schließlich solche Geschäftspartner ein, die Fremd- oder Eigenkapital zur Verfügung gestellt haben. Eigenkapitalgeber erwerben entweder über Aktienmärkte oder direkt Unternehmensanteile, mit denen sie an Gewinnen und Verlusten des Unternehmens direkt partizipieren. Obwohl der Zugang zu Aktienmärkten vergleichsweise stark reguliert ist, finden sich in den entsprechenden Zulassungsbestimmungen keine über die handelsrechtlichen Forderungen des Aktiengesetzes und Handelsgesetzbuches hinausgehenden Verpflichtungen die Unternehmenssicherheit betreffend. Anteilseigner von Unternehmen können daher im Wesentlichen nur im Rahmen der Haupt- oder Gesellschafterversammlung Einfluss auf die Geschäftsführung und Entscheide zur Unternehmenssicherheit bzw. den Schutzzielen nehmen.

Im Bereich der Fremdkapitalfinanzierung, also des Bankensektors, kommt der Unternehmenssicherheit spätestens seit der Umsetzung der Basel II-Rahmenvereinbarung (vgl. dazu Box 8) gesteigerte Bedeutung zu. Die Richtlinie, die sich zunächst an Finanzinstitute wendet und zur Stabilität des Bankenwesens beitragen soll, postuliert eine Kopplung der für die Banken notwendigen Eigenkapitalausstattung an die (Kredit-)Risiken des Instituts, wobei auch sogenannte operationelle Risiken einbezogen werden sollen. Unter diesen operationellen Risiken versteht der verantwortliche Basler Ausschuss für Bankenaufsicht (BAfB) „die Gefahr von Verlusten, die in Folge der Unangemessenheit oder des Versagens von internen Verfahren, Menschen und Systemen oder in Folge von externen Ereignissen eintreten. Diese Definition schließt Rechtsrisiken ein, beinhaltet aber nicht strategische Risiken oder Reputationsrisiken" (BAfB, 2003: 2). Zunächst einmal sind diese Risiken durch die Banken selbst zu identifizieren und minimieren, wobei Grundsatz 4 der Praxisempfehlungen für Banken und Bankenaufsicht fordert, dass alle wichtigen Produkte, Tätigkeiten, Verfahren und Systeme einzubeziehen sind (vgl. BAfB, 2003: 4). Daraus ergibt sich wiederum, dass auch die Kunden der Bank, insbesondere die Kreditnehmer, in mehr oder weniger starker Form in das Risikomanagement einbezogen werden müssen und, zusätzlich zur Überprüfung von Kreditrisiken, ihre operationellen Risiken angemessen zu berücksichtigen sind.

Box 8: Die Basel II-Richtlinien

Im Zusammenhang mit dem unternehmensbezogenen Risikomanagement wird häufig die im alltäglichen Sprachgebrauch mit Basel II abgekürzte „Rahmenvereinbarung Internationale Konvergenz der Eigenkapitalmessung und der Eigenkapitalanforderungen" des Basler Ausschusses für Bankenaufsicht aus dem Jahr 2004 zitiert. Die aktuellen Regelungen ersetzen die sog. Basel I-Richtlinien und sollen zur Schaffung einer angemessenen Eigenkapitalausstattung von Banken sowie einheitlicher Wettbewerbsbedingungen für Kreditvergabe und -handel beitragen. Oberziel ist, die Stabilität des internationalen Bankenwesens zu gewährleisten und eine umfangreiche Bankenkrise aufgrund riskanter Kredite zu verhindern.

Die Basel II-Vereinbarung beinhaltet Mindesteigenkapitalanforderungen an kreditvergebende Banken (Säule 1), einen definierten bankaufsichtlichen Überprüfungsprozess zur Überwachung der Mindestkapitalanforderungen (Säule 2) und erweiterte Offenlegungspflichten an die Banken, um möglichst viele Informationen bezüglich der Kreditrisiken im Rahmen der externen Rechnungslegung bzw. handelsrechtlichen Bilanzierung zu veröffentlichen (Säule 3). Durch die letzte Säule wird eine disziplinierende Wirkung auf die Banken durch die Kapitalmärkte, insbesondere Aktienmärkte, erhofft.

Im Rahmen der ersten Säule sind die Banken im Allgemeinen dazu verpflichtet, ein Rating ihrer Kreditrisiken durchzuführen und, nach Ausfallrisiko gestaffelt, ausreichend Eigenkapital für Kreditausfälle vorzuhalten. Dies führt in der Regel dazu, dass Banken Kredite an Kreditnehmer mit schlechtem Rating nur zu erhöhten Zinsen geben oder diese als nicht kreditwürdig einstufen. Gegenüber Basel I wird in der Basel II-Rahmenvereinbarung ausdrücklich auch die Einbeziehung sog. operationeller Risiken in das Rating gefordert, zu denen in besonderem Maße sicherheitsrelevante Ereignisse gehören.

Die Basel II-Rahmenvereinbarung muss gemäß einer EU-Richtlinie seit dem 1. Januar 2007 in allen Mitgliedstaaten der Europäischen Union umgesetzt sein. In Deutschland geschieht dies durch das Kreditwesengesetz, die Mindestanforderungen an das Risikomanagement und die Solvabilitätsverordnung. Auch in der Schweiz wurde die Basel II-Vereinbarung durch die Eidgenössische Bankenkommission in nationales Recht umgesetzt.

Zu den operationellen Risiken gehören gemäß Aufzählung des BAfB unter Anderem betrügerische Handlungen, Sicherheit am Arbeitsplatz (d. h. Arbeitssicherheit und Gesundheitsschutz), Sachschäden durch Naturereignisse oder menschliches und technisches Versagen, Betriebsunterbrechungen und Systemausfälle: alles klassische Gefährdungen aus dem Bereich der Unternehmenssicherheit. Unternehmen müssen sich deshalb darauf einstellen, dass bei der Definition des gewünschten Sicherheitsniveaus auch ein oder mehrere kreditgebende Finanzinstitute Bedürfnisse anmelden oder Forderungen stellen, deren Nichterfüllung zu verschlechterten Fremdkapitalkonditionen führen kann. Allerdings hat sich seit der Umsetzung der Basel II-Richtlinie zum Januar 2007 noch nicht endgültig herauskristallisiert, in welcher Form bzw. welchem Umfang sich die Banken zukünftig mit den operationellen Risiken ihrer Kreditnehmer auseinandersetzen werden. Entsprechend wenig kann daher auch über die Auswirkungen der geplanten EU Solvency II-Richtlinie gesagt werden, die für die

Versicherungswirtschaft ein ähnliches Risikomanagementsystem vorsieht und wiederum auch die operativen Risiken der Versicherungsnehmer betreffen würde.

3.2.4 Interessierte Öffentlichkeit

Einen im Vergleich zu den vorgenannten Akteuren geringeren, jedoch keinesfalls zu vernachlässigenden Einfluss auf die Definition der Schutzziele üben heutzutage die Medien und die durch sie bediente interessierte Öffentlichkeit, insbesondere aktuelle oder potentielle Kunden im Konsumgüterbereich, aus. Viele Betroffene stellen daher fest, dass die Wahrnehmung der Öffentlichkeit bezüglich eines sicherheitsrelevanten Ereignisses oft mindestens genauso bedeutsam für das Unternehmen ist wie das eigentliche Ereignis selbst (vgl. Wailes, 2003: 13). Deshalb hat für die Schadensbegrenzung durch das betroffene Unternehmen eine aktive und umfassende Krisenkommunikation, die möglichst schnell einsetzt, eine große Bedeutung (vgl. Snellen, 2003: 8). Diesem Thema wird sich daher auch im Rahmen von Kapitel 8 zur Krisenbewältigung im Ereignisfall ausführlich gewidmet. Der dadurch zu gewährleistende Schutz des Unternehmensimages kann ohne Zweifel als direkt aus der Öffentlichkeit resultierendes Schutzziel aufgefasst werden.

Allerdings reicht ein elaboriertes System zur Kommunikation bei sicherheitsrelevanten Vorfällen kaum aus. Durch die modernen Kommunikationsmittel wie Mobiltelefone mit integriertem Fotoapparat, Internet oder die Vielzahl an weltweit ausgestrahlten TV- und Radiosendern werden Informationen bezüglich des Ereignisses unkontrolliert und schneller verbreitet, als das Unternehmen in der Regel reagieren kann. In diesem Fall ist es wichtig, dass das Unternehmen die notwendigen Sicherheitsmaßnahmen tatsächlich getroffen und umgesetzt hat, da ansonsten etwaige Sicherheitsmängel früher oder später aufgedeckt werden und die Reputation des Unternehmens zusätzlich schädigen. In der Regel resultieren daraus jedoch primär keine ergänzenden Schutzziele, da die auch von der Öffentlichkeit zur Bewertung herangezogenen Sicherheitsstandards in den rechtlichen Anforderungen bzw. Auflagen der Banken oder Geschäftspartner bereits integriert sind. Nichtsdestoweniger kann die Öffentlichkeit eine Rolle bei der Bewertung der Schutzziele bei Zielkonflikten spielen, etwa wenn der für ein Unternehmen sehr bedeutsame Sachgüterschutz aus dem Bereich Security (etwa stark kontrollierter Zu- und Austritt in Museen mit wertvollen Komponenten) mit dem Personenschutz (permanent freizuhaltende Notausgänge aus dem Museum) konfligiert. Da sicherheitsrelevante Ereignisse in der öffentlichen Bewertung sehr stark von der Anzahl der Todesopfer und Verletzten bzw. der Identifikation mit den Opfern (insbesondere unbeteiligten Dritten) abhängt (vgl. Kastenbaum 1974: 66–67), ist gegebenenfalls eine Neudefinition unternehmerischer Sicherheitsprioritäten notwendig, um Imageschäden nach Ereignissen zu vermeiden.

Die Bedeutung der interessierten Öffentlichkeit erhöht sich zudem dramatisch für international operierende Unternehmen, bei denen die gesetzlich vorgeschriebenen Sicherheitsstandards in den Ländern mit Produktionsstätten deutlich unter den korrespondierenden Regelungen auf den Absatzmärkten liegen. Wie der in Box 9 dargestellte Fall des Sportartikelherstellers Nike eindrucksvoll verdeutlicht, reicht gerade bei stark vom Image des Unternehmens abhängigen Produkten die Erfüllung gesetzlicher Vorgaben keinesfalls aus, um die ethisch-moralischen Bedürfnisse der Kunden zu befriedigen. Unternehmen müssen daher bei der Festlegung ihrer

Schutzziele dem Zusammenhang zwischen Produktimage, Wertvorstellungen der (potentiellen) Käufer und tatsächlich umgesetzten Sicherheitsmaßnahmen besondere Bedeutung beimessen. Dies gilt umso mehr, wenn weder die sonstigen externen Einflussfaktoren noch die unternehmensbezogenen Bedürfnisse besonderen Druck auf die Bestimmung der Schutzziele ausüben.

Box 9: Die Reputationskrise des Sportartikelherstellers Nike

In den 1990er Jahren geriet Nike, damals bereits ein weltumspannendes Unternehmen, wegen der Arbeitsbedingungen in sechs indonesischen Fabriken und bei Vertragspartnern in Pakistan und Indonesien unter starken öffentlichen Druck. In Indonesien wurden in den sechs von Nike beauftragten Schuhfabriken Löhne unter dem indonesischen Mindestlohn bezahlt, Drohungen gegenüber den Mitarbeitern ausgesprochen und eine Missachtung der internationalen Standards zu Arbeitssicherheit und Gesundheitsschutz beobachtet. Diese Missstände wurden 1993 vom Fernsehsender CBS aufgedeckt und in fast allen wesentlichen amerikanischen Printmedien verbreitet. Die Resonanz in den USA hielt sich allerdings zunächst in Grenzen.

In Pakistan ließ Nike 70% seiner Fußbälle produzieren, wobei auch Adidas oder Reebok in der gleichen pakistanischen Kleinstadt Zulieferbetriebe angesiedelt hatten. Im Jahr 1996 wurde im Life-Magazin ein Artikel über diese Produktionsstätten publiziert, welcher das Bild eines zwölfjährigen Jungen zeigte, der einen Nike-Fußball näht. Weitere Nachforschungen von Organisationen und Journalisten ergaben, dass in Pakistan Kinderarbeit an der Tagesordnung war. In Vietnam wurden, wie in Indonesien, von Nike ebenfalls Schuhe produziert; hierbei wurden die Arbeiter chemischen Substanzen, welche erhebliche Gesundheitsschäden hervorrufen, in einer gegenüber dem zulässigen Wert um das 177fache erhöhten Dosis ausgesetzt. Die zwingend vorgesehene persönliche Schutzkleidung wurde den betroffenen Arbeitern nicht zur Verfügung gestellt. Auch diese Arbeitsbedingungen wurden in der amerikanischen Presse stark kritisiert, zumal die besagte Produktionsstätte einige Zeit zuvor von UN-Beobachtern besucht und als unbedenklich eingestuft worden war.

Nike wurde nach der Veröffentlichung der o.g. Verfehlungen Opfer eines Boykottaufrufes durch verschiedene Organisationen, Anti-Globalisierungs-Aktivisten, Konsumentenverbände und Gewerkschaften. Infolgedessen sank weltweit der Marktanteil von Nike dramatisch; auch auf dem amerikanischen Heimatmarkt verlor Nike wichtige Kunden, wie etwa Universitäten, die bisher ihre Sportmannschaften mit Nike-Ausrüstung ausgestattet hatten. Erst durch die dauerhafte Verbesserung der Arbeitsbedingungen und umfangreiche vertrauensbildende Maßnahmen seitens des Unternehmens konnte Nike sein Image und dadurch auch seine Verkaufserfolge wieder verbessern.

Weiterführende Literatur: Locke (2003)

3.3   Unternehmensbezogene Einflussfaktoren

3.3.1   Aufgabenabhängige Einflussfaktoren

Gemäß den vorangegangenen Ausführungen wird das gewünschte Sicherheitsniveau eines Unternehmens zu wesentlichen Teilen durch externe Parteien, insbesondere den Gesetzgeber, Versicherungen sowie Geschäftspartner und Kapitalgeber determiniert, wobei Definitionslücken der vorgenannten Einflussnehmer zu großen Teilen durch den Druck der interessierten Öffentlichkeit geschlossen werden. Daraus abzuleiten, unternehmensbezogene Einflussfaktoren wären bei der Definition der Schutzziele zu vernachlässigen, ist dennoch ein Trugschluss. Diese interagieren zwar sehr stark mit den externen Einflussfaktoren, haben jedoch gerade bezüglich wirtschaftlich orientierter Sicherheitsziele einen hohen Stellenwert. Neben den erbrachten Leistungen des betrachteten Unternehmens, die zu einem großen Teil für die unternehmensbezogenen Schutzziele verantwortlich sind, müssen dabei in einem ersten Schritt die möglicherweise dem Unternehmen übertragenen, besonderen Aufgaben untersucht werden. Solche für das anzustrebende Sicherheitsniveau eines Unternehmens relevanten Aufgaben ergeben sich dann, wenn sog. kritische Infrastrukturen durch das Unternehmen betrieben werden. Diese kritischen Infrastrukturen wurden vom Arbeitskreis KRITIS im deutschen Bundesministerium des Innern wie folgt definiert (BMI, 2005: 6):

Kritische Infrastrukturen (KRITIS) sind Organisationen und Einrichtungen mit vitaler Bedeutung für das staatliche Gemeinwesen, bei deren Ausfall oder Störung für größere Bevölkerungsgruppen nachhaltig wirkende Versorgungsengpässe bzw. existenzbedrohende Auswirkungen eintreten.

Zu diesen kritischen Infrastrukturen werden dabei basierend auf der obigen Definition in Deutschland wie auch in anderen Ländern folgende Branchen bzw. Einrichtungen gezählt:

- Transport und Verkehr
- Energieversorgung (Kraftwerke, Leitungen etc.)
- Informationstechnik und Telekommunikation
- Wasser- und Lebensmittelversorgung
- Gesundheits-, Notfall- und Rettungswesen
- Behörden, Verwaltung und Justiz (inklusive Polizeien und Bundeswehr)
- Finanz-, Geld- und Versicherungswesen
- Störfallrelevante Anlagen und Einrichtungen (Unternehmen und Transporte mit ABC-Stoffen, Rüstungstransporte)
- Herausragende und symbolträchtige Bauwerke

Die Unternehmen der entsprechenden Branchen sind, wenn auch ohne konkrete gesetzliche Grundlage, dazu gehalten, ausreichende Maßnahmen zur Prävention sicherheitskritischer Ereignisse bzw. zur Begrenzung und Bewältigung entstehender Schäden zu entwickeln (vgl. BMI, 2005: 6). Das Bundesministerium des Innern hat zur Förderung entsprechender Anstrengungen gemeinsam mit den Sicherheitsbeauftragten diverser Unternehmen ein sog. Basisschutzkonzept erarbeitet, in dem ein Vorgehensvorschlag sowie „generalisierende Basisschutzempfehlungen" enthalten sind (BMI, 2005). Von besonderer Praxisrelevanz sind die in dem Dokument enthaltenen Fragenkataloge und Checklisten zur Beurteilung der Unternehmenssicherheit. Grundsätzlich ist jedem Unternehmen bzw. jeder Organisation, die im weitesten Sinne den aufgezählten Branchen oder Bereichen zuzuordnen ist, zu einer detaillierten Auseinandersetzung mit den Empfehlungen und den möglicherweise in diesem Zusammenhang aufgedeckten Versäumnissen zu raten. Allerdings sind vor der Umsetzung entsprechender Maßnahmen Kontaktaufnahmen mit den Behörden empfehlenswert, da viele der vorgeschlagenen Anforderungen (etwa geprüfte Sicherheitsgitter der Widerstandsklasse 5 bei Kellerfenstern) vermutlich nur für besonders exponierte Infrastruktureinrichtungen gedacht und sinnvoll sind.

Aufgrund der im Rahmen der sog. Globalisierung voranschreitenden Integration von Güter-, Finanz- und Arbeitsmärkten sind kritische Infrastrukturen heutzutage überdies in einem internationalen Kontext zu sehen. Dementsprechend existieren auch in anderen Ländern bzw. auf supranationaler Ebene, etwa im Rahmen der EU, Standards und Handlungsempfehlungen zum Schutz dieser Infrastruktureinrichtungen. International operierende Unternehmen sollten daher insbesondere bei Netzleistungen (z. B. Energieversorgung, Telekommunikation) frühzeitig in ihre Überlegungen einbeziehen, welche Sicherheitsstandards in anderen Ländern Usus sind und ihre Schutzziele auf Kompatibilität zu jenen der verbundenen, vor- und nachgelagerten Infrastrukturbetreiber überprüfen. Darüber hinaus stellt der Betrieb kritischer Infrastrukturen einen aufgabenabhängigen Einflussfaktor auf die Schutzziele dar, die hohen Ansprüchen bezüglich der Verfügbarkeit der Anlagen gerecht werden müssen. Auch für diese Unternehmen ergeben sich aber ebenso wichtige Anforderungen an die Schutzziele, die aus den erbrachten Leistungen auf Gütermärkten resultieren und deshalb gesondert zu betrachten sind.

3.3.2   Leistungsabhängige Einflussfaktoren

Neben den aufgabenabhängigen Einflussfaktoren sind auch die erbrachten Leistungen eines Unternehmens von Bedeutung für die unternehmensbezogene Schutzzieldefinition. Abhängig von den produzierten Gütern und angebotenen Dienstleistungen sowie dem korrespondierenden Markt- und Branchenumfeld ergibt sich mitunter ein erheblich gesteigertes Sicherheitsbedürfnis, das durch die alleinige Berücksichtigung externer Einflussfaktoren nicht befriedigt werden kann. In diesem Zusammenhang ist nochmals besonders zu berücksichtigen, dass durch den Gesetzgeber wenig Vorgaben bezüglich wirtschaftlich orientierten Schutzzielen sowie solchen Schutzzielen, die sich auf kriminelle Handlungen beziehen, gemacht werden.

Die Ableitung leistungsabhängiger Schutzziele muss aufgrund der Heterogenität der Unternehmenslandschaft für jedes Unternehmen individuell erfolgen und interagiert in noch viel stärkerem Maße mit der Gefährdungsanalyse als die anderen internen und externen Einflussfaktoren auf das gewünschte Sicherheitsniveau. Kernpunkt der leistungsabhängigen Schutzzieldefinition ist über fast alle Unternehmen eine den tatsächlichen Bedürfnissen angepasste Ausfallsicherheit, wodurch die Leistungsbereitschaft und somit der Fortbestand des Unternehmens gesichert werden soll. Für die aus diesem Schutzziel resultierenden Maßnahmen hat sich seit einiger Zeit der Begriff des Business Continuity Management etabliert (vgl. Box 10).

Box 10: Business Continuity Management

Neben dem Personen- und Sachwertschutz dienen Methoden und Maßnahmen der Unternehmenssicherheit vor allem dazu, existenzgefährdende Ereignisse zu vermeiden oder nach ihrem Eintritt die Auswirkungen so zu begrenzen, dass eine substanzielle Gefährdung des Fortbestands eines Unternehmens möglichst vermieden werden kann. Entsprechenden Tätigkeiten nach einem Ereignis bzw. ihre Vorbereitung werden üblicherweise mit den Begriffen *Business Continuity Management* (BCM) bzw. *Business Continuity Planning* (BCP) bezeichnet.

Das deutsche Bundesministerium des Innern hat den Begriff Business Continuity Management in seinen Empfehlungen für Unternehmen zum Schutz kritischer Infrastrukturen in allgemeingültiger Form wie folgt definiert (BMI, 2005: 50):

Alle organisatorischen, technischen und personellen Maßnahmen, die zur Fortführung des Kerngeschäfts eines Unternehmens unmittelbar nach Eintritt eines Krisenfalls und zur sukzessiven Fortführung des gesamten Geschäftsbetriebes bei länger andauernden Ausfällen oder Störungen dienen.

Der Aufbau eines effektiven BCM bedingt allerdings, wie aus dieser Definition ersichtlich wird, dass die schützenswerten Einrichtungen zur Aufrechterhaltung des Betriebs und die auf sie einwirkenden Gefährdungen vollständig bestimmt werden. In der Regel hängen sie stark von den erbrachten Leistungen eines Unternehmens ab.

Obwohl die Bedürfnisse bezüglich Ausfallsicherheit von Unternehmen zu Unternehmen stark schwanken, lassen sich wichtige Grundsätze zum Einfluss der erbrachten Leistungen auf die Ausfallsicherheit bzw. das Business Continuity Management und somit die Schutzziele eines Unternehmens ableiten. Sie besagen, dass ein erhöhtes Sicherheitsniveau bei folgenden, oft gemeinsam auftretenden oder interagierenden Merkmalen des Leistungsbereichs angestrebt werden sollte:

- Bei den erbrachten Leistungen handelt es sich im Wesentlichen um **Dienstleistungen**. Bei Dienstleistungen stehen Erstellung und Nutzung (im Gegensatz zu physischen Gütern) häufig in einem engen zeitlichen Zusammenhang, sodass Lagerhaltung und der kurzfristige Ausgleich von Produktionsausfällen nicht möglich sind. Dies gilt besonders für Dienstleistungen in den Bereichen Tourismus und Verkehr.
- Die Qualität der erbrachten Leistungen hängt stark von ihrer **zeitlichen Verfügbarkeit** bzw. der pünktlichen Lieferung ab. Dies gilt einerseits besonders stark für die bereits angesprochenen (Logistik-)Dienstleistungen, andererseits aber auch für jene Unternehmen, die mit saisonalen oder verderblichen Rohstoffen arbeiten. Kommt es beispielsweise in einer Winzergenossenschaft zu einem Betriebsunterbruch während der Haupterntezeit, drohen recht schnell erhebliche Produktions- und somit Umsatzausfälle.
- Die Leistungserbringung des Unternehmens basiert in besonderem Maße auf dem **Wissen** des Unternehmens bzw. den im Unternehmen vorhanden Informationen. Unternehmen mit exklusivem und wertvollem Wissen, insbesondere Patente, Methoden oder umfangreiche Kundendatenbanken, sind darauf angewiesen, dass dieses Wissen ihr exklusives Eigentum bleibt. Entsprechende Schutzmaßnahmen sind jedoch in den wenigsten Fällen

gesetzlich vorgeschrieben; Verluste können schwer nachgewiesen werden und sind selten durch Versicherungen gedeckt.

- Der Erfolg des Unternehmens bzw. seiner Produkte hängt stark von der **Reputation** des Unternehmens ab. Bei den meisten Konsumgütern, besonders im Luxusgüterbereich, ist dies mittlerweile der Fall. Sicherheitsrelevante Zwischenfälle können, wie der in Box 9 beschriebene Fall von Nike zeigt, eine von den Konsumenten wahrgenommene Produktqualität schnell unglaubwürdig erscheinen lassen.

- Das Unternehmen befindet sich auf den Absatzmärkten in einem starken **Wettbewerb**. Kommt es in einer derartigen Marktsituation zu Betriebsausfällen, besteht für die Kunden problemlos die Möglichkeit eines Anbieterwechsels. Die kurz- bis mittelfristigen Verluste des Unternehmens durch das Ereignis sind deshalb besonders hoch. Sofern die Qualität der Leistungen bzw. die Kundenzufriedenheit auch noch stark von einer zuverlässigen Leistungserbringung abhängen, drohen auch langfristig gravierende Schäden.

- Die Eigenschaften der Leistungen, die verwendete Technologie oder die sonstigen Randbedingungen des Unternehmens legen ein **besonderes Schutzbedürfnis** nahe, dass weder durch die gesetzlichen Auflagen berücksichtigt wird noch mit den kritischen Infrastrukturen gemäß obiger Definition korrespondiert. Bei den betroffenen Unternehmen handelt es sich überwiegend um solche, die einer erhöhten Gefahr durch kriminelle Handlungen ausgesetzt sind.

Liegen einer oder mehrere der angesprochenen, leistungsabhängigen Einflussfaktoren vor, muss das Unternehmen gegebenenfalls zusätzliche Sicherheitsindikatoren berücksichtigen beziehungsweise seine Schutzziele qualitativ oder quantitativ anpassen. Gerade bei den leistungsabhängigen Einflussfaktoren ist die Definition des gewünschten Sicherheitsniveaus außerdem in der Regel nur unter gleichzeitiger Berücksichtigung der spezifischen, unternehmensrelevanten Gefährdungen möglich, damit die aus den Schutzzielen resultierenden Analysefelder der Gefährdungsermittlung ebenso bekannt sind wie umgekehrt. Möglicherweise ergeben sich dabei auch Erkenntnisse zu unternehmensspezifischen Gefährdungen, die spezifische, über die aufgeführten Aspekte hinausgehende, leistungsabhängige Einflussfaktoren auf das gewünschte Sicherheitsniveau darstellen.

3.3.3 Weitere unternehmensbezogene Einflussfaktoren

Neben den aufgaben- und leistungsabhängigen Einflussfaktoren kann das gewünschte Sicherheitsniveau in einigen Fällen auch durch weitere, unternehmensspezifische Charakteristika beeinflusst werden. Dabei handelt es sich um besondere ethisch-moralische Vorstellungen der Eigentümer bzw. der Unternehmensleitung sowie die Risikoeinstellung dieses Personenkreises.

Die ethisch-moralischen Vorstellungen der Unternehmenseigner bzw. Führungskräfte eines Unternehmens sind als Einflussfaktor auf das gewünschte Sicherheitsniveau zumeist schwer zu greifen. Die Erfahrungen aus verschiedenen, im betroffenen Unternehmen bestens bekannten und nach Aufdeckung medial verbreiteten Verstößen gegen geltende Sicherheitsbestimmungen legen allerdings die Vermutung nahe, dass selten aus rein ethischen Überlegungen über das Notwendige hinaus gehende Schutzziele definiert werden.

Dennoch können entsprechende Vorstellungen oder Unternehmensphilosophien in seltenen Fällen auf die Definition des gewünschten Sicherheitsniveaus Einfluss nehmen: Einerseits geben sich immer mehr Unternehmen Regelwerke zur Corporate Social Responsibility, in denen sie sich zur Umsetzung von Standards bezüglich Umwelt, Sicherheit und Gesundheitsschutz verpflichten, die über den externen Minimalanforderungen liegen. Dahinter kann man allerdings auch ein geschickt eingesetztes Instrument zur Imagepflege sehen und es bleibt somit abzuwarten, ob sich entsprechende Regelwerke tatsächlich als wichtiger Einflussfaktor erweisen bzw. durchsetzen. Andererseits ist in Bezug auf Security-Maßnahmen häufig eine ablehnende Haltung der Führungskräfte festzustellen, die mit einer „Unternehmenskultur des Vertrauens" oder ähnlichen Formulierungen begründet wird. In solchen Fällen empfiehlt es sich, die eigenen Wertvorstellungen mit den tatsächlichen Gefährdungen abzugleichen, bevor das gewünschte Sicherheitsniveau fixiert wird. Dabei sollten weder unrealistische Wunschvorstellungen an das Verhalten Dritter noch völlig überzogene Bedrohungsannahmen als Entscheidungshilfe dienen; ein Mittelweg zwischen Vertrauen und Kontrolle kann häufig am ehesten zur Abwehr krimineller Handlungen beitragen.

Ebenfalls schwer zu erfassen ist die Risikoeinstellung der Eigentümer bzw. Entscheidungsträger in einem Unternehmen. In der Regel wird bei der Festlegung von Schutzzielen von einem sogenannten risikoneutralen Entscheider ausgegangen. Diese Annahme unterstellt vereinfachend, dass eine Person Verluste und Gewinne in gleicher Art und Weise bewertet, also keine besonderen Maßnahmen zur Risikovermeidung trifft, die nicht mit dem Erwartungswert des Schadens korrespondieren. Die gesetzlich vorgeschriebenen Schutzziele sind implizit meist auch so ausgestaltet, dass sie ein Normalereignis bzw. ein dafür gerade ausreichendes Sicherheitsniveau annehmen. Viele Menschen sind jedoch eher risikoavers, d. h. sie bewerten hohe Verluste überproportional negativ und verlangen bewusst oder unterbewusst nach einem höheren Sicherheitsniveau. Daraus resultieren, bei entsprechenden Entscheidungsträgern oder Eigentümern, möglicherweise erhöhte Schutzziele für das Unternehmen, die rational nicht zu begründen sind. Andererseits kann die Risikowahrnehmung der Entscheidungsträger auch durch andere „Anomalien" vom als normal Angenommenen abweichen. Dieser Thematik widmet sich Kapitel 4 nochmals vertieft.

3.4 Festlegung der Schutzziele

3.4.1 Von den Einflussfaktoren zum konkreten Schutzziel

In den beiden vorangegangenen Kapiteln wurden die Einflussfaktoren auf unternehmerische Schutzziele aufgeführt und diskutiert. Sie müssen bei der Erarbeitung eines Sicherheitskonzepts für das betroffene Unternehmen sorgfältig aufgearbeitet werden, damit die Grundlagen für die Definition des gewünschten Sicherheitsniveaus vorhanden sind. Für die weitere Bearbeitung ist dann festzulegen, welche Zielgrößen bezüglich Sicherheit im Unternehmen relevant sind (d. h. die Sicherheitsindikatoren sind zu bestimmen), in welchem Verhältnis sie untereinander stehen und welche Ausprägung sie annehmen sollen, damit das Schutzziel als erreicht gilt. Aus diesen Schritten resultieren dann das bzw. die konkreten Schutzziele, wie Abbildung 3.1 verdeutlicht.

Abbildung 3.1   Ablauf bei der Festlegung der Schutzziele

Die Einflussfaktoren auf die Schutzziele wurden bereits eingeführt. In den folgenden Ausführungen soll daher diskutiert werden, wie die Sicherheitsindikatoren bzw. Schutzziele ausgewählt und priorisiert werden sollten und welche Verfahren zur Bestimmung der Ausprägung der Schutzziele verwendet werden können. Hierbei unterscheidet man zwischen qualitativen Verfahren, welche die Schutzziele umschreiben, und quantitativen Verfahren, welche ihnen einen konkreten Wert zuweisen.

Die Auswahl der Zielgrößen eines Sicherheitskonzepts bzw. der Sicherheitsindikatoren hängt unmittelbar mit den Einflussfaktoren auf die Schutzziele zusammen. Ihre Festlegung beeinflusst die weiteren Inhalte, Maßnahmen und Kostenfolgen des unternehmensbezogenen Sicherheitskonzepts stark. Intensive interne Diskussionen sowie gegebenenfalls Abstimmungen mit externen Parteien werden daher bei ihrer Auswahl empfohlen. Zudem sind bei der Auswahl geeigneter Zielgrößen folgende Nebenbedingungen zu beachten:

• Sicherheitsindikatoren bzw. Schutzziele müssen operationalisierbar sein. Formulierungen, die eine größtmögliche Sicherheit und Verfügbarkeit fordern, sind in der Praxis zwar häufig anzutreffen, erfüllen diese Vorraussetzung aber nicht.

• Sicherheitsindikatoren bzw. Schutzziele müssen eine Zielgröße, nicht eine Maßnahme festlegen.

• Die Sicherheitsindikatoren bzw. Schutzziele müssen sich unterscheiden, damit eine klare Abgrenzung und Prioritätensetzung möglich ist.

• Die Anzahl der ausgewählten Sicherheitsindikatoren und Schutzziele muss in vertretbarem Rahmen gehalten werden, da eine Definition vieler verschiedener Schutzziele die Komplexität erhöht, die Abgrenzung der Schutzziele untereinander und die Ermittlung bzw. Bewertung von Risiken erschwert.

• Schutzziele dürfen sich nicht widersprechen bzw. gegenseitig verunmöglichen.

Aufbauend auf den formulierten Nebenbedingungen und den Erfahrungen der Autoren aus der Praxis lassen sich die in Tabelle 3.1 aufgeführten Sicherheitsindikatoren und Schutzziele (inkl. Priorisierung) ableiten.

Priorität	Zielgröße / Sicherheitsindikator	Schutzziel
1	Mensch: Mitarbeitende, Nutzer, Dritte	Personenschutz
1a	Mensch: insbesondere Ereignisdienste	Interventionsschutz
2	Umwelt	Umweltschutz
3	Sachwerte	Sachwertschutz
4	Verfügbarkeit der Produktionsmittel und Leistungen	Aufrechterhaltung des Betriebs (Business Continuity)
5	Reputation, Image	Reputationsschutz

Tabelle 3.1   *Sicherheitsindikatoren und Schutzziele*

Die dargestellte Priorisierung kann sich, in Abhängigkeit von den relevanten externen und unternehmensspezifischen Einflussfaktoren, in Einzelfällen auch ändern. So dürften beispielsweise für Banken und Versicherungen aufgrund ihrer angebotenen Leistungen Interventions- und Umweltschutz von untergeordneter Bedeutung, die Aufrechterhaltung des Betriebs und der Schutz der Reputation hingegen von deutlich höherer Priorität sein.

Sobald die Zielgrößen des Sicherheitskonzepts und ihre Reihenfolge untereinander festgelegt wurden, kann die Definition der gewünschten Ausprägung der Sicherheitsindikatoren bzw. Schutzziele erfolgen. Bei diesem Schritt wird das tatsächlich gewünschte Sicherheitsniveau bezogen auf die einzelnen Schutzziele im Rahmen qualitativer oder quantitativer Verfahren festgelegt.

3.4.2   Qualitative Festlegung von Schutzzielen

Mit der Bestimmung der für das Unternehmen relevanten Sicherheitsindikatoren bzw. Schutzziele ist die grundsätzliche Zielrichtung des unternehmerischen Sicherheitskonzepts definiert. Über den qualitativen Anspruch des Sicherheitskonzepts bzw. an die einzelnen Maßnahmen ist damit allerdings noch keine Aussage getroffen. Letzter und wesentlicher Bestandteil der Definition des gewünschten Sicherheitsniveaus ist daher die Zuweisung von konkreten, quantitativen Größen zu den einzelnen Schutzzielen. Dieser Schritt kann allerdings meistens nicht ohne weiteres vollzogen werden. Ein definiertes Schutzziel weist zumeist verschiedene Facetten und Unterziele auf, die zunächst analysiert und beschrieben werden müssen. Um der daraus resultierenden Komplexität von Schutzzielen gerecht zu werden, ist die vorgängige Konkretisierung und qualitative Beschreibung der unternehmensbezogenen Schutzziele notwendig.

Im Rahmen der qualitativen Festlegung von Schutzzielen werden dementsprechend die zuvor definierten Zielgrößen und Schutzziele unternehmens- und objektspezifisch ausformuliert und mit konkreten, qualitativen Zielen ergänzt. Unabhängig von den unternehmensspezifischen Schutzzielen stellt die Einhaltung aller vom Gesetzgeber vorgeschriebenen Anforderungen das Basisschutzziel dar (vgl. Box 11); darauf aufbauend bzw. zur Vertiefung ergeben sich die qualitativen Schutzziele aus den übrigen externen und internen Einflussfaktoren.

Box 11: Die Berücksichtigung gesetzlicher Anforderungen als Basisschutzziel

Der besondere Einfluss der rechtlichen Rahmenbedingungen auf die Definition des gewünschten Sicherheitsniveaus wurde ausführlich dargestellt. Nur durch die Einhaltung der gesetzlichen Anforderungen des Ordnungsrechts sind Unternehmenstätigkeiten überhaupt genehmigungsfähig. Haftungsregeln, Anforderungen von Versicherungen und die öffentliche Meinung beziehen sich oft auf sie.

Das qualitative Basisschutzziel ist daher die Berücksichtigung und Umsetzung aller vom Gesetzgeber vorgeschriebenen Anforderungen („compliance"). Abweichungen von diesen Anforderungen sind nur in begründeten Ausnahmefällen möglich.

Die unternehmensbezogene Festlegung qualitativer Schutzziele schwankt in Abhängigkeit von den relevanten Gefährdungen bzw. externen und internen Einflussfaktoren auf die Schutzziele stark. Um zu verdeutlichen, wie eine qualitative Festlegung der Schutzziele aussehen kann, ist in Tabelle 3.2 eine beispielhafte, nicht vollständige Aufzählung von wesentlichen Schutzzielen für ein Eisenbahnunternehmen, dass über eigene Netzinfrastruktur verfügt und ausschließlich Personentransport betreibt, dargestellt.

Schutzziel	Qualitative Beschreibung der Schutzziele
Personenschutz	Vermeidung von Bränden in Fahrzeugen, Gebäuden und unterirdischen Verkehrsanlagen; Vermeidung von Selbstunfällen der Schienenfahrzeuge, von Unfällen Schienenfahrzeuge/Straßenfahrzeuge bzw. von Personenunfällen im Gleisbereich; Vermeidung von Arbeitsunfällen, insbesondere bei Instandhaltungsmaßnahmen auf den Strecken; Vermeidung von gewalttätigen Übergriffen auf Personal, Reisende oder Dritte im Bereich der Bahnanlagen, insbesondere Bahnhöfe und Schienenfahrzeuge.
Interventionsschutz	Gewährleistung einer sicheren und effizienten Ereignisbewältigung durch die Ereignisdienste, insbesondere bei schwer zugänglichen Anlagen; Ermöglichung von notfallmedizinischen Fremdrettungsmaßnahmen durch Dritte; Vermeidung von Unfällen und Gefährdungen der Rettungskräfte.
Umweltschutz	Vermeidung von Unfällen mit Freisetzungen von Treib- und Betriebsstoffen der Triebfahrzeuge; Vermeidung von Störfällen im Bereich der Betriebsanlagen, Umschlagplätze und Depots.
Sachwertschutz	Vermeidung von Sachschäden an Betriebseinrichtungen durch menschliches und technisches Versagen; Vermeidung von Sachschäden an Netz und Rollmaterial durch Naturereignisse; Vermeidung von Sachschäden an Rollmaterial/Gebäuden durch Vandalismus; Vermeidung von Vermögensdelikten, insbesondere Waren- und Gelddiebstählen in Zügen und Bahnhöfen; Vermeidung von unkontrolliertem Zugang zu Gebäuden, Anlagen und Rollmaterial.
Aufrechterhaltung des Betriebs	Vermeidung von Betriebsunterbrechungen im Personenverkehr; Vermeidung von Betriebsunterbrechungen für Fremdnutzer der Netzinfrastruktur; Vermeidung von für den Fahrgast relevanten Beeinträchtigungen im Bereich der Bahnhöfe; Vermeidung von Beeinträchtigungen des Individualverkehrs an Bahnübergängen; Verfügbarkeit der Unternehmenshomepage und des Onlinebuchungssystems jederzeit aufrecht erhalten.
Reputationsschutz	Schutz persönlicher Daten von Kunden bei Transaktionen mit dem Unternehmen im Internet; Vermeidung negativer und unkontrollierter Berichterstattung aufgrund sicherheitsrelevanter Ereignisse; Vermeidung von Diskussionen über das Sicherheitsniveau in der Öffentlichkeit; interne Aufdeckung von sicherheitsrelevanten Versäumnissen vor der Aufdeckung durch externe Parteien; effektive Kommunikation im Ereignisfall.

Tabelle 3.2   Qualitative Schutzziele eines Eisenbahnunternehmens (fiktives Beispiel)

Wie die obigen Ausführungen und das vorangegangene Beispiel zeigen, erfüllt die qualitative Festlegung der Schutzziele spiegelbildlich zur Gefährdungsanalyse den Zweck, die vom Unternehmen als schützenswert erachteten Personen, Prozesse und Vermögensgegenstände zu identifizieren und zu definieren. Auf Stufe der qualitativen Schutzzieldefinition und Gefährdungsanalyse sind nun bereits Vergleiche zwischen den relevanten Gefährdungen sowie den zu ereichenden Schutzzielen möglich. Allerdings ist im Rahmen der Risikoanalyse eine Vertiefung dieser Erkenntnisse dahingehend wünschenswert, dass die Schutzziele quantitativ und intersubjektiv überprüfbar festgelegt und die einzelnen Gefährdungen anhand dieser Schutzziele ebenfalls quantitativ bewertet werden. Daher sollten, wann immer möglich, die qualitativen Schutzziele durch quantitative Verfahren konkretisiert werden.

3.4.3   Quantitative Festlegung von Schutzzielen

Im Rahmen der Schutzzieldefinition werden anhand qualitativer Verfahren die grundsätzlich relevanten Schutzziele und ihre Kenngrößen definiert. Aus verschiedenen Gründen empfiehlt es sich allerdings, die Schutzziele im Rahmen quantitativer Verfahren weitestmöglich zu konkretisieren.

Einerseits sind quantitative Verfahren dienlich, um behördliche Auflagen zu erfüllen bzw. notwendig, um nachzuweisen, dass in einschlägigen Regelwerken geforderte quantitative Schutzziele tatsächlich erreicht werden. Zu den in diesem Zusammenhang relevanten Gesetzen und Verordnungen gehören insbesondere Brandschutzrichtlinien, in denen beispielsweise Fluchtweglängen und -breiten oder Brandabschnittsgrößen definiert werden. Aus ihnen resultieren daher häufig Simulationen, mit deren Hilfe die Erreichung von geforderten Schutzzielen bezüglich Evakuierungszeit, Rauchausbreitung oder Brandverlauf überprüft werden kann. Auch aus den länderspezifischen Störfallverordnungen resultieren quantitative Schutzziele in Form von zu unterschreitenden Risikowerten, deren Erreichung mittels eigens definierter, vorgeschriebener Verfahren nachgewiesen werden muss. Schließlich stellen auch die zu erreichenden, baulichen Anforderungen an Tragwerke bezüglich Schnee- und Windlasten bzw. Erdbeben quantitative Schutzziele dar. Ihre Berücksichtigung ist daher obligatorisch.

Andererseits dienen quantitative Verfahren auch der Konkretisierung und intersubjektiven Überprüfbarkeit von unternehmensintern verwendeten Schutzzielkatalogen. Während die oben im Rahmen der qualitativen Festlegung eingeführten Umschreibungen von Schutzzielen zu teilweise erheblichem Interpretationsspielraum führen, sollten quantitative Verfahren zu einer eindeutigen Entscheidungsgrundlage bezüglich der Risikobewertung im Unternehmen beitragen. Sie sind daher für Festlegung und Überprüfung des gewünschten Sicherheitsniveaus ein wesentliches Hilfsmittel.

In der Praxis werden quantitative Verfahren zur Festlegung und Überprüfung von Schutzzielen vergleichsweise selten eingesetzt. Zunächst liegt dies vermutlich darin begründet, dass nur in wenigen Bereichen durch den Gesetzgeber explizit quantitative Schutzziele definiert und ihre Einhaltung gefordert wird; Normen und Richtlinien schreiben häufig bereits konkrete Maßnahmen vor. Ergänzend scheuen viele Unternehmen die Festlegung überprüfbarer Sicherheitsziele, um bei Nichterreichung nicht unter Rechtfertigungsdruck zu geraten. Schließlich bedingen quantitative Schutzziele folgerichtig eine korrespondierende, quantitative Risikoermittlung, die häufig sehr aufwändig, komplex und durch Außenstehende kaum zu überprüfen oder schlicht aufgrund fehlender oder nicht hinreichend genauer Eingabedaten bzw. Berechnungsverfahren nicht möglich ist.

Nichtsdestoweniger sind quantitative Konkretisierungen von Schutzzielen, auch wenn sie sich nicht immer auf elaborierte Verfahren abstützen können, möglich. Dabei müssen den qualitativen Schutzzielen schlicht quantifizierbare Größen zugewiesen werden, denen, je nach Verfügbarkeit geeigneter Verfahren, verschiedene Hilfsgrößen zugeordnet werden können. Tabelle 3.3 zeigt eine Auswahl messbarer Größen für die zuvor unterschiedenen Schutzziele.

Schutzziel	Messbare Größe	Hilfsgrößen (Auszug)
Personenschutz	Todesopfer / Verletzte in Zeiteinheit	Unfallzahlen, Evakuierungszeiten, Letalitätsberechungen, Kriminalitätsstatistik
Interventionsschutz	Erfolgsquote Fremdrettung (Überlebende / Betroffene)	Eintreff- / Einsatzzeiten, Erfolgsquoten einzelner Maßnahmen (z. B. Reanimation)
Umweltschutz	Gewässer-, Luft- und Bodenverschmutzung	Richtwerte aus Gesetzen
Sachwertschutz	Sachschaden in Geldeinheit	Hilfsberechnungen bei immateriellen Wirtschaftsgütern
Aufrechterhaltung des Betriebs	Betriebsunterbruch in Tagen	Verspätungen, Absagen von Veranstaltungen, Stornierung von Aufträgen
Schutz der Reputation	Anzahl negativer Medienberichte / Zeiteinheit	Umsatzeinbrüche, Kundenschwund, Umfragewerte

Tabelle 3.3   Messbare Größen zur Festlegung quantitativer Schutzziele

Eine in der Praxis schwierige Aufgabe besteht nun darin, den definierten Größen auch einen die unternehmensspezifischen Bedürfnisse widerspiegelnden Wert zuzuordnen. So wird beispielsweise für einen Kreuzfahrtschiff-Reederei die Anzahl der in den Schutzzielen definierten Todesopfer/Jahrzehnt deutlich geringer ausfallen als für eine Reederei, die eine hochseegehende Fischereiflotte in einem gefährlichen Seegebiet unterhält. Diese Überlegungen gelten sinngemäß auch für die anderen Schutzziele bzw. Größen und bilden daher den Kern der unternehmensbezogenen Sicherheitspolitik, auf den die unterschiedenen internen und externen Einflussfaktoren einwirken.

Mit dem vorgängig beschriebenen Instrumentarium sollte es einzelnen Unternehmen möglich sein, die für sie relevanten Schutzziele gemeinsam mit internen und externen Entscheidungsträgern bzw. Sachverständigen zu definieren, zu konkretisieren und ihnen nach Möglichkeit quantitative Größe zuzuordnen. Damit ist, unter Berücksichtigung der Gefährdungsanalyse, eine Basis für die Ermittlung und Bewertung der unternehmensbezogenen Risiken geschaffen, auf der wiederum die Planung und Umsetzung von Sicherheitsmaßnahmen aufbauen kann.

3.4.4   Anpassung der Schutzziele

Am Ende des Prozesses zur Definition des gewünschten Sicherheitsniveaus müssen konkrete, möglichst quantifizierte Schutzziele stehen, die von den maßgebenden Entscheidungsträgern abgesegnet und schließlich dokumentiert werden. Neben der initialen Bestimmung der Schutzziele ist ergänzend notwendig, die Entwicklung des Unternehmens und seiner Umwelt zu beobachten und notwendige Anpassungen der Schutzziele vorzunehmen. Anpassungen der Schutzziele ergeben sich in der Regel aufgrund folgender Entwicklungen:

- *Veränderung der externen Einflussfaktoren:* Anpassungen der Schutzziele können sich besonders bei einer Erhöhung, seltener bei einer Herabsenkung gesetzlicher Anforderungen ergeben. Darüber hinaus behalten sich Versicherungen und Geschäftspartner häufig das Recht vor, Vertragspflichten bei Bedarf oder berechtigtem Interesse, etwa Schadenfällen in der Vergangenheit, anzupassen. Im Vergleich zu Veränderungen der internen Einflussfaktoren werden derartige Abweichungen zumeist aktiv dem Unternehmen herangetragen, wodurch der unternehmerische Aufwand bei der Informationsbeschaffung sinkt.
- *Veränderung der internen Einflussfaktoren:* Wenn sich in einem Unternehmen erbrachte Leistungen, verwendete Prozesse und Produktionsfaktoren oder Organisationsstrukturen wesentlich ändern, ist die Revision der Schutzziele dringend angebracht. Dabei muss überprüft werden, ob einerseits neue Gefährdungen oder andererseits neue Ansprüche an die Zuverlässigkeit des Unternehmens bzw. der erbrachten Leistungen entstanden sind, denen durch die Anpassung der Schutzziele Rechnung getragen werden muss.
- *Veränderung der Risikoeinstellung:* Ohne dass sich interne und externe Rahmenbedingungen direkt verändern, kann auch die Veränderung der Risikoakzeptanz bei den maßgebenden Entscheidungsträgern zu einer mitunter beträchtlichen Anpassung der Schutzziele führen. Dieser Fall ist allerdings nach Kenntnisstand der Autoren in der Realität ohne konkreten Anlass eher selten anzutreffen.
- *Veränderung der Gefährdungen:* Die Anpassung der Schutzziele kann sich auch indirekt aus der Anpassung der Gefährdungsanalyse, welche ebenfalls regelmäßig zu überprüfen ist, ergeben. Neu identifizierte oder auftretende Gefährdungen führen dabei mitunter nicht nur zu einer Erhöhung der Schutzziele, sondern auch zur Notwendigkeit neuer Schutzziele. Beispielsweise mussten viele Unternehmen Anfang dieses Jahrtausends ihren Schutzzielkatalog grundsätzlich ergänzen, als die Gefahren aus einem ausgeweiteten Geschäftsbetrieb über das Internet offenkundig wurden.

Die Überprüfung der Schutzziele sollte regelmäßig, sofern sich zwischenzeitlich kein konkreter Anlass ergibt, gemeinsam mit der Revision der Gefährdungsanalyse spätestens alle 5 Jahre durchgeführt werden. Etwaige Anpassungen der Schutzziele sind, ebenso wie die erstmalige Schutzzieldefinition, auf geeignete Art und Weise zu dokumentieren; auf diesen Themenkomplex wird im Rahmen von Kapitel 7 bezüglich Dokumentation und Berichtswesen nochmals dezidiert eingegangen. Zudem bringt die Anpassung der Schutzziele weitere Anpassungen mit sich, welche auf jeden Fall die Risikoermittlung und Bewertung, häufig aber auch die einzelnen Maßnahmen der Unternehmenssicherheit betreffen.

4 Ermittlung und Bewertung unternehmensbezogener Risiken

4.1 Grundsätzliche Bemerkungen

Durch die ersten beiden Schritte des Prozessmodells der Unternehmenssicherheit wurden bisher die relevanten Gefährdungen identifiziert sowie (möglichst korrespondierende) Schutzziele definiert. Die Verbindung der dabei gewonnen Erkenntnisse erfolgt nun im Rahmen der Ermittlung und Bewertung der unternehmensbezogenen Risiken (zusammen sog. Risikobeurteilung); dieser Schritt stellt wiederum die Basis für die Maßnahmenplanung als nächste Stufe der Unternehmenssicherheit dar.

Unter Risiko versteht man die multiplikative Verknüpfung von Eintretenswahrscheinlichkeit und Schaden einer Gefährdung (vgl. auch Box 3). Zur Risikoermittlung wird daher für jedes im Rahmen der Gefährdungsanalyse identifizierte Szenario n die Eintretenswahrscheinlichkeit p und der aus dem Szenario resultierende Schaden S wie folgt zu einem Risikowert R verdichtet:

(F.1) $R_n = p_n \times S_n$

Der Zusammenhang zwischen Gefährdungsanalyse und Definition der Schutzziele einerseits sowie Risikoermittlung bzw. Risikobewertung andererseits kann anhand dieser Formel verdeutlicht werden und ist in Abbildung 4.1 grafisch dargestellt.

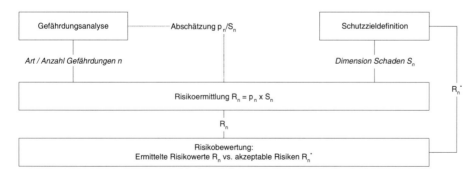

Abbildung 4.1   Zusammenhang zwischen Gefährdungsanalyse, Schutzzieldefinition und Risikoanalyse

Die Gefährdungsanalyse determiniert sowohl Anzahl als auch Art der Gefährdungen n. Die Dimension des zu erwartenden Schadens S ergibt sich wiederum aus der Definition der Schutzziele, genauer gesagt aus der Festlegung der Sicherheitsindikatoren bzw. Zielgrößen der Unternehmenssicherheit. Zur Ermittlung des Risikowerts R ist dann noch die Abschätzung des Schadens aus einem Szenario bzw. einer szenariospezifischen Eintretenswahrscheinlichkeit p notwendig, die sich aus der Gefährdungsanalyse resp. den ihr zugrunde liegenden Überlegungen ableiten lassen.

Die auf die Risikoermittlung aufbauende Risikobewertung steht schließlich ebenfalls in starkem Zusammenhang mit der Definition der Schutzziele, da sie auf die quantitative Festlegung von Schutzzielen zurückgreift, indem der ermittelte Risikowert R mit dem oder den definierten Schutzzielen bzw. dem akzeptierten Risiko R_n^* verglichen wird. Dabei besteht die Möglichkeit, nur ein quantitatives Schutzziel je Sicherheitsindikator festzulegen oder Abstufungen zuzulassen (vgl. Box 12).

Box 12: Abstufungen bei der Risikobewertung

Die Risikobewertung bzw. die zugrunde liegende Definition quantitativer Schutzziele kann im einfachsten Fall einer bipolaren Zuordnung folgen: Ermittelte Risiken, die unter einem definierten Wert des Schutzziels liegen, sind akzeptabel, Risikowerte oberhalb dieses Wertes sind nicht akzeptabel und müssen durch Maßnahmen gesenkt werden. Diese Zweiteilung wird in der Praxis allerdings zugunsten einer dreistufigen Bewertung von Risiken vernachlässigt. Dabei erfolgt eine Abstufung folgender Risikoklassen anhand von zwei Grenzwerten:

Akzeptable Risiken (kleine Risiken)

Akzeptable Risiken liegen unterhalb des ersten definierten Grenzwerts. Die entsprechend bewerteten Szenarien müssen durch über den gesetzlichen Standard hinausgehende Maßnahmen nicht hinsichtlich Wahrscheinlichkeit und/oder Ausmaß beeinflusst werden.

Risiken im Übergangsbereich (mittlere Risiken)

Risiken im Übergangsbereich liegen oberhalb des ersten, jedoch unterhalb des zweiten definierten Grenzwerts. Die entsprechend bewerteten Szenarien müssen auf weitergehende Maßnahmen zur Risikoreduktion geprüft werden.

Nichtakzeptable Risiken (große Risiken)

Nichtakzeptable Risiken liegen oberhalb des zweiten definierten Grenzwerts. Die entsprechend bewerteten Szenarien müssen unbedingt durch (weitreichende) Maßnahmen zur Senkung von Wahrscheinlichkeit und/oder Ausmaß beeinflusst werden; gegebenenfalls sind die resultierenden Risiken als nicht tragbar einzustufen.

Die dreistufige Bewertung von Risiken erlaubt die detaillierte Ableitung von Handlungsprioritäten und schafft gerade bei umfangreichen Risikoermittlungen und Bewertungen eine höhere Transparenz.

Die vorangegangenen Ausführungen orientierten sich an dem Idealfall einer quantitativen Ermittlung und Bewertung von Risiken. Diese sind allerdings nur möglich, wenn einerseits Schutzziele quantitativ festgelegt wurden und andererseits die einzelnen Szenarien anhand der verfügbaren, hinreichend genauen Daten zu Eintretenswahrscheinlichkeit und erwartetem Schaden die Ermittlung eines quantitativen Risikowerts erlauben. In der Realität ist diese Möglichkeit nicht immer gegeben, beispielsweise weil sich die monetäre (und somit untereinander vergleichbare) Quantifizierung von immateriellen Schäden in der Regel als schwierig erweist oder schlicht keine belastbaren Wahrscheinlichkeitsberechnungen für einige Szenarien möglich sind. In derartigen Fällen muss zur Ermittlung und Bewertung von Risiken auf qualitative Verfahren ausgewichen werden, die Risiken eher beschreiben und in häufig weniger nachvollziehbarer Form in eine der in Box 12 beschriebenen Reihenfolgen ordnen. Die Art des gewählten Verfahrens zur Ermittlung und Bewertung von Risiken hat allerdings auch erheblichen Einfluss auf das Verhältnis dieser beiden Teilprozesse „Risikoermittlung" und „Risikobewertung". Quantitative Verfahren erlauben mehrheitlich, Risiken unabhängig von ihrer Bewertung zunächst zu ermitteln: Ein z. B. in Schäden, Verletzten bzw. Todesopfern oder Zeitdauer des Betriebsunterbruchs abgebildeter Risikowert sagt nichts über die Bewertung dieses Wertes aus, die unabhängig von der Risikoermittlung durch das Unternehmen oder externe Beteiligte festgelegt werden kann. Qualitative Risikoermittlungen bauen hingegen fast immer auf einer in der Methodik bereits implizit vorgenommenen Risikobewertung auf, sodass im Rahmen der Risikoermittlung gleichzeitig festgelegt wird, wie ein Risiko zu bewerten ist (etwa indem es qualitativ als „hoch" beschrieben wird). Diese Vermischung von Ermittlung und Bewertung der Risiken ist kritisch zu betrachten, weil die Intransparenz der eingesetzten Verfahren erhöht wird sowie erheblicher Spielraum für (bewusste oder unbewusste) Manipulationen an der Risikoanalyse resultiert. Dieser Punkt ist insbesondere aufgrund der mit Risikobetrachtungen immer verbundenen subjektiven Komponente kritisch, eine Problematik auf die in den anschließenden Unterkapiteln noch grundsätzlich eingegangen werden wird.

Sowohl für qualitative als auch für quantitative Verfahren der Ermittlung und Bewertung von Risiken sind im Folgenden praxisrelevante Methoden und ihre jeweiligen Vor- und Nachteile überblickartig dargestellt. Die derzeit vorhandenen Methoden zur Ermittlung und Bewertung von Eintretenswahrscheinlichkeiten, vor allem aber des Ausmaßes einzelner Szenarien können allerdings aufgrund ihrer Varietät und des limitierten Platzangebots an dieser Stelle kaum dargestellt werden. Die nachfolgenden Unterkapitel beschränken sich daher auf die Darstellung und Diskussion einfacher, pragmatischer Methoden (bzw. der verschiedenen Arten quantitativer Verfahren) und stellen kaum mehr als einen praxisorientierten Überblick dar. Für eine vertiefende Abhandlung über die entsprechende Methodik sei daher auf die einschlägige Literatur, insbesondere das für den Praktiker geeignete Handbuch von Bateman (2003), verwiesen.

4.2   Risikoermittlung und -bewertung

4.2.1   Qualitative Risikoermittlung und -bewertung

Risiken lassen sich auf verschiedene Arten ermitteln und bewerten, wobei selten Datenbasis und Methodik für eine rein quantitative Ermittlung intersubjektiv vergleichbarer Risikowerte vorhanden sind. In der Praxis kommen deshalb überwiegend qualitative Verfahren zum Einsatz, die eine beschreibende, approximative Risikoermittlung darstellen. Aufbauend auf die dadurch erlangten Erkenntnisse können gegebenenfalls ergänzende, quantitative Risikoanalysen für einzelne Ereignisszenarien, deren genauere Untersuchung unternehmerisch sinnvoll oder gesetzgeberisch gewollt ist, durchgeführt werden.

Zur qualitativen Risikoermittlung stehen unterschiedlichste Verfahren zur Verfügung. Von besonderer Praxisrelevanz sind aufgrund ihrer breiten Anwendbarkeit und der einfachen Methodik allerdings solche Verfahren, die

- Szenarien anhand gültiger Standards und getroffener Maßnahmen in einem Schritt einer verbal beschriebenen Risikoklasse zuordnen,
- Szenarien anhand qualitativer Beurteilung der Faktoren „Einflusswahrscheinlichkeit" und „Ausmaß" einer verbal beschriebenen Risikoklasse zuordnen (sog. Risk Rating Matrix),
- Szenarien anhand eines Punktbewertungsverfahrens einen numerischen Risikowert und somit einer Risikoklasse zuordnen.

Diese drei Verfahren werden im Folgenden vorgestellt und diskutiert. Sie sind ausreichend, um einen grundsätzlichen Überblick über für das Unternehmen relevante Risiken zu erhalten, erfordern jedoch keine besonderen Methodenkenntnisse. In vielen Fällen ist ihre Ergänzung durch vertiefte Abklärungen oder quantitative Verfahren notwendig.

Die einfachste Form einer Risikoermittlung, welche sich ausschließlich für kleine Unternehmen mit wenigen, gut bekannten Gefährdungen eignet, besteht in einer qualitativen Bewertung der einzelnen Szenarien anhand verbal beschriebener Risikoklassen. Dementsprechend lassen sich die einzelnen Gefährdungen beispielsweise in die Risikoklassen hoch, mittel und gering einordnen, wobei dieses Vorgehen eine rein intuitive, häufig stark subjektiv geprägte Beschreibung der vermuteten Zusammenhänge beinhaltet. Als Beurteilungskriterien werden deshalb auch selten die eigentlich zu verwendenden Einflussgrößen Eintretenswahrscheinlichkeit und Schadenausmaß eingesetzt, sondern meistens auf getroffene Maßnahmen abstellende Hilfsgrößen verwendet. Oft wird dabei anhand von Checklisten überprüft, ob die gesetzlich vorgeschriebenen oder den (zuvor definierten) Stand der Technik widerspiegelnde Maßnahmen vorhanden sind. Beispielsweise kann für eine kleine Veranstaltungshalle einer Gemeinde anhand der gültigen Brandschutzrichtlinien überprüft werden, ob ausreichend Fluchtwege vorhanden sind, die Brandabschnittsbildung ordnungsgemäß durchgeführt wurde, eine Brandmeldeanlage und Feuerlöscheinrichtungen existieren etc.; je nach Erfüllungsgrad der zuvor als notwendig erachteten Maßnahmen kann das Risiko für das Szenario „Brand" dann als gering, mittel oder hoch (bzw. ähnlich umschriebene Risikoklassen) bestimmt werden.

Solche Verfahren beruhen implizit auf der Annahme, dass bei der Festlegung von notwendigen Maßnahmen durch den Gesetzgeber oder sonstige Sachverständige eine auf Eintretenswahrscheinlichkeit und Schäden basierende Risikoermittlung durchgeführt wurde, die durch
das Unternehmen indirekt übernommen wird. Ihr wesentlicher Vorteil liegt neben dem geringen Aufwand darin, dass die aus der Risikoermittlung resultierenden Maßnahmen, in der
Regel jene, die bisher nicht umgesetzt wurden, nach der Risikoermittlung und Bewertung
offensichtlich sind. Nichtsdestoweniger sind diese einfachen qualitativen Risikoermittlungen
trotz ihrer weiten Verbreitung nur bedingt aussagekräftig. Zunächst müssen die untersuchten
Szenarien so verbreitet sein, dass ihre Beurteilung anhand allgemein gültiger Standards
überhaupt möglich ist; für Risiken aus dem Bereich Security ist diese Vorraussetzung bereits
mehrheitlich nicht erfüllt. Die rein subjektive Beurteilung von Risiken ist daher unvermeidlich, aufgrund der mit dem Verfahren verbundenen Intransparenz aber besonders problematisch. Da weder die Ermittlung von unternehmensspezifischen Eintretenswahrscheinlichkeiten und Schadensausmaß noch die Ermittlung und Beurteilung der Risiken voneinander
getrennt durchgeführt werden, kann ein Außenstehender die Zuordnung von Szenarien zu
Risikoklassen kaum nachvollziehen. Eine derartige Risikobeurteilung ist deshalb nur dafür
geeignet, einen ersten, eher intuitiven Überblick über (einfache) Risiken und offensichtliche
Maßnahmendefizite zu erhalten, kann nach Ansicht der Autoren jedoch keinesfalls als ausreichendes Verfahren zur Ermittlung und Bewertung unternehmensbezogener Risiken dienen.

Eine Erweiterung der soeben beschriebenen Verfahren stellen sogenannte Risk Rating Matri-
zen dar, mit deren Hilfe die einzelnen Gefährdungen anhand qualitativer Beurteilungskriterien und der Faktoren Wahrscheinlichkeit und Schaden beurteilt werden können (vgl. Bateman, 2003: 114–116). Dabei werden sowohl für die Eintretenswahrscheinlichkeit als auch
für die entstehenden Schäden Klassen gebildet, deren Verknüpfung innerhalb der Risk Rating Matrix zu einer qualitativen Gesamtbewertung des Risikos einer einzelnen Gefährdung
führt. Tabelle 4.1 stellt ein Beispiel für eine solche Risk Rating Matrix dar.

Risk Rating Matrix		*Eintretenswahrscheinlichkeit*		
		Unwahrscheinlich	**Selten**	**Häufig**
Schaden	**Gering**	Niedrig	Niedrig	Mittel
	Mittel	Niedrig	Mittel	Hoch
	Hoch	Mittel	Hoch	Hoch

Tabelle 4.1: Risk Rating Matrix (Darstellung nach Bateman, 2003: 114)

Für den erfolgreichen Einsatz dieser Methodik ist es unabdingbar, die qualitativ beschrieben
Klassen der Eintretenswahrscheinlichkeit bzw. des Schadens zu definieren. Während für
Eintretenswahrscheinlichkeiten eine Definition anhand von abgeschätzten Häufigkeiten möglich ist, z. B. jährlich (häufig), zweijährlich (selten), fünfjährlich (unwahrscheinlich), muss
für die Schadenermittlung auf die zuvor definierten Schutzziele, den mit ihnen korrespondierenden Schäden und deren Ausprägung eingegangen werden. Dabei wird meistens nur auf
eine Schadengröße, in der Regel Personenschäden, eingegangen, die anhand ihrer Schwere
bzw. der Anzahl Betroffener und nach Risikoeinstellung des für die Matrix Verantwortlichen
bestimmt und den einzelnen Klassen zugeordnet wird (vgl. Batemann, 2003: 115). Auch hier

handelt es sich in den wenigsten Fällen um hart definierte Größen, vielmehr werden die Bewertungsklassen für Schäden und Eintretenswahrscheinlichkeiten verbal anhand der definierten Schutzziele beschrieben – wodurch sich bei Anwendung in der Praxis häufig erhebliche Zuordnungsprobleme ergeben.

Der Einsatz des beschriebenen Verfahrens stellt durch die explizite Berücksichtigung von Eintretenswahrscheinlichkeiten und Schäden eine Weiterentwicklung der auf Maßnahmen oder sonstigen Hilfsgrößen basierenden Verfahren dar. Die Aussagekraft solcher Risikoermittlungen hängt allerdings stark von der nachvollziehbaren Definition der einzelnen Beurteilungsgrößen ab. Erst dadurch werden verschiedene Akteure in die Lage versetzt, die qualitative Beurteilung der einzelnen Szenarien gemäß der Matrix tatsächlich nachzuvollziehen und zu diskutieren. Vom Einsatz einer Risk Rating Matrix ist daher in der Mehrheit der Fälle abzuraten. Es wird zwar sichergestellt, dass sowohl Eintretenswahrscheinlichkeit als auch Schäden explizit berücksichtigt werden, die methodischen Probleme und die scheinbar wissenschaftliche, einer näheren Betrachtung nicht standhaltende Aufarbeitung stehen jedoch in einem ungünstigen Verhältnis zu dem hohen Zeitaufwand, der mit einer Bewertung aller Szenarien anhand der Matrix einhergeht. Weiterhin ist zu bemängeln, dass bei allen derartigen qualitativen Verfahren die Risikoermittlung und die Risikobewertung in einem Schritt durchgeführt werden, d. h. bestimmte Risiken werden bereits im ersten Schritt als hoch oder gering eingestuft. In der Praxis führt dies zwar selten zu ernsthaften Problemen, erschwert aber die Aufarbeitung, Überprüfung und vor allem Anpassung von Risikoanalysen bei einer Veränderung der Schutzziele bzw. der Risikoeinstellung.

Angesichts der Schwächen der zuvor beschriebenen Verfahren kann die Risikoermittlung und Bewertung im Rahmen eines Punktbewertungsverfahrens als in der praktischen Anwendung sinnvollste der derzeit verfügbaren Methoden zur umfassenden, qualitativen Risikobeurteilung bezeichnet werden. Bei diesem Verfahren werden die einzelnen Gefährdungen mit einem Punktwert, der sich aus der Multiplikation der getrennt zu ermittelnden Werte für Eintretenswahrscheinlichkeit und entstehende Schäden ergibt, versehen. Nach Abschluss dieser Risikoermittlung können die einzelnen Risiken anhand ihrer Punktwerte bewertet werden. Die Risikobeurteilung mit einem Punktbewertungsverfahren besteht daher aus drei Schritten: In einem ersten Schritt werden Schadens- und Wahrscheinlichkeitsklassen gebildet, denen jeweils ein Punktwert zugeordnet wird. In einem zweiten Schritt erfolgt die Untersuchung der einzelnen Szenarien bezüglich Ausmaß und Eintretenswahrscheinlichkeit anhand dieser Klassen, wobei jedes Szenario als Ergebnis einen numerischen Risikowert durch Multiplikation der beiden Punktwerte für Ausmaß und Wahrscheinlichkeit erhält. Im dritten und letzten Schritt werden die ermittelten Punktwerte schließlich bewertet; dabei kann man auf die bereits im ersten Schritt implizit enthaltene Risikobewertung bei der Festlegung der einzelnen Klassen zurückgreifen oder ergänzende Bewertungsmaßstäbe berücksichtigen.

Bei gründlicher Anwendung des Punktbewertungsverfahrens wird durch diese Vorgehensweise eine hohe Transparenz erreicht, da im ersten Schritt unterschiedlichste Faktoren berücksichtigt werden können und die Ermittlung der Punktwerte je Szenario zumindest bis zu einem gewissen Grad unabhängig von ihrer Bewertung erfolgt. Allerdings ist eine halbqualitative Ermittlung und Bewertung von Risiken zumeist mit hohem Aufwand verbunden und ebenfalls nicht manipulationssicher.

Im ersten Schritt des Punktbewertungsverfahrens sind die für die Szenarien relevanten Eintretenswahrscheinlichkeiten und die mit den Schutzzielen korrespondierenden Schäden nach Möglichkeit zu quantifizieren oder zumindest so präzise wie möglich zu umschreiben. Anhand dieser Abschätzung können dann einzelne Klassen gebildet werden, denen jeweils eine ganze Zahl zwischen 1 und X zugeteilt wird, wobei X die Anzahl der unterschiedenen Klassen definiert. In der Praxis hat sich nach Erfahrung der Autoren die Unterscheidung von fünf verschiedenen Klassen als sinnvoll erwiesen. Basis der erfolgreichen Anwendung eines Punktbewertungsverfahrens ist die präzise Bestimmung der Zuordnungskriterien für die einzelnen Klassen, die bezüglich Schadensklassen häufig bereits eine implizite Bewertung von Risiken darstellt. Diese Zuordnungskriterien müssen sinnvoll definiert und sauber dokumentiert werden, wobei die Verwendung mehrer Sicherheitsindikatoren die Festlegung einer Rangfolge dieser Indikatoren bedingt. In Tabelle 4.2 ist der erste Schritt eines Punktbewertungsverfahrens beispielhaft dokumentiert. Unter Berücksichtigung der Schutzziele Personenschutz, Sachwertschutz, Aufrechterhaltung des Betriebs und Reputationsschutz wurden fünf verschiedene Klassen gebildet; das Schutzziel „Personenschutz" stellt dabei das übergeordnete Zuordnungskriterium dar, die folgenden Schutzziele dienen (in Reihenfolge ihrer Aufzählung) als Hilfsgrößen der Zuordnung.

In diesem ersten Erarbeitungsschritt muss das Augenmerk der Verantwortlichen vor allem auf einer sachgerechten, die Situation des Unternehmens und das zuvor definierte, gewünschte Sicherheitsniveau widerspiegelnden Definition der einzelnen Klassen liegen. Während die anzusetzenden Eintretenswahrscheinlichkeiten abhängig von den Unternehmensmerkmalen und den identifizierten Gefährdungen schwanken, spielt bei der Definition der anzusetzenden Schäden neben ihrer Quantifizierung bzw. möglichst genauen Beschreibung die Frage der Gewichtung einzelner Schutzziele eine Rolle. Bei verschiedenen Bewertungsgrundlagen wie in der Tabelle 4.2 kann die Erfüllung bestimmter Merkmale die zwingende Zuordnung zu einer Klasse nach sich ziehen (beispielsweise das Kriterium Personenschäden) während die anderen Sicherheitsindikatoren nur als ergänzende Größen dienen. Alternativ sind einfache Regeln (z. B. mindestens zwei definierte Unterkriterien müssen in eine Klasse fallen) denkbar. Wichtig ist in diesem Zusammenhang, dass die Komplexität der Methodik nicht unnötig erhöht wird, da ansonsten die Risikoermittlung bzw. Überprüfung erschwert wird.

Obwohl der erste Schritt grundsätzlich nur der Aufbereitung der Methodik zur Risikoermittlung dient, ist in ihm, wie in Tabelle 4.2 angedeutet, häufig bereits eine implizite Risikobewertung enthalten. Viele Menschen benötigen zur Festlegung der einzelnen Klassen einen Anhaltspunkt, wie die Abstufung dieser Klassen zu beurteilen ist. Diesen erhält man, in dem die einzelnen Schadens- bzw. Wahrscheinlichkeitsklassen mit einer qualitativen Beschreibung von Ausmaß und Wahrscheinlichkeit versehen werden, der (in Tabelle 4.2 in Klammern dargestellt) nichts anderes als eine Bewertung ist. Allerdings muss diese Hilfsbewertung nicht zwingend auch für die tatsächliche Risikobewertung im letzten Schritt verwendet werden, es wird aus methodischen Gründen jedoch empfohlen.

Schadensausmaß		Eintretenswahrscheinlichkeit (Häufigkeit)	
Punktwert	Beschreibung	Punktwert	Beschreibung
1 (vernachlässigbar)	Maximal leicht Verletzte Sachschäden unter € 5.000 Keine Betriebsunterbrechung Keine externe Berichterstattung	1 (unwahrscheinlich)	Auftreten höchstens alle 20 Jahre
2 (gering)	Leicht bis mittelschwer Verletzte Sachschäden unter € 50.000 Betriebsunterbrechung max. 1/2 Tag Berichterstattung ohne Auswirkungen auf Reputation	2 (selten)	Auftreten höchstens alle 10 Jahre
3 (mittel)	Mittelschwer bis schwer Verletzte Sachschäden unter € 150.000 Betriebsunterbrechung max. 3 Tage Zeitlich begrenzte Berichterstattung	3 (manchmal)	Auftreten alle 3–5 Jahre
4 (hoch)	Schwer Verletzte und Tote, einstellige Anzahl Sachschäden unter € 500.000 Betriebsunterbrechung max. 14 Tage Umfangreiche Berichterstattung mit negativen Folgen für Unternehmens-image	4 (häufig)	Auftreten alle 1–2 Jahre
5 (sehr hoch)	Schwer Verletzte und Tote, Anzahl über 10 Personen Sachschäden über € 500.000 Betriebsunterbrechung mehrere Wochen oder Monate Schwere Imageschäden, Fortbestand des Unternehmens gefährdet	5 (permanent)	Auftreten mehrmals jährlich

Tabelle 4.2: Risikoermittlung anhand eines Punktbewertungsverfahrens (Beispiel)

Nachdem die Bewertungstabelle aufgestellt wurde, können im zweiten Schritt die einzelnen Ereignisszenarien bewertet und mit einem Risikowert versehen werden. Dazu werden Eintretenswahrscheinlichkeit und Ausmaß jedes Szenarios anhand der zuvor aufgestellten Kriterien ermittelt sowie die sich ergebenden Punktwerte für die beiden Einflussgrößen auf den Risikowert miteinander multipliziert. Dabei ist zu berücksichtigen, dass es sich immer noch um ein einfaches, überblickartiges Verfahren zur Risikoermittlung handelt, d. h. es sind keine umfangreichen, methodisch hochstehenden Ermittlungen von Eintrittswahrscheinlichkeit resp. Schäden vorgesehen. Um dennoch ein möglichst objektives Bild der Risikosituation zu erhalten, empfiehlt sich die Risikoermittlung von mehreren sachverständigen, internen und externen Personen unabhängig voneinander durchführen zu lassen und dann die Ergebnisse zu vergleichen, überprüfen und bereinigen. Gerade bei diesem, für die Risikoermittlung wichtigen Schritt macht sich eine nachvollziehbare Abgrenzung der einzelnen Klassen bezahlt. Mit Abschluss des zweiten Schritts sollte dann eine vollständige, unter den Beteiligten weitestgehend unumstrittene Risikoermittlung vorliegen, sodass jedes Szenario mit einem numerischen Risikowert versehen ist.

Im dritten und letzten Schritt werden schließlich die Risikowerte bewertet. Dazu können die einzelnen Szenarien zunächst anhand ihrer Risikowerte in eine Reihenfolge gebracht werden, um Risikoschwerpunkte des Unternehmens zu identifizieren. Aufgrund der Auswertungsmöglichkeiten numerischer Werte ist es auch möglich, Risikowerte für Einzelgefährdungen oder Gefährdungsgruppen ungewichtet oder gewichtet zu errechnen bzw. Sensitivitätsanalysen durchzuführen. Ziel der Risikobewertung sollte es jedoch sein, jedes Szenario anhand seines Risikowerts einer Risikoklasse zuzuordnen. Zur Bestimmung dieser Risikoklassen kann einerseits auf die möglicherweise bereits durchgeführte Risikobewertung im Rahmen des ersten Schritts zurückgegriffen werden, in dem die Risikoklassen anhand der Multiplikation der Werte für Eintrittswahrscheinlichkeit und Ausmaß gebildet und ähnlich umschrieben werden. Dabei können für das Beispiel aus Tabelle 4.2 ebenfalls fünf Risikoklassen, aber auch mehr oder weniger Bewertungsklassen gebildet werden. In Tabelle 4.3 ist beispielsweise ein Bewertungsraster gezeigt, dass die Risikoabstufungen aus Box 12 mit dem Punktbewertungsverfahren aus Tabelle 4.2 verbindet. Über dieses Bewertungsraster hinaus ist es auch möglich und legitim, eine Obergrenze sowohl für Schäden als auch Eintretenswahrscheinlichkeiten festzulegen, die durch kein Szenario überschritten werden darf.

Risikowert	Risikoklasse
1–6	Akzeptable Risiken
7–12	Risiken im Übergangsbereich
13–25	Nichtakzeptable Risiken

Tabelle 4.3: Risikobewertung zum Punktbewertungsverfahren aus Tabelle 4.2 (Beispiel)

Weiterhin kann auch anhand der ermittelten Risikowerte eine Risikobewertung vorgenommen werden, indem aus den real ermittelten Werten Abstufungen vorgenommen werden. Zum Beispiel können bei einer angestrebten dreistufigen Risikoklassierung zwei Grenzwerte aus den ermittelten Risikowerten errechnet werden, welche das oberste bzw. unterste Drittel der ermittelten Risikowerte abgrenzen und somit die Klassengrenzen definieren. Umfangreiche Sensitivitätsanalysen bzw. Anpassungen der Risikoklassen, um verschiedene Risikoeinstellungen abzubilden, sind ebenfalls möglich. Grundsätzlich sollte jedoch auch zur Risikobewertung eine möglichst einfache und transparente Methodik verwendet werden, um Aufwand und Manipulationsmöglichkeiten gering zu halten.

Die Vorteile einer Risikoermittlung im Punktbewertungsverfahren liegen einerseits in der Berücksichtigung möglichst vieler belastbarer, quantitativer Informationen, andererseits in der bei einer sauberen Durchführung erreichten Transparenz. Schließlich ist auch die Anwendbarkeit mathematischer Analysemethoden und somit die einfachere Durchführung von Sensitivitätsanalysen oder Anpassungen positiv hervorzuheben. Nachteilig ist hingegen der hohe resultierende Aufwand, die suggerierte Genauigkeit durch die Verwendung von Punktwerten und die leichte Manipulierbarkeit der Ergebnisse durch Anpassungen der Methodik.

Den vorgestellten, qualitativen Verfahren zur Ermittlung und Bewertung von Risiken ist gemein, dass sie einen mehr oder minder nachvollziehbaren Überblick über die unternehmerische Risikolandschaft erlauben, der meistens jedoch mit starkem Interpretationsspielraum behaftet ist. Sie dienen deshalb vor allem der Ermittlung einer Rangordnung der Risiken.

Aufbauend auf qualitativen Risikobeurteilungen können die gewonnenen Erkenntnisse zu Risiken im Übergangsbereich bzw. nichtakzeptablen Risiken durch die Verwendung quantitativer Methoden, sofern für die entsprechenden Szenarien verfügbar, vertieft werden.

4.2.2   Quantitative Risikoermittlung und -bewertung

Neben den qualitativen Verfahren zur Risikobewertung können auch quantitative Verfahren, aus denen konkrete, numerische Risikowerte resultieren, zur Risikoermittlung und Bewertung eingesetzt werden. Der unbestrittene Vorteil dieser Verfahren liegt insbesondere darin, dass bei sachgemäßer Verwendung geeigneter Berechnungsmethoden ein aussagekräftiger, intersubjektiv überprüfbarer Wert in auf das zu untersuchende Risiko bezogener Einheit (z. B. Geldeinheiten, Todesopfer) vorliegt. Dies bedingt allerdings, dass sowohl die notwendigen Verfahren vorhanden sowie hinlänglich transparent und erprobt sein als auch die notwendigen Input-Daten zur Verfügung stehen müssen. Zudem sind quantitative Risikoanalysen aufgrund des hohen Aufwands und der zumeist notwendigen Fachkenntnisse mit erheblichem zeitlichen und finanziellen Aufwendungen verbunden, die Interpretation der Ergebnisse ist jedoch letztlich in vielen Fällen ebenso abhängig von subjektiven Risikoeinstellungen wie bei einem qualitativen Analyseverfahren. Quantitative Verfahren zur Risikoermittlung kommen in der Praxis zumeist in drei Fällen zur Anwendung:

- Eintrittswahrscheinlichkeiten oder Schadensausmaße sollen für bestimmte Szenarien quantitativ und möglichst genau bestimmt werden. Dazu werden Fehler- oder Ereignisbaumanalysen ebenso eingesetzt wie die sog. *failure mode and effects analysis* (FMEA), mit der die Ausfallwahrscheinlichkeiten einzelner Komponenten eines Systems und daraus die Zuverlässigkeit des Gesamtsystems errechnet werden kann. Auch Ingenieurmethoden des Brandschutzes, etwa Entrauchungs- und Evakuierungssimulationen, gehören grundsätzlich in diese Kategorie, werden jedoch praktisch eher zu Nachweiszwecken als für Risikoanalysen eingesetzt. Die untersuchten Szenarien befinden sich bei vorgängig durchgeführten qualitativen Risikobeurteilungen meistens im Übergangsbereich bzw. nichtakzeptablen Bereich.
- Bestimmte Gefährdungen oder Szenarien müssen aufgrund gesetzgeberischer Vorgaben einer quantitativen Risikobeurteilung unterzogen werden. Dazu gehören fast ausschließlich technische Risiken, etwa im Bereich der Störfallvorsorge und Anlagensicherheit, des vorbeugenden Brandschutzes oder der Statik.
- Selten werden Risikoanalysen gesamthaft, d. h. für alle zu untersuchenden Ereignisszenarien, quantitativ unter Verwendung eines auf finanzielle Schäden bezogenen Risikowerts durchgeführt. Ein derartiges Vorgehen bietet sich an, wenn Sachschäden verursachende Szenarien stark vertreten sind und eine Umrechnung anderer Schadensindikatoren (Reputationsschäden, Verletzte und Todesopfer) auf monetäre Größen mit vertretbarem Aufwand möglich ist.

Im Folgenden sind die grundsätzlichen Methoden sowie Vor- und Nachteile sowohl einer quantitativen Risikobeurteilung für einzelne Szenarien als auch der gesamthaften, quantitativen Risikoermittlung und Bewertung anhand monetärer Größen dargestellt. Aufgrund der Fülle der einschlägigen Methoden und der inhaltlichen Ausrichtung des vorliegenden Buches kann es sich dabei nur um zusammenfassende, oberflächliche Ausführungen handeln. Der interessierte Leser sei deshalb auf die einschlägige Fachliteratur der verschiedenen Disziplinen verwiesen; plant ein Unternehmen die Durchführung einer wie auch immer gearteten, quantitativen Risikobeurteilung, empfiehlt sich zudem dringend die Konsultation eines auf das entsprechende Analysefeld spezialisierten Beraters.

Die Durchführung quantitativer Risikobeurteilungen für einzelne Gefährdungen, Szenarien oder Sicherheitsindikatoren ist heutzutage recht weit verbreitet und basiert entweder auf unternehmerischen, die qualitativen Risikobeurteilungen ergänzenden Überlegungen oder gesetzlichen Vorschriften bzw. behördlichen Auflagen. Werden die quantitativen Verfahren primär aus unternehmensbezogenen Bedürfnissen eingesetzt, konzentriert man sich in der Regel auf solche Szenarien, deren bereits abgeschätztes Risiko im Übergangsbereich oder nichtakzeptablen Bereich liegt bzw. zumindest in diesem Bereich vermutet wird.

Beliebte übergeordnete Analyseinstrumente sind in diesem Zusammenhang die bereits angesprochene Ereignis- oder Fehlerbaumanalyse bzw. die FMEA-Methodik, mit denen mögliche Szenarien simuliert werden, um Eintrittswahrscheinlichleiten und Schadensausmaß zu quantifizieren. Ergänzend kommen weitere Verfahren zum Einsatz, die nicht ausschließlich auf den Eingabeparametern „Eintretenswahrscheinlichkeit" und „Schaden" beruhen, sondern im Rahmen elaborierter Modelle oder Simulationsrechnungen eine Vielzahl von Eingabeparametern und Annahmen berücksichtigen, um letztlich Wahrscheinlichkeit, Ausmaß und Risikowert zu ermitteln. Nachteilig sind die fast immer mit ihrer Anwendungen verbundenen Kosten, da mehrheitlich externe Spezialisten hinzugezogen werden müssen. Dafür bieten sie die Möglichkeit, unternehmensspezifische Charakteristika in verschiedenen Eingabeparametern zu berücksichtigen bzw. unterschiedliche Einzelszenarien mit variierenden Rahmenbedingungen zu modellieren.

Art und Umfang der eingesetzten quantitativen Verfahren unterliegen vor dem Hintergrund neu entwickelter Modelle und Technologien stetigem Wandel und können deshalb nicht abschließend aufgezählt werden. Weit verbreitet und dementsprechend von besonderer Bedeutung sind allerdings die nachfolgend aufgezählten Analysemethoden:

- Die mehrfach angesprochenen Fehler- und Ereignisbaumanalysen, mit denen ausgehend von einem Komponenten- bzw. Systemfehler (Fehlerbaumanalyse) oder einem im Rahmen der Gefährdungsanalyse identifizierten Szenario (Ereignisbaumanalyse) Ursachen, Ausmaß und Wahrscheinlichkeit eines bestimmten Ereignisses quantitativ ermittelt werden. Ergänzend stehen weitere, teils umfangreiche Methoden der Zuverlässigkeits- und Risikoanalytik zur Verfügung, die ähnlich aufgebaut sind und Weiterentwicklungen der vorgenannten Analysemethoden darstellen (beispielsweise Bayes'sche Netze).
- Ähnlich aufgebaute Risikoanalysen für den Störfall (Spezialfälle der vorgenannten Analysemethoden), mit denen unter Verwendung unternehmens- und umweltspezifischer Eingabedaten Letalitäten und Risikowerte aus Störfällen (Explosionen, Austritte, Brände) konkretisiert werden können. Neben auf das gesamte Störfallrisiko ausgerichteten Berechnungsmethoden, wie sie durch die Störfallverordnung vorgeschrieben werden, können auch Einzelberechnungen, etwa Ausbreitungs- oder Brandberechnungen, hilfreich sein. Neben der Risikoermittlung ist anhand der in den entsprechenden Vorgaben meistens definierten Risikoklassen auch eine Risikobewertung möglich.

- Verrauchungssimulationen, mit denen unter Verwendung objektspezifischer Eingabedaten die Auswirkungen von Bränden auf die Fluchtmöglichkeiten und Vermögenswerte
  dargestellt und anhand der Schutzziele bewertet werden können (praktisch mehrheitlich
  als Nachweismethoden eingesetzt).
- Evakuierungssimulationen bzw. Personenstromanalysen, mit denen unter Verwendung
  objektspezifischer Eingabedaten die Evakuierungszeiten, Personenströme und mögliche
  Probleme in der Personenführung ermittelt bzw. überprüft werden können (ebenfalls verbreiteter Einsatz als Nachweismethode).
- Tragwerkberechnungen, mit denen unter Verwendung objekt- und umweltspezifischer
  Eingabedaten die Auswirkungen von Naturereignissen, Bränden bzw. des An- und Auf-
  pralls gegen Gebäude ermittelt werden können (ebenfalls verbreiteter Einsatz als Nachweismethode).
- Analysemethoden der forensischen Wirtschaftsprüfung, mit denen unter Verwendung
  unternehmensspezifischer Eingabedaten die Risiken wirtschaftskrimineller Handlungen
  für das Unternehmen anhand einer Vergleichsdatenbasis ermittelt und bewertet werden
  können.

Neben unternehmensspezifischen Bedürfnissen werden die oben genannten Verfahren, wie
bereits angesprochen, auch aufgrund gesetzgeberischer Anforderungen und Abstimmungen mit
den Behörden eingesetzt. Eine Pflicht zur Anwendung quantitativer Verfahren resultiert dabei
primär aus der Störfallverordnung, welche die notwendige Methodik dezidiert vorgibt. Häufig
kommen quantitative Verfahren, insbesondere Evakuierungs- und Entrauchungssimulationen,
auch zum Einsatz, um Abweichungen gegenüber gesetzlich geforderten baulichen und technischen Maßnahmen durchzusetzen. In derartigen Fällen sind sie deshalb tendenziell eher als
Bestandteile der Maßnahmenplanung (Nachweismethoden) als der Risikoanalyse zu betrachten
(vgl. dazu auch Kapitel 5.2).

Neben der quantitativen Beurteilung einzelner Gefährdungen oder Szenarien besteht auch die
Möglichkeit, die gesamte Ermittlung und Bewertung unternehmensbezogener Risiken im Rahmen eines quantitativen Verfahrens durchzuführen. Abgesehen von wenigen Ausnahmen bietet
sich bei einer integralen Risikobeurteilung über alle Gefährdungsgruppen nur eine Methodik an,
die auf monetäre Größen abstellt und somit alle Schutzziele bzw. korrespondierenden Sicherheitsindikatoren in Geldeinheiten umrechnet. Während das Schutzziel Sachwertschutz in diesem
Zusammenhang kein Problem bezüglich der Ermittlung quantitativer Risikowerte durch die
Berechung von einfachen Schadenerwartungswerten (geschätzte Eintrittswahrscheinlichkeit
multipliziert mit dem geschätzten Schaden in Geldeinheiten) darstellen sollte, ist die Monetarisierung der anderen Schutzziele bzw. Sicherheitsindikatoren äußerst anspruchsvoll und verhindert in den meisten Fällen die Durchführung einer derartigen Risikobeurteilung. Der monetäre
Wert einer Aufrechterhaltung des Betriebs bzw. unzerstörter Umwelt ist mit entsprechendem
Aufwand auf Basis der Daten des internen Rechnungswesens, fachspezifischer Abschätzungen
und der Untersuchung von Musterschadenfällen vermutlich schwierig, aber näherungsweise zu
ermitteln. Weitaus problematischer stellt sich die Monetarisierung von immateriellen Schäden
dar. Hierzu gehören Reputationsschäden, deren Bedeutung oft unterschätzt wird, deren tatsächlicher Umfang jedoch hoch ist, sowie Personenschäden, deren Monetarisierung auch ethisch als
problematisch eingestuft wird.

Die wirtschaftlichen Auswirkungen eines Imageschadens lassen sich mit den heute zur Verfügung stehenden Methoden kaum seriös berechnen. Nur für wenige Unternehmen bzw. Marken existieren überhaupt Untersuchungen zum monetären Wert der Marke, der konkrete Einfluss sicherheitsrelevanter Ereignisse auf diesen Wert ist statistisch bisher nicht ausreichend erfasst worden. Ein möglicher Ansatzpunkt ergibt sich jedoch durch die Abschätzung der Kundenreaktionen, etwa indem die Abwanderung zu Konkurrenten, der Boykott des Unternehmens oder ähnliche Maßnahmen anhand wahrscheinlicher Szenarien modelliert werden. Aufgrund der kaum realistisch einzuschätzenden Reaktionen von Medien, Geschäftspartnern und Kunden sind die erlangten Kenntnisse allerdings immer sehr vorsichtig zu interpretieren bzw. müssen in umfangreichen und kostenintensiven Verfahren ermittelt werden.

Im Gegensatz zu den Reputationsschäden existieren mittlerweile wissenschaftlich fundierte Verfahren zur monetären Bewertung von Personenschäden. Sie versuchen, möglichst wertfrei anhand von Befragungen oder Untersuchungen der menschlichen Teilhabe am Wirtschaftskreislauf den sog. „Wert eines statistischen Lebens" zu ermitteln (vgl. Box 13). Die im Rahmen dieser Verfahren ermittelten Werte für den deutschsprachigen Raum können entsprechend auch als erwarteter Schadenswert für Todesfälle angesetzt werden, deren Eintretenswahrscheinlichkeit sich aus (betrieblichen) Unfallstatistiken oder Letalitätsberechnungen ergibt. Analog zu den Todesfällen können Verletzungen anhand der Ausfalltage von Mitarbeitern bzw. resultierender Behandlungskosten ermittelt werden. Entsprechende, aktuelle Daten können entweder aus den einschlägigen Statistiken der Berufsgenossenschaften bzw. Krankenkassen oder der internen Rechnungslegung des betroffenen Unternehmens ermittelt werden.

Neben der grundsätzlich problematischen Monetarisierung von Schäden bedingt eine durchgehend quantitative Risikoanalyse weiterhin, dass die Eintretenswahrscheinlichkeiten der einzelnen Szenarien hinlänglich genau numerisch bestimmt werden. Da selten verlässliche Werte vorliegen, müssen auch für diesen Inputparameter wahrscheinlichkeitsbasierte Berechnungsverfahren (z. B. die oben aufgeführten Methoden) bzw. Auswertungen statistischer Daten durchgeführt werden, was wiederum zu erhöhtem Aufwand führt.

Umfangreiche quantitative Risikoermittlungen eignen sich deshalb nur in Ausnahmefällen für die Anwendung in der betrieblichen Praxis, etwa wenn für ausreichend viele Szenarien die benötigten Daten bereits vorliegen, ihre Ermittlung mit wenig Aufwand verbunden ist oder die Quantifizierung aller Risiken für die Ableitung und Implementierung unternehmerischer Sicherheitsmaßnahmen von außerordentlicher Bedeutung ist. Vor der Durchführung ist der zusätzlich Nutzen gegenüber einer Risikobeurteilung durch ein Punktbewertungsverfahren in jedem Fall kritisch zu überprüfen und mit den entstehenden Kosten zu vergleichen.

Box 13: Der Wert eines statistischen Lebens (WSL)

Die Festlegung eines monetären Wertes für ein undefiniertes Menschenleben stellt einen sensiblen ökonomischen Forschungsgegenstand dar. Aufgrund der hohen Bedeutung entsprechender Werte für politische Regulierungsaktivitäten im Bereich Sicherheit und Gesundheitsschutz wird dennoch seit über 20 Jahren an einer entsprechenden Methodik gearbeitet. Zur Ermittlung des WSL stehen derzeit im Wesentlichen zwei Methoden zur Verfügung.

Der erste Ansatz wird als „willingness-to-pay-approach" bezeichnet und basiert auf der Annahme, dass eine Menschenmenge bei einer hinreichend kleinen Todeswahrscheinlichkeit für ein zufällig ausgewähltes Individuum (z. B. 10.000 Menschen in einem Stadion, von denen einer zufällig mit dem Tod bedroht wird) eine gewisse Zahlungsbereitschaft für die Abwendung der Todeswahrscheinlichkeit von 1/10.000 aufweisen. Die Aufsummierung all dieser Zahlungen symbolisiert dann den Wert eines statistischen Lebens, da sie für einen Schadenerwartungswert von 1 (da 1/10.000 × 10.000=1) die (theoretische) Zahlungsbereitschaft widerspiegelt. Der praxisnähere, zweite Ansatz ermittelt den WSL anhand sog. kompensatorischer Lohndifferentiale. Hintergrund dieser Methode ist die Vorstellung, das gefährlichere Arbeiten unter ansonsten gleichen Bedingungen mit einem Lohnaufschlag („kompensatorisches Lohndifferential") verbunden sind. Durch den Vergleich dieser (schwierig zu ermittelnden) Lohnaufschläge und Arbeitsunfallinformationen kann der WSL für verschiedene Berufsgruppen und Länder empirisch bestimmt werden.

In der jüngeren Vergangenheit wurden auch für Deutschland Abschätzungen des WSL vorgenommen. Die auf der Theorie der kompensatorischen Lohndifferentiale beruhende Arbeit von Spengler (2004) kommt dabei zu dem Ergebnis, dass der Wert eines statistischen Lebens in Deutschland ca. 1.65 Mio. € beträgt. Andere, methodisch teilweise problematische Schätzungen kommen allerdings zu deutlich höheren Werten für die USA bzw. europäische Länder und gehen von einem WSL (Medianwert) von um die 7 Mio. US$ (US$ von 2000), d. h. etwa 5 Mio. €, aus.

Weiterführende Literatur: Spengler (2004), Viscusi /Aldy (2003).

4.3   Grenzen der Risikoermittlung und -bewertung

Die obigen Ausführungen legen nahe, dass grundsätzlich verschiedene Methoden zur Risikoermittlung und Bewertung zur Verfügung stehen und zumindest die qualitativen Verfahren hinlänglich einfach anzuwenden sind. Dieser Tatsache steht die Beobachtung gegenüber, dass in der Unternehmensrealität in den seltensten Fällen bei der Ermittlung und Bewertung von Risiken methodisch vorgegangen wird. Stattdessen beschränkt man sich häufig auf die Erfüllung gesetzlicher Anforderungen bzw. die Durchführung einzelner Zusatzmaßnahmen, deren Notwendigkeit eher intuitiv abgeschätzt wird. Diese weit verbreitete Skepsis ist neben Budgetüberlegungen wohl vor allem auf grundsätzliche Bedenken gegenüber den Verfahren und Ergebnissen einer Risikobeurteilung zurückzuführen, die mit den in den obigen Ausführungen teilweise bereits angedeuteten Grenzen der vorgestellten Konzepte zusammenhängen. In diesem und dem nächsten Unterkapitel soll deshalb auf die besagten Grenzen sowie den möglichst sinnvollen Umgang mit ihnen in der Praxis eingegangen werden (Kapitel 4.3), als auch zusammenfassend dargelegt werden, welche Ergebnisse von einer Risikobeurteilung realistisch zu erwarten sind und welche Herangehensweise dafür vonnöten ist (Kapitel 4.4).

Die Durchführung einer qualitativen oder quantitativen Risikobeurteilung wird im Wesentlichen durch zwei Problemfelder limitiert. Der kritische Punkt bei der reinen Risikoermittlung ist dabei in der Verwendung aussagekräftiger Inputdaten zu Eintrittswahrscheinlichkeiten und Schadenausmaß zu sehen. Die Ermittlung aussagekräftiger Daten ist allerdings in beiden Fällen nicht trivial. Bezüglich der Eintretenswahrscheinlichkeit wird häufig versucht, die in der Vergangenheit ermittelte Häufigkeit entsprechender Szenarien als Grundlage zu verwenden. Dieses Vorgehen scheitert mehrheitlich daran, dass selten überhaupt nennenswerte Daten zur Verfügung stehen bzw. die Datenmenge zu gering ist, um aus einer Häufigkeit tatsächlich eine belastbare Wahrscheinlichkeit abzuleiten (vgl. Sommerfeld, 1998: 18–19). Werden externe Berater zur Durchführung von Risikoanalysen beigezogen, verfügen sie in der Regel zwar über mehr Daten und Erfahrung, ihre Anwendbarkeit auf die unternehmens- oder objektspezifischen Gegebenheiten ist jedoch mitunter in Zweifel zu ziehen. In der Realität behilft man sich deshalb regelmäßig damit, dass subjektive Wahrscheinlichkeiten, die eine Messzahl für die subjektive Einschätzung eines Urteilenden über die Möglichkeit eines real stattfindenden Ereignisses darstellen (vgl. Sommerfeld, 1998: 17), verwendet werden. Psychologische Erkenntnisse deuten allerdings darauf hin, dass eine realistische Gefährdungseinschätzung durch Menschen schwer möglich ist, da es zu systematischen Verzerrungen bei der Beurteilung von Gefährdungen kommt (vgl. Hinrichs/Wormuth/Musahl, 2001). Entsprechende Untersuchungen zeigen, dass alltägliche Gefährdungen von Laien in ihrer Wahrscheinlichkeit falsch eingeschätzt werden (vgl. Slovic/Fischhoff/Lichtenstein, 1981) und sogar Experten sich durch die Verfügbarkeit und Aufbereitung von Informationen in ihrem Urteil beeinflussen lassen (vgl. Fischhoff/Slovic/Lichtenstein, 1982: 249–253). Dementsprechend werden abstrakte oder aus Interaktionen resultierende Bedrohungen in ihrer Eintrittswahrscheinlichkeit trotz besseren Wissens häufig unterschätzt, während Eintrittswahrscheinlichkeiten von sehr greifbaren Bedrohungen regelmäßig überschätzt werden (vgl. Hinrichs/Wormuth/Musahl, 2001: 2–3).

Die Probleme bei der Bestimmung von Schäden aus sicherheitsrelevanten Ereignissen wurden im vorangegangenen Kapitel zu quantitativen Risikoanalysen bereits eingeführt. Grundsätzlich resultiert ein Schadenswert aus einer Subjekt-Objekt-Beziehung, bei dem der Beurteilende als Subjekt dem materiellen bzw. immateriellen Wirtschaftsgut (Objekt) einen auf seinem Nutzen beruhenden Wert zuordnet (Hilke, 2002: 62). Dementsprechend ist jede Bewertung subjektiv. Dieses Problem erscheint grundsätzlich lösbar, tritt aber deutlich zutage, wenn die potentiell geschädigten Objekte außerhalb der Einflusssphäre des Unternehmens liegen oder es sich um immaterielle Güter handelt. Bei Effektiv- oder Realschäden, also tatsächlich eingetretenen und erlebten Beeinträchtigungen des materiellen Reichtums beziehungsweise des körperlich-seelischen Status (vgl. WBGU, 1998: 48), ist die Quantifizierung des Verlusts an Menschenleben oder anderer Lebewesen wie oben dargestellt schwierig. Zudem decken sich die angenommenen Werte eines statistischen Lebens meistens nicht mit den im Rahmen von Gerichtsverhandlungen zugesprochenen, zivilrechtlichen Schadenersatzzahlungen. Ebenfalls erschwert wird die Ermittlung von Schäden bei der Berücksichtigung von symbolischen Schäden, etwa dem Reputationsverlust. Schließlich sind auch Allmählichkeitsschäden, bei denen die Urheberschaft oft nicht eindeutig zu klären ist und Schadenssummen a priori kaum abzuschätzen sind, zu berücksichtigen (vgl. WBGU, 1998: 239).

Unternehmen können (und sollten) trotz der immer wieder auftauchenden Probleme bei der Beschaffung und Aufarbeitung der notwendigen Daten für Risikobeurteilungen auf derartige Verfahren zurückgreifen. Die Eingabedaten und somit auch die Ergebnisse können dabei zumeist durch die Beachtung folgender Vorgehensweise soweit verbessert werden, dass eine ausreichende Kongruenz zwischen tatsächlicher Situation und Risikobeurteilung angenommen werden kann:

- Grundsätzlich werden die benötigten Eingabedaten aus allen verfügbaren Quellen gesichtet. Dazu gehören interne und externe Statistiken sowie Einschätzungen von Unternehmensmitarbeitern ebenso wie das Urteil externer Spezialisten. Auch Versicherungen, Behörden oder Geschäftspartner verfügen häufig über eine hilfreiche Datenbasis.
- Je nach vermuteter Bedeutung des untersuchten Szenarios können die in Kapitel 4.2.2 angesprochenen Verfahren angewendet werden, um Eintretenswahrscheinlichkeit und Ausmaß anhand besser verfügbarer, objektiver Eingabedaten abzuschätzen.
- Die unterschiedlichen Einschätzungen und Annahmen verschiedener Instanzen können im Rahmen von Workshops berücksichtigt und diskutiert werden; die Aufaggregation individueller Wahrscheinlichkeitsurteile kann beispielsweise gemäß wissenschaftlichen Arbeiten Fehleinschätzungen Einzelner bis zu einem gewissen Grad ausgleichen (vgl. Klose, 1994: 140).
- Bei verbleibender Unsicherheit empfiehlt sich die Durchführung von Sensitivitätsanalysen mit unterschiedlichen Eingabedaten.

Neben den aufgeführten Problemen bei der Risikoermittlung sind grundsätzliche Bedenken bezüglich der Risikobewertung durch Menschen als zweiter kritischer Punkt aufzuführen. Die menschliche Risikobewertung ist immer subjektiv; sie hängt theoretisch betrachtet von der Risikoeinstellung des Bewertenden ab (vgl. Box 14).

Werden Risikoklassen und Beurteilungen nicht von externen Instanzen (etwa dem Gesetzgeber oder Versicherungen) festgelegt, müssen durch die Entscheidungsträger im Unternehmen Akzeptanzgrenzen für Risiken formuliert und festgelegt werden. Das sog. Grenzrisiko als Maßstab der Risikoakzeptanz ist allerdings erstens quantitativ kaum zu erfassen und schwankt zweitens von Mensch zu Mensch aufgrund unterschiedlicher Risikoeinstellungen stark (vgl. Busenius, 1998: 42). Zudem legen wissenschaftliche Untersuchungen und Experimente nahe, dass es neben verschiedenen Risikoeinstellungen auch zu Wahrnehmungsverzerrungen in der Beurteilung von Risiken kommen kann. Der amerikanische Ökonom Kunreuther hat in diesem Zusammenhang den Begriff des „low-probability/high-consequences" Problems geprägt, als er anhand der Untersuchung des amerikanischen Marktes für Katastrophenversicherungen nachgewiesen hat, dass Menschen sich bei Bedrohungen mit geringen Eintretenswahrscheinlichleiten aber sehr hohen Schäden nicht ausreichend versichern (vgl. Kunreuther et a., 1978; Kunreuther/Slovic, 1978). Offensichtlich werden unter einer gewissen Eintretenswahrscheinlichkeit liegende Gefährdungen trotz hohen Risikos von Menschen häufig ignoriert. Andererseits scheinen jedoch Ereignisse mit etwas erhöhter, geringer Wahrscheinlichkeit und potentiell immensen Schäden auch zu einer Überschätzung des tatsächlichen Risikos zu führen (vgl. Kahnemann/Tversky, 1979).

Box 14: Die verschiedenen Risikoeinstellungen

Menschen unterscheiden sich bezüglich ihrer Beurteilung von gefährlichen Situationen. Was für eine Person ein interessantes Abenteuer ist, nimmt ein zweites Individuum oft bereits als Bedrohung war. In der Entscheidungstheorie wird diese Beobachtung anhand der Risikoeinstellung formalisiert. Dabei greift man auf die Risikonutzenfunktion, die sich aus dem erwarteten Nutzen (oder „Nicht-Nutzen") aus einem unsicheren Ereignis ergibt, zurück und vergleicht diese mit dem sog. Sicherheitsäquivalent, also einem sicher auftretenden Nutzen. Je nach Verhältnis zwischen Risikonutzenfunktion und Sicherheitsäquivalent kann man unterschiedliche Entscheider als risikoneutral, risikofreudig oder risikoavers bezeichnen.

Betrachtet man beispielsweise die Entscheidungssituation zwischen geschenkten 5 € (Sicherheitsäquivalent) und einem Gewinnspiel (Werfen einer Münze), durch das der Spieler entweder 10 € (Gewinnchance 50%) oder 0 € (Verlustchance 50%) realisiert, lassen sich die Risikoeinstellungen wie folgt definieren:

Der risikoneutrale Spieler ist bezüglich des Geschenks und des Spiels indifferent. Er beurteilt beide Ergebnisse, das sichere und das unsichere (anhand seines Erwartungswerts) gleich.

Der risikofreudige Spieler zieht das Spiel vor. Die Wahrscheinlichkeitsverteilung des Gewinnspiels wird dem sicheren Geschenk vorgezogen.

Der risikoaverse Spieler wiederum zieht das Geschenk der Wahrscheinlichkeitsverteilung des Spiels vor. Damit er am Spiel teilnimmt, wäre eine Risikoprämie notwendig, durch welche die Verlustwahrscheinlichkeit kompensiert wird.

Die Risikoeinstellung eines Menschen ist nicht nur bei potentiellen Gewinnsituationen, sondern besonders auch bei der Beurteilung von Verlusten relevant. Sie lässt sich in der Realität jedoch nicht messen oder erfassen, sodass in den wenigsten Fällen eine deckungsgleiche Risikobewertung durch verschiedene Individuen zu erwarten ist. In der Realität spielt bezüglich der Risikoeinstellung zudem häufig noch eine Rolle, inwiefern ein Risiko als beeinflussbar wahrgenommen wird und ob die betroffene Person sich ihm freiwillig aussetzt.

Weiterführende Literatur: Laux (1998)

Somit ist die Risikobewertung bei Szenarien, deren Risikowert sich aus einer sehr geringen Eintretenswahrscheinlichkeit und hohen Schäden ergibt, stark von der subjektiven Wahrnehmung der Eintretenswahrscheinlichkeit abhängig: Liegen Eintretenswahrscheinlichkeiten unter einer subjektiven Wahrnehmungsschwelle, kommt es tendenziell zu einer Unterschätzung des Risikos, liegen sie für ein Szenario darüber, kann es eventuell zu einer Überschätzung kommen (Klose, 1994: 130). Die subjektive Wahrnehmungsschwelle hängt dabei von

Faktoren wie der Darstellung bzw. Beschreibung des Szenarios (vgl. McNeil et al., 1982), dem Erleben bzw. Auftreten entsprechender Ereignisse in anderen Unternehmen (vgl. Kunreuther/Bowman, 1997: 405) oder dem emotionalem Zustand des entsprechenden Entscheidungsträgers (vgl. Zeelenberg et al., 2000: 533–534) ab.

Auch die Probleme bei der Risikobewertung erscheinen dennoch soweit lösbar, dass die Durchführung von Risikobeurteilungen in einem Unternehmen ermöglicht wird. Analog zur Ermittlung von notwendigen Eingabedaten ist es empfehlenswert, gerade bei der Entscheidungsfindung bezüglich der Risiken im Übergangsbereich verschiedene Personen und ihre Risikobewertung im Rahmen von Workshops zu berücksichtigen bzw. abzugleichen. Schließlich kann zur Risikobewertung auch, sofern belastbare, quantitative Risikowerte vorliegen, auf entsprechende quantitative Drittdaten, etwa aus wissenschaftlichen Forschungsarbeiten, Normen bzw. Richtlinien aus dem In- und Ausland, Daten von Versicherungen oder amtlichen Statistiken zurückgegriffen werden. Auch spezialisierte Berater können anhand der bei ihnen vorhandenen Datenbasis häufig recht objektiv beurteilen, wie im Unternehmen ermittelte Risiken im Vergleich zu anderen Unternehmen zu bewerten sind.

Die diskutieren Probleme von Risikobeurteilungen lassen sich grundsätzlich nur in Teilen lösen. Dennoch können die Autoren von dem mit den dargestellten Grenzen begründeten Verzicht auf die Ermittlung und Bewertung von Risiken nur abraten. Vielmehr sollte die Berücksichtigung dieser Unzulänglichkeiten zu einem zielgerichteten Einsatz geeigneter Analysemethoden und einer realistischen Erwartungshaltung an die resultierenden Ergebnisse führen.

4.4   Welche Ergebnisse sind von einer Risikoermittlung und -bewertung zu erwarten?

Die Ermittlung und Bewertung unternehmensbezogener Risiken stellt, aufbauend auf Gefährdungsanalyse und Schutzzieldefinition, den Schlusspunkt einer ersten Phase des Prozessmodells der Unternehmenssicherheit dar. Auf Basis der bis dahin gewonnen Erkenntnisse werden dann in den folgenden Schritten Sicherheitsmaßnahmen geplant und umgesetzt. Aufgrund dieses Meilensteincharakters des Schrittes 3 im Prozessmodell sowie der in den vorangegangen Ausführungen verschiedentlich dargelegten Vorbehalte gegenüber einer umfassenden Risikoanalytik in der Unternehmensrealität soll an dieser Stelle eine Zwischenbilanz gezogen werden. Im Mittelpunkt steht dabei die praxisbezogene Beantwortung der Fragen, welche Ziele mit einer Risikobeurteilung (und den vorgelagerten Schritten Gefährdungsanalyse und Schutzzieldefinition) erreicht bzw. welche Ergebnisse erwartet werden können und anhand welcher Vorgehensweise diese Ergebnisse tatsächlich zu realisieren sind.

Viele Unternehmen scheuen die Schritte 1 bis 3 im Prozessmodell der Unternehmenssicherheit und beginnen bei der Erarbeitung eines Sicherheitskonzepts direkt mit der Maßnahmenplanung. Werden dennoch Gefährdungs- und Risikoanalysen durchgeführt oder in Auftrag gegeben, führen die resultierenden Erkenntnisse häufig zu Enttäuschung über die scheinbar mangelhafte praktische Verwertbarkeit der Ergebnisse für die Maßnahmenplanung. Im Mittelpunkt einschlägiger Kritik steht oftmals die nicht erfolgte Monetarisierung von Schäden, sodass ein quantitativer Vergleich mit den Kosten von Sicherheitsmaßnahmen unmöglich ist. Der konkrete unternehmerische Vorteil aus der Risikoanalytik wird dann nicht gesehen. Nichtsdestoweniger kann eine auf Gefährdungsanalyse und Schutzzieldefinition aufbauende Risikoanalyse wesentliche Erkenntnisse und Grundlagen zur Ausgestaltung der Unternehmenssicherheit bereitstellen. Insbesondere können folgende Ziele erreicht werden:

- Die für das Unternehmen relevanten Gefährdungen sind für einen gegebenen Zeitpunkt identifiziert und bestimmt.
- Die Einflussfaktoren auf das unternehmerisch gewünschte Sicherheitsniveau sind für einen gegebenen Zeitpunkt identifiziert und bestimmt. Daraus sind konkrete Schutzziele abgeleitet.
- Die Gefährdungen sind anhand der definierten Schutzziele einer Risikobewertung unterzogen. Aus der Risikobewertung lässt sich eine Rangordnung der für das Unternehmen relevanten Risiken entnehmen.
- Sicherheitsrelevante Missstände bzw. Handlungsbedarf und Prioritäten zur Umsetzung von Maßnahmen der Unternehmenssicherheit können identifiziert und festgelegt werden.
- Aufgrund der Dokumentation von Gefährdungsanalyse, Schutzzieldefinition und Methodik der Risikobewertung können zu einem späteren Zeitpunkt Anpassungen und Überprüfungen vorgenommen werden, um beispielsweise die Auswirkungen ergriffener Maßnahmen oder gesetzlicher Änderungen auf die Risikolandschaft abschätzen zu können.

Diese Ziele können in der Regel jedoch nicht mit einer in sich abgeschlossenen, einmaligen Risikoanalyse erreicht werden. In der Praxis hat sich nach Erfahrung der Autoren ein dreistufiges Verfahren zur Risikobeurteilung auf Basis von Gefährdungsanalyse und Schutzzieldefinition bewährt, mit dem die o.g. Ziele erreicht und verwertbare Ergebnisse für die Maßnahmenplanung generiert werden können. Es ist in Abbildung 4.2 grafisch dargestellt.

Grundlage der Risikoanalyse stellen, wie bereits ausführlich dargestellt, die Gefährdungsanalyse und Schutzzieldefinition dar. Ziele dieser beiden Schritte sind die Identifizierung von Gefährdungen bzw. Einflussfaktoren auf das Sicherheitsniveau und daraus resultierend konkrete Schutzziele. Darauf aufbauend erfolgt die Risikobeurteilung in den folgenden drei Unterschritten:

- *Schritt 3.1:* In einem ersten Schritt wird im Rahmen einer rein qualitativen Risikobeurteilung ermittelt, ob unter Berücksichtigung der unternehmensrelevanten Gefährdungen und der ermittelten externen Einflussfaktoren die gesetzlichen Mindeststandards erfüllt werden (Ziel ist also die sog. „legal compliance"). Sollte dies nicht der Fall sein, resultieren sofort konkrete Maßnahmen aus der Risikoermittlung, um Übereinstimmung mit dem rechtlichen Regelrahmen zu erreichen.
- *Schritt 3.2:* Unternehmensspezifische Risikoanalyse anhand des oben beschriebenen Punktbewertungsverfahrens, um die Risikolandschaft für das betroffene Unternehmen unter Berücksichtigung aller relevanten Gefährdungen und der definierten Schutzziele zu ermitteln. Ziel ist, die Risikoschwerpunkte des Unternehmens darzustellen und als Ergebnis Hinweise für die grundsätzliche Orientierung der Maßnahmenplanung zu erhalten.

- *Schritt 3.3:* Vertiefende Analyse einzelner Szenarien mithilfe geeigneter quantitativer Verfahren, wobei sich die in Frage kommenden Szenarien aus gesetzlichen oder behördlichen Anforderungen, intransparenten oder großen Risiken gemäß dem zweiten Schritt oder einer qualitativen Abschätzung der Verantwortlichen ergeben. Durch die fundierte Untersuchung im dritten Schritt sollen detaillierte Informationen zu einzelnen Gefährdungen gewonnen werden. Die Ergebnisse können in die konkrete Maßnahmenplanung einfließen.

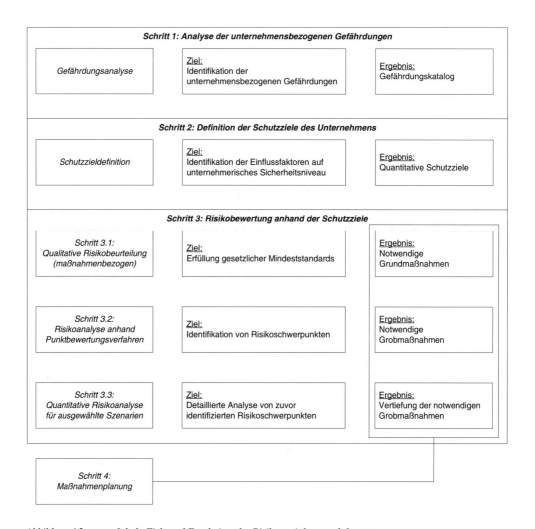

Abbildung 4.2   *Inhalt, Ziele und Ergebnisse der Risikoermittlung und -bewertung*

Folgt man bei der Risikoermittlung dem oben präsentierten Vorgehensvorschlag, korrespondieren Risikoanalyse und Maßnahmenplanung wie folgt miteinander: Die aus dem ersten Schritt bzw. zur Erreichung der gesetzlichen Anforderungen notwendigen Maßnahmen können grundsätzlich übernommen werden. Allenfalls sind zusätzliche Überlegungen, ob sich zusätzliche Maßnahmen kostensparend mit den notwendigen Maßnahmen verbinden lassen, sinnvoll. Aus dem zweiten und dritten Schritt resultiert eine Prioritätensetzung bezüglich mehr oder weniger freiwillig ergriffener Sicherheitsmaßnahmen, die auch als Grobmaßnahmenplanung verstanden werden kann. Ergänzend ist eine gesonderte Maßnahmenplanung, die Art, Umfang, Nutzen und Kosten der notwendigen Maßnahmen detailliert untersucht, unabdingbar. Bei diesem, im nächsten Kapitel ausführlich beschriebenen Schritt im Prozessmodell der Unternehmenssicherheit können gerade die Erkenntnisse aus quantitativen Risikobeurteilungen wesentliche Entscheidungshilfen sein.

5 Maßnahmen zur Erhöhung der Unternehmenssicherheit

5.1 Typologisierung von Sicherheitsmaßnahmen

Mit der Durchführung und Dokumentation einer Risikoermittlung liegen die Grundlagen für den nächsten Schritt im Prozessmodell der Unternehmenssicherheit, die Maßnahmenplanung, vor. Sie verbindet die ersten Schritte, die der Ermittlung von Gefährdungen und Schutzzielen dienen, mit der Ausführung und Umsetzung von Sicherheitsmaßnahmen und kann deshalb als zentrale Aufgabe der Unternehmenssicherheit angesehen werden. Dementsprechend umfangreich werden im vorliegenden Kapitel die möglichen baulichen, technischen und organisatorischen Maßnahmen beschrieben. Bei der Planung dieser Maßnahmen sind folgende Randbedingungen zu beachten:

- Die in den vorangegangenen Schritten ermittelten Schutzziele, Gefährdungen und Risiken, d. h. die Ergebnisse der Risikoermittlung.
- Die von Gesetzgeber, Behörden oder sonstigen Dritten konkret und verbindlich vorgeschriebenen Maßnahmen.
- Der aktuelle „Stand der Technik" in Bezug auf die zur Verfügung stehenden Maßnahmen.
- Wirtschaftliche Aspekte, insbesondere das Verhältnis von Nutzen und Aufwand der Maßnahmen sowie die aus Maßnahmen resultierenden Folgekosten und Möglichkeiten (im Sinne einer zukünftigen, flexiblen Anpassung).

Da in der Praxis eine kaum mehr überschaubare Anzahl potentieller Maßnahmen und somit Handlungsfelder der Unternehmenssicherheit existiert, ist es sinnvoll, die Maßnahmenplanung vorgängig zu ordnen. Dies kann sinnvollerweise dadurch geschehen, dass die zu ergreifenden Maßnahmen in Analogie zu der getroffenen Unterteilung von Gefährdungen in Kapitel 2 danach unterschieden werden, ob sie dazu geeignet sind,

- die Eintrittswahrscheinlichkeit oder das Ausmaß von zufällig oder ungewollt auftretenden natürlichen, technischen oder menschlichen Ereignissen zu senken (sog. Safety-Maßnahmen) *oder*
- die Eintrittswahrscheinlichkeit oder das Ausmaß von bewusst herbeigeführten Ereignissen zu senken (sog. Security-Maßnahmen).

Dementsprechend widmen sich die folgenden Unterkapitel ausführlich Maßnahmen zur Erhöhung von Safety bzw. Security; aus Abbildung 5.1 ergibt sich ein Überblick über die einschlägigen Handlungsfelder.

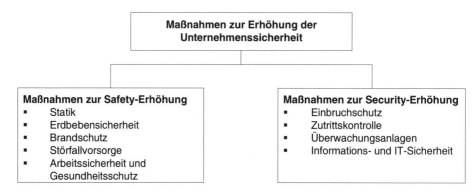

Abbildung 5.1   Maßnahmen der Unternehmenssicherheit (Übersicht)

Neben der Unterscheidung zwischen Safety und Security lassen sich Maßnahmen auch dahingehend gliedern, ob es sich um bauliche, technische oder organisatorische Maßnahmen handelt. Während bauliche und technische Maßnahmen vor allem einmalig in der Bauphase eines Objekts oder bei grundsätzlichen Revisionen des Sicherheitskonzepts anfallen, sind organisatorische Sicherheitsmaßnahmen als laufende Aufgabe während des Unternehmensbetriebs zu betrachten. Darüber hinaus lassen sie sich auch in vielen Fällen deutlich weniger trennscharf ausschließlich Safety oder Security zuordnen, sodass sie gesondert diskutiert werden. Nichtsdestoweniger besteht ein enger Zusammenhang zu den baulich-technischen Maßnahmen, die Bedarf und Möglichkeit organisatorischer Vorkehrungen stark beeinflussen (und umgekehrt).

Trotz des breiten Aktionsradius der Unternehmenssicherheit und der Heterogenität verschiedener Maßnahmen erkennen die Autoren in der Praxis einen Trend, ganzheitliche bzw. „integrale" Sicherheitskonzepte zu erarbeiten, die alle sicherheitsrelevanten Maßnahmen in einem Konzept bzw. Dokument zusammenfassen. Vor- und Nachteile solcher Konzepte werden zu Ende des Kapitels 5 daher ebenso diskutiert wie Nutzen-/Aufwandüberlegungen zu einzelnen Maßnahmen oder ganzen Sicherheitskonzepten, die unabhängig vom Zweck konkreter Maßnahmen immer notwendig sind.

5.2   Maßnahmen zur Safety-Erhöhung

5.2.1   Einleitung

Der Bereich „Safety" wird im Gegensatz zu Security-Maßnahmen durch gesetzliche Vorgaben umfangreich abgedeckt. Durch Einhaltung der einschlägigen Gesetze, Richtlinien, Vorschriften und Normen kann im Normalfall deshalb bereits ein hohes Sicherheitsniveau erreicht werden, zumal die entsprechenden Vorgaben mehrheitlich konkrete Maßnahmen vorschreiben. Wesentliche Themenbereiche sind dabei

- Statik und Erdbebensicherheit,

- Brandschutz,

- Störfallvorsorge,

- Arbeitssicherheit und Gesundheitsschutz.

Im deutschsprachigen Raum wird diesen Handlungsfeldern mit unterschiedlich detaillierten Vorgaben begegnet, deren wesentliche Rechtsgrundlagen im Anhang aufgeführt sind. Während in Deutschland und Österreich umfangreiche, teilweise zwischen den einzelnen Bundesländern differierende Vorschriften vorhanden sind, existiert in der Schweiz ein weitestgehend einheitliches Regelwerk für die gesamte Eidgenossenschaft, das die Eigenverantwortung der betroffenen Unternehmen stark hervorhebt.

In den weiteren Unterkapiteln werden die grundsätzlich notwendigen Maßnahmen aus den aufgeführten Themenbereichen überblickartig dargestellt und, soweit möglich, diskutiert. Obwohl viele Maßnahmen, wie oben beschrieben, durch den Gesetzgeber vorgegeben sind, wird bewusst auf eine reine Auflistung der Maßnahmen verzichtet, da die Entscheidungsträger eines Unternehmens die wesentlichen Hintergründe von Gesetzen, Richtlinien, Normen und Verordnungen kennen und verstehen sollten, um

- sie richtig anzuwenden,

- ihre Sinnhaftigkeit zu hinterfragen,

- um sie diskutieren und verändern zu können und

- begründet von ihnen abweichen zu können (ingenieurmäßiger Ansatz).

Der letzte Punkt nimmt gerade im Brandschutz großer und/oder komplexer Gebäude einen immer zentraleren Stellenwert ein, da in diesem Zusammenhang oftmals ingenieurmäßige Methoden des Brandschutzes zum Einsatz kommen. Ebenfalls von hoher Praxisrelevanz sind Kenntnisse über Substitutionsmöglichkeiten einzelner Maßnahmen, da bei aus rechtlicher Sicht gegebener Notwendigkeit von Safety-Maßnahmen häufig noch ein gewisser Entscheidungsspielraum beim Unternehmen über die Wahl der zum Einsatz kommenden Maßnahme verbleibt.

Nicht weiter vertieft werden in den folgenden Ausführungen allerdings Maßnahmen zu bestimmten Naturereignissen, insbesondere Hochwasser und alpine Gefahren wie Steinschlag oder Lawinen. Sie werden in der Regel auf übergeordneter Ebene im Rahmen der Raumplanung ergriffen und sind daher für die meisten Unternehmen von untergeordneter Relevanz.

5.2.2 Statik

Maßnahmen zur Dimensionierung der Statik eines Bauwerks dienen dem Schutz vor Beschädigungen der Gebäudestruktur bis hin zum Einsturz aufgrund von Witterungseinflüssen (z. B. Schnee- und Windlasten), gewöhnlichen Belastungen durch die Nutzung (z. B. Befahrbarkeit mit Fahrzeugen) sowie außergewöhnlichen Belastungen durch Brände, den Aufprall von Fahrzeugen oder Erdbeben. Letztere Thematik wird aufgrund ihrer besonderen Bedeutung im nächsten Unterkapitel gesondert betrachtet.

Die Dimensionierung der Statik bzw. des Tragwerks (d. h. der Gesamtheit aller zur Lastaufnahme und Lastableitung sowie zur Stabilisierung notwendigen Bauteile und deren Verbindungen) eines Gebäudes erfolgt mehrheitlich aufgrund entsprechender Normen (vor allem die europaweit gültigen Eurocodes 0–9) durch einen Bauingenieur. Weitere wesentliche Grundlage für eine seriöse Statik bildet der Nutzungs- und Sicherheitsplan, in dem in Abstimmung mit dem Unternehmen bzw. der Bauherrschaft u.a. die für die einzelnen Bereiche des Gebäudes notwendigen Maximalbelastungen im Normalbetrieb und in außergewöhnlichen Situationen definiert sind. Das Unternehmen bzw. die Bauherrschaft muss sich in diesem Prozess darüber klar werden, welche Nutzungen während der Lebensdauer des Bauwerks in Frage kommen. Dabei ist ausdrücklich auch an zukünftige Nutzungen bzw. Umnutzungen zu denken, etwa die spätere Einrichtung von Lagerräumen mit hohen Lasten. Ebenfalls muss bedacht werden, ob zu einem späteren Zeitpunkt über gewisse Gebäudebereiche schweres technisches Gerät (z. B. Ersatz von unteilbaren Haustechnik-Geräten wie Trafos, Austausch von Exponaten in einem Museum) transportiert werden soll.

Der Bauingenieur muss aber auch andere Lastfälle wie Schnee, Sturm oder Belastungswerte aufgrund notwendiger Befahrbarkeit durch Lastwagen (auch Feuerwehrfahrzeuge) berücksichtigen (vgl. Box 15).

Box 15: Feuerwehrzufahrten und Statik (Beispiel)

Unter dem Vorplatz eines Multiplex-Kinos liegt eine öffentliche Tiefgarage. Die Deckenüberdeckung der Tiefgarage ist gering. Die zuständige Feuerwehr verlangt, dass sie mit ihren Fahrzeugen diesen Platz bei Einsätzen im Kino uneingeschränkt befahren (Achslasten von 10 t) und ihre Drehleiter uneingeschränkt aufstellen kann (7.5 t Punktlast). Der Bauingenieur muss diese Werte bei der statischen Berechnung der Tiefgaragendecke neben den anderen Lasten berücksichtigen. Dabei stellt er fest, dass die Punktlastanforderungen maßgebend für die Armierungsdichte sind.

Besondere Anforderungen an die Statik ergeben sich gerade beim Gewerbe- und Sonderbau aus der gewünschten Architektur, etwa wenn aus ästhetischen oder funktionalen Gründen (z. B. in einem Sportstadion) auf Stützen verzichtet werden soll oder außenliegende Stahlkonstruktionen gewünscht sind. Letztere sind insbesondere bezüglich Brandbeanspruchungen kritisch zu beurteilen (vgl. Kapitel 5.2.4). Unternehmen können daher, neben dem Einbezug eines qualifizierten Bauingenieurs, vor allem durch einen realitätsnahen Nutzungs- und Sicherheitsplan sowie Berücksichtigung des baulich Machbaren bei der Definition ästhetischer oder funktionaler Anforderungen an ihr Gebäude zur ausreichenden Dimensionierung der Statik beitragen.

5.2.3 Erdbebensicherheit

Ausgangslage

Gemäß dem schweizerischen Bundesamt für Umwelt (BAFU) stellen Erdbeben das größte Risiko unter den Naturgefahren dar. Maßnahmen zur Erhöhung der Erdbebensicherheit, die eigentlich dem Themengebiet der Statik zuzuordnen sind, werden daher an dieser Stelle gesondert behandelt. Da aufgrund ihres Alters in der Schweiz rund 90 % der Gebäude ohne Berücksichtigung von Erdbebenvorschriften gebaut wurden (für Österreich und Deutschland ist im Wesentlichen von ähnlichen Werten auszugehen), ist Erdbebensicherheit auch für Unternehmen mit bestehenden Gebäuden ein dringliches Thema.

Im Gegensatz zu Brandereignissen sind gegen Erdbeben selbst keine Maßnahmen möglich. Um die Gefährdung von Menschen und die Schäden an Gebäuden durch ein Erdbeben möglichst gering zu halten, sind hingegen verschiedene Maßnahmen verfügbar. Sie betreffen besonders die erdbebengerechte Bauplanung und Bauweise sowie raumplanerische Maßnahmen.

Normenlandschaft

In Deutschland und Österreich liegen durch die DIN-Norm 4149:2005 „Bauten in deutschen Erdbebengebieten – Lastannahmen, Bemessung und Ausführung üblicher Hochbauten" und durch die ÖNORM B 4015:2007 „Belastungsannahmen im Bauwesen – Außergewöhnliche Einwirkungen – Erdbebeneinwirkungen – Grundlagen und Berechnungsverfahren" entsprechende Richtlinien für erdbebengerechtes Bauen vor. Besondere Bauwerke, wie z. B. Talsperren, unterliegen noch zusätzlichen Auflagen, die über den Rahmen der Normen weit hinausgehen.

In den Baunormen SIA 260-267 bezüglich Erdbebenvorschriften des Schweizerischen Ingenieur- und Architektenvereins (SIA) werden die Bauvorschriften für einen effizienten Erdbebenschutz in der Schweiz definiert. Bis heute haben allerdings nur zwei Kantone (Wallis und Basel-Stadt) die SIA-Normen explizit in die kantonale Gesetzgebung aufgenommen und Kontrollen der Einhaltung dieser Erdbebenvorschriften für private Bauten im Rahmen des Baubewilligungsverfahrens eingeführt.

Alle aufgeführten Normen nehmen Bezug auf den entsprechenden Eurocode 8 „Erdbeben" der in sechs Teile gegliedert ist. Wie in den SIA-Normen wird daher auch in der DIN-Norm und ÖNORM eine mittlere Wiederkehrperiode von 475 Jahren als Bemessungsgrundlage der Gefährdung (Überschreitenswahrscheinlichkeit einer bestimmten Erdbebenbelastung) zugrunde gelegt. Diese nicht direkt nachvollziehbare Zahl erklärt sich, wie die Homepage der österreichischen Zentralanstalt für Meteorologie und Geodynamik (www.zamg.ac.at) anschaulich beschreibt, wie folgt:

- Statistisch ist dieser Zeitraum notwendig, um die heute akzeptierte Forderung nach einer Überschreitungswahrscheinlichkeit von nur 10 % in 50 Jahren, was eben einer mittleren Wiederkehrperiode von 475 Jahren entspricht, zu erfüllen.

- Die Erdbebeninformationen aus diesem Zeitraum können noch als relativ vollständig betrachtet werden.

- Der Bemessungszeitraum ist damit auch EU-konform und entspricht dem EUROCODE 8.

Mehrkosten durch erdbebensichereres Bauen

Im Merkblatt „Erdbebensicheres Bauen in der Schweiz" des BAFU (vgl. BAFU, 2006) sind wesentliche Aspekte zur Kostenproblematik einer erdbebensicheren Bauweise übersichtlich zusammengefasst, da sowohl Unternehmen als auch Privatpersonen oft mit deutlich erhöhten Baukosten durch Maßnahmen der Erdbebensicherheit rechnen. Die der Schweiz ähnliche Erdbebengefährdung in Deutschland und Österreich lässt Analogieschlüsse für den gesamten deutschsprachigen Raum zu. Dementsprechend können die Angaben zu den zu erwartenden Zusatzkosten bei der Erstellung von Neubauten als repräsentativ betrachtet werden:

- Zwischen 0 und 1 % der Baukosten, sofern von Anfang an ein bezüglich des erdbebensicheren Bauens versierter Bauingenieur zu einer engen Zusammenarbeit mit dem Architekten hinzugezogen wird. Der Ingenieur wendet entsprechend seinem Leistungsausweis auch modernste Verfahren zur Berechnung, Bemessung und konstruktiven Gestaltung der Bauteile (Kapazitätsbemessung, verformungsorientierte Verfahren) an.

- Zwischen 2 bis 3 % der Baukosten, sofern der Bauingenieur im Entwurfs- und Planungsprozess erst später beigezogen wird und ältere Verfahren verwendet. Nicht zu vergessen ist der Hinweis, dass unter diesen Umständen die Erdbebensicherheit trotzdem ungenügend sein kann.

Die Ausführungen zeigen, dass die Mehrkosten beim Honorar des Ingenieurs sich nicht nur durch höhere Sicherheit, sondern häufig bereits alleine durch geringere Mehrkosten für das Bauwerk niederschlagen.

Maßnahmen für erdbebensicheres Bauen

Die nachfolgende Zusammenstellung der wichtigsten Maßnahmen basiert im Wesentlichen auf dem bereits oben erwähnten Merkblatt des BAFU (vgl. BAFU, 2006), das aufgrund seiner Übersichtlichkeit und Verständlichkeit auch für Laien hilfreiche Informationen enthält. Das deutsche Bundesland Baden-Württemberg hat einen ähnlichen Leitfaden herausgegeben, der in Kapitel 4 ebenfalls hier übernommene, hilfreiche Aussagen zum erdbebengerechten Entwerfen und Konstruieren enthält, jedoch deutlich umfangreicher ist (vgl. Wirtschaftsministerium Baden-Württemberg, 2008). Weitergehende Ausführungen zur Erdbebensicherheit finden sich in den im Literaturverzeichnis aufgeführten Werken von Bachmann (2002) und Meskouris/Hinzen/Butenweg (2007).

Allgemein basiert erdbebensicheres Bauen auf der konstruktiven Gestaltung des Tragwerks und der nichttragenden Bauteile (z. B. Fassaden und Zwischenwände), durch die die Erdbebensicherheit (das Versagensverhalten bei einem Beben) und die Erdbebenverletzbarkeit (Schadenanfälligkeit bei einem Beben) weitgehend determiniert werden. Einem erfahrenen Bauingenieur kommt bei der Planung von Maßnahmen für erdbebensicheres Bauen daher die wesentliche Rolle zu, wobei durch ihn folgende Gestaltungskriterien zu beachten sind:

- Bauwerke mit gedrungenem Grundriss sind bezüglich Erdbeben als günstig zu beurteilen, stark aufgelöste Grundrisse (etwa L- oder T-förmig) sollten hingegen vermieden werden. Die Bauwerke werden idealerweise auf gleichartigem Baugrund und in einheitlicher Tiefe gegründet.

- Weiche Erdgeschosse ohne sog. aussteifende Wände sind zu vermeiden. Erdgeschosse, die lediglich aus Stützen bestehen, sind für die aus Erdbeben resultierenden, horizontalen Kräfte weich und nachgiebig. Stützen können die Schwingungen aus Erdbeben nicht auffangen und knicken ein, was im schlimmsten Fall zum Gebäudeeinsturz führt. Auch die Obergeschosse sollten in ihrer Steifigkeit mit dem Erdgeschoss korrespondieren, wobei eine nach oben abnehmende Steifigkeit üblich ist. Weiche Zwischengeschosse sind gleich zu beurteilen wie weiche Untergeschosse!

- Wände zur Aufnahme von erdbebenbedingten Horizontallasten (sog. Aussteifungselemente) sollten nach Möglichkeit symmetrisch angeordnet sein. Wände oder andere Aussteifungen (z. B. Fachwerke), die im Grundriss unsymmetrisch zur Mitte angeordnet sind, bewirken eine Verdrehung des Bauwerks, symmetrische Aussteifungselemente bewirken jedoch im günstigsten Fall lediglich eine Horizontalverschiebung.

- Die Aussteifung von Skelettbauten erfolgt bevorzugt durch Stahlbetonwände, die über die ganze Gebäudehöhe verlaufen. Auch reine Mauerwerksbauten können durch mindestens zwei schlanke Stahlbetonwände pro Hauptrichtung in ihrer Erdbebensicherheit positiv beeinflusst werden.

- Mischsysteme aus Stützen und tragenden Mauerwerkswänden verhalten sich bei Erdbeben sehr ungünstig. Die Erdbebenkräfte werden im Wesentlichen durch die relativ steifen Mauerwerkswände aufgenommen, wofür sie aber ungeeignet sind. Die Wände werden bald beschädigt und versagen auch für vertikale Lasten.

- Decken sollen bei einem Erdbeben die horizontal wirkenden Lasten auf die aussteifenden Wände bzw. Stützen verteilen. Als starres Bauteil dürfen sie sich dabei nicht verformen; die Kraftübertragung von Decke zu Aussteifungselementen sollte zudem so wenig wie möglich gestört werden, d. h. z. B. keine großen Deckenöffnungen.

- Die nichttragenden Bauteile (z. B. Mauerwerk bei tragendem Rahmen, Trennwände, Fassaden) müssen im Fall eines Erdbebens mindestens ungefährlich sein. Rahmen (z. B. aus Stahlbetondecken und Stützen) mit eingefügtem Mauerwerk sind daher eine ungünstige Kombination von zwei sehr verschiedenen Bauweisen. Bei starken Stützen wird das Mauerwerk zerstört und die „Ausfachung" fällt aus. Dünnere Stützen werden durch das Mauerwerk abgeschert, was oft zum Einsturz führt. Grundsätzlich sollten Tragwerk und nichttragende Bauteile aufeinander abgestimmt sein, um Schäden bereits bei schwachen Erdbeben zu vermeiden.

- Das plastische Verformungsvermögen von Bauteilen und verwendeten Werkstoffen (sog. Duktilität) muss ausreichend sein, damit verformungsfähige „Knautschzonen" bestehen und die Erdbebenenergie bis zu einem gewissen Grad auffangen. Plastische Bereiche, z. B. im Erdgeschoss von Stahlbetonwänden im Skelettbau, dürfen in ihrer Verformungsfähigkeit auch nicht durch Aussparungen und Öffnungen, die den kontinuierlicher Kräftefluss und eine stetige Dehnungsverteilung behindern, beeinträchtigt werden.

- Fassadenbauteile dürfen nicht einfach nur auf Konsolen oder andere Unterlagen gestellt und leicht fixiert werden, sondern sie müssen auch für horizontale Kräfte auf solide Weise verankert werden.

- Herabfallende Unterdecken, Beleuchtungskörper oder ähnliche Bauteile können Personen erheblich gefährden. Die Befestigungen müssen deshalb nicht nur das Eigengewicht, sondern auch zusätzliche vertikale und horizontale Kräfte und entsprechende Vibrationen ertragen können. Dies gilt auch für außenliegende Bauteile wie Dachziegeln, Kamine oder Ähnliches.

- Bei Bauten, die nach einem Erdbeben funktionstüchtig bleiben sollen, müssen Rohrleitungen, Sprinkleranlagen, Laborgeräte, Behälter, Schränke, Lagergestelle und gegebenenfalls auch Produktionseinrichtungen durch Befestigungen, Aussteifungen usw. wirksam gesichert werden.

Für den interessierten Leser ist zur Vertiefung vor allem das sehr verständlich geschriebene, aber dennoch umfangreiche Merkblatt des Landes Baden-Württemberg geeignet. Neben einer detaillierten Aufarbeitung der Entstehung und Wirkung von Erdbeben finden sich ausführlich bebilderte Hinweise zu den oben überblickartig beschriebenen Maßnahmen des erdbebensicheren Bauens. Auch das deutsche Normenwerk wird detailliert beschrieben.

Nachrüstung von Maßnahmen des erdbebensicheren Bauens?
Der Frage, ob eine Nachrüstung der oben beschriebenen Maßnahmen Sinn macht oder nicht, geht in der Regel eine umfassende Überprüfung des bestehenden Gebäudes, im Speziellen des Tragwerks, voraus. Diese Überprüfung der Erdbebensicherheit eines bestehenden Gebäudes ist eine anspruchsvolle Aufgabe, die nach Erfahrung der Autoren noch weitergehende Qualifikationen als die erdbebensichere Konstruktion eines Neubaus erfordert und somit zwingend durch einen spezialisierten Erdbebeningenieur vorgenommen werden sollte.

Gemäß dem ebenfalls sehr empfehlenswerten Merkblatt „Ist unser Haus erdbebensicher?" des BAFU (vgl. BAFU, 2007) schwanken die Kosten für eine Erdbebenertüchtigung stark. Es werden Zahlen zwischen 1 und 20 % des Gebäudewertes genannt, wobei der Aufwand zur Überprüfung der Erdbebensicherheit sowie eventuellen Planung und Ausführung von baulichen Maßnahmen von zahlreichen Einflüssen abhängt (vgl. BAFU, 2007):

- vorhandenes Tragwerk, vor allem für horizontale Einwirkungen (Kräfte und Verschiebungen),

- Möglichkeiten für bauliche Eingriffe unter Berücksichtigung der weiteren Nutzung,

- Bauweise und Baustoffe (Stahlbeton, Mauerwerk usw.),

- Bauwerksklasse, Baugrundklasse, Erdbebenzone,

- mögliche Synergien mit Umbau-/Sanierungsarbeiten.

Ob eine Nachrüstung sinnvoll ist, kann unabhängig vom Standort des betroffenen Bauwerks anhand der in der Schweizer Norm SIA 2018 eingeführten Kriterien „Verhältnismäßigkeit" und „Zumutbarkeit" diskutiert werden. Die beiden Kriterien bilden eine kostenorientierte Entscheidungsgrundlage für private und gewerbliche Bauherren bzw. Unternehmer und sind nach wissenschaftlich anerkannten Methoden festgelegt worden.

Zur Überprüfung der Verhältnismäßigkeit wird gemäß SIA die aktuelle Erdbebensicherheit mittels eines Erfüllungsfaktors derjenigen eines vergleichbaren Neubaus am gleichen Standort gleichgesetzt. Der (theoretisch ermittelte) Erfüllungsfaktor wird wiederum mit dem aus dem jeweils gültigen, nationalen Regelwerk zu entnehmenden und von der Bauwerksklasse abhängigen „minimalen" Erfüllungsfaktor verglichen. Ist der vorhandene Erfüllungsfaktor geringer als der minimale Erfüllungsfaktor, ist das individuelle Personenrisiko inakzeptabel und es muss eine Ertüchtigung durchgeführt werden, sofern deren Kosten „zumutbar" sind. Das Kriterium der Zumutbarkeit ist dann im Einzelfall abzuklären, häufig aber erfüllt. Neben dem minimalen Erfüllungsfaktor existiert noch der „zulässige" Erfüllungsfaktor. Sofern der aktuelle Erfüllungsfaktor über dem minimalen, aber unter dem zulässigen Erfüllungsfaktor liegt, ist eine Ertüchtigung durchzuführen, sofern die entsprechenden Kosten „verhältnismäßig" sind. Gemäß BAFU ist dies meistens nicht der Fall.

Erdbeben als unterschätzte Gefährdung
Zusammenfassend muss leider festgehalten werden, dass das Thema „Erdbebensicherheit" von hoher Bedeutung für Unternehmen und sonstige Bauherren in den aus entsprechenden Karten zu entnehmenden Erdbebenzonen ist, in der Praxis jedoch häufig nicht ernst genommen oder sogar belächelt wird. Dies mag bis zu einem gewissen Grad auf die in Kapitel 4 diskutierten Wahrnehmungsprobleme bei Szenarien mit hohen Schäden aber sehr geringen Eintrittswahrscheinlichkeiten zurückgehen, erscheint angesichts der von Erdbeben ausgehenden Direktschäden aber unangebracht: Ein Erdbeben der Stärke 6.5 auf der logarithmischen, nach oben offenen Richterskala würde nach Berechnungen des BAFU alleine für die Schweiz zu Schäden in der Höhe von 40 Milliarden Schweizerfranken führen, ein Erdbeben der Stärke 5 nur in Köln immer noch insgesamt 790 Millionen Euro an Schaden verursachen (vgl. Tyagunov et al, 2006: 777). Trotz des in der Regel großen Zerstörungsradius eines Erdbebens liegt es deshalb in der Verantwortung jedes einzelnen Unternehmens, geeignete Maßnahmen zur Erdbebensicherheit zu ergreifen.

5.2.4   Brandschutz

Ausgangslage
Brandereignisse sind vermutlich die häufigsten, nicht immer aber auch spektakulärsten Gefährdungen für die Unternehmenssicherheit aus dem Bereich Safety. Sie können nicht nur durch menschliches oder technisches Versagen entstehen, sondern auch vorsätzlich im Rahmen von Brandstiftungen oder Brandanschlägen herbeigeführt werden. Während geeignete Maßnahmen zur Verhinderung letztgenannter Ereignisse im Rahmen von Kapitel 5.3 darge-

stellt werden, beziehen sich die folgenden Ausführungen allgemein auf die Verhinderung von Bränden bzw. die Minimierung ihrer Auswirkungen im Ereignisfall.

Maßnahmen des Brandschutzes sind in den deutschsprachigen Ländern (wie in allen Industrienationen) ausführlich in einschlägigen gesetzlichen Grundlagen und Normenwerken kodifiziert. Ziel des Kapitels ist daher, einerseits die notwendigen Maßnahmen darzustellen. Darüber hinaus sollen Zweck der üblichen Maßnahmen, ihre Umsetzung und gegenseitige Abhängigkeiten sowie der bestehende Gestaltungsspielraum bei der Wahl der geeigneten Maßnahmen diskutiert werden. Bei weitergehendem Interesse an diesen Fragestellungen verweisen die Autoren auf eine Fülle einschlägiger Lehrbücher zum Thema Brandschutz, von denen die Reihe Brand- und Explosionsschutz aus dem Kohlhammer Verlag (herausgegeben von Erwin Lemke) nach Ansicht der Verfasser besonders empfohlen werden kann.

Normenlandschaft
Die Normenlandschaft zum Brandschutz ist in Deutschland vor allem durch Vielfältigkeit gekennzeichnet, da jedes Bundesland in Anlehnung an die Musterbauordnung eine eigene Landesbauordnung in Kraft gesetzt hat, die wesentliche Aspekte und Maßnahmen des Brandschutzes regelt. Darüber hinaus existieren noch diverse ergänzende Verordnungen und Richtlinien, wobei neben den Sonderbauverordnungen und den Versammlungsstättenverordnungen vor allem die einschlägigen DIN-Richtlinien hervorzuheben sind. Die wesentlichen (aber dennoch unvollständigen) Normen sind im Anhang aufgeführt.

In Österreich ist der Brandschutz, vergleichbar zu Deutschland, ebenfalls Ländersache und somit in spezifischen Verordnungen der einzelnen Bundesländer geregelt. Besonders hervorzuheben sind dabei die Bauordnungen und Feuerpolizeiordnungen der einzelnen Bundesländer sowie die landesweit gültigen Technischen Richtlinien Vorbeugender Brandschutz (TRVB) und die ÖNORM F1000 (Vorbeugender Brandschutz). Demgegenüber existiert in der Schweiz ein einheitliches Normenwerk, die Brandschutzvorschriften der Vereinigung Kantonaler Feuerversicherungen (VKF). Die Gebäudeversicherungen übernehmen in einigen Schweizer Kantonen auch die feuerpolizeilichen Aufgaben. Aufgrund unterschiedlicher, ergänzender kantonaler Gesetzgebung bzw. Handhabung der VKF-Vorschriften kann es aber zu durchaus variierendem Vollzug in den einzelnen Kantonen kommen.

Planungs- und Ausführungsprozess
Die Intensität der Maßnahmenplanung bezüglich des Brandschutzes variiert je nach Planungs- und Ausführungsschritt, sodass einer stufengerechten Maßnahmenplanung große Bedeutung zukommt. Nur wenn zum richtigen Zeitpunkt die notwendigen Maßnahmen geplant bzw. ergriffen werden, lassen sich später kostenintensive Anpassungen oder Sicherheitsdefizite verhindern.

Die Umsetzung bzw. Implementierung von Sicherheitsmaßnahmen wird grundsätzlich in Kapitel 6 abgehandelt; hier finden sich auch ausführliche Darstellungen zum Planungs- und Ausführungsprozess aller Maßnahmen der Unternehmenssicherheit anhand des dazu geeigneten Leistungsmodells der deutschen Honorarordnung für Architekten und Ingenieure (HOAI) bzw. des vergleichbaren Phasenmodells aus den SIA-Norm 112. Aufgrund der besonderen Bedeutung einer stufengerechten Brandschutzplanung soll nichtsdestoweniger an dieser Stelle überblickartig dargestellt werden, wie groß der Umfang bzw. Einfluss der Brandschutzplanung in verschiedenen Lebenszyklus-Phasen der Infrastruktur eines Unternehmens ist.

Der Verlauf einer Projektbearbeitung lässt sich anhand der oben aufgeführten Leistungsmodelle in mindestens sechs Phasen aufteilen: Strategische Planung, Vorstudien, Projektierung, Ausschreibung, Realisierung und Bewirtschaftung. Details zu den einzelnen Phasen und ihrem Einfluss auf die allgemeine Umsetzung von Sicherheitsmaßnahmen finden sich in Kapitel 6.1. Aus Abbildung 5.2 wird aber bereits ersichtlich, dass die Planung von Brandschutzmaßnahmen vor allem während der Projektierung relevant ist, die Umsetzung und Aufrechterhaltung von Maßnahmen bei der Realisierung des Objekts bzw. während seiner späteren Bewirtschaftung jedoch keinesfalls vernachlässigt werden darf.

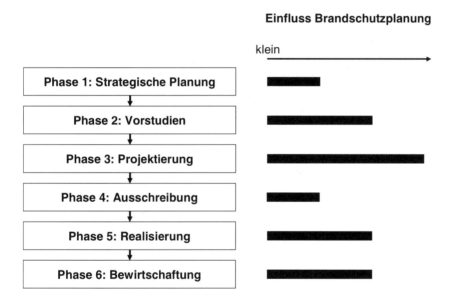

Abbildung 5.2   *Einfluss der Brandschutzplanung im Planungs- und Ausführungsprozess*

Die obige Darstellung basiert auf der Erfahrung der Autoren aus Großprojekten (Investitionssumme € 250 Millionen und mehr). Sie kann projektbezogen ggf. auch davon abweichen. Gerade bei kleineren, einfacheren Objekten nehmen die Phasen 2 und 6 einen deutlich geringeren Stellenwert ein. Unabhängig von der Größe eines Objekts impliziert Abbildung 5.2 jedoch, dass Unternehmen mit der Planung ihrer Brandschutzmaßnahmen frühzeitig beginnen und die Auswirkungen auf die spätere Betriebsphase (Bewirtschaftung) berücksichtigen müssen.

Betriebsverträgliche Planung von Brandschutzmaßnahmen
Um die maximale Effektivität von Brandschutzmaßnahmen zu erreichen ist es wichtig, bereits bei der Planung eines Neubaus oder des Umbaus eines bestehenden Bauwerks an die betrieblichen Abläufe und Anforderungen zu denken. Im Idealfall – der erfahrungsgemäß äußerst selten vorliegt – ist das betroffene Unternehmen oder der zukünftige Betreiber bereits bei den ersten Planungsschritten mit am Tisch. Gerade bei Neubauten sind die späteren Nutzer zumindest in frühen Planungsphasen aber noch nicht bekannt, sodass in diesen Fällen ein Ersatzbetreiber hinzugezogen werden muss. Seine Aufgabe ist es, die für die vorgesehenen Nutzungen betriebsspezifischen Prozesse und Anforderungen zu formulieren sowie vorgeschlagene Maßnahmen diesbezüglich kritisch zu hinterfragen. Gelingt dies nicht, sind in der späteren Betriebsphase Sicherheitsdefizite zu erwarten, die aus der Betriebsunverträglichkeit geplanter und realisierter Brandschutzmaßnahmen resultieren (vgl. Box 16).

Box 16: Betriebsverträgliche Brandschutztüren

Die einen langen Korridor in zwei Brandabschnitte teilende Türe in einem Lagerbereich wird täglich mehrmals begangen. Betrieblich ist deren Offenhaltung wichtig. Im Brandfall muss diese Türe jedoch geschlossen sein. Die günstige Lösung sieht eine Türe mit Türschließer vor, die jedes Mal manuell geöffnet werden muss. Dies stellt für den Betrieb eine Zumutung dar. Erfahrungsgemäß wird eine solche Türe innerhalb der ersten Betriebswoche mit einem (Holz-)Keil permanent offen gehalten. Tritt dann der Brandfall ein, denkt niemand daran, diese Türe zu schließen. In der Konsequenz hätte man die Türe gleich weglassen können. Die bessere (aber teure) Lösung sieht eine brandfallgesteuerte Türe vor, die im Betriebsfall durch Rückhaltemagneten permanent offen gehalten wird. Im Brandfall werden dann über die Branddetektion (Brandfallsteuerung) die Magneten stromlos geschaltet und die Türen schließen automatisch. Für erhöhten Schutz kann dieses Bauteil noch mit einer Zeitschaltuhr für eine automatische Schließung außerhalb der Betriebszeiten ergänzt werden.

Besondere Probleme bei der betriebsverträglichen Planung von Brandschutzmaßnahmen entstehen bei Bauwerken, die im Grund- und Mieterausbau erstellt werden, etwa große Einkaufs-, Freizeit- oder Bürokomplexe. Brandschutztechnische Vorgaben aus der Planung des Grundausbaus können den Mieterausbau bei solchen Objekten derart einschränken, dass er für bestimmte Mieter unattraktiv ist bzw. die Mehrkosten für notwendige Anpassungen an die Mieterbedürfnisse die Renditeerwartungen des Investors deutlich verringern. Dieser Punkt ist gerade bei komplexen Brandschutzmaßnahmen, etwa einer mechanischen, für das gesamte Objekt zu verwendenden Entrauchungsanlage, hervorzuheben (vgl. Box 17). Konsequenzen aus dieser Problematik können der frühe Einbezug der angedachten Mieter (selten möglich, da zum Zeitpunkt der Planung ca. 3 bis 4 Jahre vor Eröffnung nicht bekannt) oder die Realisierung möglichst flexibler Brandschutzkonzepte, die oft mit Mehrkosten verbunden sind, sein.

> **Box 17: Maßnahmenverträglichkeit im Grund- und Mieterausbau**
>
> In einem Shoppingcenter wird die mechanische Entrauchung auch in allen Mieterräumlichkeiten durch den Grundausbau erstellt. Anpassungen dieser Anlage durch Mieter sind nur mit enormem Mehraufwand möglich, insbesondere was Anpassungen an der Lage der Nachströmöffnungen betrifft. Gerade durch diese fühlen sich aber die Mieter in ihrer Innenraumgestaltung stark eingeschränkt.
>
> Die Erfahrung zeigt aber, dass sich die meisten Mieter bei attraktiven Mietflächen aufgrund des Kosten- und Termindruckes mit der vorgefundenen Situation abfinden und versuchen, unter Beihilfe von Ingenieurmethoden im Brandschutz (z. B. Entrauchungssimulationen) die Rahmenbedingungen entsprechend zu optimieren.

Bauliche, technische und organisatorische Brandschutzmaßnahmen

Die Brandschutzmaßnahmen setzen sich aus den baulichen, technischen und organisatorischen Maßnahmen zusammen. Diese müssen in der Regel gemeinsam eingesetzt und aufeinander abgestimmt werden; wird eine Maßnahme angepasst oder weggelassen, zieht dies Anpassungen anderer Maßnahmen oder das Hinzufügen neuer Maßnahmen nach sich.

Die unterschiedlichen Brandschutzmaßnahmen können sowohl aus fachlichen als auch aus rechtlichen Gründen nicht beliebig gegenseitig kompensiert werden. Zwar lassen die gültigen Vorschriften bis zu einem gewissen Grad Substitutionen zu (etwa die Abminderung des Feuerwiderstands eines Tragwerks um 30 Minuten bei gewissen Rahmenbedingungen und der Installation eines Sprinklerschutzes), erfahrene Brandschützer wissen aber, dass über die Lebensdauer eines Bauwerks der bauliche Brandschutz die beste Maßnahme darstellt. Technische und organisatorische Maßnahmen folgen ihm in dieser Reihenfolge.

Der bauliche Brandschutz bildet – einmal korrekt ausgeführt und behördlich abgenommen – das solide Grundgerüst eines jeden Brandschutzkonzeptes. Durch die Bildung von Brandabschnitten, Fluchtkorridoren und Fluchttreppenhäusern wird den wesentlichsten Gefährdungen durch ein Feuer begegnet. Anpassungen am baulichen Brandschutz sind meistens an eine Bewilligung geknüpft und mit monetärem und zeitlichem Aufwand verbunden. Weiter benötigt der bauliche Brandschutz (fast) keinen Unterhalt und ist nicht auf das korrekte Verhalten von Personen (wie im organisatorischen Brandschutz der Fall) angewiesen. Nicht gefeit ist der bauliche Brandschutz freilich gegenüber Nutzungsänderungen, wie z. B. die Umnutzung eines Lagerraumes im Untergeschoss in eine Diskothek mit ungleich dichterer Personenbelegung und damit vermutlich mangelhaften Fluchtwegen (Anzahl, Breite).

Der technische Brandschutz, zu dem primär Brandmelde- und Löschanlagen, Rauch- und Wärmeabzüge (natürlich und mechanisch) sowie Überdruckbelüftungssysteme zählen, ist zur Aufrechterhaltung seiner Wirksamkeit stark von einem regelmäßigen, korrekt durchgeführten Unterhalt abhängig. Die Erfahrung zeigt, dass die Notwendigkeit korrekter Wartungen nicht allen Betreibern von Bauwerken in letzter Konsequenz bewusst ist. Gerade im heutigen Zeitalter der permanenten Kostenoptimierung wird nicht selten an Orten gespart, an denen die Auswirkungen der Sparmaßnahme im Idealfall nie oder zumindest erst im Ereignisfall zum Vorschein kommen. Die Gefahr, dass in einem Unternehmen entsprechende Unzulänglichkeiten durch Kontrollen der Behörden entdeckt werden, ist aufgrund der großen Zeitabstände zwischen behördlichen Ortsterminen nach wie vor gering. Die Autoren raten dennoch dringend von Kosteneinsparungen zulasten der Sicherheit ab, da sich aus ihnen im Ereignisfall auch erhebliche finanzielle Konsequenzen für das Unternehmen ergeben können, die das Einsparpotential zumeist deutlich übersteigen.

Der organisatorische Brandschutz hängt schließlich direkt von Menschen ab. Das Verhalten von Menschen unter Stress (und ein Ereignis wie Feuer führt zwangsläufig mit wenigen Ausnahmen bei allen Menschen zu Stress) ist sehr unterschiedlich und oft nicht wie in entsprechenden Planungen vorgesehen. Weiterhin ist der Stellenwert organisatorischer Maßnahmen auch nicht in allen Unternehmen gleich hoch. Entsprechend werden beim Niveau der Ausbildungen für das Verhalten in Notfällen in der Praxis teilweise gravierende Defizite festgestellt. Dieses Problem wird durch hohe Fluktuationsraten in einem Unternehmen (typisch in Hotels und Verkaufsstätten) oder Gleichgültigkeit der Mitarbeitenden (nicht zwingend nur in bildungsschwachen Personenkreisen zu finden) häufig noch verstärkt. Bei Notfall- oder Evakuierungsübungen treten diese Schwächen immer wieder deutlich hervor und zeigen sehr gut, dass organisatorische Maßnahmen nur ergänzend zu baulichen und technischen Maßnahmen, nie aber kompensatorisch anzuwenden sind.

In den folgenden Unterabschnitten werden die einzelnen Maßnahmen nun in der obigen Reihenfolge dargestellt und diskutiert. Ziel der folgenden Ausführungen ist, dem Leser einen Überblick über die notwendigen Bestandteile des baulichen, technischen und organisatorischen Brandschutzes zu ermöglichen und wesentliche Konzeptansätze zu erläutern. Für eine detaillierte Auseinandersetzung mit der Thematik sei auf die eingangs angegebene Literatur verwiesen.

Bauliche Maßnahmen
Die baulichen Maßnahmen bilden das Grundgerüst jedes Brandschutzkonzepts und beinhalten im Wesentlichen folgende Bestandteile:

- Anforderungen an Gebäudeabstände (in Abhängigkeit der Brennbarkeit der Fassade und der Nutzung),
- Anforderungen an das Tragwerk (in Abhängigkeit der Nutzung und der Gebäudehöhe),
- Anforderungen an die Brandabschnittsbildung (in Abhängigkeit der Nutzung und der Gebäudehöhe),
- Anforderungen an die Fluchtwege (in Abhängigkeit der Nutzung und der Gebäudehöhe).

Diese unterschiedlichen Maßnahmen müssen aufeinander abgestimmt sein und insgesamt ein ausgewogenes und – unabhängig davon ob ein normativer oder ein alternativer Ansatz gewählt wird – robustes Gesamtkonzept darstellen. Bei der Verwendung gewisser technischer Maßnahmen (v.a. Löscheinrichtungen) sind je nach Nutzung und Gebäudehöhe auch Erleichterungen denkbar.

Mit hinreichenden *Gebäudeabständen* soll das Übergreifen eines Feuers auf benachbarte Gebäude verhindert werden. Es liegt auf der Hand, dass bei zwei Gebäuden mit je einer brennbaren Fassade der Gebäudeabstand größer sein muss als für den Fall, dass ausschließlich Bauwerke mit nicht brennbaren Fassaden in der Nachbarschaft angesiedelt sind. Das Verwenden von Fenstern mit Holzrahmen führt im Übrigen noch nicht zur Kategorisierung „brennbare Fassade", da der Anteil von brennbaren Baustoffen dazu zu gering ist. Mit Maßnahmen wie einer vertikalen Fassadentrennung durch nichtbrennbare Bauteile kann aber heute auch mit Holzfassaden bereits eine beachtliche Resistenz gegen Brandausbreitung über die Fassade erreicht werden. Gerade Harthölzer benötigen ein relativ intensives Stützfeuer, um großflächig abzubrennen.

Können die notwendigen Gebäudeabstände aus der einschlägigen Normenlandschaft nicht eingehalten werden, gilt es folgende Maßnahmen zu prüfen:

- Bei *Außenwänden*: Feuerwiderstandfähige Ausführung; Hintermauerung; Unterbruch brennbarer Flächen mit nicht brennbarem Material; Verwendung einer Sprinkleranlage im Innern, etc.
- Bei *Öffnungen* (Türen, Tore, Fenster): Brandschutzabschlüsse wie feuerwiderstandsfähige Türen, Tore; Abdeckungen bei Fenstern; festverschraubte, feuerwiderstandsfähige Brandschutzverglasungen; versetzte Anordnungen der Öffnungen; Verwendung einer Sprinkleranlage im Inneren, etc.
- Bei *Dachuntersichten*: Feuerwiderstandsfähige Verkleidungen; Verwendung einer Sprinkleranlage im Inneren, etc.

Bei Bauwerken, in denen Gefahrstoffe gelagert oder mit solchen umgegangen wird, sind ggf. größere Gebäudeabstände zu prüfen (beispielsweise Lösungsmittellager, Feuerwerklager und entsprechende Verkaufsläden).

Das **Tragwerk** eines Bauwerks muss derart konstruiert sein (also einen derartigen Feuerwiderstand aufweisen), dass es bei einem Brand die sichere Selbstrettung sowie die Intervention von Feuerwehren und anderen Rettungskräften ermöglicht. Typische Feuerwiderstandsdauern von Gebäuden liegen bei 30, 60, 90 und 120 Minuten und werden gemäß dem derzeit gültigen Klassifizierungssystem für tragende Bauteile mit Feuerwiderstand mit dem Buchstaben R (Tragfähigkeit) bezeichnet. Die weiteren Bezeichnungen für Brandschutzbauteile mit Anforderungen sind E für Raumabschluss und I für Wärmedämmung.

Neben dem Feuerwiderstand sind auch der ausreichende Erhalt der Standsicherheit unter Brandbeanspruchung und die Wärmedehnung sowie deren Behinderung zu berücksichtigen. Vorzeitiges Versagen einzelner Bauteile oder Auswirkungen von Wärmedehnungen auf gleicher Ebene oder in andere Geschosse dürfen nicht zum Einsturz des Gebäudes oder Behinderung der Selbst- und Fremdrettung führen.

Die Erreichung der an das Tragwerk gestellten Schutzziele wird durch den Bauingenieur im Rahmen der Statikplanung sichergestellt (vgl. Kapitel 5.2.1). Grundlage für die Dimensionierung bilden die entsprechenden Einheitstemperaturkurven (ETK) aus den Eurocodes (vgl. Abbildung 5.3).

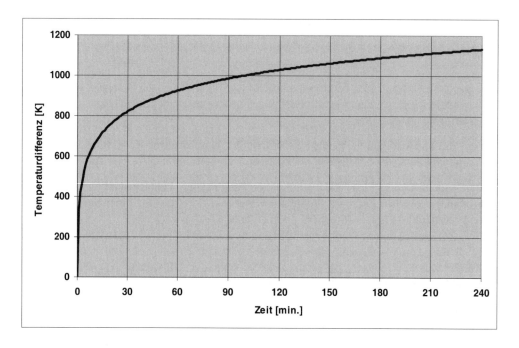

Abbildung 5.3   Einheitstemperaturkurve (ETK) nach Eurocodes

Ist aufgrund einer speziellen Nutzung von höheren Temperaturen auszugehen, muss die Dimensionierungstemperatur entsprechend nach oben korrigiert werden. Im Sinne der ingenieurmäßigen Methoden des Brandschutzes kann die Höchsttemperatur nach ETK auch begründet nach unten korrigiert werden (z. B. bei Sprinklervollschutz). Der Brandschutzingenieur muss diesen Schritt aber mit der Bauherrschaft im Detail besprechen, da aus einer solchen Abminderung ggf. auch Nutzungseinschränkungen resultieren, die zu einem späteren Zeitpunkt den Besitzer stark einschränken oder den Verkauf eines Bauwerks behindern.

Beim Beton sind speziell die je nach Feuerwiderstand zusätzlichen Überdeckungsstärken des Armierungsstahls sowie die notwendige Betonqualität zu beachten. Die entsprechenden Vorgaben sind den jeweiligen nationalen Normierungen zu entnehmen.

Bei Stahl, der ab einer bestimmten Temperatur zu fließen beginnt, ist eine entsprechende Überdimensionierung notwendig. Alternativ können auch dämmschichtbildende Brandschutzanstriche, die es heute auf dem Markt für 30, 60 und 90 Minuten Feuerwiderstand gibt, verwendet werden. Dabei ist insbesondere auf folgende Punkte zu achten:

- Prüfen des Anwendungsbereiches (innen/außen, Feuerwiderstand) des gewählten Produktes.
- Striktes Einhalten der Applikationsvorgaben des Produktherstellers, empfohlen wird eine Abnahme durch den Produkthersteller, damit die vollständige Produkthaftung zum Tragen kommt.
- Konsequente Qualitätssicherung auf der Baustelle (erfahrungsgemäß muss ca. ein Drittel der Anstriche aufgrund mangelhafter Applikation nochmals aufgebracht werden, was mit enormem Sach- und Zeitaufwand verbunden ist), typische Fehler sind falsche und unregelmäßige Schichtdicken, Nichtbeachten der Austrocknungszeiten, Applikation im falschen Temperatur- und Feuchtigkeitsbereich.

Im Innenbereich kann als Variante auch durch eine Verkleidung mit nichtbrennbaren, isolierenden Materialien wie Steinwolle oder Gipsplatten der entsprechende Feuerwiderstand erreicht werden.

Allgemein stellt beim Stahlbau vor allem die korrekte brandschutztechnische Ausführung der Knoten eine große Herausforderung dar. Es lohnt sich daher häufig, die Knoten einem Brandversuch in einer zugelassenen Prüfinstitution zu unterziehen. Dort, wo nicht verkleideter Stahl von der Tragwerksdisposition her Zugkräfte aufnehmen muss (z. B. außenliegenden Stahlzugseile), ist mithilfe von hochspezialisierten Bauingenieuren zusammen mit dem Brandschutzingenieur eine objektbezogene Einzellösung zu suchen. Brandversuche werden in den meisten dieser Fälle unumgänglich sein.

Bei Holzkonstruktionen sind die entsprechenden Vorschriften zu beachten. Eine sehr gute Grundlage bilden dazu die Ausführungen der Organisation Lignum. Sie zeigen übersichtlich auf, welche Maßnahmen beim Holzbau in Abhängigkeit der gewählten Konstruktionsart notwendig sind. Da diese sehr vielfältig sind, würde eine detaillierte Ausführung an dieser Stelle zu weit führen. In solchen Fällen empfehlen die Autoren sowieso das Hinzuziehen eines spezialisierten Holzbauingenieurs, der sich über Fachwissen zum Holzbau im Brandfall ausweisen kann.

Die Bildung von *Brandabschnitten* stellt eine der wichtigsten Brandschutzmaßnahmen überhaupt dar. Durch sie wird eine Ausbreitung von Feuer und Rauch in andere Bereiche des Gebäudes, insbesondere in die Fluchtwege, soweit wie möglich verhindert oder zumindest stark behindert. Brandabschnittsbildende Bauteile sind vor allem Wände, Brandmauern, Decken, Schächte, Türen, Tore, teilweise Fenster, Brandschutzklappen und Schottungen. Sie alle müssen bestimmte Anforderungen an den Feuerwiderstand, an die Standfestigkeit (bei Brandmauern) und an die Rauchdichtigkeit erfüllen. Weist ein brandabschnittsbildendes Bauteil eine Öffnung auf (z. B. eine Kabeldurchführung oder ein Lüftungskanal), ist diese ebenfalls mit anderen Bauteilen oder Schottungen zu schließen, damit die ganze Wand oder Decke wiederum brandabschnittsbildend ist. Dieser Aspekt wurde früher häufig vernachlässigt, sodass sich eine Überprüfung der Brandabschottungen durch Unternehmen im Besitz von Altbauten empfiehlt.

Die Anforderungen an brandabschnittsbildende Bauteile hängen stark von Nutzung, Gebäudeart, der vorhandenen (resp. erwarteten) Brandbelastung und ggf. den installierten technischen Brandschutzeinrichtungen, allen voran der Löschanlagen, ab. Im Normalfall weisen sie denselben Feuerwiderstand wie das Tragwerk auf. Im Zusammenhang mit speziellen Konzepten für Rauch- und Wärmeabzüge, druckbelüfteten Bereiche oder Ähnliches können an die brandabschnittsbildenden Bauteile auch Anforderungen bezüglich Rauchdichtigkeit gestellt werden (vgl. Box 18).

Box 18: Rauchdichte Bauteile bei Einsatz einer Interventionsentrauchung

Wird für eine Tiefgarage im Brandschutzkonzept davon ausgegangen, dass die Feuerwehr mithilfe von mobilen Ventilatoren den Rauch aus der Garage über vordefinierte, direkt ins Freie führende Öffnungen „drückt", ist es wichtig, dass die von der Tiefgarage direkt in die Treppenhäuser des darüber liegenden Wohnhauses führenden Türen rauchdicht sind, damit das Wohnhaus nicht mit Rauch kontaminiert wird.

Folgende Bereiche stellen immer einen eigenen Brandabschnitt dar:

- Fluchtkorridore,
- Fluchttreppenhäuser,
- Steigschächte / Aufzugsschächte,
- technische Räume,
- Bereiche unterschiedlicher Nutzungen (z. B. Lager, Verkauf), v.a. bei unterschiedlicher Brandgefahr.

Besondere Beachtung sind der sauberen Brandabschnittsbildung bei Fluchtwegen und bei Vertikal- resp. Aufzugsschächten zu schenken. Beim ersten Punkt geht es um die wichtigsten Bauteile für die Personensicherheit überhaupt, bei Missachtung des zweiten Aspekts besteht die latente Gefahr, Geschosse brandschutztechnisch ungewollt miteinander zu verbinden.

Je nach Nutzung und Gebäudeart erlauben die Normen und Gesetze unterschiedlich große Brandabschnitte. In Industriebauten oder Parkhäusern dürfen diese in der Regel deutlich größer sein als in Büros oder Hochhäusern. Bei der Festlegung der Brandabschnittsgrößen ist neben den normativen Vorgaben auf eine ausgewogene Berücksichtigung folgender Faktoren zu achten:

- Betriebliche Notwendigkeit einer großen Brandabschnittsfläche,
- Möglichkeiten der „virtuellen" Brandabschnittsunterteilung durch brandfallgesteuerte Brandschutztüren, Tore und/oder Vorhänge und Rollläden (bedingt mindestens das Anbringen von Einzelmeldern, einer Brandmeldevollüberwachung und/oder eines Sprinklervollschutzes),
- Ausfallsrisiko einer begrenzten Fläche im Brandfall (Redundanz).

Gerade der letzte Punkt darf aus unternehmerischer Sicht nicht unterschätzt werden. Untersuchungen haben gezeigt, dass ein Großteil produzierender Betriebe wenige Jahre nach einem mittleren bis großen Brandereignis nicht mehr auf dem Markt sind, da bis zum Wiederaufbau des Betriebs zu viel Zeit verstrich und die Kunden zu Mitbewerbern abwanderten. Unternehmen mit mehreren Produktionsstandorten sind weniger anfällig für diese Gefahr.

Brandabschnitte können ihrerseits noch in *Rauchabschnitte* unterteilt werden. Dies ist überall notwendig, wo einerseits die normativ in der DIN18232-5 vorgegebene Rauchabschnittsgröße von ungefähr 1600 m² überschritten wird oder andererseits das spezifische Entrauchungskonzept danach verlangt. Rauchabschnitte müssen nicht mehr durch feuerwiderstandsfähige Bauteile erstellt werden, rauchdichte Bauteile wie beispielsweise brandfallgesteuerte Textilvorhänge mit einer bestimmten Rauchdichtigkeit sind hinreichend (mit Ausnahme der Brandabschnittsgrenzen). Auch Glasschürzen (R30) oder Unterteilungen mit Metall und anderen, nichtbrennbaren Materialien sind möglich.

Die wichtigste Brandschutzmaßnahme bezüglich des Personenschutzes stellen *Flucht- und Rettungswege* dar. Sie ermöglichen im Ereignisfall für die Personen im Gebäude die Flucht ins Freie und somit in einen sicheren Bereich. Gleichzeitig sind sie aber auch Angriffsweg der Interventionskräfte. Immer wieder gibt es bei Bränden Todesopfer und Verletzte zu beklagen, weil die Fluchtwege ungenügend dimensioniert oder versperrt waren (vgl. Box 19). Ihrer Konzipierung und ihrer täglichen Pflege im Betrieb kommt daher ein sehr hoher Stellenwert zu.

Box 19: Die Brandkatastrophe von Göteborg 1998

Beim Brand in einer Discothek im schwedischen Göteborg am 30. Oktober 1998 kamen 63 überwiegend junge Menschen ums Leben. Rund 200 Personen erlitten teilweise erhebliche Verletzungen. Als in der Diskothek ein Feuer ausbrach, konnten die Besucher die Räumlichkeiten nicht rechtzeitig verlassen. Der Besitzer hatte aus Angst vor unkontrolliertem Zu- und Austritt nicht zahlender Gäste die Notausgänge verschlossen gehalten; eine kurzfristige Öffnung im Brandfall war nicht möglich. Als Fluchtweg stand in der Folge ausschließlich der viel zu kleine Hauptausgang zur Verfügung.

Soweit möglich sollen Flucht- und Rettungswege den normativen Bestimmungen entsprechend dimensioniert und angelegt werden, also über die notwendigen Breiten verfügen und maximal vorgegebene Fluchtweglängen nicht überschreiten. Dies ist aber gerade bei größeren oder komplexen Gebäuden nicht immer möglich. Dort sind entsprechende Alternativen zu suchen. Die Konzipierung von Flucht- und Rettungswegen hängt sehr stark von der jeweiligen Nutzung ab (vgl. Box 20).

Box 20: Fluchtwege für immobile Personen

Während in einem Shoppingcenter oder einer Discothek davon ausgegangen werden darf, dass die Mehrheit der Besucher mobil sind resp. die (wenigen) in der Mobilität teilweise oder vollständig eingeschränkten Personen mithilfe anderer Besucher den Weg ins Freie finden, ist diese Voraussetzung bei einem Krankenhaus oder Altersheim nicht mehr gegeben. Im Gegensatz zu Shoppingcenter und Discothek muss aus diesem Grund bei derartigen Gebäuden zu einem hohen Grad neben der klassischen vertikalen Evakuierung der Geschosse auch eine horizontale Flucht in einen für eine gewisse Zeit sicheren Bereich (= anderer Brandabschnitt auf dem gleichen Geschoss) ermöglicht werden.

Ein Fluchtweg setzt sich aus dem Weg im Raum selbst, dem Korridor und dem Treppenhaus zusammen. Gegebenenfalls führt am Ende eines innenliegenden Treppenhauses wiederum ein Korridor bis an die Fassade ins Freie. Als sicherer Bereich darf nur das gewachsene Terrain betrachtet werden. Balkone, Galerien, Dächer etc. gelten nicht als sicher. Neben der normativ vorgegebenen Anzahl Fluchtwege, minimalen Fluchtwegbreiten, Anzahl Treppenhäuser etc. sind auch die nachstehenden Grundsätze zu befolgen, die nicht nur die Maßnahmenplanung, sondern auch den späteren Betrieb betreffen:

- Die Fluchtwege müssen jederzeit ohne fremde Hilfsmittel zu öffnen sein. Dies schließt auch Fernentriegelungen aus einer Sicherheitszentrale aufgrund von Videoüberwachung oder ähnliche Modelle aus.
- Die Fluchtwege müssen jederzeit frei begehbar sein (beispielsweise keine verstellten Fluchttüren, keine Lager in Korridoren etc.).
- Die Fluchtwege müssen jederzeit sicher begehbar sein (beispielsweise Verwendung von rutschfesten Böden, bei Verwendung von Rosten auf maximale Lochgröße achten etc.).
- Jederzeit Zugang von außen für die Interventionskräfte (ggf. über Feuerwehrschlüssel).

Diese vier Punkte widersprechen oft bis zu einem gewissen Grad etwaigen Security-Schutzzielen und den damit einhergehenden Maßnahmen. Entsprechend ist bei der Planung dieses Spannungsfeld sorgfältig zu untersuchen und eine Auswahl von möglichst beiden Anforderungen genügenden Maßnahmen zu treffen. Aus Haftungsgründen, aber auch aus ethischer Sicht, ist die freie Begehbarkeit eines Fluchtweges ohne fremde Hilfsmittel unbedingt zu gewährleisten. Eine mögliche und auch häufig auffindbare Lösung besteht darin, die entsprechenden Türen und Tore unter Alarm zu setzen. Diese Maßnahme ermöglicht einem vorhandenen Sicherheitsdienst, rasch zu intervenieren und allfälligen Missbrauch zu unterbinden.

Im Brandschutzkonzept sollte eine möglichst direkte Führung der Fluchtwege bis ins Freie angestrebt werden. Unnötige Spaziergänge im Ereignisfall sind deshalb zu vermeiden; dies beinhaltet insbesondere das initiale Hoch- und dann wieder Herunterführen (oder umgekehrt) von Personen. Eine solche Lösung darf nur dann angewendet werden, wenn keine anderen Möglichkeiten (auch größere Umdisponierungen von Räumen) mehr erkennbar sind. Bei der Konzeption und Planung ist schon in einem sehr frühen Stadium (idealerweise im Wettbewerb) darauf zu achten, dass die personenintensiven Räume möglichst im Erdgeschoss angegliedert werden. Dort ist eine Evakuierung am einfachsten zu bewerkstelligen. Das Anbringen von Räumen mit sehr großen Personenbelegungen (über 1000 Personen) im Untergeschoss ist zu vermeiden.

Ein wesentlicher Bestandteil der Fluchtwege stellt schließlich auch ihre Signalisierung (Rettungszeichen) dar. Sie ist möglichst einfach und eindeutig zu konzipieren. Nicht selten kann die Beschilderung der Fluchtwege erst im erstellten Bauwerk abgeschlossen werden, da dann alle (dreidimensionalen) Hindernisse erkennbar sind. Die Rettungszeichen müssen derart angebracht werden, dass von jedem Punkt im Raum mindestens ein Zeichen erkennbar ist. Anschließend (in den Korridoren und Treppenhäusern) ist auf eineindeutige Beschilderung zu achten. Die flüchtende Person darf nicht vor die Wahl gestellt werden, den einen oder anderen Weg einzuschlagen.

Die Praxis zeigt, dass die in den Normen vorgegebenen Schildergrößen meistens nicht ausreichend sind. Gerade in unübersichtlichen Nutzungen werden die Zeichen durch allerlei Fremdreize wie Werbung, Beleuchtung etc. in ihrer Erkennbarkeit und damit Wirksamkeit stark abgemindert. In Objekten und Räumen mit großen Personenbelegungen hat sich daher die Größe von 45 × 45 cm für Schilder resp. von 45 × 45 × 45 cm für Würfel als äußerst praxistauglich erwiesen.

Technische Maßnahmen
Zweiter, wichtiger Bestandteil eines Brandschutzkonzepts sind diverse technische Lösungen, wobei folgende Maßnahmen besonders hervorzuheben sind und daher im Folgenden betrachtet werden:

- Brand- und Gasmeldeanlagen,
- Löscheinrichtungen,
- Entrauchungsanlagen inkl. Überdruckbelüftungssyteme,
- Maßnahmen im Bereich der wärme- und lüftungstechnischen Anlagen,
- Notstromversorgung,
- Brandfallsteuerung.

Im Sinne einer Vorbemerkung sei erwähnt, dass die detaillierte Planung dieser Maßnahmen bzw. ihrer Ausführung in der Regel nicht durch den Brandschutzingenieur oder Sicherheitsplaner, sondern jeweils durch die entsprechenden Fachplaner (Elektroplaner, Haustechnikplaner) erfolgt. Die Detailplanung dieser Maßnahmen erfordert ein wiederum sehr spezialisiertes Fachwissen, das kein seriöser Brandschutzingenieur in der ganzen Tiefe aufweisen kann.

Die Aufgabe von *Brandmeldeanlagen* besteht darin, über ihre Sensorik (Rauch, Temperatur, Gradienten) einen entstehenden Brand selbsttätig festzustellen und zu signalisieren. Weiterhin alarmieren sie gefährdete Personen und Einsatzkräfte. Sie können auch zur Ansteuerung und Inbetriebsetzung von Brandschutzeinrichtungen eingesetzt werden; die entsprechenden Voraussetzungen sind in den Ausführungen bezüglich Brandfallsteuerung beschrieben.

Die Art und Anordnung der Brandmelder richtet sich nach Nutzung, Umgebungsbedingungen, Raumgeometrie und Überwachungsfläche. Die entsprechenden speziellen Vorschriften bzw. Richtlinien müssen bei der Ausführung eingehalten werden, sodass die detaillierte Planung einem spezialisierten, ggf. konzessionierten Unternehmen überlassen werden sollte. Im Rahmen von Brandschutz- und Sicherheitskonzepten wird daher zumeist nur der Überwachungsumfang festgelegt. Eine Brandmeldeanlage in ihrer Gesamtheit setzt sich jedoch aus den Bausteinen Brandmelder („normale" Melder, „hochsensitive" Melder, Ansaugsysteme, Linienmelder, etc.), ggf. Raumanzeigeelemente („Indikatoren"), der Brandmeldezentrale, der Alarmierungs- und Steuereinrichtung sowie den untereinander vorhandenen, mit Funktionserhalt erstellten Verbindungen zusammen.

Neben der Alarmierung besteht eine wichtige Funktion der Brandmeldeanlage im Weiterleiten der entsprechenden Meldungen an die Brandfallsteuerung. Wo keine flächendeckende Brandmeldeanlage vorhanden ist, kann die Brandfallsteuerung auch ohne Alarmierung über Einzelmelder erfolgen (vgl. Box 21).

Box 21: Brandfallsteuerung ohne Brandmeldeanlage

In einer Tiefagarage sind zwar flächendeckende Sprinkler, aber keine Brandmelder installiert. Die Tiefgarage wird aufgrund ihrer Größe in zwei Brandabschnitte unterteilt. Im entsprechenden Brandabschnitt ist eine Verbindungsöffnung angebracht, damit die Fahrzeuge im Nicht-Brandfall frei zirkulieren können. Die Öffnung wird mit einem sich im Brandfall schließenden Brandschutztor versehen. Neben der Ansteuerung über die Sprinkleranlage wird beidseits des Tores je ein Einzelmelder installiert, der keine Alarmierung auslöst, aber dafür sorgt, dass bei Rauchauftritt im Bereich der Öffnung bereits bei tiefen Rauchtemperaturen (Sprinkler löst noch nicht aus) das Brandschutztor schließt und so etwaige Personen- und Rauchschäden im nicht betroffenen Brandabschnitt verhindert werden können.

Neben Brandmeldeanlagen können auch *Gasmeldeanlagen* in Räumen mit Lagerung bzw. Umschlag von Gas oder den Bereichen der Gaszuleitungen in ein Gebäude installiert werden. Gasmeldeanlagen finden sich häufig auch in Tiefgaragen; sie verfügen grundsätzlich über die gleichen Komponenten und Funktionen wie Brandmeldeanlagen, d. h. sie dienen der Gasdetektion durch entsprechende Sensoren und lösen die Alarmierung betroffener Personen sowie ggf. weiterer Steuerungen aus. Bei der Platzierung der Sensoren ist darauf zu achten, dass die Melder je nach überwachtem Gas entweder am Boden (bei Gasen, die schwerer als Luft sind) oder an der Decke installiert werden.

In vielen Projekten stellt sich immer wieder die Frage, ob in einem Bauwerk besser eine Brandmelde- oder eine Sprinkleranlage installiert werden soll. Jedes System hat seine Berechtigung und es ist im Einzelfall abzuklären, welches zum Einsatz kommen soll. Eine Faustregel lautet, dass je höher die Brandlast bzw. Brandleistung in einem Raum ist, desto eher sollten Sprinkler zum Einsatz kommen. Eine empirische Faustregel – ebenfalls praxiserprobt – sagt aber auch, dass überall dort, wo eine Brandfallsteuerung zum Einsatz kommen soll (v.a. Entrauchung) eine Brandmeldeanlage Pflicht ist. Die nachstehende Tabelle 5.1 beinhaltet als Vorschau auf die Ausführungen über Löscheinrichtungen im nächsten Unterabschnitt eine grobe Gegenüberstellung von Brandmelde- und Sprinkleranlage aufgrund einiger maßgebender Kriterien.

Durch *Löscheinrichtungen*, insbesondere Sprinkleranlagen, besteht die Möglichkeit in Abhängigkeit der Ereignisgröße einen Brand einzudämmen oder sogar zu löschen. Die dabei durch den autonomen Auslösemechanismus der Sprinkler freigesetzte Wassermenge ist begrenzt, häufig lösen nicht mehr als drei bis vier Sprinklerköpfe aus. Da Sprinkler über das Kriterium „Temperatur" auslösen, ist nicht bei allen Bränden mit einer Aktivierung zu rechnen. Die weiteren wesentlichsten Vor- und Nachteile gegenüber einer Brandmeldeanlage sind in Tabelle 5.1 aufgelistet.

Sprinkleranlagen werden aufgrund des (geringen) Risikos einer unkontrollierten Fehlauslösung und den damit einhergehenden Schäden häufig als kritisch beurteilt. Sprinkler- und Brandmeldeanlagen können aber im Rahmen einer vorgesteuerten Sprinkleranlage in für Fehlauslösungen besonderes sensiblen Bereichen, in denen die Sprinklerung aufgrund der Brandgefährdung dennoch Sinn machen würde (z. B. Archiv oder Technikzentrale) als kombinierte Systeme eingesetzt werden. Dabei gibt es zwei grundsätzlich unterschiedliche Varianten mit unterschiedlich hohem Fehlauslösepotential:

- Die Sprinkleranlage wird ohne Berücksichtigung der Komponente Brandmeldung dimensioniert und installiert (d. h. inkl. Auslöseelement am Sprinklerkopf). Wasser schießt aber erst in die Leitungen ein, wenn die Brandmeldeanlage einen Alarm auslöst. Damit wirklich Wasser austritt, muss gleichzeitig auch noch das Auslöseelement am Sprinklerkopf auslösen. Vorteil ist die hohe Zuverlässigkeit des Systems, durch das im Normalfall kein Wasser im entsprechenden Brandabschnitt fließt.
- Die Sprinkleranlage wird ohne Berücksichtigung der Komponente Brandmeldung und ohne Auslöseelement am Sprinklerkopf dimensioniert und installiert. Sobald die Brandmeldeanlage einen Brand detektiert, schießt Wasser in die Leitungen ein und strömt über die offenen Sprinklerköpfe in den Raum ein. Auch dieses System ist durch hohe Zuverlässigkeit gekennzeichnet, die allerdings geringer als bei der reinen Sprinkleranlage ist, da Brandmeldefehlalarme häufiger vorkommen als Sprinklerfehlauslösungen. Im Normalbetrieb befindet sich ebenfalls kein Wasser im entsprechenden Brandabschnitt.

Kriterium	Brandmelder	Sprinkleranlage
Detektion	Rasch bis sehr rasch, große Vorteile bei niedrigenergetischen Bränden (z. B. Registrierkasse, Papierkorb, etc.), da nicht nur über Temperatur sondern auch über Rauch gesteuert.	Bei hochenergetischen Bränden gut, bei niedrigenergetischen Bränden schlecht, da nur über Temperaturkriterium gesteuert.
Brandfallsteuerung	Gut und zuverlässig, da nicht nur Temperatur sondern auch Rauch detektiert wird und Möglichkeit von raumbezogener Gruppenbildung der Melder besteht.	Bei hochenergetischen Bränden gut, ansonsten eher schlecht da verzögerte Auslösung der Brandfallsteuerung. Raumbezogene Auslösung aufwändig.
Löschung	Keine.	Gut bis sehr gut: Der durch einen Sprinkler verursachte Wasserschaden ist selten höher als der durch die Feuerwehr verursachte Schaden.
Zuverlässigkeit	Hoch bis sehr hoch, in den letzten Jahren konnten diesbezüglich große Fortschritte beobachtet werden, v.a. bezüglich Fehl- oder Täuschauslösung.	Hoch bis sehr hoch, solange es sich um hochenergetische Brände handelt.[1]
Kosten (Installation)	Etwas geringer als bei Sprinkler.	Etwas höher als bei Brandmeldeanlage.
Kosten (Wartung)	Etwa gleich hoch wie bei Sprinkler.	Etwas gleich hoch wie bei Brandmeldeanlage.

Tabelle 5.1   Brandmelde- und Sprinkleranlagen im Vergleich

---

[1] Heutige Systeme sind äußerst zuverlässig. An dieser Stelle wird explizit darauf hingewiesen, dass die häufig hörbare Kritik, Sprinkler hätten zu viele Fehlauslösungen und würden damit zu viele unnötige Wasserschäden produzieren, statistisch nicht nachweisbar ist. Dies entspricht auch der Praxiserfahrung der Autoren.

Ebenfalls zu den Löscheinrichtungen gezählt werden können Handfeuerlöscher und Wasserlöschposten. Im Gegensatz zu den je nach erwartetem Brandgut unterschiedlichen Handfeuerlöschern liefert der Wasserlöschposten endlos Wasser, ist aber nicht für alle Brände geeignet (z. B. ungeeignet bei den meisten Elektrobränden). Die praktische Erfahrung zeigt auch, dass diese beiden Hilfsmittel deutlich häufiger von Personen mit Gebäudekenntnissen (z. B. Mitarbeiter einer im Gebäude ansässigen Firma) als von solchen ohne Gebäudekenntnissen (z. B. Kinobesucher) eingesetzt werden. Insgesamt stellen diese Maßnahmen eine sinnvolle Ergänzung zu Brandmelder und Sprinkler dar, können diese aber nur in seltenen Einzelfällen wirklich ersetzen. Für kleinere Objekte oder Fahrzeuge (z. B. LKW und Busse) ohne sonstige Löscheinrichtungen sind sie obligatorisch.

Eine effiziente *Entrauchung* von Räumen und Gebäuden ist ein wesentlicher Bestandteil moderner Brandschutzkonzepte. Je nach Objekt (Nutzung, Personenbelegung etc.) und der Bereitschaft eines Unternehmens, Restrisiken zu tragen, kann die Bauherrschaft sich dafür entscheiden, eine Entrauchung auch dann einzubauen, wenn diese normativ (noch) nicht vorgeschrieben wird. Dabei ist allerdings zu berücksichtigen, dass Entrauchungsanlagen, die aus mehr als Fenstern (sog. natürliche Entrauchung) bestehen, mit nicht unerheblichen Kosten verbunden sind.

Mit einer Entrauchungsanlage werden folgende vier Ziele angestrebt:

• Gewährleistung des Personenschutzes durch Aufrechterhaltung der Fluchtmöglichkeit während eines bestimmten Zeitraumes (Evakuierungszeit).
• Sicherstellung des Feuerwehreinsatzes durch Gewährleistung genügender Sichtverhältnisse und genügend tiefer Brandgastemperaturen für einen sicheren und zielgerichteten Rettungs- und Löscheinsatz.
• Sicherstellung des Gebäudeschutzes durch kontrollierte Abführung von Rauch und Wärme aus einem definierten Brandabschnitt.
• Ermöglichung der Rauchentsorgung durch kontrollierte Abführung von Rauch während und nach einem Brand.

Die Prioritäten bezüglich Erfüllungsgrad und Notwendigkeit ergeben sich im Normalfall ebenfalls aus dieser Reihenfolge. Wie das Beispiel aus Box 22 zeigt, kann es aber durchaus Abweichungen geben. Es ist somit wichtig, auch hier die Schutzziele objekt- und unternehmensbezogen zu prüfen und deren Priorisierung entsprechend zu wählen.

Box 22: Business Continuity als Grund für eine Entrauchungsanlage

Grundsätzlich hat der Personenschutz auch bei Entrauchungsanlagen erste Priorität. Gerade bei einem produzierenden Betrieb ist die Personensicherheit aufgrund der zumeist hohen Raumhöhen aber häufig unproblematisch. Aus Gründen der Business Continuity erhält dann der vierte Punkt erste Erfüllungspriorität.

Es gibt vier grundlegende Arten einer Entrauchung, die sich in der Zu- und Abluftführung unterscheiden und in Tabelle 5.2 aufgeführt sind. Sie unterscheiden sich in diversen Punkten, u.a. auch in ihrem sinnvollen Einsatzgebiet. In der Tabelle finden sich deshalb auch Aussagen über die Auslösemöglichkeiten der entsprechenden Anlagen, die wie folgt präzisiert werden können:

Typ	A	B	C[2]	D
Zuluft	Natürlich	Natürlich	Mechanisch	Mechanisch
Abluft	Natürlich	Mechanisch	Natürlich	Mechanisch
Schutzzielerreichung				
Personenschutz	Je nach Konzeption und Witterungslage zwischen sehr schlecht und sehr gut	Bei Auslösung über BMA sehr gut, bei Auslösung über SPA bei niedrigenergetischen Bränden schlecht.	Schlecht, da mit wenigen Ausnahmen bei diesem System keine automatisierte Auslösung vorgesehen ist	Analog Typ B, aufgrund der mechanischen Zuluft ist große Vorsicht geboten. Bei unsachgemäßer Dimensionierung resp. bereits kleinsten Änderungen der Randbedingungen wie beispielsweise der Witterungseinflüsse stark reduzierte Wirksamkeit gegenüber Typ B.
Interventionsschutz	Gut, da meistens mit mobilen Lüfter der Feuerwehr kombiniert (Typ C)	Sehr gut, v.a. bei Ansteuerung über BMA (bei Eintreffen der Feuerwehr bereits gute Rauchfreiheit)	Sehr gut, aktives Mittel der Feuerwehr.	
Gebäudeschutz	Je nach Konzeption und Witterungslage zwischen gut und schlecht	Sehr gut bei Auslösung über BMA, gut bei Auslösung über SPA.	Schlecht, da keine Auslösung bis Feuerwehr vor Ort.	
Rauchentsorgung	Gut, wird meistens mit Interventionsentrauchung (Typ C) kombiniert.	Sehr gut, außer der Realbrand ist deutlich größer als in der Konzeption angenommen	Gut bis sehr gut, je nach Gebäude/ Ausbildungsgrad der Feuerwehr	
Vorteile	Mit Ausnahme von innenliegenden Räumen einfach realisierbar; kostengünstig, da Fenster so oder so eingebaut werden	Hohe Zuverlässigkeit; hoher Grad an Schutzzielerreichung	Meistens kostengünstig, in bestehenden Gebäuden häufig die einzig realisierbare Variante.	
Nachteile	Beschränkte Wirksamkeit; stark von Witterungseinflüssen abhängig	Kosten für Planung und Installation; Wartungsaufwand	Späte Inbetriebnahme, dient nicht dem Personenschutz	
Auslösung	Von Hand oder über BMA und SPA	BMA, im Ausnahmefall über SPA	Mobil (Feuerwehr): Manuell	
Anwendung (Auswahl typischer Anwendungsgebiete)	Räume mit großer Personenbelegung, Garagen, Produktionshallen, Turnhallen	Räume mit sehr großer Personenbelegung (Kino, Disco, Theater, Flughafen, Bahnhof)	Produktionshallen, Räume mit großer Personenbelegung (bestehende Gebäude)	

Tabelle 5.2   Verschiedene Arten einer Entrauchung

---

[2] Die äußerst seltene Variante einer festinstallierten Entrauchungsanlage mit mechanischer Zuluft und natürlicher Abluft wird nicht besprochen. Die Autoren empfehlen, von dieser Ausführungsvariante Abstand zu nehmen, da nicht klar vorhergesagt werden kann, was nach der Auslösung passiert.

Bei mechanischen Entrauchungsanlagen postulieren die Autoren, dass die Auslösung über eine Brandmeldeanlage zwingend ist. Nur damit kann der entscheidende Zeitvorsprung gegenüber einer Handauslösung durch die Feuerwehr oder Dritte realisiert werden (insbesondere bezüglich Personen- und Gebäudeschutz). Dementsprechend wird in solchen Fällen die Brandmeldeanlage nicht als separate technische Maßnahme definiert, die über die Brandfallsteuerung die Entrauchung auslöst, die Brandmeldung ist vielmehr integraler Bestandteil einer mechanischen Entrauchungsanlage. Mit dieser Auslegeordnung wird erreicht, dass auch in Gebäuden, in denen normativ noch keine Brandmeldung notwendig ist, zumindest die entrauchten Räume entsprechend ausgerüstet sind. Es wäre unangebracht, hohe Summen in eine mechanische Entrauchung zu investieren und den effektiven Nutzen einer solchen Anlage durch Sparen beim Auslöseelement zu untergraben.

Die Auslösung einer Entrauchungsanlage über die Sprinkleranlage (teilweise in Tiefgaragen oder Produktionshallen anzutreffen) oder sogar über Handfeuermelder wird nicht empfohlen resp. abgelehnt: Bei vielen Bränden (auch bei Autobränden) gibt es mit wenigen Ausnahmen (beispielsweise bei Brandstiftung) zuerst immer eine Niedrigenergiephase, gefolgt von einer Hochenergiephase, ggf. mit Flashover. In der Niedrigenergiephase kann gerade bei Kunststoffbränden bereits eine sehr große Menge an Rauch entstehen (unvollständige Verbrennung) während die Temperaturen gleichzeitig noch vergleichsweise tief sind. In einer solchen Phase lösen Rauchmelder bereits aus. Da die Auslösetemperatur eines Sprinklers aber noch nicht erreicht wird, löst die Sprinkleranlage nicht aus und die Entrauchung läuft somit ebenfalls nicht an. In der Folge geht wertvolle Zeit verloren.

Bei den Handfeuermeldern weiß man zudem aus der Erfahrung, dass diese häufig nicht im Brandraum selbst, sondern erst später auf dem Weg ins Freie betätigt werden. In der Folge sind eine genaue Lokalisierung des Brandraumes und damit eine zuverlässige Auslösung der dem Brandraum zugehörigen Entrauchungsanlage nicht (mehr) möglich.

Entrauchungsanlagen sind aufgrund ihrer Komplexität Systeme, die vom Brandschutzingenieur und Lüftungsplaner unter Einbezug von Bauherrschaft und/oder Betreiber dimensioniert und geplant werden müssen. Die sich aus einer Entrauchungsanlage ergebenden Randbedingungen für den Betrieb müssen von Anfang an diskutiert werden, da sie sehr einschneidend sein können. Gegebenenfalls sind weitere Planer wie die Architekten oder Fassadenplaner mit einzubeziehen (vgl. Box 23). Für die Dimensionierung und Planung von Entrauchungsanlagen kommen wie für die im nächsten Abschnitt beschriebenen Druckbelüftungssysteme nur erfahrene Spezialisten in Frage. Die Erfahrung zeigt immer wieder, dass Planer ohne entsprechende Erfahrung und Kenntnisse zu diesen Systemen an dieser Aufgabe mehrheitlich scheitern. In der Folge können massive Kostenüberschreitungen und Terminverzögerungen resultieren.

Box 23: Einschränkungen durch Entrauchungsanlagen

In einem Shoppingcenter wird eine mechanische Entrauchung geplant. Die Nachströmung erfolgt natürlich über die Fassade. Diese Öffnungen müssen mit den Architekten und dem Fassadenplaner abgesprochen und in die jeweilige Planung aufgenommen werden. Für die Bauherrschaft und den Betreiber ist das Wissen über diese Öffnungen wichtig. Bei den Vertragsverhandlungen mit den Mietern ist darauf hinzuweisen, dass sie entsprechende Einschränkungen im Fassadenbereich (z. B. keine Gestelle bei der Öffnung, ständiges Freihalten der Öffnung) zu berücksichtigen haben. Idealerweise werden diese Einschränkungen direkt in die Mietverträge aufgenommen, damit der Mieter später gegenüber den Eigentümern keine Haftungsansprüche geltend machen kann.

Druckbelüftungssysteme stellen eine besondere, dem Themengebiet der Entrauchung zuzuordnende Maßnahme des Brandschutzkonzepts vor allem im Hochhausbereich dar. Sie können aber auch bei überlangen Fluchtkorridoren oder ähnlichen baulichen Gegebenheiten zum Einsatz kommen. Im Rahmen des vorliegenden Buches wird nur auf die Verwendung von Druckbelüftungssystemen in Treppenhäusern von Hochhäusern eingegangen. Die heute gültige Grundlage ist die EN12101-6: 2005. Zu ihr gibt es viele weiterführende Dokumente, die Präzisierungen oder Korrekturen enthalten. In diesem Zusammenhang zwingend zu nennen ist das Dokument des Fachkreises Druckbelüftungsanlagen (vgl. RDA-Arbeitskreis, 2007), in dem viele Passagen der Norm kritisch betrachtet und kommentiert werden. Auch die entsprechenden Grundlagen von Klote und Milke (2002) werden dem interessierten Leser zur Vertiefung empfohlen.

Druckbelüftungssysteme dienen dazu, die vertikalen Fluchtwege über eine gewisse Zeitdauer (meistens 90 oder 120 Minuten) rauchfrei zu halten. Zu diesem Zweck werden die Treppenhäuser und je nach System auch die dazugehörigen Schleusen eines Gebäudes in den einzelnen Stockwerken in Überdruck gesetzt. Typischerweise wird bei allen Türen geschlossen ein Druck von 50 Pa angestrebt. Gleichzeitig dürfen die Türöffnungskräfte nach der EN-Norm 100 N bzw. nach der US-amerikanischen NFPA-Norm 133 N nicht überschreiten. Bereits diese beiden Vorgaben zeigen, dass die Dimensionierung eines Druckbelüftungssystems sehr anspruchsvoll ist. Sobald der Druck leicht erhöht wird oder eine größere Türe eingebaut wird ($> 2 \, m^2$), steigt die Türöffnungskraft und man ist mit einem nichtnormengerechten Zustand konfrontiert. Auch die notwendige Berücksichtigung der klimatischen Verhältnisse erhöht die Komplexität bei der Planung eines Druckbelüftungssystems. Es ist somit zentrale Aufgabe des Brandschutzingenieurs, zusammen mit dem Lüftungsplaner abzustimmen, welche Vorgaben mit welchen Maßnahmen eingehalten werden können. Dort, wo von diesen Vorgaben abgewichen werden muss, ist eine nachvollziehbare und plausible Begründung notwendig.

Der Begriff Druckbelüftungssystem impliziert allerdings, dass bei einer derartigen Anlage nicht nur der zu belüftende Bereich betrachtet werden darf, sondern der Weg der Luft von der Ansaugstelle bis zum Austritt ins Freie (typischerweise über die Fassade). Dementsprechend kann dieses Gewerk auch nicht nur von Lüftungsplaner und Brandschutzingenieur angegangen werden, sondern benötigt die gemeinsame Planung durch die nachfolgend aufgeführten Beteiligten:

- *Brandschutzingenieur:* Sicherstellung der Eingliederung des Druckbelüftungssystems in das gesamte Brandschutz- und Entrauchungskonzept. Prüfen eventueller, gegenseitiger Beeinflussung (v.a. bei Entrauchung und Fluchtwegen wegen Türöffnungskräften); ggf. notwendige Anpassungen an den Maßnahmen der Konzepte; Berücksichtigung in den Brandschutz- und Feuerwehreinsatzplänen.
- *Architekt:* Berücksichtigung der Vorgaben aus dem Druckbelüftungssystem in der Architektur; entsprechende architektonische Optimierung; Aufzeigen von Machbarkeiten gewisser Maßnahmen; diesbezüglich enge Abstimmung mit dem Fassadenplaner.
- *Fassadenplaner:* Berücksichtigung der Vorgaben aus dem Druckbelüftungssystem (beispielsweise aerodynamische Größe und Auffahrgeschwindigkeit von Fassadenöffnungen); Aufzeigen von Machbarkeiten; enge Zusammenarbeit mit dem Architekten.
- *Bauingenieur:* Aufzeigen der Machbarkeit von Wand- und Deckendurchbrüchen von Kanälen und Klappen aufgrund des Druckbelüftungssystems.
- *Bauherr, ggf. Betreiber und Mieter (falls bereits bekannt):* Diese Projektbeteiligten müssen die Folgen und Einschränkungen, die sich aus der Implementierung eines Druckbelüftungssystems ergeben, beurteilen und akzeptieren können. Aufgrund der Fassadenabströmungen sind häufig nicht mehr alle Innenausbauvarianten ohne großen Mehraufwand möglich.

Aufgrund der einschneidenden Beeinflussung des Gebäudes durch die Maßnahmen aus dem Druckbelüftungssystem wird dringend empfohlen, ein entsprechendes, bewilligtes Ausführungsprojekt vor Baubeginn erstellt zu haben. Zu einem späteren Zeitpunkt auftretende Konflikte im Zusammenhang mit Druckbelüftungssystemen können baulich und technisch nur noch mit enormem Zusatzaufwand gelöst werden. Je nach Gebäude und Behörde muss sogar mit Verzögerungen bei der Eröffnung gerechnet werden.

Die *wärme- und lufttechnischen Anlagen* (z. B. Heizungen, Klimaanlagen, Betriebslüftungen) stellen keine Brandschutzmaßnahmen im eigentlichen Sinne dar, ihre Ausführung gemäß den einschlägigen Vorschriften ist für die Gewährleistung der Unternehmenssicherheit jedoch äußerst bedeutsam. Bei allen wärmetechnischen Anlagen sind daher ausreichende Brandabschnitte (bei den Geräten, z. B. Heizungsräume), eine geeignete Kanalführung und Isolation sowie die automatische Abschaltung im Brandfall durch die Brandfallsteuerung zu gewährleisten. Für die lufttechnischen Anlagen gilt im Wesentlichen dasselbe; bei ihnen ist besonders auf die Brandabschnittbildung, vor allem bei Transitkanälen durch mehrere Brandabschnitte, zu achten. Sie kann durch Brandschutzklappen oder die Isolierung der Kanäle erreicht werden.

Alle sicherheitstechnischen Gewerke, die Strom benötigen, sind notstromberechtigt. Die *Notstromversorgung* (häufig auch Sicherheitsstromversorgung genannt) kann entweder zentral oder dezentral sichergestellt werden. Bei der zentralen Versorgung gibt es einerseits die (mehrheitlich umgesetzte) Möglichkeit, ein Notstromdieselaggregat zu installieren, das bei Stromausfall sofort hochgefahren wird. Die Zeit, bis das Aggregat die volle Leistung erbringt, wird mit zentral angeordneten Akkumulatoren überbrückt. Die andere Möglichkeit besteht in der Installation einer zweiten Einspeisung entweder aus einem anderen Unterwerk oder aber aus einer Ringleitung des entsprechenden öffentlichen Elektroversorgungsnetzes. Welche dieser beiden Varianten vorzuziehen ist, hängt sehr stark vom einzelnen Objekt des

Unternehmens ab. Dabei spielen vor allem die geografische Lage und die Größe des Objekts wesentliche Rollen.

Bei der dezentralen Versorgung wird unmittelbar bei oder in der Nähe des notstromberechtigten Gewerks die Sicherheitsstromversorgung installiert. Typischerweise erfolgt dies durch entsprechend dimensionierte Akkumulatoren. Häufig anzutreffende Beispiele sind Kleinakkus für sicherheitsbeleuchtete Rettungszeichen oder Schiebetüren, die als Fluchtweg dienen. In einigen Fällen werden auch kleinere Dieselaggregate verwendet, z. B. für die Notstromversorgung der Entrauchung eines einzigen Raums.

Die Basis für die Berechnung der benötigten Leistung bildet sowohl bei zentralen als auch bei dezentralen Varianten entweder der Gesamtverbrauch der notstromberechtigten Geräte oder der entsprechende lokale Bedarf. Bei der dazugehörigen Berechnung ist insbesondere auf folgende Punkte zu achten:

- *Gleichzeitigkeit des Notstrombezugs:* Welche Geräte benötigen zeitgleich Strom? Gerade bei einem Großobjekt muss beispielsweise geprüft werden, ob alle im Projekt vorhandenen, notstromberechtigten Geräte überhaupt gleichzeitig laufen müssen.
- *Berücksichtigung der Anfahrströme:* Viele Geräte, vor allem aber Entrauchungsventilatoren, benötigen in der Anfangsphase, wenn die Ventilatoren hochgefahren werden, deutlich mehr Strom als in der Volllastphase. Somit werden für die Berechnungen Anfahrströme anstelle der Volllastströme maßgebend.

Die Dimensionierung der Notstromanlage erfolgt in der Regel durch den Elektroplaner in Abstimmung mit dem Brandschutzingenieur. Dabei ist zu beachten, dass auch elektrisch versorgte Security-Anlagen (insbesondere die Videoüberwachung) notstromversorgt sein sollten.

In heutigen Brandschutzkonzepten spielt der technische Brandschutz eine immer wichtigere Rolle. Der volle Nutzen dieser Anlagen kommt aber erst durch eine objektbezogene, elaborierte und dennoch zuverlässige **Brandfallsteuerung** zum Tragen, welche die zuvor beschriebenen Anlagen und Maßnahmen miteinander verknüpft. In der Brandfallsteuerung werden die Ansteuerungen der diversen brandfallgesteuerten Objekten wie Türen, Tore, Lifte, Entrauchungsanlagen, Überdruckbelüftungssysteme, Alarmierungen etc. programmiert. Sie erfolgt primär in Abhängigkeit des Detektionsortes und löst die entsprechenden Reflexe, beispielsweise Schließung der Türen, Start der Entrauchung, Abschaltung der Heizung, aus. Aufgrund der meistens anzutreffenden Komplexität der Brandfallsteuerung hat sich diese zu einer eigenen Disziplin innerhalb des Brandschutzes entwickelt und sollte deshalb durch einen entsprechenden Spezialisten erarbeitet und abgenommen werden. Nachstehende Abbildung 5.4 zeigt schematisch die Zusammenhänge und Abhängigkeiten von der Erarbeitung der Grundlagen bis zum integralen Test.

Eine weitere technische Maßnahme, die häufig dem Brandschutz zugeordnet wird, stellt schließlich der **Blitzschutz** dar. Der Brandschutzingenieur bestimmt allerdings lediglich, ob eine solche Installation notwendig ist oder nicht (v.a. dort, wo gesetzlich nicht gefordert). Die detaillierte Planung ist einem entsprechenden Spezialisten zu übertragen. Grundsätzlich ist bei Blitzschutzanlagen (abgesehen von wenigen Ausnahmefällen) die Notwendigkeit allerdings kaum von der Hand zu weisen.

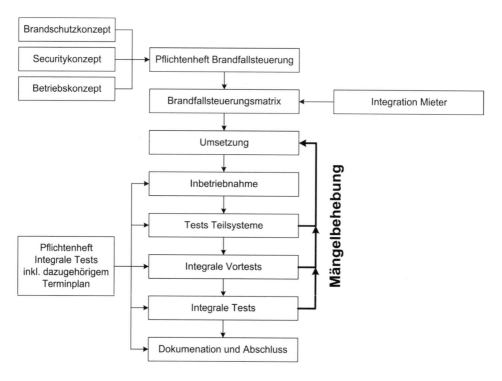

Abbildung 5.4   Ablauf bei der Erarbeitung und Umsetzung einer Brandfallsteuerung

Organisatorischer Brandschutz

Den letzten Baustein eines Brandschutzkonzepts stellen die organisatorischen Maßnahmen dar, deren Bedeutung trotz der Nachrangigkeit gegenüber baulichen und technischen Maßnahmen keinesfalls unterschätzt werden sollte. Sie umfassen vor allem die Erstellung einer objektspezifischen Einsatzplanung für die Ereignisdienste, insbesondere die Feuerwehr, die Erarbeitung und Umsetzung einer Brandschutzordnung sowie, je nach Unternehmen und Objekt, ein Notfall- und/oder Evakuierungskonzept. Diese Maßnahmen sind in Kapitel 5.4 ausführlich vorgestellt und stellen für viele Unternehmen mit bestehenden Gebäuden und Anlagen die wesentlichen Handlungsfelder des Brandschutzkonzepts dar.

Abschließend sei erwähnt, dass die organisatorischen Maßnahmen nicht erst mit der Inbetriebnahme eines Bauwerks beginnen, sondern bereits während der Bauphase wesentlich sind (Brandschutz auf der Baustelle). In diesem Zeitraum ist es wichtig, die Brandschutzmaßnahmen soweit möglich umzusetzen und Richtlinien für die Prävention von Ereignissen auf der Baustelle zu erlassen bzw. umzusetzen, da (wie das Beispiel in Box 24 zeigt) Brände in der Bauphase zu erheblichen Kosten- und Terminproblemen führen können.

Box 24: Brände in der Bauphase – eine unterschätzte Gefahr

Am Tag der Eröffnung eines Hochhauses (Umbauprojekt) brach in einem technischen Raum im Untergeschoss ein Brand aus (Kabelbrand). Da die Brandschutzschottungen in den Steigzonen mehrheitlich noch nicht vollständig ausgeführt waren und keine geeigneten Löschmittel (vor allem Handfeuerlöscher) vorhanden waren, konnte sich der entstehende Rauch sehr rasch im ganzen Gebäude ausbreiten. Da gleichzeitig auch das Überdruckbelüftungssystem noch nicht operativ war, wurde auch das Treppenhaus mit Rauch kontaminiert.

In der Folge des Brandes mussten diverse Personen vom Dach gerettet werden (was nur dank der Höhe von ca. 50 m und einem Hubretter mit 55 m-Einsatzbereich möglich war). Es gab zwar keine Personenschäden, das Gebäude wurde aber derart stark in Mitleidenschaft gezogen, dass die Räumlichkeiten erst nach einem weiteren halben Jahr bezogen werden konnten. Neben den Kosten für die Instandsetzung fielen deshalb auch zusätzliche Mietkosten in einer Drittliegenschaft an. Insgesamt belief sich der Schaden auf ungefähr € 1 Mio.

5.2.5   Störfallvorsorge

Ausgangslage

Maßnahmen der Störfallvorsorge betreffen den Umgang mit gefährlichen Gütern und müssen auf Basis der einschlägigen, nationalen Verordnungen durch alle Betriebe ergriffen werden, bei denen die in den einzelnen Richtlinien genannten gefährlichen Güter oberhalb gewisser Mengenschwellen vorhanden sind.

Die gesetzlichen Grundlagen und darin geforderten Maßnahmen zur Störfallvorsorge beruhen im Wesentlichen auf dem Chemie-Ereignis in Seveso (Italien) aus dem Jahr 1976, bei dem durch eine Verkettung unglücklicher Umstände und mangelnder Sicherheitsvorkehrungen etwa 1 bis 3 kg hochgiftiges Dioxin aus einem Chemiebetrieb freigesetzt wurden (sog. Seveso-Unglück). Im Anschluss an das Ereignis wurden auf europäischer Ebene und in den einzelnen Ländern Anstrengungen unternommen, um die Gefahr zukünftiger Störfälle zu verringern und die Risikominimierung durch die betroffenen Unternehmen sicherzustellen (sog. Verursacherprinzip).

Normenlandschaft

Die Normen zur Störfallverordnung gehen ursprünglich alle auf die nach dem oben erwähnten Ereignis erlassene Richtlinie 82/501/EWG über die Gefahren schwerer Unfälle bei bestimmten Industrietätigkeiten (sog. Seveso-I-Richtlinie) zurück. Im Lichte verschiedener Ereignisse in den 1980er Jahren wurde diese Richtlinie schließlich überarbeitet, ausgeweitet und 1997 durch die Richtlinie 96/82/EG des Rates vom 9. Dezember 1996 zur Beherrschung der Gefahren bei schweren Unfällen mit gefährlichen Stoffen (sog. Seveso-II-Richtlinie) ersetzt. In Deutschland ist die Richtlinie im Rahmen der 12. Verordnung zur Durchführung des Bundes-Immissionsschutzgesetzes (sog. Störfallverordnung) in nationales Recht übernommen worden, in Österreich durch die Industrieunfallverordnung. Während diese beiden Verordnungen nur für Betriebsbereiche gelten, ist die Schweizer Störfallverordnung (die erst 1991 in Kraft trat) auch für Verkehrswege, auf denen gefährliche Güter umgeschlagen oder transportiert werden, gültig.

Jede der vorgenannten Rechtsgrundlagen beinhaltet eine Auflistung gefährlicher Stoffe mit Mengenschwellen. Nur Unternehmen, die diese Mengenschwelle überschreiten, unterstehen rechtlich betrachtet der Störfallverordnung und müssen die geforderten Maßnahmen ergreifen. Auch für andere Unternehmen, die mit gefährlichen Stoffen hantieren, kann die Störfallverordnung jedoch ein geeignete Grundlage zur Abschätzung notwendiger Maßnahmen sein.

Raumplanung als Grundlage der Störfallvorsorge
Die wesentliche Basis für die Größe des Risikos eines Störfalls wird in der Raumplanung gelegt. Durch die Entflechtung von Gefährdungen und Expositionen – also der Trennung von Störfallbetrieben und Siedlungsgebieten – können Risiken wesentlich verringert werden. Die Erfahrung zeigt leider immer wieder, dass diese Chance nur selten wahrgenommen oder – einmal wahrgenommen – über die Jahrzehnte nicht konsequent eingehalten wird. Tatsächlich rücken Siedlungs- und Industriegebiete immer näher aneinander (vgl. Box 25).

Box 25: Das Propanglasunglück von Mexiko 1984

Bei einem Propangasunglück in einer Ölverarbeitungsanlage in San Juan Ixhuatepec (Mexiko) kamen 1984 rund 600 Menschen ums Leben, ungefähr 3000 wurden verletzt und rund 60000 Anwohner mussten evakuiert werden. In einem Lager mit verschiedenen Gastanks war eine Leitung gebrochen, aus der Propangas ausströmte; die entstandene Gaswolke explodierte und verursachte mehrere weitere Explosionen im Tanklager und einen Großbrand.

Als die Industrieanlage gebaut wurde, waren die nächsten Siedlungsgebiete weit entfernt. Zum Zeitpunkt der Explosion waren die nächsten Behausungen allerdings nur noch wenige hundert Meter entfernt, sodass die hohe Zahl von Todesopfern und Verletzten entstand.

Maßnahmen zur Störfallvorsorge
Die Raumplanung ist mehrheitlich nicht durch die Unternehmen selbst zu beeinflussen, sodass im Handlungsfeld der Unternehmenssicherheit zwei sich unterscheidende Maßnahmenansätze verbleiben:

- Ansatz der Stoffmengenbegrenzung / Verwendung von Alternativstoffen
- Ansatz der Verhinderung des Austritts gefährlicher Stoffe

Welcher der beiden Ansätze für den konkreten Betrieb vorzuziehen ist, muss individuell beurteilt werden. Erfahrungsgemäß wird der erste Ansatz trotz seiner Effektivität aus unternehmerischen Überlegungen häufig recht schnell aus den Augen verloren. Die Verfasser empfehlen dennoch, auch eine Stoffmengenbegrenzung bzw. die Verwendung von Alternativstoffen zumindest in Erwägung zu ziehen, um das Störfallrisiko zu begrenzen.

Der Ansatz der Stoffmengenbegrenzung resp. der Verwendung von Alternativstoffen ist häufig kostengünstiger als der Ansatz der Verhinderung des Austritts gefährlicher Stoffe. Trotzdem kann er in vielen Fällen nicht angewendet werden, da gewisse Prozesse bestimmte Mindestmengen an Gefahrstoffen benötigen, um eine wirtschaftliche Produktion gewährleisten zu können. Wie Box 26 zeigt, wäre es aber falsch, diesen Ansatz voreilig und ohne vertiefte Analyse von Anfang an auszuschließen. Es sollte im Rahmen der Störfallvorsorge daher immer geprüft werden, ob und in welchem Umfang gefährliche Güter tatsächlich im Unternehmen benötigt werden.

Box 26: Störfallvorsorge in Eisbahnen

Bei vor 20 und mehr Jahren gebauten Eisbahnanlagen wurde häufig Ammoniak als Kältemittel verwendet. Viele dieser Anlagen sind noch heute unverändert im Betrieb. Ammoniak kann bei seiner Freisetzung insbesondere in geschlossenen Räumen zu Verletzungen, im Extremfall zum Tode führen. Aus diesem Grund werden heutige Eisbahnen nicht mehr mit Ammoniak oder nur noch mit Ammoniak in geringen Mengen betrieben. Entweder werden alternative Kühlmittel verwendet oder es kommen andere Trägerflüssigkeiten zum Einsatz und Ammoniak wird nur noch in geringen Mengen bei der eigentlichen Kühlmittelproduktion verwendet. Ähnliches gilt für große Kühlhallen, etwa in Großmetzgereien.

Im Übrigen wird auch die Verwendung von Chlor in Schwimmbädern aus Gründen der Störfallvorsorge immer mehr eingeschränkt oder im Rahmen neuartiger Verfahren zur Wasseraufbereitung minimiert.

Detaillierte Untersuchungen bestehender Betriebe an Hand von Fehlerbäumen zeigen immer wieder, dass es innerhalb einer Prozesskette diverse Bauteile gibt, die versagen und somit zu einer Freisetzung gefährlicher Güter führen können. Entsprechend ist die gesamte Prozesskette von der Anlieferung der Grundstoffe bis zum Abtransport des Endproduktes im Detail zu analysieren und die maßgebenden Versagensmöglichkeiten zu identifizieren. Hierbei handelt es ich um den klassischen Fall einer vertieften, quantitativen Risikoanalyse aufgrund risikospezifischer Überlegungen. Im Anschluss ist im Rahmen einer Kosten-Nutzen-Analyse festzulegen, welche Maßnahmen mit welcher Effizienz umgesetzt werden müssen, um ein gemäß entsprechenden Verordnungen tragbares Risiko zu erhalten. Hier sind technische Maßnahmen, etwa der Einbau zusätzlicher Warn- und Steuereinrichtungen oder die Verwendung besonders geeigneter Gebinde und Lagermittel, ebenso denkbar wie organisatorische Vorkehrungen, z. B. Richtlinien betreffend dem innerbetrieblichen Transport und Umfüllen gefährlicher Güter. Die Maßnahmen müssen im Einzelfall detailliert untersucht und mit den zuständigen Aufsichtsbehörden abgestimmt werden. Gegebenenfalls sind im Rahmen der Störfallvorsorge auch die ATEX-Richtlinien zum Explosionsschutz und die dort beschriebenen Maßnahmen zu berücksichtigen.

Über diese wesentlichen Maßnahmen zur Störfallvorsorge hinaus verlangen die anfangs aufgeführten Verordnungen noch ergänzende administrative Maßnahmen bzw. Maßnahmen zur Erleichterung der Störfallbewältigung. Dazu gehören unter Anderem eine Meldepflicht der Betriebe bei der zuständigen Behörde, die regelmäßige Erstellung eines Sicherheits- bzw. Kurzberichts und ggf. einer quantitativen Risikoermittlung, die Erstellung von Notfall- und Einsatzplänen, regelmäßige Inspektionen des Betriebs und die Meldepflicht von (schweren) Unfällen.

Transport gefährlicher Güter
Der Transport gefährlicher Güter soll an dieser Stelle ebenfalls kurz angesprochen werden. Meldungen über entsprechende Unfälle werden – da selten und meistens mit beeindruckenden Bildern zu umrahmen – jeweils medienwirksam zum Nachteil des betroffenen Unternehmens in aller Ausführlichkeit in den Print- und Fernsehmedien verbreitet. Im Gegensatz zu stationären Betrieben lassen sich hier die Mengen nur dann reduzieren, wenn das Unternehmen bereit ist, entsprechend mehr Fahrten zu unternehmen. Untersuchungen zeigen aber, dass die Risiken der beiden Varianten

- viele Transporte mit kleinen Mengen
- wenige Transporte mit großen Mengen

nicht a priori bei der einen oder anderen Variante grundsätzlich kleiner sind. Welcher der beiden Varianten im Einzelfall der Vorzug zu geben ist, hängt u.a. vom transportieren Gefahrgut, von der Strecke und den Verlade- und Abladebedingungen vor Ort ab. Erst die Gesamtbetrachtung lässt korrekte Schlüsse über das effektiv zu erwartende Risiko zu.

Beim Transport gefährlicher Güter können insbesondere dann große Risiken entstehen, wenn große Mengen an Gefahrgut (beispielsweise Chlortransporte mit der Bahn) an Bereichen mit großen Personenbelegungen (Bahnhöfe, Stadien, Shoppingcenter) vorbeigeführt werden. In diesen Fällen lässt sich häufig bereits durch die zeitliche Entflechtung der Transporte von den personenintensiven Nutzungen eine markante Risikoreduktion erreichen.

5.2.6   Arbeitssicherheit und Gesundheitsschutz

Ausgangslage
Durch Maßnahmen der Arbeitssicherheit und des Gesundheitsschutzes soll für die einzelnen Arbeitnehmer ein sicheres Arbeiten sowie der Schutz vor berufsbedingten Unfällen und Krankheiten gewährleistet werden.

Neben den gesetzlichen Vorgaben besteht für Unternehmen ein hohes Eigeninteresse an ausreichender Arbeitssicherheit und Gesundheitsschutz, da Ausfalltage von Mitarbeitenden in der Regel mit hohen direkten und indirekten Kosten einhergehen. Dennoch werden von vielen multinationalen Unternehmen Arbeitsplätze aus Kostengründen in Entwicklungs- und Schwellenländer verlegt, in denen auch die schlechten Arbeitsbedingungen zu geringeren Arbeitskosten beitragen. Vor dem Hintergrund der mit solchen Missständen verbundenen Risiken für das Unternehmen (vgl. Box 9) ist diese Praxis jedoch zu hinterfragen.

Normenlandschaft

Im deutschsprachigen Raum existieren umfangreiche Gesetze, Verordnungen und Richtlinien betreffend Arbeitssicherheit und Gesundheitsschutz. In Deutschland sind die wesentlichen Aspekte im Arbeitsschutzgesetz, dem Arbeitssicherheitsgesetz, der Arbeitsstättenverordnung und dem Sozialgesetzbuch VII zur gesetzlichen Unfallversicherung geregelt. Die im Wesentlichen mit der Überwachung der Arbeitssicherheit betrauten Berufsgenossenschaften bzw. der Bundesverband der Unfallkassen haben zudem Unfallverhütungsvorschriften und Regeln herausgegeben, die ebenfalls verbindlich zu beachten sind.

In Österreich ist die Arbeitssicherheit im Arbeitnehmerinnenschutzgesetz bzw. im Sozialversicherungsgesetz und der Arbeitsstättenverordnung geregelt. In der Schweiz finden sich die wesentlichen Bestimmungen im Bundesgesetz über die Unfallversicherung, der dazugehörigen Verordnung über die Verhütung von Unfällen und Betriebskrankheiten sowie im Bundesgesetz über die Arbeit in Industrie, Gewerbe und Handel (Arbeitsgesetz). Durch die Schweizerische Unfallversicherungsanstalt Suva bzw. die Eidgenössische Koordinationskommision für Arbeitssicherheit (EKAS) werden ergänzende Richtlinien, Checklisten und Leitfäden herausgegeben, deren Einhaltung teilweise obligatorisch ist.

Auf internationaler Ebene existiert zudem die International Labour Organisation (ILO) in Genf, die eine umfangreiche Standardsammlung zu Arbeitssicherheit und Gesundheitsschutz herausgibt; diese Standards können durch einzelne Länder verbindlich ratifiziert werden und dienen auch Nicht-Regierungsorganisationen häufig als Beurteilungsmaßstab für Arbeitsbedingungen weltweit.

Maßnahmen zu Arbeitssicherheit und Gesundheitsschutz

Die durch Unternehmen zu ergreifenden Maßnahmen zu Arbeitssicherheit und Gesundheitsschutz können je nach Art des betroffenen Unternehmens sehr umfangreich sein und hängen stark mit den Arbeitsbedingungen an den einzelnen Arbeitsplätzen zusammen. Es gibt starke Überschneidungen zu den Brandschutzmaßnahmen, da Fluchtwege oder Löscheinrichtungen auch durch die Mitarbeitenden bei einem Arbeitsunfall verwendet werden. Grundsätzlich lassen sich folgende Maßnahmen der Arbeitssicherheit und des Gesundheitsschutzes unterscheiden:

- *Bauliche und technische Gestaltung:* Die baulichen Einrichtungen der Arbeitsstätten und der Arbeitsplätze, Bauteile und Anlagen müssen dem Stand der Technik entsprechen und so eingerichtet bzw. ausgestaltet sein, dass ein sicheres Arbeiten möglich ist. Hierzu gehören insbesondere ausreichende Brandschutzmaßnahmen inkl. Fluchtwege, ausreichende Belüftung, dem Stand der Technik entsprechende Arbeitsgeräte und Arbeitsmittel und eine ergonomische Gestaltung der Arbeitsplätze. Die daraus resultierenden Anforderungen variieren je nach Arbeitsgattung, Arbeitsplatz und eingesetzten Arbeitsmitteln stark, sind jedoch in den einschlägigen, branchen-, betriebs- und arbeitsplatzbezogenen Veröffentlichungen der gewerblichen Berufsgenossenschaften (die aktuelle Übersicht kann beim Hauptverband der gewerblichen Berufsgenossenschaften bezogen werden) dokumentiert.

- *Verwendung von Arbeits- und Betriebsstoffen:* Bei der Verwendung gesundheitsgefährdender Arbeits- und Betriebsstoffe sind gesonderte Maßnahmen zur Prävention und Ereignisbewältigung zu ergreifen. Hierzu gehören insbesondere geeignete Lager- und Umfülleinrichtungen und die Ausstattung der Mitarbeitenden mit persönlicher Schutzausrüstung. Das Unternehmen hat weiterhin dafür zu sorgen, dass Informationen zu den Gefahren der verwendeten Stoffe bereitgestellt und die notwendigen Mittel zur Ersten Hilfe vorhanden sind.
- *Organisatorische Maßnahmen:* Die Mitarbeitenden müssen vor Arbeitsbeginn auf die allgemeinen und spezifischen Gefährdungen ihrer Tätigkeit aufmerksam gemacht werden bzw. sind in der Benutzung der eingesetzten Mittel, Geräte und Maschinen adäquat zu unterweisen. Dazu gehören beispielsweise besondere Führerscheine oder Unterweisungen bei Untertagearbeiten. Gegebenenfalls sind auch Eignungsuntersuchungen vorzunehmen. Weiterhin müssen ausreichend Ersthelfer oder sogar Betriebssanitäter und eine Betriebsfeuerwehr sowie Erste-Hilfe-Materialien und Räumlichkeiten vorhanden sein. Art und Umfang dieser Mittel richtet sich nach der Größe des Betriebs. Schließlich sind organisatorische Vorkehrungen für Notfälle (sog. Notfallplanung) zu treffen.

In Unternehmen mit mehr als 20 Mitarbeitenden ist gemäß Sozialgesetzbuch in Deutschland mindestens ein schriftlich bestellter Sicherheitsbeauftragter notwendig, der für die Maßnahmen betreffend Arbeitssicherheit und Gesundheitsschutz unterstützend zuständig ist. Durch ihn wird in der Regel auch eine auf die spezifischen Belange der Arbeitssicherheit ausgerichtete Gefährdungsbeurteilung durchgeführt sowie die konkret notwendigen Sicherheitsmaßnahmen abgeleitet. Bereits Unternehmen mit einem Mitarbeiter benötigen eine sog. Fachkraft für Arbeitssicherheit, die unterstützende Tätigkeiten (in geringerem Umfang) wahrnimmt. Die Sicherheitsfachkraft, der Sicherheitsbeauftragte sowie der Betriebsarzt müssen schriftlich bestellt werden, wobei diese Aufgaben auch an geeignete externe Dienstleister übertragen werden können.

Für bestimmte Branchen und Arbeitsplätze, etwa im Bauwesen (insbesondere Untertage- und Bergbau) oder in Teilen der maritimen Industrie, sind weit überdurchschnittliche Maßnahmen zur Gewährleistung der Arbeitssicherheit notwendig. Diese müssen dann gesondert in Zusammenarbeit mit der zuständigen Behörde, Unfallversicherung oder Berufsgenossenschaft geplant und umgesetzt werden.

5.3   Maßnahmen zur Security-Erhöhung

5.3.1   Einleitung

Im Gegensatz zum Bereich Safety existieren für Unternehmen kaum verbindliche Vorschriften und Auflagen bezüglich Security. Bei der überwiegenden Mehrheit dieser Maßnahmen handelt es sich daher um risiko- und unternehmensspezifische Maßnahmen, die im eigenen Verantwortungsbereich des Unternehmens liegen. Die wenigen normativ vorgeschriebenen Maßnahmen sind zudem oft Nebenprodukte der Verordnungen und Richtlinien aus dem

Bereich Safety, beispielsweise verlangt die Störfallvorsorge regelmäßig die Verhinderung von Angriffen auf die entsprechenden Anlagen durch geeignete Security-Maßnahmen.

Security als Handlungsfeld der Unternehmenssicherheit umfasst all jene Maßnahmen, durch die vorsätzliche Angriffe gegen materielle und immaterielle Werte des Unternehmens verhindert werden (Senkung der Eintrittswahrscheinlichkeit). Aufgrund des Charakters der zugrundeliegenden Szenarien zielen sie deutlich seltener auf die Schadensbegrenzung bei Angriffen ab. Ihnen kommt somit im Wesentlichen eine präventive, oft auch abschreckende Funktion zu. Zu den Security-Maßnahmen sind folgende Bereiche zu zählen:

- Einbruchschutz,
- Zutrittskontrolle,
- Überwachungsanlagen,
- Informations- und IT-Sicherheit.

Zudem ist im Rahmen eines Security-Konzepts dezidiert auf sog. Innentäter einzugehen, die als Angestellte des Unternehmens besonders hohe Schäden anrichten können.

Aufgrund des freiwilligen Charakters der oben aufgezählten Maßnahmen vernachlässigen viele Unternehmen den Bereich Security, was im ungünstigsten Fall zu dauerhaften finanziellen Schäden und infolgedessen auch häufig zu Motivationsproblemen bei den Mitarbeitenden führt. Umfangreiche Maßnahmen, insbesondere im Bereich der Überwachungsanlagen, können jedoch seitens Belegschaft und Außenstehender schnell als übertrieben wahrgenommen werden und das Image des Unternehmens negativ beeinflussen. Die Erarbeitung eines angemessenen Securitykonzepts ist deshalb nicht nur aufgrund der Komplexität der einzelnen Maßnahmen, ihrer gegenseitigen Beeinflussung und fast zwangsläufiger Konflikte mit dem Brandschutz (insbesondere bezüglich Evakuierung) eine sensible Aufgabe.

Die Definition des tatsächlich Notwendigen bildet aufgrund der obigen Überlegungen die Basis für jedes Securitykonzept und beruht auf der unternehmensspezifischen Risikoanalyse sowie der Abstimmung mit Geschäftspartnern und Versicherungen. Letztere nehmen häufig erheblichen Einfluss auf entsprechende Maßnahmen, beispielsweise im Bereich der in Versicherungsbedingungen definierten Ausrüstung von Tresoren bzw. Wertschutzräumen in Abhängigkeit der dort aufbewahrten Wertgegenstände. Allgemein lassen sich nach Erfahrung der Autoren allerdings zwei Handlungsfelder hervorheben, die durch jedes Unternehmen ausreichend abgedeckt werden müssen: Maßnahmen des Einbruchschutzes sowie Maßnahmen zur Sicherstellung der IT- und Informationssicherheit, wobei die letztgenannten Maßnahmen gerade wenn Daten Dritter betroffen sind als obligatorisch erachtet werden können. Sie stellen praktisch die Grundpfeiler gegen böswillige Angriffe geschützter Infrastruktur bzw. Unternehmensprozesse dar und werden unternehmensspezifisch ergänzt.

5.3.2 Einbruchschutz

Ausgangslage
Durch Maßnahmen des Einbruchschutzes wird die physische Infrastruktur von Unternehmen gegen böswillige Angriffe geschützt. Je nach betroffenem Unternehmen und definierten

Maßnahmen werden Szenarien von einfachem Vandalismus bis zu Terrorattacken mit ausgefallenen Tatmitteln abgedeckt. Maßnahmen des Einbruchschutzes lassen sich dabei in Perimeterschutz, also die Sicherung an den Grundstücksgrenzen, und baulich-mechanischen Einbruchschutz, der die Gebäudesicherung betrifft, unterteilen.

Für den Einbruchschutz gibt es keine normativen Grundlagen im engeren Sinne. Den Unternehmen steht es daher weitestgehend frei, entsprechende Maßnahmen zu ergreifen. Ausnahmen können vor allem die oben angesprochenen Auflagen von Versicherungen oder behördliche Auflagen im Rahmen der Störfallvorsorge bzw. des Schutzes kritischer Infrastrukturen sein. Sofern ein Unternehmen Maßnahmen des Einbruchschutzes ergreift, sind allerdings die europaweit gültigen EN-Normen 1627-1630 (Einbruchhemmung von Fassadenelementen) bzw. EN 356 (angriffshemmende Verglasung) übergeordnet zu beachten.

Die EN 1627-1630 dienen der Klassifizierung von einbruchhemmenden Bauteilen bzw. Fassadenelementen anhand sogenannter Widerstandsklassen (WK) 1-6. Sie sind in Deutschland in das DIN-System integriert und haben auch in der Schweiz und Österreich Gültigkeit. Hersteller von Fassadenelementen können ihre Produkte bei einer unabhängigen, akkreditierten Zertifizierungsstelle prüfen lassen und erhalten bei Erfüllung der in den Normen definierten Anforderungen ein entsprechendes Prüfzeugnis bzw. Zertifikat. Die zu erreichenden Anforderungen beziehen sich dabei immer auf das gesamte Fassadenelement, d. h. die Erfüllung der zertifizierten Widerstandsklasse kann nur erreicht werden, wenn die Tür, das Fenster oder sonstige Bauteile auch vollständig und gemäß Einbauanleitung verbaut werden. Neben den Fassadenelementen lässt sich aus den Normen auch die Beschaffenheit von Mauerwerk, Beton oder sonstigen Fassaden ableiten, die zur Erreichung einer Widerstandsklasse notwendig ist. Architekten und Fassadenplaner mit entsprechender Erfahrung können auf Basis dieser Angaben in der Regel ein durchgängiges Sicherheitsniveau für ein Gebäude erreichen; auch Zaunelemente sind auf dem Markt in Anlehnung an die Widerstandsklassen erhältlich.

Die einzelnen Widerstandsklassen richten sich nach der mutmaßlichen Vorgehensweise des Täters, insbesondere dem ihm zur Verfügung stehenden Werkzeug, und der Widerstandszeit. Sie sind in Tabelle 5.3 beschrieben.

Widerstandsklasse	Widerstandszeit	Vorgehensweise
WK 1	0 Minuten	Grundschutz gegen Aufbruchversuche von *Gelegenheitstätern*, die versuchen, ein Bauteil durch den Einsatz körperlicher Gewalt aufzubrechen (z. B. Herausreißen, Gegentreten).
WK 2	3 Minuten	Der *Gelegenheitstäter* versucht, das Fenster oder die Türe zusätzlich mit einfachen Werkzeugen aufzubrechen (z. B. Schraubenzieher, Zange, Keil).
WK 3	5 Minuten	Der *Täter* versucht, sich mit einem zusätzlichen Schraubenzieher und einem Kuhfuß Zutritt zu verschaffen.
WK 4	10 Minuten	Der *erfahrene Täter* setzt zusätzlich Sägen, Hammer, Schlagaxt, Stemmeisen und Meißel sowie eine Akkubohrmaschine ein.
WK 5	15 Minuten	Der *erfahrene Täter* setzt zusätzlich Elektrowerkzeuge ein, z. B. Bohrmaschine, Stich- oder Säbelsäge und Winkelschleifer mit max. 125 mm-Scheiben ein.
WK 6	20 Minuten	Der *erfahrene Täter* setzt zusätzlich Elektrowerkzeuge ein, z. B. Bohrmaschine, Stich- oder Säbelsäge und Winkelschleifer mit max. 230 mm-Scheiben ein.

Tabelle 5.3   Widerstandsklassen nach EN 1627-30

Die Angriffshemmung von Glasflächen ist ergänzend in der EN 356 geregelt. Zertifizierte, angriffshemmende Glasflächen werden entweder einer Fallprüfung (durchwurfhemmende Verglasung), einem Durchbruchversuch mit Axtschlägen (durchbruchhemmende Verglasung) oder einer Beschuss- bzw. Explosionsprüfung (durchschusshemmende bzw. druckwellenhemmende Verglasung) unterzogen.

Das aus Gründen der Unfallverhütung häufig verwendete Verbundsicherheitsglas (VSG) besteht hingegen zwar aus mehreren, mit Kunststofffolien verbundenen Glasschichten, weist jedoch nicht zwangsläufig angriffshemmende Eigenschaften auf. In Tabelle 5.4 sind die Merkmale angriffshemmender Glasflächen nach EN 356 (bzw. ergänzend EN 1522 und EN 13123) dargestellt.

Klassifizierung EN 356	Art der Prüfung	Analoge Widerstands-klasse	Einsatzgebiet
Durchwurfhemmende Verglasung			
P1A, P2A, P3A	Fallprüfung	WK 1	Vandalismus (Privatbe-reich, gewerblicher Bereich mit geringem Risiko)
P4A, P5A	Fallprüfung	WK 2, WK3	Einbruch (Privatbereich, gewerblicher Bereich mit geringem Risiko)
Durchbruchhemmende Verglasung			
P6B, P7B, P8B	Durchbruchversuch	WK4, WK5, WK6	Einbruch (gewerblicher Bereich mit hohem Risiko, selten Privatbe-reich)
Durchschusshemmende Verglasung			
Einsatz im Hochsicherheitsbereich, Beschussprüfung mit unterschiedlichem Kaliber, Geschossart und Schussent-fernung.			
Druckwellenhemmende Verglaung			
Einsatz im Hochsicherheitsbereich, Explosionsprüfung unter unterschiedlichen Bedingungen.			

Tabelle 5.4   Angriffshemmung von Glasflächen nach EN 356, EN 1522 und EN 13123

Mit den vorgenannten EN-Normen sind die wesentlichen normativen Grundlagen des Ein-bruchschutzes abgedeckt; auf weitere wichtige Normen wird in den folgenden Abschnitten zu Perimeterschutz und baulich-mechanischem Einbruchschutz bei Bedarf eingegangen. Grundsätzlich empfiehlt sich nach Ansicht der Autoren zudem bei der Erarbeitung, spätes-tens aber vor der Umsetzung eines Einbruchschutzkonzepts entweder die nächstgelegene polizeiliche Beratungsstelle aufzusuchen oder einen spezialisierten Berater hinzuzuziehen. Dies gilt insbesondere, wenn im größeren Umfang auf nicht zertifizierte Bauteile (die aber laut Hersteller in Anlehnung an die obigen Normen erstellt wurden) zurückgegriffen wird.

Perimeterschutz

Grundsätzlicher Zweck aller Maßnahmen des Einbruchschutzes ist die Verhinderung unbe-rechtigter Zutritte auf das Gelände, in die Gebäude oder besondere Räumlichkeiten des Un-ternehmens. Während die beiden letztgenannten Punkte im Rahmen des baulich-mechanischen Einbruchschutzes abgehandelt werden, dient der Perimeterschutz der Freige-ländesicherung. Er beginnt zumeist an der Grundstücksgrenze, in Einzelfällen an besonders geeigneten Punkten (Häuserfluchten, natürliche Barrieren) auf dem Unternehmensgrund-stück. Die Notwendigkeit eines Perimeterschutzkonzeptes ist im Rahmen der unternehmens-bezogenen Risikoanalyse zu prüfen; sie ist insbesondere bei der Lagerung von Gütern auf dem Gelände, schutzwürdigen Personen oder Gegenständen im Außenbereich sowie im Hochsicherheitsbereich gegeben. Zudem können Perimeterschutzmaßnahmen auch den bau-lich-mechanischen Einbruchschutz am Gebäude selbst ergänzen. Unabhängig von unterneh-mensspezifischen Schutzzielüberlegungen müssen die Perimeterschutzmaßnahmen dazu geeignet sein, einen Täter abzuschrecken bzw. von der Tat abzuhalten oder, ist der Täter zur Tatbegehung entschlossen, das Eindringen möglichst lange zu verzögern. Zu diesem Zweck sind im Wesentlichen Zaunanlagen dienlich, wobei ergänzend die für den betrieblichen Personen- und Güterverkehr notwendigen Eingänge bzw. ihre konkrete Ausgestaltung zu betrachten sind. Ebenfalls zu den Perimeterschutzmaßnahmen werden zudem ergänzende elektrotechnische Komponenten zur Zaunüberwachung gezählt (vgl. unten); sie werden allerdings mehrheitlich nur bei besonderen Gefährdungslagen eingesetzt.

Für die meisten Unternehmen in Frage kommendes und häufig auch ausreichendes Mittel des Perimeterschutzes sind Zaunanlagen. Sie dienten bereits in der Frühzeit menschlicher Zivilisation als Schutz gegen feindliche Angriffe und werden noch heutzutage bei unzähligen Privatgrundstücken und Unternehmensgeländen als wesentliche Schutzmaßnahme eingesetzt. Zaunanlagen sollten grundsätzlich so dimensioniert sein, dass folgende Aktionen erschwert oder bestenfalls unmöglich gemacht werden:

- Das Durchdringen oder Durchbrechen des Zauns durch unberechtigte Personen oder Tiere.
- Das Übersteigen des Zauns durch unberechtigte Personen.
- Das Abtragen des Erdreichs unterhalb des Zauns bzw. das Unterkriechen oder Untertunneln.
- Die Demontage des Zauns durch unberechtigte Personen an der Angriffsseite (d. h. die Außenseite des Zauns).

Diese Anforderungen sind abhängig von der Bedrohungslage und daraus abgeleitet den eingesetzten Mitteln der potentiellen Täter mit verschiedenen Zaunsystemen zu erreichen. Dabei kann sich durchaus an den vorgängig beschriebenen Widerstandsklassen orientiert werden, auch wenn Zaunelemente in der Regel nicht zertifiziert sind. Dennoch können sie unter Verwendung der in den Normen aufgeführten Widerstandszeiten und Vorgehensweisen der Täter in Analogie zu den Widerstandklassen dimensioniert werden. Zur Verwendung kommen dabei, je nach Widerstandsklasse, unterschiedliche Zaunsysteme, wobei grob zwischen mechanischen und natürlichen Zaunsystemen unterschieden werden kann:

- *Mechanische Zaunsysteme* bestehen aus Draht-, Stahl-, Beton- oder sonstigen Zaunelementen, die mithilfe entsprechend dimensionierter Pfosten und Fundamente im Boden verankert sind. Sie sind als einfache Maschendrahtzäune ebenso wie als schwere Betoneinfriedungen erhältlich. Im Hochsicherheitsbereich werden mitunter auch mehrere, hinter einander angeordnete Zaunanlagen eingesetzt.
- *Natürliche Zaunsysteme* bestehen aus Bepflanzung (dornenreiche Gewächse, Hecken, Bäume) oder sonstigen natürlichen Hindernissen wie Seen, Wasserläufe oder Sumpfwiesen.

Natürliche Zaunsysteme werden in den seltensten Fällen als einzige Perimeterschutz-Maßnahme eingesetzt; sie dienen mehrheitlich der Verstärkung mechanischer Zaunsysteme oder werden aus ästhetischen Gesichtspunkten in den Perimeterschutz integriert. Bei ihrer Verwendung muss allerdings bedacht werden, dass sie zwar die Tatbegehung erschweren können, allerdings erfahrenen Tätern häufig auch als Sichtschutz, Steighilfe oder Versteck dienen. Grundsätzlich kommen daher für den Perimeterschutz nur mechanische Zaunsysteme in Betracht, die allenfalls durch natürliche Zaunelemente ergänzt werden, sofern daraus keine Verschlechterung des Sicherheitsniveaus resultiert.

Neben der Materialisierung der Zaunelemente ist auf die Anbringung eines ausreichenden Schutzes gegen Übersteigen und Unterkriechen zu achten, wobei der Übersteigschutz zumeist durch die herstellerseitige Bearbeitung der Elemente (z. B. angespitzte Drahtüberstände, glatte Zaunflächen bzw. Feinmaschigkeit, abgewinkelte oder kippbare Zaunkanten) erreicht wird. Bei erhöhten Sicherheitsanforderungen kann die Zaunkrone mit Stacheldraht gesichert werden. Adäquater Schutz gegen Unterkriechen ist hingegen nur mit einer aufwändigeren Fundierung des Zaunes, etwa durch Betonbodenelemente oder im Boden versenkte Stahlelemente, zu erreichen und mit entsprechenden Kosten verbunden. Zusammenfassend besagt eine Faustregel aus der Praxis, dass ein stabiler Zaun über

- eine Mindesthöhe von 2,00 bis 2,50 m,

- einen Unterkriechschutz von mindestens 0,50 m,

- Stahlgitterelemente und

- Zaunpfosten mit mindestens 0,80 m tiefen Fundamenten

verfügen muss. Abweichungen aufgrund risikospezifischer Überlegungen sind je nach Objekt möglich.

Einrichtungen des Perimeterschutzes bestehen zumeist nicht ausschließlich aus Zaunsystemen, sondern weisen regelmäßig Eingänge und Einfahrten für Personen und Fahrzeuge auf. Sie stellen bezüglich unberechtigter Eintritte, aber auch unberechtigter Austritte (etwa bei unerlaubter Ausfuhr von Waren oder Wertsachen vom Unternehmensgelände durch kriminelle Innentäter) besonders gefährdete Punkte dar und müssen dementsprechend mindestens gleichwertig geschützt werden. Neben den sicherheitstechnischen Gesichtspunkten ergeben sich hierbei allerdings auch immer betriebliche Aspekte, die beachtet werden müssen. Führen aufwändige Personen- und Fahrzeugkontrollen beispielsweise zu langen Rückstaus vor den Zufahrten bei Arbeitsbeginn und somit zu Zeitverlust der Mitarbeiter, ist ihre Sinnhaftigkeit zu hinterfragen. Die Ausgestaltung der Zugänge und Zufahrten hängt daher stark von den zu erreichenden Schutzzielen ab.

Liegt der Zweck des Perimeterschutzes im unternehmerischen Sicherheitskonzept darin, ausschließlich unberechtigte Zutritte Dritter auf das Unternehmensgelände zu unterbinden bzw. Vandalen und Gelegenheitstäter abzuschrecken, ist der Einbau von während der üblichen Geschäftszeiten permanent geöffneten Türen und Tore, die bezüglich Widerstandsklasse dem restlichen Zaunsystem entsprechen und die nach den Geschäftszeiten verschlossen werden, denkbar. Ergänzend kann eine Öffnung der Eingänge nur mit Berechtigung (Schlüssel, Toröffner, Badge etc.) ermöglicht werden, wodurch sich allerdings fast zwangsläufig in Stoßzeiten (insbesondere bei Fahrzeugeingängen) die oben angesprochenen, erhöhten Wartezeiten ergeben.

Soll im Rahmen des Perimeterschutzes bereits an der Grundstücksgrenze eine veritable Zu- und Austrittskontrolle erfolgen (dies ist häufig bei großen Werksgeländen oder Industrieparks der Fall), möglicherweise mit Systemen zur betrieblichen Zeiterfassung gekoppelt, sind ergänzende Maßnahmen notwendig. Der Eintritt ist in derartigen Fällen nur nach Identifikation mit einem entsprechenden Medium, in der Regel mit elektronischen Zutrittskontrollsystemen (vgl. Kapitel 5.3.3), möglich, welches auch beim Austritt eingesetzt werden muss (sog. Bilanzierungsfunktion). In besonders gefährdeten Bereichen sind sogar Personenvereinzelungsanlagen vorzusehen, die nach erfolgter Identifikation nur eine Person passieren lassen, etwa Drehkreuze. Diese Systeme führen allerdings zu einem verringerten Durchsatz auf gleicher Fläche und müssen dementsprechend großzügig dimensioniert werden.

Weitaus schwieriger stellt sich eine Kontrolle von Fahrzeugen an den Zu- und Ausfahrten des Unternehmensgeländes dar, weil technische Systeme alleine zwar sicherstellen können, dass nur ein Fahrzeug bestimmter Größe den Kontrollpunkt passiert, über Anzahl und Art transportierter Personen und Güter jedoch nichts ausgesagt werden kann. Notwendig sind daher immer ergänzende organisatorische Maßnahmen, die entsprechenden Personaleinsatz bedingen. Dieser Personaleinsatz muss nicht zwangsläufig am Kontrollpunkt erfolgen, wenn Art und Menge der Waren bei Verlassen des Gebäudes innerhalb des Werksgeländes kontrolliert und protokolliert werden (z. B. im Rahmen von Ausfahrtscheinen) oder die Insassen von Personenfahrzeugen bei der Zufahrt mittels Videokameras einer visuellen Inspektion unterzogen werden können. Für gefährdete Bereiche ist dies jedoch keinesfalls ausreichend, da einfahrende PKW oder LKW ausführlich untersucht werden müssen, zumeist im Rahmen detaillierter Innenraum- und Unterbodenkontrollen. In derartigen Fällen ist ein mit den notwendigen Mitteln versehener, qualifizierter Werkschutz notwendig (vgl. Kapitel 5.4). Für die meisten Unternehmen sollten diese aufwändigen Kontrollen aber nicht die Regel sein.

Abgesehen von Zaunanlagen und ihren Öffnungen ist der Einsatz zusätzlicher technischer Komponenten für den Perimeterschutz überlegenswert. Als grundsätzliche Schutzmaßnahme ist in diesem Zusammenhang zunächst eine adäquate Beleuchtung zu nennen, die entweder permanent oder bei Detektion von Bewegungen eingeschaltet ist. Die Notwendigkeit, der Umfang und die Helligkeit dieser Beleuchtung hängen von verschiedenen Faktoren ab, insbesondere von den unternehmensspezifischen Risiken und Schutzzielen, der Umgebungshelligkeit und sonstigen eingesetzten Maßnahmen und den aus ihnen resultierenden Bedürfnissen (vor allem Videoüberwachungssysteme).

Zaunanlagen werden schließlich vermehrt mit Detektionseinrichtungen ausgestattet, die den Versuch eines unberechtigten Eindringens erkennen, melden und dadurch eine schnelle Intervention oder die Auslösung zusätzlicher technischer Maßnahmen (Beleuchtung, Beschallung, Videoaufnahmen) ermöglichen. Idealerweise wird der (potentielle) Täter durch die Einschaltung von akustischen oder optischen Warnanlagen an der Tatbegehung gehindert. Bei Detektionssystemen existiert mittlerweile eine Fülle unterschiedlicher Konzepte, die sich grob in Oberflur- und Unterflursysteme unterscheiden lassen.

Oberflursysteme arbeiten in der Regel mit in oder an den Zaunsystemen angebrachten Sensoren, die eine Annäherung von Menschen (mitunter auch von Tieren, wodurch sich je nach System eine hohe Anfälligkeit von Fehlalarmen ergibt) bzw. eine Manipulation der Zaunelemente melden. Hierzu gehören einerseits die sog. zaungebundenen Oberflursysteme, die Manipulationen am Zaun bzw. in seiner Umgebung über in das Zaunsystem integrierte Meldesysteme erkennen. Weit verbreitet sind Körperschallmelder oder Neigungsdetektion am Zaun, Lichtwellenleitersysteme (die auf eine Lageveränderung des Lichtwellenleiters reagieren) oder elektrisch überwachte Zaunanlagen, bei denen die Störung eines am Zaun aufgebauten elektrischen Feldes die Alarmgebung auslöst. Freistehende Oberflursysteme, vor allem Videosensoren und Bewegungsmelder, dienen grundsätzlich der Überwachung von Gelände und Räumlichkeiten und können problemlos auch an Zäunen eingesetzt werden. Sie sind aufgrund ihrer universellen Einsatzmöglichkeiten zur Überwachung in Kapitel 5.3.4 dargestellt.

Mit hohem Installationsaufwand und somit hohen Kosten sind schließlich Unterflursysteme verbunden, die in unmittelbarer Nähe der Zaunanlage im Boden verlegt werden und durch spezielle Hochfrequenzkabel oder druckempfindliche Schlauch- bzw. Mattensysteme auf Bewegungen vor dem Zaun reagieren. Sie werden in der Regel nur im Hochsicherheitsbereich eingesetzt.

Angesichts der vielen, teilweise sehr kostenintensiven Möglichkeiten zur Detektion unberechtigter Eintritte bzw. Eintrittsversuche auf das Grundstück des Unternehmens ist eine gesamthafte Betrachtung von Zaunelementen und Detektionssystem notwendig. Bei Einsatz eines Zaunsystems mit ausreichender Widerstandsfähigkeit und den oben zusammengefassten Merkmalen der mechanischen Elemente sollte zumindest an schlecht einsehbaren oder für Einbruchversuche günstigen Stellen ein freistehendes Oberflursystem eingesetzt werden. Derzeit scheinen videogebundene Systeme aufgrund ihrer Multifunktionalität, der Möglichkeit zur Beweissicherung und der abschreckenden Wirkung eine sinnvolle Investition darzustellen. Die Eignung einzelner Systeme ist allerdings im Einzelfall objekt- und unternehmensspezifisch zu prüfen.

Baulich-mechanischer Einbruchschutz

Der baulich-mechanische Einbruchschutz befasst sich mit der Sicherung der Unternehmensgebäude gegen unbefugtes Eindringen. Je nach Lage der Gebäude, beispielsweise in Innenstädten, oder wenn Perimeterschutzmaßnahmen nicht gewünscht bzw. möglich sind, stellt er die einzige Maßnahme des Einbruchschutzes dar.

Der baulich-mechanische Einbruchschutz verfolgt das Ziel, die Gebäudeaußenhaut sowie besondere Räumlichkeiten im Gebäude gegen Angriffe zu schützen. Dazu gehören der Schutz der eigentlichen Fassade (z. B. Mauerwerk, Beton, Stahl, Glas) sowie der eingelassenen Fassadenelemente, vor allem Türen und Fenster. Zu diesem Zweck wird auf Basis der unternehmensbezogenen Risikoanalyse festgelegt, welche Widerstandsklasse notwendigerweise erreicht werden muss. In der Regel ergeben sich dabei aufgrund unterschiedlicher Nutzungen und Zutrittsberechtigungen zu einzelnen Gebäuden bzw. Räumlichkeiten verschiedene Sicherheitszonen mit unterschiedlichen Anforderungen an den mechanischen Einbruchschutz sowie die Zutrittskontrolle. So werden beispielsweise IT-Räume mit sensiblen technischen Anlagen in der Regel gegenüber dem restlichen Gebäude in einer erhöhten Widerstandsklasse ausgebildet. Zur Dokumentation und Planungszwecken empfehlen sich grundsätzlich folgende Schritte:

- Die *einzelnen Sicherheitszonen* (z. B. Besucherbereiche, Personalbereiche, Technikbereiche etc.) werden unterschieden, ihre jeweilige Nutzung beschrieben und eine Anforderung an die Widerstandsklasse definiert.

- Die einzelnen Gebäude und Räumlichkeiten des Unternehmens werden jeweils eindeutig einer Sicherheitszone zugeteilt. Dies geschieht im Rahmen von sog. *Securityzonenplänen* auf Basis von Grundrissen.
- In einer Tabelle wird schließlich dargestellt, welche Widerstandsklasse beim *Übergang zwischen einzelnen Sicherheitszonen* gewählt werden soll. Sie präzisiert die Anforderungen aus dem ersten Schritt, da beispielsweise die geforderte WK von zwei nebeneinander liegenden Räumen unterschiedlicher Sicherheitszonen gleich sein kann (z. B. Personal- zu Technikbereich) und dann festzulegen ist, ob eine Trennung der beiden Zonen im Gebäude aufgrund unterschiedlicher Nutzergruppen überhaupt notwendig ist oder zumindest abgeschwächt werden kann.

Am Ende des oben beschriebenen Verfahrens sollte jedem Raum und jedem erdenklichen Zonenübergang eine Widerstandsklasse zugewiesen sein. Die Umsetzung dieser Maßnahmen obliegt dann bei Neubauten dem Architekt, ggf. in Zusammenarbeit mit einem entsprechenden Spezialisten, bei bestehenden Gebäuden sind entsprechende Planer oder Lieferanten beizuziehen. Die baulichen Raumabschlüsse stellen dabei mehrheitlich kein größeres Problem dar, weil die Widerstandsklassen in der Regel durch gewisse Mindeststärken der Bauteile (Beton, Stahl, Mauerwerk) erreicht werden, die ohnehin üblich sind. Bei Nachrüstungen kann gegebenenfalls eine Verstärkung von Wänden oder Fassaden durch zusätzliche Elemente (Stahlträger, Rammschutz etc.) notwendig sein. Einen Sonderfall stellen Glasfassaden dar, bei denen die Anforderungen aus EN 356 zu beachten sind, was in Einzelfällen die Architektur stark einschränken und zu erheblichen Kosten führen kann.

Unabhängig von der tatsächlich angestrebten Widerstandsklasse ist zur Überwindung von baulichen Raumabschlüssen fast immer ein höherer Aufwand nötig als bei Fassadenelementen. Die meisten Einbrüche in Wohnungen und Geschäftsräume werden daher über Fenster, Türen oder Tore verübt. Für diese Fassadenelemente gelten die Anforderungen aus EN 1627-1630 vollumfänglich, die je nach Schutzziel und definierter Sicherheitszone erreicht werden müssen. Bei der Auswahl geeigneter Elemente bzw. ihrem Einbau sind insbesondere folgende Punkte zu beachten:

- *Türen:* Die Tür als Gesamtelement muss zertifiziert sein und den Anforderungen der EN 1627-1630 genügen. Dazu gehören die Türzarge und ihre fachgerechte Verankerung in der Wand, das Türblatt, die Türbänder, welche ggf. zusätzlich gegen herausbrechen gesichert sind, das Schließblech in der Türzarge sowie Türschild und -schloss, ggf. mit einer Mehrpunktverriegelung. Sind Türen mit Verglasung vorgesehen, muss die Verglasung die zu der gewählten Widerstandsklasse analoge Durchwurf- oder Durchbruchhemmung nach EN 356 aufweisen.
- *Fenster:* Das Fenster als Gesamtelement muss zertifiziert sein und den Anforderungen der EN 1627-1630 genügen. Dazu gehören der Fensterrahmen, die Fenster inkl. Verglasung und Glashalteleisten, die Bänder bzw. Scharniere, die Schließstücke und der Fenstergriff.

In der Regel ist für Unternehmen, die nicht besonders hohen Risiken ausgesetzt sind, ein Fassaden- und Raumabschluss in WK2 oder WK 3 ausreichend. Es ist darauf zu achten, dass das gewünschte Sicherheitsniveau tatsächlich durchgängig vorhanden ist, d. h. beispielsweise nicht nur Fassadenelemente in den entsprechenden WK geplant oder ausgerüstet werden, das angrenzende Mauerwerk die Anforderungen jedoch nicht erfüllt. Dies gilt insbesondere, wenn Spezialanforderungen, etwa Durchschusshemmung, gewünscht sind. Weiterhin ist, nicht zuletzt aus versicherungsrechtlichen Gründen, darauf zu achten, dass Prüfzertifikate für die einzelnen Elemente vorliegen sowie die fachgerechte Montage schriftlich bestätigt wird. Bei den polizeilichen Beratungsstellen lassen sich regelmäßig aktualisierte Listen zertifizierter Hersteller erfragen, deren Produkte den notwendigen Prüfverfahren erfolgreich unterzogen wurden. Allerdings ist bei Sonderanfertigungen die Verwendung zertifizierter Produkte nicht immer möglich. In diesen Fällen sollte ein Lieferant gewählt werden, der in seinem Produktprogramm über zertifizierte Bauteile verfügt und schriftlich versichert, dass er das konkret vorgesehene Bauteil in Anlehnung an die EN 1627-1630 für die gewünschte Widerstandsklasse erstellt. Je nach Objekt empfiehlt es sich, Lieferant und Bauteil mit der zuständigen Sachversicherung abzustimmen.

Im Hochsicherheitsbereich, beispielsweise kritische Infrastruktureinrichtungen, sind häufig ergänzende bauliche Maßnahmen notwendig, um die Gebäudehülle gegen den bewusst herbeigeführten Anprall mit Fahrzeugen unterschiedlicher Gewichtsklassen zu schützen. Zu diesem Zweck ist ein Statiker bzw. Bauingenieur beizuziehen, der in Abhängigkeit von dem aus der Risikoanalyse abgeleiteten, repräsentativen Szenario bezüglich Gewicht und Anprallgeschwindigkeit notwendige Verstärkungen der Fassade errechnen und ihre Umsetzung überwachen kann. In den letzten Jahren treten auch vermehrt Unternehmen am Markt auf, die entsprechende Systeme zur Terrorabwehr, zumeist im Boden versenkte Elemente zum Anprallschutz, gebäudeunabhängig anbieten und nach Kundenwünschen dimensionieren. Je nach Art und Lage des Objekts ist eine Verstärkung der Fassade jedoch vorzuziehen.

Für besonders schützenswerte Vermögensgegenstände oder hohe Wertkonzentrationen ist schließlich auch die Verwendung von Tresoren oder Wertschutzschränken möglich. Sie sind in der EN 1143-1 beschrieben, worin zehn verschiedene Klassen definiert sind. Je nach Klasse variieren die unverbindlichen Zeichnungsempfehlungen der Versicherer bezüglich der im Wertschrank aufzubewahrenden Vermögensgegenstände; diese steigen mit der Tresorklasse. Wertschutzschränke sollten in der Regel mit einen geistigen Öffnungssystem (d. h. vor allem Codeschloss) ausgerüstet und in der Wand oder dem Boden verankert sein, damit ihre komplette Mitnahme erschwert wird. Bei der Anschaffung eines Wertschutzschrankes ist zu beachten, dass dieser eine zusätzliche Ergänzung des baulich-mechanischen Einbruchschutzes, nicht aber einen Ersatz darstellt. Gegebenenfalls empfiehlt es sich deshalb auch, besondere Wertgegenstände im Tresorraum bzw. Schließfach der eigenen Bank aufzubewahren, da hier neben den notwendigen baulich-technischen Maßnahmen des Einbruchschutzes umfangreiche Überwachungsanlagen eingesetzt werden.

5.3.3   Zutrittskontrolle

Ausgangslage
Maßnahmen des Einbruchschutzes dienen dazu, unberechtigte Dritte, zumeist Außenstehende, vom Betreten der Grundstücke und Gebäude des Unternehmens abzuhalten. Ergänzend muss allerdings der Grundstücks- und Gebäudezutritt prinzipiell berechtigter Personenkreise

geregelt werden, da hier zumeist verschiedene Abstufungen (z. B. abhängig von Hierarchiestufen und Aufgaben) notwendig sind, um die Tatbegehung durch Innentäter oder Externe,
die sich eine Zutrittsberechtigung widerrechtlich angeeignet haben, zu erschweren. Die zu
diesem Zweck notwendigen Maßnahmen der Zutrittskontrolle beschränken sich im technischen Bereich im Wesentlichen auf Schließsysteme, wobei mechanische (konventionelle),
mechatronische und elektronische Schließanlagen unterschieden werden können. Sie variieren in ihren Eigenschaften und Einsatzgebieten teilweise stark und werden in den folgenden
Unterabschnitten dargestellt.

Vergleichbar zum Einbruchschutz existieren im Wesentlichen keine normativen Vorgaben
zur Zutrittskontrolle. Allerdings sind entsprechende Bauteile und Systeme in diversen Normen geregelt, die bei der Planung und Errichtung zu beachten sind. Hierzu gehören einerseits
die EN 1303 bzw. die deutschen DIN 18251, 18252 und 18257, in denen grundlegende Anforderungen an Schlösser, Schutzbeschläge und Schließanlagen definiert sind. Zutrittskontrollanlagen wiederum sind in der EN 50133 beschrieben.

Mechanische und mechatronische Schließanlagen
Mechanische Schließanlagen stellen das technisch einfachste System der Zutrittskontrolle
dar und sind auch aufgrund ihrer vergleichsweise geringen Kosten entsprechend weit verbreitet. Grundbestandteil jeder Schließanlage sind Schließzylinder in den Türen oder bei
Sonderzylindern für spezielle Anwendungen (etwa Aufzüge, Rolltreppen, Schlüsselschalter
etc.). Diese Schließzylinder bestehen in ihrem Gehäuse im Wesentlichen aus einem Schlüs-
selkanal, in dem sog. Kernstifte durch den passenden Schlüssel einen (oder mehrere) Riegel
auslösen, der in das Schließblech in der Türzarge passt. Die Anordnung der Kernstifte muss
mit den Ausfräsungen in den dazugehörigen Schlüsseln übereinstimmen, damit das Schloss
öffnet. Um eine möglichst hohe Nachschließsicherheit zu erreichen und Öffnungen mit
nachgemachten Schlüsseln oder entsprechenden Werkzeugen zu verhindern, werden permanent neue Zylinder und Schlüsselarten mit unterschiedlichsten Anordnungen und Variationen
der Kernstifte und Schlüsselfräsungen auf den Markt gebracht. Neben dem Zylinder an sich
ist bei der Auswahl eines Produktes auch darauf zu achten, dass dieser Zylinder nicht in
seiner Gesamtheit entfernt oder, etwa durch Aufbohren, funktionsunfähig gemacht werden
kann. Zu diesem Zweck werden vor den Zylindern in der Regel Schutzbeschläge angebracht,
die einen direkten Zugriff auf den eigentlichen Zylinder verhindern. Die am weitesten verbreiteten Profilzylinder sind ebenso wie die Schutzbeschläge in EN bzw. DIN-Normen klas-
sifiziert; einschlägig sind dabei die DIN EN 1303 (Schließzylinder für Schlösser) bzw. die
DIN EN 1906 (Schutzbeschläge), welche Widerstandsklassen für Schlösser und Zylinder
definieren.

Eine erhöhte Einbruchsicherheit gegenüber normalen, als Einzelkomponente in Türen einge-
bauten Schließzylindern bieten sogenannte Einsteckschlösser. Bei ihnen handelt es sich um
stabile Gehäuse, in denen alle Komponenten des Schlosses (Zylinder, Schlüsselbart, Riegel
etc.) ohne Eingriffsmöglichkeit von außen untergebracht sind. Sie kommen heutzutage verstärkt zum Einsatz und sind in der DIN-Norm 18251-1 beschrieben. Man kann zwischen
Einsteckschlössern der Klassen 1 und 2 (sog. Innentürschlösser), 3 (Objektschlösser) sowie 4
und 5 (erhöhte Einbruchhemmung) unterscheiden. Bei der Planung und Ausführung aller

Schlösser und Verschlüsse ist ggf. zu berücksichtigen, ob sie Anforderungen aus dem Bereich Brandschutz, insbesondere Fluchtweganforderungen gemäß den Normen EN 179 bzw. EN 1125, erfüllen müssen.

Die einzelnen Zylinder und Schlüssel werden bei mechanischen und den anschließend vorgestellten mechatronischen Systemen zu Schließanlagen zusammengefasst, wobei im sogenannten Schließplan die Hierarchie der Schlüssel (beispielsweise Einzelschlüssel für die Öffnung einer Türe, Hauptschlüssel für die Öffnung aller Türen der Schließanlage) festgelegt ist. Für einzelne Funktionen im Unternehmen können im Schließplan, unter Berücksichtigung der vorhandenen Schlösser, verschiedene Berechtigungen ausgestellt werden. Beispielsweise verfügen die Schlüssel des technischen Diensts eines Unternehmens in der Regel über ein anderes Berechtigungsprofil als die Schlüssel der normalen Mitarbeitenden.

Um den Überblick über die vorhandenen und ausgegebenen Schlüssel zu behalten, ist je nach Unternehmensgröße eine umfangreiche und aussagekräftige Schlüsselverwaltung notwendig. Da bei der Verwendung ausschließlich mechanischer Schlösser und Schlüssel die Sperrung einzelner Schlüssel nicht möglich ist, müssen beim Verlust entsprechend berechtigter Schlüssel mit hoher Schließhierarchie alle Zylinder und Schlüssel (also die gesamte mechanische Schließanlage) ausgetauscht werden, was mit erheblichem finanziellem und administrativem Aufwand verbunden ist. Weiterhin sind mechanische Schließanlagen recht unflexibel, da bei Anpassungen am Schließplan, etwa aufgrund von Raumumnutzungen, neuen Schließhierarchien oder Berechtigungsgruppen bzw. organisatorischen Umstrukturierungen, meistens Schlösser ausgetauscht oder zumindest Schlüssel nachbestellt werden müssen. Aufgrund dieser mangelnden Flexibilität werden rein mechanische Schließanlagen immer seltener verwendet bzw. durch mechatronische oder sogar elektronische Systeme ergänzt.

Als Ergänzung zu mechanischen Schließanlagen sind aus den o.g. Gründen seit einiger Zeit elektromechanische bzw. mechatronische Schließsysteme auf dem Markt erhältlich, die auf grundsätzlich ähnliche Weise wie mechanische Systeme funktionieren, aber deutlich flexibler sind. Bei diesen Schließsystemen ist der Schließzylinder ergänzend mit einer Batterie und einem Empfänger ausgestattet, der neben der mechanischen Übereinstimmung des Schlüssels mit dem Schloss vom passenden Schlüssel ein Signal empfangen muss, um die Tür zu entriegeln. Die Schlüssel verfügen daher ebenfalls über eine Batterie und einen Sender. Sowohl die Sender in den einzelnen Schlüsseln als auch die Empfänger in den Türen lassen sich mit einer zur mechatronischen Schließanlage gehörenden Programmiereinheit bei Bedarf umcodieren und ermöglichen die Sperrung bzw. veränderte Freischaltung einzelner Schlösser oder Schlüssel. Im Gegensatz zu elektronischen Zutrittskontrollsystemen ist allerdings keine kostenintensive Verkabelung der Schlösser bzw. der Einbau von Motorschlössern notwendig. Mechatronische Schließanlagen sind daher auch für mit normalen Risiken konfrontierte Unternehmen je nach objekt- und unternehmensspezifischen Merkmalen eine sinnvolle Investition und erleichtern über den Sicherheitsaspekt hinaus die betrieblichen Abläufe.

Elektronische Schließanlagen

Elektronische Schließanlagen bzw. Zutrittskontrollanlagen (ZKA), mitunter auch als Zutrittskontrollsysteme bezeichnet, dienen der elektronischen Vergabe, Steuerung und Auswertung von Zutrittsberechtigungen in einen oder verschiedene Bereiche (z. B. Unternehmensgelände,

Gebäude, Räume). Sie sind in der EN 50133 (Zutrittskontrollanlagen für Sicherungsanwendungen) beschrieben.

Folgende Vorteile von den elektronisch basierten Zutrittskontrollanlagen gegenüber herkömmlichen Schließanlagen können aufgeführt werden:

- Aus- und Eintritte können personenbezogen ausgewertet werden.
- Personen oder Bereiche können, ähnlich wie bei mechatronischen Schließanlagen, kurzfristig und ohne Austausch von Schlössern gesperrt werden. Im Gegensatz zu mechatronischen Systemen ist bei voll vernetzten elektronischen Anlagen eine Vergabe oder Sperrung von Zutrittsberechtigungen zentral, ohne Arbeitsschritte an den einzelnen Türen, möglich.
- Zutrittsberechtigungen können individuell an Jahres- und Tageszeiten angepasst werden.
- Durch entsprechend ausgerüstete Zutrittskontrollsysteme können Zutrittsberechtigungen erst erteilt werden, wenn mindestens X Mitarbeiter anwesend sind; ebenso ist die Sicherstellung eines Mindestbestands von X Mitarbeitern (durch die Steuerung der Austrittsberechtigungen) möglich.
- Zutrittskontrollsysteme können an andere elektronische Sicherheitsmaßnahmen, beispielsweise Einbruchmeldeanlagen, CCTV oder Brandmeldeanlagen, angebunden werden.
- Zutrittskontrollanlagen können zu betrieblichen Zwecken (Zeiterfassung, Instandhaltungsmaßnahmen etc.) genutzt werden.

Zutrittskontrollanlagen können dazu dienen, unberechtigte Eintritte Dritter, welche sich widerrechtlich einen Schlüssel bzw. einen elektronischen Identifikationsmerkmalträger (Badge, Karte) angeeignet haben, zu verhindern. Hierzu sind allerdings ergänzende Identifikationsverfahren, etwa PIN-Terminals oder biometrische Erfassung individueller Merkmale, notwendig. Weitaus effektiver sind ZKAs deshalb bezüglich Innentätern, da die Aus- und Eintritte prinzipiell berechtigter Personen a priori eingegrenzt oder aber zumindest nachvollzogen werden können. ZKAs eignen sich deshalb besonders für Unternehmen, die materielle oder immaterielle Werte vor eigenen Mitarbeitern bzw. grundsätzlich zutrittsberechtigten Fremdpersonen (etwa Reinigungspersonal, Drittmieter, Facilitymanagement etc.) schützen wollen. In der Regel werden daher aus Kostengründen kaum alle Bereiche eines Unternehmens mit Leseeinheiten der ZKA ausgestattet.

Eine Zutrittskontrollanlage besteht grundsätzlich aus an die Mitarbeitenden ausgegebenen Identifikationsmerkmalen (Karte, Badge, Code etc.), Erfassungseinheiten der Identifikationsmerkmale (Badgeleser, Tastaturen, Irisscanner etc.) an den Zutrittspunkten, einem Sperr- oder Freigabeelement am Zutrittspunkt (zumeist ein Elektroschloss) zur Freigabe des Durchgangs bei berechtigen Personen sowie einer zentralen oder dezentralen Zutrittskontrolleinheit, die mit den einzelnen Erfassungseinheiten (zumindest bei zentralen Lösungen) verbunden ist. Je nach Verlässlichkeit der Zutrittskontrollanlage werden verschiedene Identifikationsmerkmale verwendet, die wie folgt unterschieden werden können:

- *Kartensysteme:* An die berechtigten Personen werden Karten, Badges oder Chips abgegeben, auf denen die Zutrittsberechtigungen der Personen programmiert sind. Diese Systeme stellen in der Regel die günstigsten und betrieblich multifunktional nutzbaren Varianten dar, sind allerdings auch mit einigen Nachteilen verbunden. Aus sicherheitstechnischer Sicht ist vor allem zu bemängeln, dass sie bei Verlust durch eine dritte Person unbehelligt, zumindest bis der Verlust bemerkt wurde, eingesetzt werden können. Die Karten sollten daher immer neutral ausgegeben werden und nur mit begrenzter Geltungsdauer ausgestattet sein.

- *Passwort-Systeme:* An die berechtigten Personen werden Passwörter, zumeist Zahlenkombinationen, ausgegeben, mit denen sie sich an den Durchgängen identifizieren können. Die Passwortsysteme werden entweder alleine oder in Kombination mit Kartensystemen eingesetzt. Vorteil der Systeme ist, dass die Zutrittsberechtigung nicht an einen physischen Träger gebunden ist, nachteilig sind der hohe Anschaffungspreis, der hohe Zeitaufwand bei der Betätigung, insbesondere beim Einsatz an stark frequentierten Durchgängen, und die häufig schwierige, unauffällige Integration in die Fassade bzw. an den Durchgängen. Zudem ist unter Sicherheitsaspekten bedenklich, dass sich Dritte auch Passwörter aneignen können.

- *Biometrische Systeme:* Bei biometrischen Systemen erfolgt die Identifikation personenspezifisch anhand unveränderlicher individueller Merkmale, etwa Fingerabdruck, Gesichtsfeld- oder Iriserkennung bzw. Stimmerkennung. Biometrische Systeme können durch unberechtigte Dritte praktisch nicht überwunden werden, zumal wenn diese mit Personenvereinzelungsschleusen kombiniert werden, bei denen der Durchgang mechanisch immer nur für eine Person möglich ist. Aufgrund der hohen Anschaffungskosten für Ersterfassungsgerät und Ausleseeinheiten und den aufwändigen Identifikationsvorgängen eignen sie sich allerdings nur für den Hochsicherheitsbereich.

Neben dem gewählten System zur Identifikation stellt die eingesetzte Zutrittskontrolleinheit bzw. die zur Steuerung der Anlage vorhandene Software eine wesentliche Determinante der ZKA dar. Sie sollte neben den Standardfunktionen (d. h. Ausgabe und Sperrung von Berechtigungen, Auswertung von Bewegungen, Ausgabe von Störungs- und Manipulationsmeldungen in Echtzeit) über die Möglichkeit einer Integration in andere Sicherheitssysteme, insbesondere übergeordnete Sicherheitsleitsysteme, verfügen. Ist aus Kostengründen eine vollvernetzte, zentrale Einheit (Onlinesystem) nicht durchgängig vorgesehen, können mittlerweile an Türen auch mit den oben beschriebenen Identifikationsmerkmalen kompatible Beschlagslösungen ohne übergeordnete Anbindung installiert werden (Offlinesystem). Die teure Verkabelung der Türe entfällt (dies ist gerade bei zertifizierten Brandschutztüren, die nachträglich ohnehin nicht wesentlich verändert werden dürfen, von Vorteil), die Öffnung mit Badge oder Karte bzw. die Auswertung vor Ort ähnlich mechatronischer Systeme ist dennoch möglich.

Im Hochsicherheitsbereich oder bei besonderen Bedürfnissen der Unternehmen können Zutrittskontrollanlagen auch mit ergänzenden Merkmalen und Komponenten, etwa Sabotageerkennung, Bedrohungsalarm, Besucherregelungen oder Zutrittswiederholkontrollen ausgestattet werden. Gerade bei den oben bereits erwähnten Personenvereinzelungsanlagen sind auch zusätzliche Identifikationsmerkmale, etwa Gewicht, Größe, Metalldetektoren oder Bildvergleich durch anwesendes Personal, denkbar.

Bei der Planung und Realisierung einer Zutrittskontrollanlage ist im besonderen Maße auf Kosten-/Nutzenaspekte zu achten, insbesondere darauf, dass die notwendigen Maßnahmen des mechanischen Einbruchschutzes in gleichwertiger Form ergriffen wurden. Meistens werden elektronische Systeme daher nur an den Außentüren und bei besonders sensiblen Räumen eingesetzt; die Kompatibilität zu den weiteren (mechanischen oder mechatronischen) Schließanlagen ist daher zu gewährleisten. Zudem ist frühzeitig abzuklären, ob bestimmte Anwendungen aus Gründen des Datenschutzes unzulässig sind. Um diesbezügliche Probleme zu vermeiden empfiehlt sich, vor der Installation die Mitarbeiter und ggf. Mitarbeitervertretungen über das Vorhaben sowie Zweck und Spezifikationen der Anlage zu informieren.

Abschließend ist bezüglich Einbruchschutz und Zutrittskontrollanlagen darauf hinzuweisen, dass diese baulichen und technischen Maßnahmen in der Regel alleine kaum ausreichend zur Erreichung der Schutzziele sind. Ergänzend muss organisatorisch u.a. sichergestellt werden, dass die Fassadenelemente bei Abwesenheit der Mitarbeiter tatsächlich geschlossen werden, unberechtigte Personen nicht aus Unachtsamkeit auf das Unternehmensgelände gelangen oder Zutrittsberechtigungen nicht unkontrolliert ausgegeben werden. Als weitere technische Maßnahme sind zudem gegebenenfalls Überwachungsanlagen notwendig, die trotz Einbruchschutzmaßnahmen und Zutrittskontrollen auf das Gelände bzw. in Gebäude gelangte Personen detektieren und Alarm auslösen sowie Beweise sichern.

Schließlich ist zu beachten, dass trotz aller verwendeten Elektronik der Zutritt für die Ereignisdienste auch bei Stromausfall oder sonstigen Störungen jederzeit möglich sein muss.

5.3.4   Überwachungsanlagen

Ausgangslage
Im Bereich der Unternehmensinfrastruktur werden bei vielen Unternehmen ergänzend zu den obigen Security-Maßnahmen auch Überwachungsanlagen eingesetzt, mit denen Alarmmeldungen oder sonstige Reflexe ausgelöst und Beweise bei Straftaten gesichert werden können. Den entsprechenden Einbruch- und Überfallmeldeanlagen bzw. Videoanlagen (CCTV) wird neben einer reaktiven Funktion auch präventive Wirkung zugeschrieben, da sie potentielle Täter durch Warnhinweise oder sichtbar installierte Komponenten abschrecken können.

Auch bezüglich der Überwachungsanlagen sind vor allem die Anforderungen der Versicherungsgesellschaften zu beachten, die sich mehr oder weniger direkt aus den EN-Normen 50131 (Alarmanlagen – Einbruchmeldeanlagen) und 50132 (CCTV-Überwachungsanlagen für Sicherheitsanwendungen) ableiten. In Deutschland existieren ergänzend die DIN VDE 0833 sowie die Richtlinie 2311 der VdS Schadenverhütung bezüglich Einbruchmeldeanlagen; in der Schweiz sind wiederum die einschlägigen Empfehlungen des Sicherheitsinstituts zu beachten.

Einbruch- und Überfallmeldeanlagen
Einbruch- und Überfallmeldeanlagen (EMA) ergänzen die Maßnahmen des Einbruchschutzes und der Zutrittskontrolle. Im Gegensatz zu Zutrittskontrollanlagen richten sie sich überwiegend an Außentäter und dienen dazu, unberechtigte Eintritte möglichst früh an eine besetzte Stelle zu melden.

Einbruch- und Überfallmeldeanlagen sind in Deutschland gemäß der VdS Schadenverhütung Richtlinie 2311 in drei Kategorien eingeteilt, wobei die Kategorie A für nichtgewerbliche Objekte, die Kategorie B für gewerbliche Objekte mit einfacher oder erhöhter Gefährdung und die Kategorie C für gewerbliche Objekte mit hoher Gefährdung (Banken, Juweliere, Wertlogistik etc.) zugelassen ist. In der Schweiz existiert eine ähnliche Klassifizierung des Sicherheitsinstituts mit den Klassen 1 (analog A) bis 3 (analog C). Die jeweiligen Kategorien unterscheiden sich insbesondere bezüglich Sabotagesicherheit und Fehlalarmsicherheit. Die wichtigen Hersteller verfügen je nach Angebot über Zulassungen für die einzelnen Kategorien.

Einbruch- und Überfallmeldeanlagen bestehen im Prinzip aus drei Komponenten, den Meldern, dem Alarmserver bzw. der EMA-Zentrale inklusive Schaltorganen und den angesteuerten Komponenten. Wichtigster Bestandteil sind dabei die Melder, da ohne ihre Auslösung keine Alarmmeldungen an die EMA-Zentrale gesendet werden können. In der Regel sind folgende Melderarten im Einsatz:

- *Tür- und Fenstermelder:* An Außen- oder ggf. Innentüren können sowohl Magnetkontaktmelder als auch Riegelkontaktmelder installiert werden. Magnetkontaktmelder werden in Türblatt bzw. Türzarge montiert und melden, wenn die Türöffnung eine zuvor definierte Breite überschreitet. Ergänzend können auch tolerierbare Öffnungszeiten definiert werden. Während Magnetkontakte ausschließlich über die Öffnung der Türe (oder des Fensters) Auskunft geben, kann mithilfe von Riegelkontakten die Schließung der Türen bzw. Fenster überprüft werden. Zu diesem Zweck wird die Position des Riegels im Schloss gemessen und bei einer ungenügenden Schließung Alarm ausgelöst. Funktionsgleiche Systeme existieren heutzutage auch für Rolltore, Drehtüren etc.
- *Glasbruchsensoren:* Glasbruchsensoren werden an der Gebäudeaußenhaut, selten in Gebäuden an Fensterfronten eingesetzt. Man unterscheidet passive (reagieren nur auf Glasbruch und die dadurch freigesetzten akustischen Schwingungen), aktive (reagieren sowohl auf Glasbruch und die Unterbrechung bzw. Veränderung aktiv ausgesendeter Schwingungen) sowie akustische (reagieren auf Frequenzen aus Glasbruch und Frequenzen aus Zersplittern von Glasscheiben auf Boden) Glasbruchmelder. Auch Scheiben mit integriertem Alarmdraht, der bei Unterbrechung des Stromflusses im Draht Alarm auslöst, sind erhältlich. Je nach Art und Einbau besteht allerdings eine erhebliche Gefahr von Fehlalarmen, die durch Erschütterungen an der Scheibe ausgelöst werden.
- *Körperschallmelder:* Körperschallmelder werden bei der Durchbruchüberwachung fester Flächen (Beton, Tresorräume etc.) eingesetzt und reagieren auf zu definierende Schallwellen, etwa Bohrgeräusche an Außenfassaden oder Bewegungen von Münzgeld in Tresoren. Ihre korrekte Einstellung unter Berücksichtigung der Umgebungsbedingungen ist gerade bei Objekten in belebten Gegenden oder in der Nähe von großen Straßen bzw. Eisenbahnlinien für die Minimierung von Fehlalarmen obligatorisch.
- *Bewegungsmelder:* Bewegungsmelder werden zur Überwachung von Innenräumen oder Freigelände eingesetzt. In der Regel basieren sie auf Infrarot- oder Ultraschallmeldern, welche auf Temperatur- und Bewegungsveränderungen von Objekten im Einzugsbereich reagieren. Aufgrund der hohen Störanfälligkeit durch Windstöße und dadurch verursachte Bewegungen, Tiere oder Temperaturveränderungen werden mittlerweile fast ausschließlich sog. Dualmelder eingesetzt, die auf mehrere Kriterien ansprechen. Ebenfalls zu den

Bewegungsmeldern zu zählen sind die sogenannten Schrankenmelder (z. B. Infrarotstrahlschranken in Korridoren oder vor wertvollen Exponaten in Museen) sowie die bereits angesprochenen Detektionssysteme in und an Zäunen.

- *Überfalltaster:* Überfalltaster lösen nicht automatisiert, sondern nach menschlicher Betätigung eine Alarmmeldung aus. Sie werden verstärkt an (Bank-)Schaltern, in Kassenbereichen oder Eingangsbereichen angeordnet. An viele EMA oder Überwachungszentralen lassen sich auch mobile Geräte in einem gewissen Radius, teilweise sogar über Mobilfunknetze unbegrenzt, anschließen. Diese Komponenten sind besonders für Wach- und Werttransportunternehmen interessant. Neben den leicht zu erkennenden Tastern lassen sich auch unauffälligere Fußleisten o.ä. installieren. Im Zusammenhang mit Zutrittskontrollanlagen kann zudem auch die Eingabe eines Bedrohungscodes an PIN-Terminals einen (stillen) Alarm auslösen und zu den Überfalltastern gezählt werden.

- *Objektschutzmelder:* Für den Einsatz in besonderen Bereichen, etwa Museen, Tresorräumen oder Warenhäusern, existieren diverse Objektschutzmelder unterschiedlicher Art. Hierzu gehören etwa die an Tresoren häufig eingesetzten und bereits diskutierten Körperschallmelder, in Waren integrierte Diebstahlmelder in Warenhäuser oder sog. elektronische Vorhänge um wertvolle Exponate in Museen und Ausstellungshallen. Über Einsatz und Art dieser Objektschutzmelder muss unternehmens- und risikospezifisch entschieden werden.

Neben den Meldern ist die Alarmzentrale wesentlicher Bestandteil der EMA. Bei ihr laufen die von den einzelnen Meldern abgesetzten Alarmmeldungen auf und werden gemäß definierten Alarmierungswegen an besetzte Stellen weitergeleitet. In der Regel sind dies die Alarmzentralen von Wach- und Sicherheitsunternehmen, die ebenfalls entsprechend zertifiziert sein müssen. Nur in den seltensten Fällen, bei hohen Werten oder öffentlichem Interesse, ist eine Direktaufschaltung auf die Polizei möglich.

An der Alarmzentrale erfolgt auch die Einstellung des Meldesystems, da Einbruch- und Überfallmeldeanlagen in aller Regel im Normalbetrieb aus- und somit nach Betriebsende oder zu sonstigen, zu definierenden Zeiten scharfgeschaltet werden müssen. Daher muss, sofern die EMA in verschiedenen Betriebszuständen sein kann, die konsequente und zuverlässige Scharfstellung gewährleistet werden. Dies kann beispielsweise durch die Kopplung von Zutrittskontrollanlage und EMA erfolgen, d. h. der letzte Austritt eines definierten Personenkreises ist nur bei gleichzeitiger Scharfstellung der EMA möglich. Aus Gründen der Sabotagesicherheit werden zu diesem Zweck in der Regel Schlüsselschalter oder PIN-Terminals eingesetzt. Von den obigen Ausführungen ausgenommen sind Objektschutzmelder, die fast immer durchgängig funktionsfähig sind.

Letzter Bestandteil der EMA sind die durch den Alarmserver angesteuerten Objekte. Hierzu gehören durch stillen Alarm aufgebotene Institutionen und Personen, zumeist eine Wachgesellschaft und der Sicherheitsbeauftragte des Unternehmens oder eine von ihm bestimmte Person. Häufig erfolgt auch eine Alarmierung vor Ort, etwa durch Sirene oder gelbe Kennleuchte. Ergänzend können auch weitere Einzelobjekte, etwa Türverriegelungen, Scheinwerfer oder Videokameras zugeschaltet werden. Entsprechende Möglichkeiten sind sorgfältig zu prüfen sowie Vor- und Nachteile abzuwägen, da beispielsweise die automatisierte Türverriegelung (z. B. mit Haftmagneten) sowohl zu Konflikten mit dem Evakuierungskonzept als auch zu einer erhöhten Gefährdungslage, beispielsweise bei der Versperrung des Fluchtweges für bewaffnete Täter, führen kann.

Videoüberwachung

Ebenfalls Teil des unternehmerischen Überwachungskonzepts können Videoüberwachungsanlagen (sog. CCTV) sein. Sie dienen grundsätzlich dazu, durch gut sichtbar angebrachte und mit Hinweisen versehene Kameras potentielle Täter abzuschrecken, Gefahrenquellen (automatisch oder durch eine überwachende Person) frühzeitig zu erkennen und nach einem Vorfall den Ereignisablauf zu rekonstruieren bzw. nach Möglichkeit Beweise gerichtsfest zu sichern.

Maßnahmen der Videoüberwachung stehen wie wenig andere Security-Maßnahmen unter kritischer Beobachtung der Öffentlichkeit, da entsprechende Überwachung fast immer einen Eingriff in die Persönlichkeitsrechte des überwachten Einzelnen darstellt und somit enge Grenzen für die diesbezügliche Datenerhebung und Speicherung gesteckt sind. Dies gilt insbesondere dann, wenn die betroffene Person von der Erhebung keine Kenntnis hat bzw. dieser nicht einwilligt. Auch die Vertraulichkeit des Wortes (sofern mit den Bild- auch Tonaufnahmen gemacht werden) steht unter dem besonderen Schutz des Gesetzgebers. Der Fall des Lebensmitteldiscounters Lidl, der eigene Mitarbeiter mittels Videokameras überwachen ließ (vgl. Box 27), zeigt beispielhaft, welche imageschädigende Konsequenzen der (verdeckte) Einsatz von Videoanlagen durch Unternehmen haben kann.

Allerdings ist nicht jede verdeckte Videoüberwachung per se unzulässig; sie muss üblicherweise aber auf einem konkreten Verdachtsmoment beruhen und aufgrund des Interesses des Unternehmens an der Aufklärung von Straftaten verhältnismäßig sein. Im Einzelfall empfiehlt sich daher vorgängig immer die Abstimmung entsprechender Maßnahmen mit einem spezialisierten Anwalt für Arbeitsrecht sowie dem Betriebsrat des Unternehmens. Bei unklarer Rechtslage ist zudem der zuständige Datenschutzbeauftragte beizuziehen, um spätere Probleme zu vermeiden. Ansonsten gilt grundsätzlich, dass die überwachten Bereiche als solche gekennzeichnet werden müssen (ausgenommen zulässige heimliche Überwachungen), die gewonnenen Daten (d. h. Bilder) so sparsam wie möglich aufzuzeichnen sind und der Zugriff auf die Daten nur für berechtigte Personen möglich ist. Details zu diesen und weiteren Punkten finden sich in den nationalen Datenschutzgesetzen bzw. den Landesdatenschutzgesetzen der einzelnen Bundesländer.

Box 27: Umstrittene Überwachung

Videoüberwachungen, oft durch von Unternehmen beauftragte Detekteien zur Aufdeckung vermeintlicher Straftaten eingesetzt, sind häufig am Rande der Legalität oder im offensichtlich illegalen Bereich anzusiedeln.

Im Frühjahr 2008 sah sich beispielsweise der deutsche Lebensmitteldiscounter Lidl massiver Kritik ausgesetzt, da er zur Untersuchung von Diebstählen in seinen Filialen Videokameras einsetzen ließ. Diese von beauftragten Detekteien eingesetzten Kameras überwachten unter Anderem den Kassenbereich, wodurch nicht nur die Mitarbeiter, sondern auch Kunden bei der Eingabe ihrer Geheimzahl am EC-Kartenleser aufgenommen wurden. Mit der durchgeführten Überwachung wurde offensichtlich auch eine Leistungs- und Verhaltenskontrolle der Mitarbeiter durchgeführt und somit in Persönlichkeitsrechte der Mitarbeiter (und Kunden) eingegriffen.

Nach Aufdeckung dieser Praktiken sah Lidl sich gezwungen, eine umfangreiche Imagekampagne zu starten, in der auf die Probleme des Handels durch Warendiebstähle und die damit verbundenen finanziellen Probleme eingegangen wurde. Die Landesdatenschutzbeauftragten mehrer Bundesländer stellten Lidl dennoch verschiedene Bußgeldbescheide in einstelliger Millionenhöhe zu.

Quelle: Sucher (2008)

Videoüberwachungsanlagen bestehen im Wesentlichen einerseits aus den Kameras, andererseits aus den Auswertungs- und Aufzeichnungsgeräten. Beide Komponenten sind mittlerweile in einer so großen Vielfalt erhältlich, dass die detaillierte Beschreibung der einzelnen Systeme und Möglichkeiten den Rahmen dieses Buches deutlich sprengen würde. Im Folgenden wird daher auf grundsätzliche konzeptionelle Überlegungen zur Videoüberwachung und grundlegende Eigenschaften der Komponenten eingegangen. Für den interessierten Leser wird zur Vertiefung auf das sehr informative und detailliert auf technische Spezifikationen eingehende Lexikon der Videoüberwachungstechnik von Gwozdek (2007) verwiesen.

Sichtbare Komponenten der Videoüberwachung sind die Kameras. Von ihrer Positionierung und dem verwendeten Kameratyp hängen die zu erzielenden Resultate und somit der Nutzen der Videoüberwachung wesentlich ab. Da die Möglichkeiten der Videoüberwachung nach Erfahrung der Autoren oft überschätzt werden, ist eine sorgfältige Prüfung der Ziele der Überwachung, daraus resultierend der Kamerastandorte und den notwendigen Endgeräten obligatorisch. Dazu muss zunächst festgelegt werden, welche Schutzziele konkret mit der Überwachung erreicht bzw. welche Risiken minimiert werden sollen. Denkbar sind insbesondere:

- die großflächige Überwachung von Freigeländen und Gebäuden bzw. neuralgischen Punkten, um allgemeine Abläufe und sicherheitskritische Ereignisse zu erkennen und rechtzeitig intervenieren zu können, z. B. in Fußballstadien oder Logistikhallen,
- der Einsatz von Videoüberwachung als Element der Zutrittskontrolle, z. B. an Gegensprechanlagen oder Zufahrtstoren,

- der Einsatz von Videoüberwachung zum Personenschutz, etwa im Rahmen der Überwachung von gefährlichen oder gefährdeten Arbeitsplätzen, z. B. in einer Bank,
- Sachwertschutz durch die Überwachung wertvoller Gegenstände, z. B. Tresorräume oder Exponate in Museen.

In allen Fällen dient die Videoüberwachung nicht nur der frühzeitigen Erkennung von Ereignissen, sondern vor allem auch der nachträglichen Belastung bzw. Entlastung von Mitarbeitenden oder Externen nach einem Ereignis. Beispielsweise kann die Überwachung von Annahme- und Übergabeprozessen im Bereich der Wertlogistik für die betroffenen Mitarbeiter bei unvollständigen Sendungen äußerst hilfreich sein, weil bei sachgerechter Kamerapositionierung erkennbar werden sollte, ob und von wem Manipulationen vorgenommen wurden oder nicht.

Sind die grundsätzlichen Ziele der Videoüberwachung definiert, müssen die einzelnen Kamerastandorte festgelegt werden. Hierzu empfiehlt sich die Erstellung einer Kameraliste, in der neben Kameranummer und Standort auch die Blickrichtung, der Überwachungsbereich und der konkrete Zweck der Kamera vor dem Hintergrund der zuvor definierten Ziele der Videoüberwachung aufgeführt sind. Kameras sind so einzusetzen, dass sie bezüglich des angestrebten Schutzziels das optimale Leistungsniveau bieten. Die Bestimmung der Kameraposition und darauf aufbauend des richtigen Kameratyps ist deshalb von außerordentlicher Bedeutung für das gesamte CCTV-System. In allgemeiner Form lassen sich zu diesen objektspezifischen Überlegungen nur wenige Anmerkungen machen:

- *Kamerastandorte:* Als Kamerastandorte kommen üblicherweise Ein- und Ausgänge (inkl. Notausgänge), das Umfeld von Gebäuden und Fassaden bzw. Perimeterschutzsysteme in Betracht. In Gebäuden ist die Überwachung von spezifischen Objekten (Kassenautomaten, Wertgegenstände, Exponate etc.) ebenso üblich wie eine Komplettüberwachung (z. B. Ladengeschäft, Shopping Mall, Bahnsteige, Fankurven). Der Einsatz von sogenannten Kameraattrappen wird nicht empfohlen.
- *Kamerasysteme:* Im Außenbereich und zur Umfeldüberwachung sind in der Regel fest installierte Kameras zu verwenden, da nur sie eine vollständige Überwachung ermöglichen. Bei der Auswahl der Komponenten ist auf die herrschenden Lichtverhältnisse zu achten. Nach Möglichkeit sollten sich die Kameras selbst überwachen, d. h. jede Kamera befindet sich im Blickfeld mindestens einer weiteren Kamera. Im Innenbereich ist die Art der eingesetzten Kameras variabel; in der Regel empfehlen sich zur Rundumüberwachung Domkameras, zur Überwachung besonderer Objekte fest stehende oder schwenkbare Kameras.

Aus den Überlegungen zu den Kamerastandorten und Kamerasystemen ergeben sich wiederum auch die notwendigen technischen Spezifikationen der einzelnen, eingesetzten Kameras. In diesem Zusammenhang muss beispielsweise festgelegt werden, ob feste Kameras, schwenk- bzw. neigbare Kameras oder Domkameras mit 360°-Sicht installiert werden, welches Sichtfeld und Objektiv notwendig ist bzw. welche Anforderungen an Auflösung, Lichtempfindlichkeit oder Zoommöglichkeiten zu stellen sind. In der Regel kann der Lieferant der Kameras dazu qualifizierte Auskünfte geben, wobei die Erstellung von Probebildern vor Ort für die Entscheidungsträger eines Unternehmens in der Regel hilfreich und heutzutage auch problemlos möglich ist.

Ebenfalls zu klären ist die grundsätzliche Frage, ob analoge oder digitale Kameras verwendet werden sollen. Analoge Kameras senden das Bildsignal über entsprechende Kabel analog an das Aufzeichnungsgerät und benötigen daher fast immer ein eigenes Anschlusssystem; aufgrund der immer weiter verbreiteten IP-Technologie werden sie kaum noch eingesetzt. Digitale Kameras hingegen senden das digitalisierte Videobild über ein IT-Netz an die Aufzeichnungs- und Auswertungseinheit, wobei moderne IP-Kameras deutlich höhere Auflösungen als der Analogstandard und zusätzliche Funktionen (z. B. digitaler Zoom) erlauben. Je nach Anzahl Kameras kann das IT-Netz durch die zu transportierenden Datenmengen allerdings überlastet werden.

Neben den Kameras kommt den Auswertungs- und Aufzeichnungsgeräten eine tragende Rolle zu. Lange Zeit wurde dabei auf die aus dem privaten Bereich bekannten Komponenten, Fernsehmonitore und VHS-Videorekorder, zurückgegriffen. Der Anschluss der einzelnen Videokameras an die (meistens wenigen) Monitore erfolgt dann mittels einer sog. Kreuzschiene. Diese Systeme sind heute immer noch auf dem Markt, werden aber aufgrund des hohen Platzbedarfs für die Geräte, der geringen Speicherkapazität und den eingeschränkten Funktionalitäten immer mehr durch digitale Rekorder und Bedienelemente verdrängt. Diese sind zwar in der Anschaffung teurer, führen aber zu deutlich geringeren Wartungskosten und sind vor allem variabler einsetzbar. Mittlerweile sind sogar IP-Kameras mit integriertem Speicher erhältlich, die Daten via Netz an einen Standard-PC zur weiteren Speicherung senden. Neben den Möglichkeiten zur automatischen Detektion und intelligenten Bildanalyse (etwa Rauch- und Branderkennung, Personendetektion, Auswertung von Kennzeichen, Gesichtsfeldanalysen etc.), welche bei analogen Systemen mit deutlich mehr Aufwand verbunden sind, ist bei digitalen Geräten die einfache Bedienung hervorzuheben. Moderne Systeme bieten zudem auch die Möglichkeit zur Fernüberwachung per Internet und stellen, sofern genügend Speicher- und Transportkapazität für die Datenmengen verfügbar ist, höhere Bildqualität zur Verfügung.

Die Auswertungsgeräte sind von besonderer Bedeutung, wenn aufgrund der definierten Ziele der Videoüberwachung, insbesondere einer bildgestützten Intervention, die Sichtung der eingehenden Bilder in Echtzeit notwendig ist. Um tatsächlich die gewünschten Ergebnisse zu erzielen, ist der Auswahl und Schulung des Überwachungspersonals sowie der ergonomischen Einrichtung der Leitzentrale hohe Bedeutung zuzumessen. Ist eine eigene Überwachungszentrale aus finanziellen Gründen unattraktiv, ist die Möglichkeit einer Fernüberwachung durch geeignete Dritte zu prüfen. Weitestgehend durchgesetzt hat sich in Verbindung mit digitalen Aufzeichnungs- und Auswertungsgeräten auch der umfangreiche Einsatz von den bereits erwähnten Detektionsalgorithmen, die Bilder nur anzeigen bzw. in Großbild anzeigen, wenn ein bestimmter Vorgang auf einer Kamera detektiert wird. Nach Möglichkeit sollten dann auch die technischen Vorrausetzungen vorhanden sein, vom Arbeitsplatz des CCTV-Operators auf andere Sicherheitseinrichtungen (z. B. Zutrittskontollsysteme, BMA etc.) zuzugreifen bzw. mittels Beschallungsanlage verdächtige Personen oder sonstige Betroffene direkt ansprechen zu können. In Einzelfällen ist auch die Aufschaltung der Videobilder an die Polizei oder sonstige öffentliche Leitstellen möglich (sofern aus Gründen des Datenschutzes zulässig).

5.3.5   Informations- und IT-Sicherheit

Ausgangslage

Im Zeitalter der sogenannten „Wissensgesellschaft" sind unternehmensspezifische Informationen gerade in humankapitalintensiven Branchen bedeutender Bestandteil der zu schützenden Vermögensgegenstände. Im Zeitablauf ergibt sich diesbezüglich vor allem deshalb ein erhöhter Sicherheitsbedarf, weil immer mehr Unternehmen mit sensiblem Wissen arbeiten bzw. ihr Markterfolg auf besonderen Kenntnissen oder Methoden beruht, deren breite Streuung zum Verlust einer führenden Wettbewerbsposition führen kann. Analog zu dieser wirtschaftlichen Entwicklung in den Industrie- und teilweise bereits auch schon Schwellenländern hat sich ein Kriminalitätsfeld entwickelt, dessen Akteure auf die illegale Aneignung von Wissen spezialisiert sind und ihre Delikte überwiegend in Auftrag anderer Unternehmen, mitunter sogar staatlicher Organisationen (sog. „Wirtschaftsspionage") durchführen. Schätzungen zufolge entstehen der deutschen Wirtschaft jährlich etwa 50 Milliarden € Schaden durch Wirtschaftsspionage; als diesbezüglich besonders gefährlich gelten derzeit Geschäftsbeziehungen mit Russland und China (vgl. Leyendecker, 2008).

Parallel zu diesen Entwicklungen haben die gesetzgebenden Instanzen in den westlichen Industrienationen den Schutz der Informationen und der Privatsphäre des Einzelnen im Rahmen der Datenschutzgesetzgebung teilweise erheblich ausgebaut bzw. sind durch die Einrichtung von Datenschutzbeauftragten Institutionen entstanden, deren Aufgabe in der Überwachung ausreichender Datenschutzmaßnahmen durch Unternehmen liegt. Vor diesem Hintergrund sind die meisten Unternehmen dazu gezwungen, ausreichende Maßnahmen zum Schutz ihrer Daten und Informationen, aber auch jener ihrer Mitarbeiter, Kunden und sonstigen Geschäftspartner zu ergreifen.

Neben dem grundsätzlichen Bedürfnis nach Informations- und Datenschutz gewinnt der Teilbereich der IT-Sicherheit mit nochmals erhöhter Rasanz an Bedeutung (vgl. Box 28).

Box 28: IT-Sicherheit (Definition)

IT-Sicherheit umfasst die Gesamtheit der verfügbaren technischen Maßnahmen und Werkzeuge, die es gestatten, Angriffe auf Informationssysteme und deren Elemente abzuwehren, Nachrichten vertraulich und unverfälscht zu übermitteln und bei Markttransaktionen die Identität eines Partners zweifelsfrei festzustellen bzw. im Falle der Anonymität dessen Identität geheim zu halten.

Quelle: Müller/Eymann/Kreutzer (2003): 388

Viele junge, aber auch traditionelle Unternehmen verdanken ihren aktuellen Erfolg einem Geschäftsmodell, das auf dem verbreiteten Einsatz von Informations- und Kommunikationstechnologie beruht; fast jedes Unternehmen ist ohne eine funktionierende IT-Infrastruktur in seiner Handlungsfähigkeit massiv beeinträchtigt. Aus dieser Abhängigkeit resultieren wiederum spezifische Gefährdungen, denen durch geeignete Maßnahmen adäquat begegnet werden muss.

Die normativen Grundlagen für Informationsschutz ergeben sich primär aus den nationalen Datenschutzgesetzen. Ergänzend sind wesentliche Anforderungen an die IT-Sicherheit den ISO 27001/27002 (Information technology – Security techniques – Information security management systems requirements specification) bzw. dem sog. IT-Grundschutz-Zertifikat des deutschen Bundesamtes für Sicherheit in der Informationstechnik (BSI-Standard 100-2 bzw. 100-3) zu entnehmen. Das BSI hat auch einen sehr empfehlenswerten und auf der Behörden-Homepage verfügbaren Leitfaden IT-Sicherheit (vgl. BSI, 2007) herausgegeben, der die wesentlichen Aspekte der Informations- und IT-Sicherheit anschaulich abhandelt.

Grundsätzliche Ziele des Informationsschutzes

Unabhängig von der Art des Informationsträgers, seien es physische Dokumente, elektronische Datenträger oder Menschen, müssen im Rahmen der Maßnahmen des Informationsschutzes die folgenden Ziele (oder Grundwerte) erreicht werden (vgl. BSI, 2007: 9; Eckert, 2005: 6–12; Müller/Eymann/Kreutzer, 2003: 392–395):

- *Vertraulichkeit:* Vertrauliche Informationen müssen vor unbefugter Preisgabe geschützt werden. Dies schließt physisch vorhandene Informationen (schriftliche Dokumente), elektronisch vorhandene Informationen (Dateien, Datenbanken etc.), aber auch nur „geistig" vorhandene Informationen der Mitarbeiter ein. Insbesondere letztere Informationen geraten oft durch Unachtsamkeit der Betroffenen, die beispielsweise in ihrem Bekanntenkreis durch spezielle Kenntnisse oder Anekdoten imponieren wollen, zunächst unbemerkt an die Öffentlichkeit.
- *Verfügbarkeit:* Dem Unternehmen stehen Informationen (bzw. Dienstleistungen und Funktionen eines IT-Systems) zum geforderten Zeitpunkt in der notwendigen Tiefe und Geschwindigkeit zur Verfügung. Dies schließt ein, dass die Informationen grundsätzlich vorhanden sind und ihre Fundstelle in geeigneter Art und Weise dokumentiert ist.
- *Integrität:* Die Daten bzw. Informationen sind vollständig und unverändert. Etwaige Änderungen können anhand von schriftlichen Vermerken oder elektronischen Protokollen nachvollzogen werden, Manipulationsversuche werden möglichst frühzeitig aufgedeckt. An die Integrität von Daten sind insbesondere dann hohe Anforderungen zu stellen, wenn der Kontakt zu Kunden und/oder Geschäftspartnern direkt über IT-Anwendungen, beispielsweise Bestellformulare im Internet, abgewickelt wird.
- *Authentizität:* Absender oder Empfänger von Informationen sind echt und glaubwürdig, d. h. es werden keine Informationen entgegengenommen oder weitegegeben, wenn der Transaktionspartner nicht eindeutig identifiziert ist.

Aus diesen Grundwerten der Informations- und IT-Sicherheit lassen sich die korrespondierenden Maßnahmen zur Gewährleistung einer ausreichenden Informations- und IT-Sicherheit ableiten, die nach den Bezugsobjekten Mensch, physische Informationen und elektronische Informationen (IT-Sicherheit) geordnet werden können.

Maßnahmen bezüglich des Menschen als Informationsträger

Bezüglich des Bezugsobjekts „Mensch" ist grundsätzlich zu unterscheiden, ob sensible Informationen durch eine Person mutwillig oder fahrlässig an Dritte weitergegeben werden.

Erste Maßnahme gegen beide Fälle ist, den Zugang zu sensiblen Informationen auf das Nötigste zu begrenzen. Hier gilt einerseits das sog. „Need-to-know-Prinzip", nachdem jeder Benutzer nur auf die Datenbestände und Informationen zugreifen darf, die für seinen Arbeitsplatz bzw. die ihm übertragenen Aufgaben tatsächlich benötigt werden (BSI, 2007: 22). Um auch Innentäter, die bewusst auf der Suche nach für sie eigentlich nicht zugänglichen Daten und Informationen sind, von der Informationsaneignung abzuhalten, sind entsprechende Bereiche (sowohl Räume als auch elektronische Daten) durch geeignete Maßnahmen, etwa besondere Schließsysteme oder Passwörter, zu schützen. Ist einem Mitarbeiter aufgrund seiner Tätigkeit zwingend Zugang zu sensiblen Informationen zu verschaffen, sollte er vorgängig einer Personenprüfung unterzogen werden.

In der überwiegenden Mehrheit der Fälle wird sensibles Wissen, etwa über Aufträge, Kundenbestände oder die Forschung und Entwicklung eines Unternehmens, durch Mitarbeiter fahrlässig, meistens ohne dass sie sich darüber bewusst sind, gestreut. Neben den oben beschriebenen Maßnahmen, die auf die Reduktion der bei den Mitarbeitern vorhandenen Informationsbasis abzielen, spielt hier die Sensibilisierung der Mitarbeiter eine wesentliche Rolle. Um diese Sensibilisierung zu erreichen, müssen die Mitarbeiter auf die Bedeutung von Wissen und Informationen für das Unternehmen sowie die mit dem Informationsverlust einhergehenden Schäden zunächst aufmerksam gemacht werden. Ergänzend sind typische Situationen zu beschreiben, in denen Mitarbeiter, etwa bei Gesprächen in Restaurants, mit Nachbarn oder auf gesellschaftlichen Anlässen, sensibles Wissen preisgeben. Auch auf den sorgfältigen Umgang mit schriftlichen Dokumenten, etwa die ordnungsgemäße Vernichtung oder Archivierung von Unterlagen (vgl. auch den folgenden Abschnitt), ist hinzuweisen.

Besonders gefährlich sind professionelle Angriffe auf die Wissensbasis des Unternehmens durch sog. „social engineering" von versierten Wirtschaftsspionen. Dabei werden Mitarbeiter eines Unternehmens telefonisch oder persönlich mit vermeintlich harmlosen Fragen oder Anliegen konfrontiert, aus denen der Täter die gewünschten Informationen herausfiltert oder gegenüber anderen Unternehmensmitarbeitern weiterverwendet, um glaubwürdig zu wirken und an weitere, vertrauliche Informationen zu gelangen (vgl. Glitza, 2008). Die Täter geben sich dabei je nach Größe des Unternehmens sogar als Mitarbeiter, Lieferant, Kundenrepräsentant oder Behördenvertreter aus. Zur Abwehr derartiger Angriffe empfiehlt sich vor allem eine grundsätzlich restriktive Informationspolitik nach außen sowie die standardisierte Entgegennahme von Namen, Firma und Telefonnummer eines Besuchers oder Anrufers. Ergänzend ist die Zutrittskontrolle so auszugestalten, dass sich jede Person auf dem Unternehmensgelände mindestens einmal identifizieren muss und diese Identifikation anhand eines Mitarbeiter- oder Besucherausweises nachgewiesen wird.

Maßnahmen bezüglich physischer Dokumente als Informationsträger
Das Bezugsobjekt physische Information ist deutlich einfacher zu kontrollieren als der Mensch als Informationsträger, da vertrauliche Dokumente in der Regel kein Eigenleben entwickeln. Nichtsdestoweniger können auch sie zu erheblichen Schäden bei den betroffenen Unternehmen führen, wenn sie in falsche Hände geraten. Spektakuläre Fälle, etwa der Datendiebstahl bei dem zum britischen Großverlag Reed Elsevier Plc gehörenden US-Online-informationsdienst LexisNexis oder der Verlust von Millionen Kreditkarten- und Kontenda-

ten bei der Bank of Amerika (vgl. Deutsche Presseagentur, 2005), zeigen, dass unzureichend gesicherte physische Daten auch in einer IT-fixierten Gesellschaft interessante Ziele für Kriminelle sind. Auf Ebene von Unternehmen und Privatpersonen spielt zudem der zurecht gefürchtete Identitätsdiebstahl und -betrug, bei dem Kriminelle mithilfe von in Mülleimern gesammelten Datenfragmenten (sog. bin raiding) wirtschaftliche Transaktionen zu Lasten Dritter durchführen, eine immer wichtigere Rolle (vgl. Hecker/Gundel 2006).

Neben den oben bereits beschriebenen Maßnahmen zum Schutz vor Diebstahl und Einbrüchen und der besonders geschützten Aufbewahrung vertraulicher Dokumente ist deshalb die sorgfältige Vernichtung nicht mehr benötigter Dokumente mit vertraulichen Daten obligatorisch. Zu den einschlägigen Dokumenten gehören solche mit Identitäts-, Finanz- und Geschäftsdaten, die nicht für Dritte bestimmt sind. In Tabelle 5.5 sind die einschlägigen Dokumenttypen mit Beispielen aufgeführt.

Dokumenttyp		Beispielunterlagen
Identitätsdaten	Namens-/Adressdaten	Briefe
	Geburtsdatum	Lebensläufe
	Unterschrift	Bescheinigungen
	…	…
Finanzdaten	Kontoauszüge	Rechnungen
	Kreditkartenbelege	Quittungen
	Zahlungsbelege	Überweisungsträger
	…	….
Geschäftsdaten	Verträge	Kauf- o. Arbeitsverträge
	Versicherungspolicen	Schadensmeldungen
	Strategische Unterlagen	Marketingkonzept
	…	

Tabelle 5.5   Typen vertraulicher Dokumente (vgl. Hecker/Gundel, 2006: 7)

Zu diesem Zweck können, je nach Größe des Unternehmens und den anfallenden Mengen zu vernichtender Daten, herkömmliche Aktenvernichter oder professionelle Dienstleister verwendet werden. Dabei ist zu beachten, dass für viele dieser Dokumente häufig auch Aufbewahrungsfristen, etwa nach HGB, zu beachten sind. Während der Archivierung sind deshalb ebenfalls entsprechende Maßnahmen notwendig. Insbesondere gilt hier, neben einer sicheren Aufbewahrung in Archivräumen oder Tresoren, das bereits angeführte „need-to-know"- oder „need-to-access"-Prinzip, wonach die Archive und dort gelagerten Unterlagen nur so wenig Mitarbeitenden wie notwendig zugänglich und bekannt sein sollten.

Maßnahmen bezüglich IT-Sicherheit
Das Bezugsobjekt „elektronische Informationen" stellt das Kerngebiet der IT-Sicherheit dar. Die entsprechenden Maßnahmen müssen darauf abzielen, elektronisch vorhandene Daten bzw. Informationen gegen den Zugriff unberechtigter Dritter, die Beschädigung oder Manipulation zu schützen. Aufgrund der Vielfalt elektronischer Anwendungen, der sich permanent wandelnden Bedrohungslage sowie den parallel dazu entwickelten Sicherheitsmaßnahmen können an dieser Stelle nur grundsätzliche Maßnahmen auf vergleichsweise hohem

Abstraktionsgrad dargestellt werden. Dem interessierten Leser seien daher die weiterführenden Werke von Eckert (2005) und Müller/Eymann/Kreutzer (2003) sowie die Publikationen des Bundesamts für Sicherheit in der Informationstechnik, insbesondere der bereits zitierte Leitfaden IT-Sicherheit, empfohlen. Auf diese drei Werke beziehen sich auch die folgenden Maßnahmenvorschläge:

- Die vorhandenen Schutzmechanismen der verwendeten Programme (Betriebssysteme etc.) müssen zur Gewährleistung der IT-Sicherheit unbedingt genutzt werden. Dazu gehört die den unternehmensspezifischen Gegebenheiten angepasste Konfiguration der Programme sowie die regelmäßige Installation von Updates (vor der endgültigen Installation der Updates empfiehlt sich ein Testlauf in einer geschützten Umgebung).
- Zugriff auf Daten und Netze ist nur nach erfolgreicher Authentifikation des berechtigten Nutzers mithilfe von Passwörtern, sonstigen Identifikationsträgern (USB-Token, biometrisches Merkmal, Badge etc.) möglich. Die Zugriffsrechte sind gestaffelt (normaler Nutzer, Nutzer mit besonderen Zugriffsrechten, Administrator).
- Im Internet versendete Daten sind durch sog. kryptographische Mechanismen zu verschlüsseln (Verschlüsselungsverfahren) oder vor unbemerkter Manipulation zu schützen.
- Bei Internetverbindungen ist eine leistungsfähige, den unternehmensspezifischen Bedürfnissen und Gegebenheiten angepasste Firewall zur Abwehr von Angriffen aus dem Internet obligatorisch. Sie trennt das interne Netz bzw. den internen Rechner gegenüber dem Internet und filtert bzw. protokolliert den Datenverkehr. Auch zwischen unternehmensinternen Netzwerken mit verschiedenen Berechtigungen sind Firewalls sinnvoll. Je nach Bedrohungslage können zudem Mehrfachfirewalls notwendig sein, die allerdings kosten- und wartungsintensiv sind.
- Die Firewalls werden durch Einbrucherkennungssysteme ergänzt, die Aktivitäten in Netzen beobachten bzw. protokollieren und dadurch interne Angriffe oder sonstige Anomalien erkennen; aus Gründen des Datenschutzes sind sie nicht beliebig einsetzbar.
- Bei häufiger Internetnutzung für räumlich getrennte, interne Netze oder um geschützte externe Zugriffe von außen auf das interne Unternehmensnetz (etwa bei Heimarbeitsplätzen) zu ermöglichen besteht die Möglichkeit sog. virtueller privater Netzwerke (VPN). Durch diese werden über das öffentliche Internet private Netze derart verbunden, dass die Sicherheitseigenschaften des privaten Netzes übernommen werden. Aufgrund der notwendigen Authentifizierung zur Teilnahme am privaten Netz und der Verschlüsselung der Daten ist eine Auswertung der übermittelten Daten für Außenstehende im öffentlichen Netz fast unmöglich.
- Der Datenaustausch mit dem Internet bzw. anderen Akteuren sollte a priori auf das notwendige Minimum beschränkt werden. Hierzu gehören in der Regel upload- und download-Funktionalitäten sowie der E-Mailverkehr. Der Download von Dateien und insbesondere Programmen aus dem Internet muss geregelt und möglichst minimiert werden.
- Die IT-Systeme müssen regelmäßig gewartet und überprüft werden. Dabei sind etwaige Angriff aus dem Internet, Virenbefall etc. zu untersuchen und zu überprüfen, ob die installierten Schutzmaßnahmen weiterhin ausreichend sind.
- Die Mitarbeiter müssen über Sinn und Zweck der Schutzmaßnahmen sowie über die Notwendigkeit ihrer Beachtung ebenso aufgeklärt werden wie den Umgang mit Stör- und Fehlermeldungen bzw. automatischen Updates. Wesentlich ist in diesem Zusammenhang

auch der adäquate Umgang mit Passwörtern, die gut ausgewählt, regelmäßig geändert und bei allen notwendigen Anwendungen installiert sein sollten.

- Elektronisch vorhandene Daten sind regelmäßig an geographisch voneinander getrennten Orten abzuspeichern (Backup), damit bei Ausfall der lokalen IT-Infrastruktur nicht alle Daten verloren gehen.
- Sehr sensible Daten sollten im Rahmen von Stand-Alone-Lösungen an einem sicheren Ort und mit sehr restriktiv gehandhabten Zugriffsrechten aufbewahrt werden. Aufgrund der damit verbundenen betrieblichen Nachteile bietet sich diese Lösung allerdings nur für wenige Datensätze an.

Die vorgängig beschriebenen Maßnahmen stellen ausschließlich Grundschutzmaßnahmen dar, d. h. ihre Umsetzung ist für jedes Unternehmen unabhängig von Größe und Geschäftsmodell obligatorisch. In den meisten Fällen wird allerdings die individuelle Erarbeitung und Umsetzung eines spezifischen Konzepts mit weitergehenden Maßnahmen für das jeweilige Unternehmen notwendig sein. Für diese Aufgabe sollten nach Möglichkeit erfahrene Experten beigezogen werden, insbesondere wenn es sich um größere Netzwerke bzw. umfangreiche Internetanwendungen oder e-Commerce-Lösungen handelt.

5.3.6   Sonderfall Innentäter

Zum Abschluss der Ausführungen über Security-Maßnahmen soll noch dezidiert auf den in den vorangegangenen Unterkapiteln bereits mehrfach erwähnten Typus des Innentäters eingegangen werden. Viele Unternehmen gehen bei der Analyse der für das Unternehmen relevanten Gefährdungen, vor allem aber bei der Planung und Umsetzung geeigneter Sicherheitsmaßnahmen immer noch davon aus, dass die (potentiellen) Täter ihren Ursprung außerhalb des Unternehmens haben. Demgegenüber steht jedoch die empirisch abgesicherte Beobachtung, dass Mitarbeiter des eigenen Unternehmens nicht selten in Straftaten zuungunsten des Unternehmens verwickelt sind oder diese in alleiniger Verantwortung durchführen. Dabei können gerade solche Innentäter erheblichen Schaden anrichten, indem sie:

- Vermögensdelikte zu Lasten des Unternehmens begehen, d. h. insbesondere Unternehmenseigentum oder Barmittel entwenden,
- sonstige, dem Deliktfeld der Wirtschaftskriminalität zuzuordnende Straftaten, etwa korrupte Verhaltensweisen, Betrugsdelikte oder Wettbewerbsdelikte, begehen,
- sensible Informationen des Unternehmens entweder zu eigenen Zwecken nutzen oder, möglicherweise gegen Bezahlung, an Dritte weitergeben,
- das Unternehmen durch mutwillige Zerstörung unternehmenseigener Güter und Sachmittel schädigen.

Häufig, gerade im Bereich wirtschaftskrimineller Handlungen, agieren Innentäter gemeinsam mit unternehmensexternen Komplizen. Dabei muss die Initiative nicht zwangsläufig von den Unternehmensmitarbeitern ausgehen, durch eine offen zur Schau gestellte Unzufriedenheit mit dem Arbeitgeber, außerhalb des Unternehmens kommunizierte Kenntnisse über die Abläufe im Unternehmen oder lautes Nachdenken über etwaige Tatmöglichkeiten werden externe Täter jedoch in der Regel schnell (gewollt oder ungewollt) auf die zu diesem Zeitpunkt zumeist noch potentiellen Innentäter aufmerksam gemacht.

Über die Verhinderung von durch Mitarbeiter zu Lasten des eigenen Unternehmens begangenen Delikten wird seit längerem kontrovers diskutiert. Gerade bei der Berichterstattung über einschlägige Fälle wird, sofern nicht Mitarbeiter der oberen Managementebenen involviert sind, in den Medien häufig auf die schlechten Arbeitsbedingungen und das von vielen Mitarbeitern als negativ erlebte Arbeitsklima eingegangen und somit suggeriert, dass Innentäter sich häufig für die schlechte Behandlung durch das Unternehmen rächen. Wissenschaftlich ausgerichtete, empirisch breit abgestützte Studien kommen allerdings zumindest in Bezug auf wirtschaftskriminelle Handlungen von Mitarbeitern mehrheitlich zu dem Schluss, dass eine ungerechte Behandlung durch das Unternehmen weder als Hauptmotivation noch als Rechtfertigung dient (vgl. Füss/Gundel/Hecker, 2006; Hecker/Füss/Gundel, 2008). Vielmehr scheinen die Beweggründe zumeist rein privater, finanzieller Natur zu sein, da die Täter zumeist ihren aufwändigen Lebensstil durch entsprechende Handlungen finanzieren. Die einschlägigen Untersuchungen zeigen auch, dass die häufig ungünstigen organisatorischen Rahmenbedingungen im Unternehmen, insbesondere wenige oder unzureichende interne Kontrollen, ausgeprägte Machtfülle durch Alleinbearbeitung oder hohe Anonymität im Unternehmen, reichlich Gelegenheiten für kriminelle Innentäter bieten. Häufig spielt auch grundsätzlich mangelnde Loyalität eine nicht unwesentliche Rolle (vgl. Hecker/Füss/Gundel, 2008: 145).

Unternehmerische Maßnahmen, die konkret auf Innentäter abzielen, müssen daher zwei Funktionen erfüllen: Einerseits müssen sie Interessensdivergenzen zwischen dem Unternehmen und den Arbeitnehmern möglichst verhindern oder zumindest angleichen. Andererseits ist durch ein geeignetes Kontroll- und Organisationsinstrumentarium sicherzustellen, dass die Gelegenheiten zur Tatbegehung a priori eingeschränkt werden, ohne dass sich dies leistungshemmend auf die Mitarbeiter, insbesondere die loyalen Mitarbeiter, auswirkt. Grundsätzlich empfiehlt sich deshalb, zunächst einige der folgenden, auf den Interessensausgleich abzielende Maßnahmen zu ergreifen (vgl. auch Füss/Gundel/Hecker, 2006: 19):

- *Personenprüfung (sog. Preemployment Screening):* Bei der Auswahl zukünftiger Mitarbeiter sollten der bisherige Werdegang, die Motivation für eine Bewerbung und die individuellen Verhaltensmuster bzw. Interessen des Bewerbers im Rahmen des rechtlich zulässigen überprüft werden. Bei besonders sensiblen Beschäftigungsfeldern empfiehlt sich, sofern nicht unternehmensintern vorhanden, Spezialisten (z. B. erfahrene Psychologen) beizuziehen. Erscheinen Angaben unglaubwürdig oder weisen auf etwaige Verhaltensanomalien hin, beispielsweise permanente Stellenwechsel, sind weitere Nachforschungen angebracht.
- *Richtlinien und Verhaltenkodizes:* Innerhalb des Unternehmens sollten verbindliche Verhaltensanweisungen und ethische Richtlinien existieren und, auch durch die Geschäftsleitung, permanent umgesetzt werden. Dadurch werden die Erwartungen des Unternehmens an das Verhalten der Mitarbeiter konkret und können dazu dienen, ein Unrechtsbewusstsein zu schaffen.
- *Transparenz:* Durch ein transparentes System bezüglich Hierarchie, Beförderungen und Entlohnung sind den Mitarbeitern die konkreten Rahmenbedingungen innerhalb des Un-

ternehmens ersichtlich, wodurch idealerweise die Rechtfertigung für schädigende Handlungen als Ersatz für vermeintlich vorenthaltene Leistungen sinken sollte.

- *Sensibilisierung:* Die Mitarbeiter sollten regelmäßig auf die o.g. Richtlinien und Verhaltensanforderungen, aber auch auf die Konsequenzen von Normverstößen für das Unternehmen bzw. den einzelnen Mitarbeiter aufmerksam gemacht werden, um ein Bewusstsein für die negativen Folgen krimineller Handlungen zu Lasten des Unternehmens zu schaffen.
- *Sanktionsdrohungen* und deren Umsetzung, um beim Auftreten von abweichendem Verhalten zu signalisieren, dass die o.g. Punkte tatsächlich Bestandteil der Unternehmensrealität sind.

Selbst wenn die obigen Maßnahmen vollständig ergriffen und konsequent umgesetzt werden, was aufgrund der damit einhergehenden, personellen und finanziellen Aufwendungen eine mit der Unternehmensgröße zunehmende Herausforderung darstellt, ist abweichendes Verhalten nicht auszuschließen.

Ergänzend sind daher fast immer Maßnahmen zur Kontrolle notwendig, die darauf abzielen sollen, die Möglichkeiten zur Tatbegehung für potentielle Innentäter im Vorhinein einzugrenzen. Hierzu gehören insbesondere organisatorische Maßnahmen, da sie zumeist besser akzeptiert werden und bei durchdachtem Einsatz auch die allgemeine Arbeitsqualität erhöhen. Zu nennen sind in diesem Zusammenhang das sog. Vier-Augen-Prinzip, das bei allen wichtigen Entscheidungen und Vorgängen mit regelmäßig wechselnden Personen angewendet werden sollte, häufige „job-rotation" und die permanente Kontrolle von besonders anfälligen Geschäftsbereichen und -arten (z. B. Einkauf, Vertrieb, Materialwirtschaft oder Beschaffungs- und Verkaufsaktivitäten) durch Vorgesetzte oder die interne Revision.

Erst wenn diese Maßnahmen offensichtlich nicht ausreichend sind oder ihre Umsetzung mit prohibitiv hohen Kosten verbunden ist, muss ergänzend über weitere technische Maßnahmen nachgedacht werden. In erster Priorität sollten dann technische Mittel erwogen werden, deren Einsatz auch betriebswirtschaftlich Nutzen generiert, etwa elaborierte Warenwirtschafts- und Kassensysteme bzw. sonstige, IT-basierte Management-, Informations- und Revisionssysteme. Ein grundsätzlicher Schutz gegen Innentäter wird auch durch die bereits beschriebenen Maßnahmen der Zutrittskontrolle und des Einbruchschutzes erreicht, die gegebenenfalls und nach sorgfältiger Abwägung juristischer Aspekte durch zusätzliche Überwachungsmaßnahmen ergänzt werden. Gerade bei den Überwachungsmaßnahmen sind immer auch die Auswirkungen auf das Betriebsklima im Unternehmen zu berücksichtigen.

5.4   Organisatorische Sicherheitsmaßnahmen

5.4.1   Bedeutung und Unterteilung organisatorischer Maßnahmen

In den beiden vorangegangenen Kapiteln wurden die Maßnahmen zur Erhöhung der Unternehmenssicherheit dargestellt und diskutiert. Obwohl vereinzelt organisatorische Maßnahmen angesprochen wurden, bezogen sich die Ausführungen mehrheitlich auf baulich-technische Komponenten des Sicherheitskonzepts. Diese Beschreibung spiegelt grundsätzlich auch die Realität wieder, da aufgrund der in Kapitel 5.2.4 bereits eingeführten Schwächen organisatorischer Maßnahmen fast immer mit der Definition der baulichen und technischen Vorkehrungen begonnen wird, um dann ergänzend notwendige organisatorische Konzepte zu erarbeiten. Sie dienen häufig dazu, die aufgrund finanzieller oder baulich-technischer Randbedingungen tolerierten Schwächen der beiden erstgenannten Maßnahmen auszugleichen, etwa wenn eingeschränkte bauliche Möglichkeiten zur Evakuierung durch ein ausgefeiltes Evakuierungskonzept im Rahmen des rechtlich Zulässigen kompensiert werden sollen.

Obwohl regelmäßig praktiziert, sollte dieses Vorgehen bei der Erarbeitung von Sicherheitskonzepten hinterfragt werden. Bauliche und technische Maßnahmen führen zwar zu sofort anfallenden Kosten und erfordern mitunter aufwändige Planungen, die in der Betriebsphase anfallenden Kosten für den Unterhalt sind hingegen vergleichsweise gering. Bei den organisatorischen Maßnahmen verhält es sich in der Regel umgekehrt: Der Aufwand zur Initialisierung ist überschaubar, zu ihrer Aufrechterhaltung in der Betriebsphase fallen hingegen dauerhafte, oft hohe Kosten an. Mitunter werden diese Kosten unterschätzt und organisatorische Maßnahmen dann zu Lasten der Sicherheit vernachlässigt oder es sind Nachbesserungen bei den baulich-technischen Maßnahmen notwendig. Zusammenfassend empfiehlt sich daher, bei der Planung und Realisierung baulich-technischer Maßnahmen die vorhandenen bzw. zukünftigen organisatorischen Rahmenbedingungen adäquat einzubeziehen, damit die für einen sicheren Betrieb notwendigen baulichen und technischen Maßnahmen realisiert werden; nur dann stellen organisatorische Maßnahmen eine sinnvolle Ergänzung und nicht eine vermeintlich kostengünstige Kompensation dar. In diesem Zusammenhang ist auch die bereits angesprochene Zuverlässigkeit organisatorischer Maßnahmen in Bezug auf die unternehmensspezifischen Gegebenheiten kritisch zu hinterfragen. Dies gilt besonders bei Unternehmen mit hoher Fluktuation oder vielen Teilzeitmitarbeitern.

Organisatorische Maßnahmen, ihre Planung und Umsetzung stellen für Unternehmen die ressourcenintensivsten Sicherheitsmaßnahmen dar, sofern nicht neue Infrastruktureinrichtungen des Unternehmens geplant bzw. alte Gelände oder Gebäude nachgerüstet werden. Sie sind somit in der Unternehmensrealität, ungeachtet der vorangegangenen Ausführungen, ein zentrales Handlungsfeld der Unternehmenssicherheit. Organisatorische Maßnahmen können dahingehend systematisiert werden, ob sie primär der proaktiven Verhinderung von sicherheitsrelevanten Zwischenfällen dienen oder beim Eintreten eines Ereignisses zur Schadensminimierung beitragen sollen; darüber hinaus gibt es, wie Tabelle 5.4 verdeutlicht, auch Maßnahmen, die beide Funktionen gleichermaßen erfüllen.

Maßnahmen zur Ereignisprävention	Maßnahmen zur Schadensminimierung bei einem Ereignis
• Aufbau einer Sicherheitsorganisation • Unternehmensinterne Richtlinien und Konzepte • Instandhaltungsmaßnahmen / Facilitymanagement • Schulungen und Kontrollmaßnahmen	• Aufbau einer Notfallorganisation • Notfall- und Evakuierungskonzept • Krisenmanagementkonzept • Flucht- und Rettungspläne • Feuerwehreinsatzpläne bzw. Alarm- und Gefahrenabwehrpläne
Unternehmensinterne Wach- und Sicherheitsdienste (z. B. Werkschutz, Betriebs- oder Werkfeuerwehr, Rettungsdienst, Betriebsärztlicher Dienst)	

Tabelle 5.6   *Systematisierung organisatorischer Maßnahmen*

5.4.2   Organisatorische Maßnahmen zur Ereignisprävention

Wesentliche organisatorische Maßnahme zur Ereignisprävention ist der Aufbau einer unternehmensbezogenen Sicherheitsorganisation, die alle präventiven Tätigkeiten innerhalb des Unternehmens sowie die Vorbereitung der Notfallbewältigung koordiniert. Aufgrund ihrer besonderen Bedeutung für die Unternehmenssicherheit und der Tatsache, dass sie häufig erst mit der Umsetzung der baulich-technischen Maßnahmen konkret initialisiert wird, ist sie in Kapitel 6.2 ausführlich beschrieben.

Ergänzend müssen unternehmensinterne Richtlinien erarbeitet werden, in denen das gewünschte Verhalten für einen sicheren Betriebsablauf definiert und publiziert wird. In diesem Zusammenhang sind insbesondere folgende Richtlinien bzw. Konzepte hervorzuheben:

- **Konzept** und Richtlinien zu **Arbeitssicherheit und Gesundheitsschutz**, in denen auf potentielle Gefahren, ergonomisches und sicheres Arbeiten sowie Möglichkeiten zur Gesundheitsförderung eingegangen wird.
- **Brandschutzordnung**, in der die unternehmensspezifischen Regeln zur Brandverhütung und dem Verhalten im Brandfall aufgeführt sind. Gemäß der einschlägigen DIN 14096 ist eine Brandschutzordnung in Verhaltensanweisungen für die drei Personengruppen A (alle Personen), B (Teilmenge der Gruppe A, die mit den baulichen Gegebenheiten vertraut ist, der aber keine besonderen Aufgaben übertragen werden) und C (Personen mit besonderen Aufgaben bezüglich des Brandschutzes) zu unterteilen.
- **Richtlinien** zum **gesetzestreuen Verhalten** und der Verhinderung wirtschaftskrimineller Handlungen, in denen auf die Verpflichtungen des Mitarbeitenden gegenüber dem Unternehmen, der Umwelt und dem Gesetzgeber eingegangen wird und die z. B. Verhaltensanweisungen für Bestechungsversuche enthalten.
- **Richtlinien** zum **Umgang mit vertraulichen Unternehmensdaten** bzw. Daten Dritter.
- **Allgemeine Prozessrichtlinien** zur Gewährleistung von **Sicherheit und Qualität**, etwa bezüglich Unterschriften- und Vertretungsregelungen, Qualitätskontrollen oder der Meldung von Unregelmäßigkeiten bzw. Ereignissen.

Der Effekt solcher Richtlinien ist allerdings stark von ihrer Beachtung durch Führungskräfte und Vorgesetzte sowie ihrer regelmäßigen Kontrolle abhängig.

Die Instandhaltung der baulich-technischen Maßnahmen bzw. das allgemeine Facilitymanagement ist ebenfalls eine wesentliche, organisatorische Maßnahme zur Erhöhung, vor allem aber Aufrechterhaltung der Unternehmenssicherheit. Dieser Themenkreis wird daher in Kapitel 7 ausführlich behandelt. Gleiches gilt für regelmäßige Schulungen und Kontrollmaßnahmen, die einerseits die Funktionsfähigkeit der Sicherheits- und Notfallorganisation, andererseits aber auch die Arbeits- und Produktqualität, das Verhalten der Mitarbeitenden (insbesondere im Bereich krimineller Handlungen) und die Beachtung von sicherheitsrelevanten Richtlinien zum Inhalt haben können.

5.4.3   Organisatorische Maßnahmen zur Schadensminimierung

Organisatorische Maßnahmen zur Schadensminimierung bei einem Ereignis bestehen zunächst im Aufbau einer geeigneten, unternehmensbezogenen Notfallorganisation, deren Organe und Zuständigkeiten ebenso in einem Notfallkonzept beschrieben werden müssen wie die Abläufe im Ereignisfall. Diesen Maßnahmen sowie den weitergehenden Inhalten des Krisenmanagements widmet sich aufgrund der besonderen Bedeutung Kapitel 8.

Um Gefahren im Ereignisfall zu minimieren und die Benutzung baulich-technischer Sicherheitsmaßnahmen zu gewährleisten sind Flucht- und Rettungspläne obligatorisch. Sie sind mittlerweile fast flächendeckend vorgeschrieben, wobei sich ihre Notwendigkeit nicht nur aus den Brandschutzvorschriften, sondern teilweise auch aus den Vorschriften zu Arbeitssicherheit und Gesundheitsschutz, in Deutschland beispielsweise aus der Arbeitsstättenverordnung, ergibt. In der Regel bestehen Flucht- und Rettungspläne aus einem textlichen Teil mit grundsätzlichen Verhaltensanweisungen für den Ereignisfall und einer oder mehrerer Notfallnummern, der durch eine grafische Darstellung ergänzt wird. Auf dieser sind in der Regel der eigene Standort, der Fluchtweg nach außen (ggf. inklusive Sammelplatz) und die vorhandenen Sicherheits- und Löscheinrichtungen festgehalten.

Primär für den Einsatz der öffentlichen Ereignisdienste sind Feuerwehreinsatzpläne (diese Terminologie kommt aus den Brandschutzvorschriften) oder Alarm- und Gefahrenabwehrpläne nach Störfallverordnung gedacht. Diese Einsatzdokumente sollten für jedes Objekt, unabhängig von behördlichen Auflagen, gemeinsam mit den zuständigen Ereignisdiensten erstellt werden und dienen gemäß DIN 14095 zu Feuerwehreinsatzplänen der „raschen Orientierung der Feuerwehr in einem Objekt und zur Beurteilung der Lage". Sie bestehen je nach Objekt, behördlichen Auflagen und Wünschen der Ereignisdienste aus folgenden Bestandteilen:

- Objektdatenblatt mit wesentlichen Angaben zum Objekt, spezifischen Gefährdungen und Ansprechpersonen des Unternehmens,
- Darstellung der Alarmierung interner und externer Stellen,
- Darstellung der innerbetrieblichen Verantwortlichkeiten und Maßnahmen zur Ereignisbewältigung,

- Umgebungs- und Zufahrtspläne mit Angriffs- und Rettungswegen,
- Geschosspläne, aus denen die bauliche Beschaffenheit, Flucht- und Rettungswege, Standort des Brandmeldetableaus, Bedienstellen von Rauch- und Wärmeabzugsanlagen, Löscheinrichtungen und Löschwasserentnahmestellen hervorgehen,
- Gefahren- und Entwässerungspläne,
- Angaben zu gelagerten Gefahrstoffen.

Hinweise zur konkreten Gestaltung für derartige Einsatzunterlagen finden sich auf den Internetseiten vieler deutscher Berufsfeuerwehren oder können bei den zuständigen Vollzugsbehörden erfragt werden. In der Schweiz existieren zudem diverse Leitfäden der einzelnen Kantone, die bei der Erstellung zu beachten sind. Grundsätzlich empfiehlt sich aber vor Beginn entsprechender Arbeiten immer die frühzeitige Kontaktaufnahme mit den für die Gefahrenabwehr auf dem Unternehmensgelände zuständigen Ereignisdiensten.

5.4.4   Unternehmensinterne Wach- und Sicherheitsdienste

Unternehmensinterne Wach- und Sicherheitsdienste stellen schließlich organisatorische Maßnahmen dar, die sowohl der Ereignisprävention als auch der Schadenminimierung im Ereignisfall dienen. Zu ihnen können ein eigener (oder fremdvergebener) Werkschutz zur Prävention und Abwehr krimineller Handlungen, eine Betriebs- oder Werkfeuerwehr bzw. ein betriebsärztlicher Dienst, ggf. inklusive Rettungsdienst, gezählt werden.

Der unternehmenseigene Werkschutz ist in der Regel zuständig für präventive und abwehrende Tätigkeiten im Bereich Security. Hauptsächliche Aufgabenfelder sind Streifengänge auf dem Unternehmensgelände bzw. in Gebäuden, die Bewachung von besonders gefährdeten Objekten (z. B. Exponate, Lager, Archive) oder Personen, Durchführung von Zutrittskontrollen und die Auswertung eventuell bestehender Videoüberwachung. Werkschutzmitarbeiter werden auch zur Erkundung bei Einbruch- und Überfallmeldealarmen sowie, sofern keine Werk- oder Betriebsfeuerwehr besteht, bei Alarmen der Brandmeldeanlage aufgeboten. Je nach Größe und Risiken des Unternehmens benötigt und betreibt der Werkschutz diverse baulich-technische Einrichtungen, etwa Pförtnerhäuschen oder eine Sicherheitsleitzentrale.

Werkschutzmaßnahmen werden oft an externe Dienstleister vergeben. Gerade bei rein kostenfixierten Vergabeentscheidungen ist später oft die Enttäuschung über mangelhafte Leistungen groß, da dem privaten Sicherheitsgewerbe immer noch und häufig auch berechtigterweise ein zweifelhafter Ruf anhaftet. Sowohl bei der Auswahl eines externen Sicherheitsdienstleisters als auch dem Aufbau eines eigenen Werkschutzes muss daher der ausreichenden Qualifikation und dem Werdegang der eingesetzten Mitarbeiter hohe Priorität eingeräumt werden. Dabei sind die Ausführungen aus Kapitel 1.5 zu beachten. Letztlich ist auch immer die Kontrolle des eingesetzten Werkschutzpersonals notwendig.

Betriebs- oder Werkfeuerwehren sind vergleichsweise selten anzutreffen. Unter Betriebsfeuerwehren versteht man dabei öffentlich-rechtlich nicht anerkannte Feuerwehren zum Schutz eines Unternehmens, denen in der Regel nur Aufgaben des abwehrenden Brandschutzes übertragen werden. Sie unterliegen in Deutschland nicht den Landesbrandschutzgesetzen und werden bei einem Ereignis immer von der nächstgelegenen öffentlichen Feuerwehr unterstützt. Demgegenüber handelt es sich bei Werkfeuerwehren um öffentlich-rechtlich anerkannte Feuerwehren, die auf dem Unternehmensgelände die öffentlich-rechtliche Aufgabe der Gefahrenabwehr zu erfüllen haben, in einigen deutschen Bundesländern sogar zu Aufgaben des vorbeugenden Brandschutzes verpflichtet sind und von der zuständigen Behörde anerkannt sein müssen. Sie müssen bezüglich Ausstattung und Ausbildung mindestens den Anforderungen an öffentliche Feuerwehren (exklusive der beamtenrechtlichen Vorschriften) entsprechen und sind bei Bedarf ergänzend unternehmensspezifisch auszurüsten bzw. auszubilden. Die öffentlichen Feuerwehren werden in Unternehmen mit Werkfeuerwehr nur aktiv, wenn sie ausdrücklich von der Werkfeuerwehr angefordert werden. Unternehmen können durch behördliche Auflagen (z. B. bei Flughäfen) zum Aufbau einer Werkfeuerwehr verpflichtet werden. Je nach Unternehmen werden den Werkfeuerwehren auch ergänzende Aufgaben des Werkschutzes oder Rettungsdienstes übertragen.

Der betriebsärztliche Dienst ist schließlich Bestandteil der unternehmerischen Gesundheitsvorsorge bzw. (je nach Unternehmen) medizinischen Notfallversorgung. Durch den Betriebsarzt werden gemäß Arbeitssicherheitsgesetz die Mitarbeiter des Unternehmens z. B. regelmäßig medizinisch untersucht, Impfungen durchgeführt und Erste-Hilfe-Maßnahmen geschult bzw. durchgeführt; grundsätzlich ist er für die Förderung und Erhaltung der Gesundheit der Mitarbeitenden zuständig. Anzahl und Einsatzzeiten der im Unternehmen benötigten Betriebsärzte ergeben sich risikospezifisch aus den Bestimmungen der Berufsgenossenschaften und der Unfallverhütungsvorschrift. In einigen Unternehmen ist dem betriebsärztlichen Dienst auch der werkseigene Rettungsdienst (zur präklinischen Notfallversorgung) zugeordnet. Die Anforderungen an Qualifikation und Ausstattung ergeben sich wiederum aus den Landesrettungsdienstgesetzen.

5.5 Integrale Sicherheitskonzepte

Durch die zuvor abgehandelten Handlungsfelder Safety, Security und übergeordnete organisatorische Maßnahmen sind weitestgehend alle Aspekte der Unternehmenssicherheit in der Maßnahmenplanung abgedeckt. Fraglich ist, neben Nutzen-/Aufwandüberlegungen zu den einzelnen Maßnahmen, in welcher Form die Maßnahmenplanung angegangen und dokumentiert werden soll.

In der Praxis wird bei der Planung von Sicherheitsmaßnahmen überwiegend der Struktur der obigen Unterkapitel gefolgt, indem zumeist detaillierte Einzelkonzepte zu den Themen Brandschutz, Security und organisatorische Maßnahmen erstellt werden. Diese Herangehensweise spiegelt dabei häufig auch die entsprechenden Organisationsstrukturen in der Betriebsphase wider: Größere Unternehmen teilen ihre Sicherheitsorganisation meistens in einen Brandschutz- und/oder Gefahrgutbeauftragten („Safety") und eine für Security-Belange zuständige Person auf (vgl. auch Kapitel 6.2).

Die bereits in der Planungsphase manifestierte Trennung von Sicherheitsaspekten mag in der Praxis aus organisatorischen Überlegungen oder aufgrund anbieterseitiger Strukturen auf dem Markt für Sicherheitsberatung durchaus ihre Berechtigung haben. Dennoch ist es durch die Komplexität und insbesondere die Interdependenzen zwischen den einzelnen Bereichen der Unternehmenssicherheit zumindest bei der Maßnahmenplanung unerlässlich, Unternehmenssicherheit gesamthaft zu betrachten. Ein solches Vorgehen, das auf der Erstellung von sog. integralen Sicherheitskonzepten bzw. Gesamtsicherheitskonzepten beruht (vgl. Box 29), ermöglicht häufig auch erst die zielgerichtete Umsetzung der geplanten Sicherheitsmaßnahmen im Betrieb.

Box 29: Integrale Sicherheitskonzepte (Definition)

Unter integralen Sicherheitskonzepten (oder Gesamtsicherheitskonzepten) versteht man unternehmerische Sicherheitskonzepte, die alle zur Begegnung der unternehmensrelevanten Gefährdungen zu ergreifenden Sicherheitsmaßnahmen unabhängig von ihrem Typ und Zweck behandeln. Sie können für die gesamte Maßnahmenplanung oder für einzelne Erarbeitungsstufen eingesetzt werden.

Grundsätzlich lassen sich zwei Arten integraler Sicherheitskonzepte unterscheiden:

- Integrale Sicherheitskonzepte als umfassende Einzeldokumente, in denen alle unternehmens- und objektspezifischen Maßnahmen detailliert dargestellt sind.
- Integrale Sicherheitskonzepte als Kopfdokumente, in denen sich nur übergeordnete Aussagen zu notwendigen Sicherheitsmaßnahmen finden.

Diese Maßnahmen werden wiederum in ergänzenden Konzepten dargestellt, die dem integralen Sicherheitskonzept eindeutig zu- und untergeordnet sind. Das Integrale Sicherheitskonzept legt allerdings bereits Inhalt und Vertiefungsgrad dieser ergänzenden Konzepte fest.

Nicht jede Art des integralen Sicherheitskonzepts eignet sich aufgrund spezifischer Vor- und Nachteile für alle Unternehmen. Einzeldokumente kommen vor allem bei Unternehmen bis zu einer gewissen Größe und Komplexität zum Einsatz, da sich die Fülle von benötigten Informationen ansonsten nicht in übersichtlicher Form strukturiert darstellen lässt. Für größere Unternehmen bzw. solche, die über eine sehr heterogene Risikolandschaft verfügen, werden integrale Sicherheitskonzepte in der Regel nur als Kopfdokumente erarbeitet. Der Vorteil von derartigen Kopfdokumenten liegt vor allem darin, dass im übergeordneten Konzept neben den Grundsätzen und Maßnahmenpaketen auch bereits auf die Unverträglichkeit einzelner Maßnahmen untereinander bzw. sonstige Interdependenzen eingegangen werden kann. Je komplexer und umfangreicher die zugehörigen, ergänzenden Konzepte aber werden, desto schwieriger ist auch die Erarbeitung eines aussagekräftigen Gesamtsicherheitskonzepts, sodass die Unternehmensgröße für integrale Sicherheitskonzepte per se einen limitierenden Faktor darstellt.

Die Zusammenfassung der unternehmensbezogenen Sicherheitsmaßnahmen in einem integralen Sicherheitskonzept stellt allerdings keinesfalls einen rein administrativen Schritt dar, sondern kann sowohl die Qualität als auch die Effizienz der gesamten Maßnahmenplanung (und auch der späteren Maßnahmenumsetzung) deutlich erhöhen. Meistens handelt es sich deshalb um eine richtungsweisende Grundsatzentscheidung, ob Maßnahmen zur Erhöhung der Unternehmenssicherheit im Rahmen der Erarbeitung eines Gesamtsicherheitskonzepts oder ausschließlich in einzelnen Teilkonzepten abgeleitet werden.

Die Qualität der Sicherheitsplanung wird im Wesentlichen durch die frühzeitige Erkennung und Berücksichtigung von Abhängigkeiten und insbesondere Unverträglichkeiten zwischen einzelnen Maßnahmen erhöht. Während bei der Erarbeitung von Einzelkonzepten mögliche Unverträglichkeiten zwischen den einzelnen Maßnahmen häufig erst bei Ausführung oder Inbetriebnahme offensichtlich werden, ermöglicht ein integrales Sicherheitskonzept diesen Erkenntnisgewinn bereits bei der Erarbeitung. Hierdurch können rechtzeitig Alternativmaßnahmen entwickelt, Probleme mit Bewilligungen oder kostenintensive, spätere Anpassungen vermieden werden. Box 30 verdeutlicht diesen Vorteil integraler Sicherheitskonzepte.

Box 30: Integrale Sicherheitskonzepte für Fußballstadien

Fußballstadien stellen aufgrund der verschiedenartigen, aber eng miteinander verknüpften Gefährdungen unterschiedlicher Genese ein sehr anspruchsvolles Feld der Sicherheitsplanung dar. Den Autoren sind einige Beispiele bekannt, bei denen die entsprechende Maßnahmenplanung aufgrund der weitgehend unabhängigen Konzepterstellung für die Bereiche Security und Safety suboptimale Ergebnisse lieferte und spätere Anpassungen notwendig machte.

Bei der Erstellung eines Stadionsicherheitskonzeptes müssen Aspekte aus dem Bereich Safety, insbesondere Brandschutz und Evakuierung bzw. Planung und Vorhaltung rettungsdienstlicher Mittel zur präklinischen Notfallversorgung, zwingend beachtet werden. Ebenso wichtig ist allerdings auch die Berücksichtigung einer ausreichenden Trennung von (rivalisierenden) Fangruppen sowie die präventive Verhinderung von möglichen Anschlägen auf die bei Spielbetrieb anwesende, große Personenmenge, beides klassische Fragestellung für Securitykonzepte. Mögliche Sicherheitsmaßnahmen sind jedoch ambivalent: Die Belange des Evakuierungskonzeptes verlangen nach breiten, jederzeit zugänglichen Fluchtwegen ohne Hindernisse, welche aus Securitygründen hingegen möglichst abgeschlossen und verriegelbar sein müssen, um Zu- und Austritte zu kontrollieren. Brandschutztechnisch ist wiederum z. B. eine möglichst weite Entfernung zu angrenzenden Eisenbahnanlagen mit Gefahrguttransporten anzustreben, der allerdings der Wunsch nach einer sofortigen Fanführung zur S-Bahn nach Spielenden (um Zusammenstöße zu vermeiden) entgegensteht. Auch die Ausstattung der Tribünen mit Feuerlöschern oder Defibrillatoren zur Notfallversorgung von Zuschauern ist vor dem Hintergrund des Missbrauchs zu hinterfragen.

In einem integralen Sicherheitskonzept können diese Unverträglichkeiten und gegenseitigen Abhängigkeiten erkannt und berücksichtig werden; Maßnahmen zur Entfluchtung, Fanführung und Ereignisbewältigung sind dann im Idealfall aufeinander abgestimmt und ermöglichen einen sicheren Spielbetrieb, ohne dass kompensatorische, organisatorische Maßnahmen mit ungünstigem Nutzen-/Aufwandverhältnis ergriffen werden müssen.

Durch die Erstellung eines integralen Sicherheitskonzepts wird zudem vermieden, dass sicherheitsrelevante Themenstellungen aufgrund unklarer Zuständigkeiten bei der Maßnahmenplanung vernachlässigt oder sogar vergessen werden. Schließlich führt die Erstellung und Umsetzung eines integralen Sicherheitskonzepts zu einer klaren Verantwortlichkeit, da der Verfasser des Konzepts einen Gesamtüberblick über Maßnahmen und eventuelle Sicherheitsdefizite haben sollte. Auch gegenüber Dritten, insbesondere Behörden oder nach Ereignissen, kann ein integrales Sicherheitskonzept als umfassendes Dokument, das die sicherheitsrelevanten Anstrengungen des Unternehmens dokumentiert, wertvoll sein.

Neben der Qualitätserhöhung dienen integrale Sicherheitskonzepte auch der Effizienzsteigerung der Sicherheitsplanung. Neben der Gefahr einer Vernachlässigung von sicherheitsrelevanten Fragestellungen durch die Erstellung unkoordinierter Einzelkonzepte werden bei einer getrennten Erarbeitung möglicherweise einzelne Themen auch mehrfach behandelt. Häufig kommt beispielsweise vor, dass spezifische Einzelkonzepte, etwa zur IT-Sicherheit, Anforderungen an technische Brandschutz- oder Security-Maßnahmen (z. B. Überwachung bestimmter Räume mit Brandmeldeanlage und Zutrittskontrollsystem) definieren, die auch in den jeweiligen Sicherheitskonzepten zu Brandschutz und Security enthalten sind. Neben möglichen Widersprüchen resultiert daraus planerischer Mehraufwand zu Lasten des Unternehmens, der bei der Erstellung eines integralen Sicherheitskonzepts vermieden werden kann. Weiterhin ermöglichen integrale Sicherheitskonzepte einen gesamthaften Überblick über die zu ergreifenden Sicherheitsmaßnahmen und erleichtern somit unter Anderem den Vergleich mit der Risikoanalyse für das Unternehmen oder die Ermittlung der vollständigen Kosten für Sicherheitsanlagen im Rahmen von Nutzen-/Aufwandüberlegungen.

Trotz der positiven Aspekte einer integralen Sicherheitsplanung ist allerdings für jedes Unternehmen bzw. Objekt kritisch zu hinterfragen, ob und in welcher Form ein integrales Sicherheitskonzept sinnvoll ist. Die Beantwortung dieser Fragen bzw. Art des integralen Sicherheitskonzepts hängt stark von den Eigenschaften des betrachteten Unternehmens und dem Erfahrungshintergrund des Verfassers ab:

- Die Erstellung eines integralen Sicherheitskonzepts erfordert bereits bei einem Unternehmen bzw. Objekt durchschnittlicher Größe ein sehr breites Wissen über gesetzliche Rahmenbedingungen, Stand der Technik und aktuelle Entwicklungen im Bereich der Sicherheitsmaßnahmen. Nur wenige Personen können ein derartiges Wissen auf sich vereinen, sodass latent die Gefahr falscher Prioritätensetzung (bei den Kernkompetenzen des Erstellers, die nicht notwendigerweise mit den größten Risiken korrespondieren müssen) besteht.
- Bei sehr komplexen Unternehmen und Objekten besteht die Gefahr, durch die Erarbeitung eines Dokuments den notwendigen Überblick über die notwendigen und getroffenen Maßnahmen zu verlieren. Der Unterhalt des Dokuments bzw. die Einarbeitung von Änderungen ist dann mit sehr hohem administrativem Aufwand verbunden. In diesen Fällen kann nur die Erstellung eines Kopfdokuments ernsthaft in Erwägung gezogen werden.

Aufgrund der vorgenannten Punkte ist bei der Maßnahmenplanung zunächst zwischen kleinen und mittleren Unternehmen (oder Objekten) einerseits bzw. großen Unternehmen andererseits zu differenzieren. Für den ersten Fall ist die Erarbeitung des integralen Sicherheitskonzepts in der Form eines Einzeldokuments anzustreben. Für größere Unternehmen oder Objekte empfiehlt sich wiederum, zunächst ein integrales Sicherheitskonzept als Kopfdokument zu erstellen, das Grundsätze und weiter notwendige Zusatzkonzepte (inkl. Inhalt und Vertiefungsgrad) definiert.

Schließlich sollte unabhängig von der Unternehmensgröße angestrebt werden, dass die Erstellung integraler Sicherheitskonzepte bzw. die gesamte Sicherheitsplanung möglichst aus einer Hand erfolgt; dies bezieht sowohl die Unternehmensseite als auch eventuell beauftragte Sicherheitsplaner ein. Nur dadurch kann, bei entsprechend qualifizierten Beteiligten, der Qualitäts- und Effizienzgewinn durch integrale Sicherheitsplanung tatsächlich realisiert werden. Sofern notwendiges Wissen für spezifische Abklärungen nicht vorhanden ist, was aufgrund der Komplexität sicherheitsrelevanter Fragestellungen sehr wahrscheinlich ist, müssen Experten der betroffenen Fachgebiete konsultiert werden. Die Koordination bzw. widerspruchsfreie Maßnahmenplanung über alle Gefährdungen und Handlungsfelder obliegt jedoch nichtsdestoweniger den Verantwortlichen für das integrale Sicherheitskonzept. Sie betreuen auch die Dokumentation aller planerischen Maßnahmen und legen somit den Grundstein für die in Kapitel 7.4 ausführlich dargestellte Sicherheitsdokumentation.

5.6   Nutzen-/Aufwand-Überlegungen

In den vorangegangenen Unterkapiteln wurden die notwendigen Maßnahmen zur Erhöhung der Unternehmenssicherheit überblickartig dargestellt. Idealerweise sind sie am Ende des Planungsprozesses in einem integralen Sicherheitskonzept oder einer ähnlich gelagerten Dokumentation dargestellt. Allerdings schließt sich an die Maßnahmenplanung in der Praxis in den seltensten Fällen direkt auch die Realisierung der Maßnahmen an. Vielmehr erfolgt, zumeist vor dem Hintergrund knapper finanzieller Ressourcen, die Überprüfung von Nutzen einerseits und direkten bzw. indirekten Kosten der Sicherheitsmaßnahmen andererseits im Rahmen von Nutzen-/Aufwand-Überlegungen.

Voraussetzung für einen aussagekräftigen Nutzen-/Aufwand-Vergleich ist zunächst die umfassende und realitätsgetreue Ermittlung bzw. Bewertung des aus Sicherheitsmaßnahmen resultierenden, unternehmerischen Nutzens. Dabei sind folgende Nutzenkomponenten in die Betrachtung einzubeziehen:

- Beitrag der Maßnahme zur Verhinderung bzw. Ausmaßminimierung sicherheitskritischer Ereignisse (direkter Nutzen).
- Ergänzend entstehender Nutzen der Maßnahme im Normalbetrieb.
- Ermöglichung von zusätzlichen Sicherheitsmaßnahmen, die auf die aktuell zu realisierende Maßnahme aufbauen (sog. Realoptionen).

Der direkte Nutzen einer Sicherheitsmaßnahme ergibt sich aus den Auswirkungen der Maßnahme auf die Risikolandschaft des Unternehmens. Eine Sicherheitsmaßnahme sollte nachweislich dazu führen, dass die Wahrscheinlichkeit eines sicherheitskritischen Ereignisses sinkt oder die entstehenden Schäden bei Eintritt dieser Ereignisse im Vergleich zum Status quo geringer sind. Grundsätzlich ist der Nachweis oder sogar die Quantifizierung dieses Nutzens schwierig, da sich in der Regel nur über längere Zeiträume oder anhand tatsächlicher Ereignisse feststellen lässt, ob Maßnahmen tatsächlich positive Auswirkungen haben. Aufgrund der häufig auftretenden Interdependenzen zwischen einzelnen Maßnahmen und Zufallseffekten gelingt aber selbst das nicht immer, sodass Ereignisstatistiken, Übungen oder die Auswertung von Realereignissen je nach Handlungsfeld bestenfalls Hinweise auf den möglichen Nutzen von Sicherheitsmaßnahmen geben können. Um trotzdem den direkten Nutzen abschätzen zu können, sind neben statistischen Auswertungen, sorgfältig geplanten Übungen oder Realversuchen deshalb Simulationsrechnungen oder vergleichbare Ingenieur-methoden denkbar. Sie eignen sich allerdings nur für bestimmte Themenstellungen, bei-spielsweise Evakuierungsmaßnahmen oder Ausbreitungsberechnungen. Gerade vor der erst-maligen Implementierung einer Maßnahme ist daher die Beschaffung und Auswertung von empirischen Daten oder Erfahrungsberichten aus anderen Unternehmen mit vergleichbaren Sicherheitsmaßnahmen und Risikostrukturen sinnvoll. Bei der Beschaffung dieser Daten können behördliche Beratungsstellen, die Versicherungen oder auch die Lieferanten von Sicherheitstechnik, deren Aussagen allerdings nie vollständig objektiv sein werden, behilf-lich sein. Je nach Bedeutung und Kosten der Maßnahme können auch externe Gutachten zu ihrer Effektivität eingeholt werden. Einfach fällt die Nutzenbewertung hingegen aus, wenn das Unternehmen gewünschte Tätigkeiten erst durchführen darf, wenn es über bestimmte Maßnahmen baulicher, technischer oder organisatorischer Art verfügt. Dies gilt beispielswei-se für die Nutzung von Gebäuden als Veranstaltungsort, die Sicherheitsauflagen für Sport-stätten bei Teilnahme an gewissen Ligen oder die Notwendigkeit eines Risikomanagements als Voraussetzung zum Aktienhandel.

Neben dem direkten, sicherheitsrelevanten Nutzen von Maßnahmen sind auch jene Nutzen-komponenten relevant, die sich auf den Nutzen für den Normalbetrieb beziehen. Derartiger Nutzen ergibt sich beispielsweise, wenn durch die Verwendung eines elektronischen Zutritt-kontrollsystems auch die betriebliche Zeiterfassung vereinfacht wird, die regelmäßige Durchführung von Softwareupdates im Rahmen der IT-Sicherheit positive Auswirkungen auf die Leistungsfähigkeit der IT-Infrastruktur hat oder erstellte Feuerwehreinsatzpläne auch durch das Facilitymanagement bei Instandhaltungsmaßnahmen genutzt werden können. Entsprechender Nutzen ist Entscheidungsträgern eines Unternehmens oftmals einfacher zu vermitteln als der direkte, sicherheitsrelevante Nutzen. Nicht nur deshalb sollte der Nutzen von Maßnahmen für den Normalbetrieb bereits bei der Planung von Sicherheitsmaßnahmen bedacht werden – mit ihm steigt in der Regel auch die Akzeptanz der Maßnahmen nach ihrer Umsetzung.

Schließlich sollte sich jede Nutzenbewertung von Maßnahmen nicht nur auf den Status quo, sondern auch auf die zukünftigen Entwicklungsmöglichkeiten beziehen. Hierzu gehört einer-seits die Überlegung, ob bestimmte Sicherheitsmaßnahmen besonders auf Risiken wirken, die während des Lebenszyklus der Maßnahmen mutmaßlich an Bedeutung gewinnen werden. Andererseits ist zu hinterfragen, ob die zu realisierenden Maßnahmen erweiterungsfähig sind und somit als „Realoption" aufgefasst werden können. Unter einer Realoption versteht man in Anlehnung an die aus der Finanzwirtschaft bekannte Optionstheorie, dass eine realwirt-schaftliche Investition (in eine Sicherheitsmaßnahme) durch die aus ihr resultierende Hand-lungsflexibilität zusätzlichen Nutzen generiert, der gegenüber einer Investition ohne Mög-lichkeit zu späterem Ausbau zu einer besseren Bewertung führt (vgl. Borison, 2001: 9–11). Beispielsweise kann der direkte Nutzen einer eigenen Überwachungszentrale für ein Unternehmensgelände zur Auswertung der Videoüberwachung durch Mitarbeiter des Facility-managements zunächst gering sein. Plant das Unternehmen allerdings den Ausbau des Stand-ortes, den Aufbau einer eigenen Wachdienstes und den Betrieb einer 24h-Betriebs-leitzentrale, ist mit der Realisierung der Überwachungszentrale bereits jetzt eine wesentliche Voraussetzung für diese Handlungsoption erfüllt. Laufen die Bilder hingegen zunächst bei einem externen Wachdienst auf, ist der direkte Nutzen möglicherweise höher, die Hand-lungsflexibilität aber deutlich eingeschränkt.

Ist der Nutzen einer Sicherheitsmaßnahme anhand der zuvor beschriebenen, drei Komponen-ten zumindest qualitativ ermittelt, sind die Möglichkeiten zur aussagekräftigen Quantifizie-rung in der Regel begrenzt. In den seltensten Fällen lässt sich der Nutzen einer Maßnahme monetär quantifizieren, weshalb wiederum ein Punktbewertungsverfahren, in dem die drei vorgenannten Kriterien mit unterschiedlicher Gewichtung einfließen, eine sinnvolle Ent-scheidungshilfe darstellt. Übergeordnet muss dabei festgehalten werden, ob eine Maßnahme grundsätzlich aufgrund gesetzlicher Bestimmungen notwendig ist, da die obige Nutzener-mittlung dann nur als ergänzende Betrachtung angesehen werden kann.

Auch der Aufwand bzw. die Kosten für Sicherheitsmaßnahmen müssen aufgeteilt nach di-rekten Kosten und indirekten Kosten bzw. unterschieden nach ihrer Fristigkeit (einmalige Ausgaben vs. langfristige Betriebskosten) realistisch betrachtet werden. Im Vergleich zur Nutzenermittlung gestaltet sich dies zumeist deutlich einfacher, ergeben sich die Kosten von Maßnahmen doch zumeist entweder aus entsprechenden Angeboten externer Unternehmen oder internen Kostenberechnungen. Allerdings empfiehlt sich auch hier eine sorgfältige Er-mittlung der direkten und indirekten Kosten von Sicherheitsmaßnahmen.

Direkte Kosten fallen durch die Initialisierung der Maßnahme, etwa durch die Beschaffung von Bauteilen und Komponenten, die Erarbeitung und Umsetzung entsprechender Organisa-tionsstrukturen oder die Einstellung von Personal an. Zur aussagekräftigen Ermittlung dieser Kosten ist es obligatorisch, auch die anfallenden Nebenkosten (etwa zusätzliche Baumaß-nahmen) zu berücksichtigen.

Ergänzend sind auch die indirekten Kosten der Maßnahmen zu ermitteln, die nicht unmittel-bar mit der Erstinvestition in die Sicherheitsmaßnahme anfallen, sondern sich über die Le-bensdauer ergeben. Dazu gehören zunächst die im unmittelbaren Zusammenhang mit der Maßnahme stehenden Betriebskosten, etwa für Wartungsverträge oder durch die permanente Beschäftigung von spezialisiertem Personal, beispielsweise einem Risikomanager. Häufig stehen die indirekten Kosten in einem inversen Verhältnis zu den direkten Kosten: Verzichtet man beispielsweise aufgrund des hohen Anschaffungspreises auf eine Betriebsfunkanlage und plant die Verwendung von Mobiltelefonen für Sicherheitsdienste und die Ereignisbewäl-tigung, ist von deutlich erhöhten Betriebskosten aufgrund der dauerhaft anfallenden Verbin-dungsgebühren auszugehen. Auch der erhöhte Mitarbeitereinsatz (z. B. wenn aufgrund des Verzichts auf bestimmte Sicherheitseinrichtungen allein arbeitende Mitarbeiter in bestimm-ten Bereichen nicht zulässig sind) kann zu erhöhten indirekten Kosten beitragen. Ihre realis-tische und vollständige Abschätzung ist daher für Nutzen-/Aufwand-Überlegungen zentral.

Sind Nutzen und Aufwand der geplanten Sicherheitsmaßnahmen ermittelt, ist der Vergleich dieser beiden Komponenten notwendig. Aufgrund der zumeist nichtmonetären Nutzenermittlung sind dafür Hilfsverfahren, beispielsweise das bereits angesprochene Punktbewertungs-verfahren (Nutzen und Kosten wird anhand möglichst genau beschriebener Zuordnungskriterien jeweils eine Zahl zugewiesen), zur Anwendung zu bringen. Sie können analog zu den in Kapitel 4 beschriebenen Verfahren zur Risikobewertung aufgebaut werden. Nach dem Nutzen-/Aufwand-Vergleich sollte sich im Ergebnis jede geplante Sicherheitsmaßnahme einer der folgenden vier Kategorien zuordnen lassen:

Gesetzlich vorgeschriebene Maßnahmen, die unabhängig von unternehmens- und objekt-spezifischen Nutzenüberlegungen ergriffen werden müssen. Bei diesen Maßnahmen ist darauf zu achten, dass der (zusätzliche) Nutzen für den Normalbetrieb möglichst hoch ist oder die notwendigen Maßnahmen zu minimalem Aufwand ergriffen werden. Dadurch lässt sich ein möglichst günstiges Nutzen-/Aufwand-Verhältnis erreichen. Sofern der Gesetzgeber dies zulässt, ist zudem möglicherweise der Verzicht auf Maßnahmen mit ungünstigem Nutzen-/Aufwand-Verhältnis und stattdessen die Realisierung kompensierender Maßnahmen, die unternehmerisch ein besseres Nutzen-/Aufwand-Verhältnis aufweisen, möglich.

Risikospezifische Maßnahmen, die nicht zwingend gesetzlich vorgeschrieben sind, bei denen der direkte Nutzen aus der Verbesserung der unternehmerischen Risikolandschaft den Aufwand jedoch übersteigt. Bei diesen Maßnahmen besteht erhöhter Gestaltungsspielraum zur Beeinflussung der Nutzenkomponente.

Betrieblich sinnvolle Maßnahmen, die nicht zwingend gesetzlich vorgeschrieben sind und bei denen der Nutzen den Aufwand übersteigt, im Gegensatz zu den risikospezifischen Maß-nahmen der wesentliche Nutzenbestandteil allerdings aus nicht sicherheitsrelevanten Nut-zenkomponenten oder Realoptionen generiert wird. Die Nutzen-/Aufwand-Überlegungen beziehen sich hier primär auf allgemeine betriebliche Abläufe im Normalbetrieb.

Nicht sinnvolle Maßnahmen, bei denen der Aufwand über dem Nutzen liegt und keine ge-setzliche Notwendigkeit zur Realisierung der Maßnahmen besteht. Solche Maßnahmen wer-den ausschließlich dann ergriffen, wenn aufgrund zukünftiger Entwicklungen erwartet wird, dass sich das Nutzen-/Aufwand-Verhältnis in absehbarer Zeit verändert und der Aufwand durch eine sofortige Realisierung verringert wird. Beispielsweise kann bei Planung und Bau eines Fußballstadions für einen unterklassigen Verein ein Sicherheitsniveau angestrebt wer-den, dass den UEFA-Bestimmungen genügt, da mit einem baldigen Aufstieg gerechnet wird. Bei derartigen Maßnahmen handelt es sich in der Regel aber um strategische Entscheidun-gen, die außerhalb der Sicherheitsplanung gefällt werden müssen.

Die vier Maßnahmenkategorien und das Vorgehen zur Zuordnung einzelner Maßnahmen sind in Abbildung 5.5 nochmals zusammenfassend dargestellt. Aus den vier Maßnahmenty-pen ergibt sich implizit auch eine Prioritätensetzung, da bei Ressourcenknappheit erst die gesetzlich vorgeschriebenen Maßnahmen, dann die risikospezifischen Maßnahmen und letzt-lich die betrieblich sinnvollen Maßnahmen realisiert werden sollten. Während der erste Punkt in der Regel unstrittig ist, besteht bezüglich der Rangfolge zwischen risikospezifischen Maßnahmen und betrieblich sinnvollen Maßnahmen aufgrund verschiedener Interessen häu-fig Dissens zwischen einzelnen Unternehmensbereichen. Neben dem Hinweis auf die Bedeu-tung der Unternehmenssicherheit (vgl. Kapitel 2) kann hier auch die vertiefte, möglichst quantitative Nutzen-/Aufwand-Bewertung der zur Debatte stehenden Maßnahmen innerhalb der einzelnen Maßnahmentypen zur Entscheidungsfindung hilfreich sein.

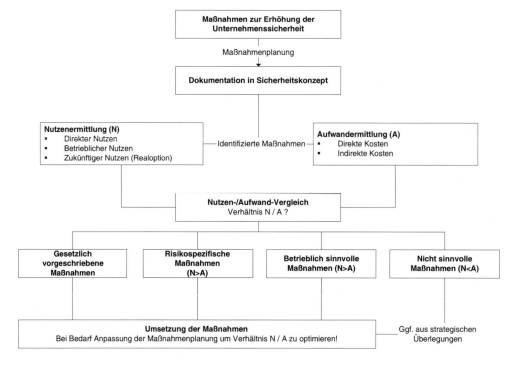

Abbildung 5.5   Vorgehen bei der Nutzen-/Aufwandermittlung der Sicherheitsmaßnahmen

Auf Basis der Nutzen-/Aufwand-Überlegungen kann die Maßnahmenplanung bzw. das aus ihr resultierende Sicherheitskonzept nochmals angepasst werden. Liegt das bereinigte Sicherheitskonzept dann vor, kann darauf aufbauend die Umsetzung der Sicherheitsmaßnahmen vollzogen werden.

6 Umsetzung der Sicherheitsmaßnahmen

6.1 Implementierung baulich-technischer Sicherheitsmaßnahmen

Die Planung der Sicherheitsmaßnahmen eines Unternehmens ist praktisch der erste Schritt ihrer Implementierung, da nur ein auf die risiko- und unternehmensspezifischen Gegebenheiten eingehendes Sicherheitskonzept erfolgreich umgesetzt werden kann. Unabhängig von der Art der Maßnahmen beginnt daher jede Implementierung mit verschiedenen Schritten der Maßnahmenplanung, auf denen wiederum die Ausführung und Inbetriebnahme basiert. Gerade bei den letztgenannten Implementierungsschritten ergeben sich allerdings gewisse Besonderheiten organisatorischer Maßnahmen, sodass die getrennte Betrachtung der Umsetzung baulich-technischer Maßnahmen einerseits und organisatorischer Maßnahmen andererseits geboten erscheint.

Die Planung und Implementierung von baulich-technischen Arbeiten, auch bezüglich Sicherheitsmaßnahmen, ist in Deutschland im sog. Leistungsbild der Honorarordnung für Architekten und Ingenieure (HOAI) systematisiert. Ihm gleichgestellt ist in der Schweiz das Leistungsmodell nach SIA-Ordnung 112, das ebenfalls einzelne Planungs- und Implementierungsschritte unterscheidet. Die HOAI und die entsprechenden SIA-Normen enthalten grundsätzlich preis- und vertragsrechtliche Vorschriften für Architekten- und Ingenieurleistungen; darin enthalten ist auch das vorgenannte Leistungsbild bzw. Leistungsmodell, mit dem die notwendigen Honorarleistungen je Leistungsphase abgegrenzt werden. Aufgrund des hohen Anteils baulich-technischer Maßnahmen an der Unternehmenssicherheit ist die Kenntnis und Berücksichtigung der einzelnen Leistungsphasen und ihrer Besonderheiten bezüglich Sicherheitsplanung obligatorisch. Zudem lässt sich anhand des Leistungsmodells auch das grundsätzliche Vorgehen bei der Planung und Implementierung von Sicherheitsmaßnahmen (im Wesentlichen auch inklusive organisatorischer Maßnahmen) verdeutlichen.

Die HOAI unterscheidet in ihrem § 15 (Leistungsbild Objektplanung für Gebäude, Freianlagen und raumbildende Ausbauten) insgesamt 9 Leistungsphasen, in denen jeweils sowohl bestimmte Grundleistungen als auch ergänzend mögliche, besondere Leistungen zusammengefasst sind. Die SIA 112 wiederum gliedert das Leistungsmodell in 6 Phasen bzw. 12 Teilphasen auf. Im Wesentlichen sind in beiden Konzepten jedoch, wie Tabelle 6.1 verdeutlicht, vergleichbare Tätigkeiten in ähnlicher Reihenfolge vorgesehen.

Leistungsphasen HOAI § 15	Leistungsphasen SIA 112	Teilleistungsphasen SIA 122
1. Grundlagenermittlung	1 Strategische Planung	11 Bedürfnisformulierung, Lösungsstrategien
2. Vorplanung	2 Vorstudien	21 Projektdefinition
		22 Auswahlverfahren
3. Entwurfsplanung	3 Projektierung	31 Vorprojekt
4. Genehmigungsplanung		32 Bauprojekt
		33 Bewilligungsverfahren
5. Ausführungsplanung	4 Ausschreibung	41 Ausschreibung, Angebotsvergleich, Vergabe
6. Vorbereitung der Vergabe		
7. Mitwirkung bei der Vergabe		
8. Objektüberwachung (Bau-überwachung)	5 Realisierung	51 Ausführungsprojekt
		52 Ausführung
9. Objektbetreuung und Doku-mentation		53 Inbetriebnahme, Abschluss
	6 Bewirtschaftung	61 Betrieb
		62 Erhaltung

Tabelle 6.1   Leistungsphasen nach HOAI § 15 / SIA 112

Zur grundsätzlichen Definition und den Inhalten der einzelnen Leistungsphasen sei auf die HOAI bzw. die SIA 112 verwiesen, in denen Leistungsbild bzw. Leistungsmodell ausführlich dargestellt und die einzelnen Tätigkeiten je Leistungsphase detailliert beschrieben sind. Für die Zwecke der Unternehmenssicherheit können die Leistungsphasen als Referenzmodell für die Planung und Implementierung von baulich-technischen, aber (mit Einschränkungen) auch organisatorischen Sicherheitsmaßnahmen verwendet werden. Sie vertiefen praktisch das in Kapitel 1.4 vorgestellte Prozessmodell der Unternehmenssicherheit bezüglich des 4. und 5. Schrittes. Im Folgenden werden daher die Inhalte der Sicherheitsplanung bzw. Maßnahmenimplementierung in den einzelnen Leistungsphasen dezidiert dargestellt. Aufgrund der nach Ansicht der Verfasser etwas besseren Eignung für diese Zwecke wird dabei der Logik der SIA 112 gefolgt; die anschließenden Ausführungen lassen sich allerdings ohne weiteres auch auf das Leistungsbild der HOAI übertragen.

Strategische Planung (bzw. Grundlagenermittlung)

Im Rahmen der strategischen Planung sollen die grundsätzlichen Bedürfnisse, Ziele und Rahmenbedingungen definiert werden. Im Rahmen der Sicherheitsplanung sind dazu grundsätzliche Überlegungen zu unternehmens- bzw. objektbezogenen Gefährdungen und Schutzzielen (Schritte 1–3 im Prozessmodell der Unternehmenssicherheit) zu zählen. Bei Bauprojekten müssen ergänzend grundsätzliche Fragen der Machbarkeit bezüglich Brandschutz, Erdbebensicherheit und Statik sowie ggf. Störfallvorsorge (raumplanerische Aspekte) berücksichtigt werden.

Vorstudien / Vorplanung

Die Vorplanung dient der Konkretisierung einer Projektidee. Bezüglich der Unternehmenssicherheit sind in dieser Phase weitere Abklärungen zur grundsätzlichen Machbarkeit des Projektes unter sicherheitstechnischen Gesichtspunkten (Brandschutz, Statik und Erdbebensicherheit, organisatorische Sicherheitsaspekte) notwendig. Daraus resultieren in der Regel erste relevante Anforderungen an Architekt und Fachplaner, die idealerweise Grobkostenschätzungen ermöglichen. Mit der Vorplanung beginnt Schritt 4 des Prozessmodells der Unternehmenssicherheit.

Projektierung (Entwurfs- und Genehmigungsplanung)
Die Projektierung beinhaltet die hauptsächlichen Planungsschritte eines Projekts und somit im Wesentlichen die sicherheitstechnische Maßnahmenplanung aus Schritt 4. Neben einem hohen Detaillierungsgrad der Sicherheitskonzepte zu Safety und Security sind auch aussagekräftige Kosten ermittelt und Nutzen-/Aufwandüberlegungen durchgeführt worden. Ein wesentlicher Aspekt ist zudem gerade im Bereich der Brandschutzplanung das notwendige, ordnungsrechtliche Bewilligungsverfahren.

Um die wichtige Phase der Projektierung detailliert darzustellen, wird im Folgenden auf die einzelnen Teilphasen nach SIA 112 eingegangen. Wie Abbildung 6.1 verdeutlicht, ist gerade in frühen Phasen der Projektierung (sog. Vorprojekt) der Umfang der Sicherheits- und insbesondere Brandschutzplanung typischerweise sehr groß.

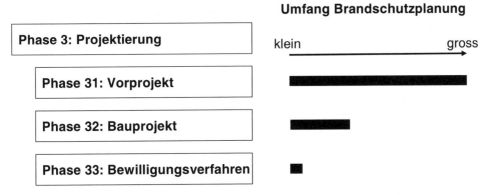

Abbildung 6.1   Umfang der Sicherheits- und Brandschutzplanung während der Projektierung

Im Vorprojekt werden die Schutzziele auf Ebene einzelner Konzepte konkret, qualitativ und quantitativ festgelegt. Dabei ist das gesetzliche Minimum ebenso zu berücksichtigen wie ggf. darüber hinausgehende Schutzziele aufgrund sonstiger, externer oder interner Einflussfaktoren. Die Schutzziele müssen mit den zuständigen Behörden (bzw. sonstigen Externen) abgestimmt werden, um verbindliche Grundlagen für die weitere Konzepterarbeitung zu erwirken. Darauf aufbauend werden die wesentlichen baulichen und technischen Maßnahmen (u.a. auch Vordimensionierung Entrauchung) in Abhängigkeit des Unternehmens, Gebäudetyps und der vorgesehenen Nutzungen, abgestimmt auf die organisatorischen Rahmenbedingungen, festgelegt. Diese letztgenannten organisatorischen Rahmenbedingungen ergeben sich sowohl exogen aufgrund der einschlägigen Unternehmenseigenschaften als auch endogen aus den vorgesehenen baulich-technischen Maßnahmen.

Im Bauprojekt werden die grundlegend im Vorprojekt erstellten baulich-technischen Sicherheitskonzepte aufgrund etwaiger Projektanpassungen oder im Rahmen von zwischenzeitlich möglichen Optimierungen überarbeitet. Auf dieser Basis kann ein aussagekräftiger Kostenvoranschlag erstellt werden. Die Erfahrung zeigt außerdem, dass eine Vorabstimmung der abschließenden Konzeptinhalte (Störfallvorsorge, Brand- und Explosionsschutz, Entrauchung, Pläne) mit den Behörden das Verfahren stark erleichtert und die Auflagen nachhaltig verkürzt.

Im Bewilligungsverfahren werden die erforderlichen Genehmigungen eingeholt; dies betrifft vor allem den Bereich Safety, ggf. aber auch datenschutzrechtliche Aspekte bezüglich Überwachung. In diesem Schritt müssen Sicherheitsplaner für Rückfragen zur Verfügung stehen und eventuell notwendige Klärungen herbeiführen. Zudem sind Anträge für objekt- oder unternehmensbezogene Einzelzulassungen zu stellen. Auf Basis der behördlichen Auflagen können die Sicherheitskonzepte bei Bedarf bereinigt bzw. angepasst werden.

Ausschreibung (Vorbereitung und Mitwirkung bei der Vergabe)
Bei der Ausschreibung und Vergabe von sicherheitstechnischen Leistungen werden die in der Projektierung definierten Konzepte in konkrete Anforderungen (und Mengengerüste) überführt und in den notwendigen Ausschreibungsunterlagen (insbesondere Leistungsverzeichnisse) dokumentiert. Mit der Ausschreibung beginnt daher die eigentliche, auf der Maßnahmenplanung basierende Umsetzung der Sicherheitsmaßnahmen. Bei ihr sind folgende Punkte gesondert zu beachten:

- Ausschreibungen dienen, sofern sie nicht aus wettbewerbsrechtlichen Gründen vorgeschrieben sind (in der Regel nur bei öffentlichen Aufträgen), zur Erhöhung des Anbieterwettbewerbs und zum Erhalt eines wirtschaftlich günstigen, unter Konkurrenz abgegebenen Angebots. Um dieses Ziel zu erreichen sind die Leistungsverzeichnisse so detailliert wie möglich zu gestalten. Um sich gerade im technischen Sicherheitsbereich rasch entwickelnde, innovative Produkte nicht von vornherein auszuschließen, empfiehlt sich die Vorgabe von funktionalen Anforderungen.
- Sofern Leistungen oder Produkte bestimmte Zertifizierungen oder sonstige eindeutige Voraussetzungen erfüllen müssen, ist dies zwingend zu benennen und hervorzuheben.
- Gerade bei Spezialprodukten oder Sonderanfertigungen empfiehlt sich die Durchführung eines Präqualifikationsverfahrens, um geeignete Anbieter vor der eigentlichen Preiseingabe auszuwählen.
- Grundsätzlich sind, neben den leistungs- und produktbezogenen Parametern, in Ausschreibungen auch immer die grundsätzlichen Merkmale (Firmengröße, Referenzen, Mitgliedschaften und Zertifizierungen etc.) der Lieferanten zu erheben und zu berücksichtigen. Hierbei ist auf eine Trennung von Parametern aus eventuellen Präqualifikationsverfahren und den eigentlichen Ausschreibungen zu achten.
- Bei der Vergabe von organisatorischen Sicherheitsleistungen gestaltet sich die Auswahl eines geeigneten Unternehmens oft schwierig, da es sich bei Dienstleistungen um sog. Erfahrungsgüter handelt, deren Qualität erst bei bzw. nach Inanspruchnahme beurteilt werden kann. Daher können die Anbieter fast nur anhand ihrer Referenzen, nicht jedoch anhand konkreter Produktmerkmale überprüft werden. Dies führt regional und überregional

teilweise zu monopolistischen Strukturen, da nur wenige Anbieter ausreichende Referenzaufträge vorweisen können und daher immer wieder zum Zug kommen.

Weiterhin ist bei der Vergabe von sicherheitsrelevanten Leistungen aus dem Bereich Security darauf zu achten, dass zum Schutz der Unternehmenssicherheit soviel Informationen wie nötig, aber auch so wenig unternehmensbezogene Details wie möglich Lieferanten zugänglich gemacht werden. Lässt sich die Informationsaufdeckung nicht vermeiden, empfiehlt sich ein mehrstufiges Verfahren, in dem der Kreis der teilnehmenden Lieferanten vorgängig eingegrenzt werden kann.

Im Bereich Safety werden Ausschreibungen in der Regel durch verschiedene Fachplaner (Elektro, Lüftung, Sanitär, auch Architektur) vorgenommen. Der Sicherheitsplaner muss ggf. die Konzeptkonformität der Ausschreibungsunterlagen prüfen; ebenso können Arbeiten im Rahmen von Angebotsprüfungen oder Prüfungen der Konzeptkonformität resp. Bewilligungsfähigkeit von Alternativvorschlägen (sog. Unternehmervarianten) anstehen. Eine umfassende Mitarbeit beim Angebotsvergleich und beim Vergabeantrag ist hingegen selten notwendig.

Grundsätzlich ist bei der Vergabe baulich-technischer Sicherheitsanlagen darauf zu achten, dass durch die Anzahl der beteiligten Lieferanten nicht erhebliche Schnittstellenprobleme auftreten, da sicherheitsrelevante Bauteile häufig in verschiedenen Gewerken zu finden, aber beispielsweise im Rahmen von (Brandfall-)Steuerungen vernetzt sind. In Verbindung mit dem Aspekt der Vertraulichkeit ist es deshalb häufig sinnvoll, die sicherheitsrelevanten Komponenten auf wenige Lieferanten zu verteilen.

Realisierung (Ausführungsplanung, Objekt- und Bauüberwachung)
Bei der Realisierung ist vor allem auf die konzeptkonforme Umsetzung der Maßnahmen zu achten. Dabei ist die Kontinuität auf Seite des Sicherheitsplaners wesentlicher Erfolgsfaktor, damit keine unerkannten Mängel entstehen und der Blick für die konzeptionellen Grundlagen nicht verloren geht. Bei der Realisierung sind insbesondere jene Komponenten und Leistungen zu überprüfen, die später von Dritten (Behörden, Versicherungen) abgenommen werden oder aufgrund einer Zertifizierung eine besondere Form des Einbaus bzw. der Installation erfordern. Grundsätzlich muss jede eventuelle Maßnahmenanpassung sorgfältig im Gesamtkontext hinterfragt sowie sauber und nachvollziehbar dokumentiert werden.

Die Realisierungsphase wird, wie bereits die Projektierungsphase, wiederum sinnvoll in drei Subphasen unterteilt, um die anstehenden Arbeiten besser gliedern zu können. Im Ausführungsprojekt werden zunächst die Konzepte des Bauprojekts nochmals auf Eignung und zwischenzeitlich notwendige Anpassungen überprüft und, sofern nötig, detailliert. Hierbei spielen oft produktbezogene Möglichkeiten und Wissen der Lieferanten eine nicht zu unterschätzende Rolle. Zudem sind Ausführungsdetails sicherheitstechnisch zu beurteilen (insbesondere Fassadendetails).

Während der Ausführung sind regelmäßige Begehungen auf der Baustelle, ggf. mit Behörden oder sonstigen Dritten, notwendig, um die konzeptkonforme Ausführung der einzelnen Maßnahmen sicherzustellen. Auch der Diebstahl-, Einbruch- und Brandschutz auf der Baustelle selbst ist adäquat zu berücksichtigen; dies gilt in erhöhtem Maße für die Arbeitssicherheit. Grundsätzliches Ziel während der Ausführung ist, bei der Abnahme keine Überraschungen vorzufinden. Häufig, gerade bei Großprojekten, sind auch Anpassungen vor Ort, je nach Maßnahmen auch in Absprache mit der Behörde oder Versicherung, notwendig.

Bei Begehungen der Baustelle empfiehlt es sich nach Erfahrung der Autoren unbedingt, immer schriftliche Protokolle (ergänzt mit Fotos und Plänen) anzufertigen und an alle Betroffenen zu versenden. Projektänderungen und/oder sicherheitstechnische Anfragen werden ergänzend idealerweise mit einem formalisierten System von Stellungnahmen abgearbeitet.

Mit Abschluss der Realisierung ist neben den anstehenden Abnahmen und Tests (v.a. integralen Tests) durch den Sicherheitsplaner nochmals zu prüfen, ob die Maßnahmen korrekt ausgeführt wurden, insbesondere korrekt aufeinander abgestimmt sind. Hierbei steht die Frage im Mittelpunkt, ob die drei Anforderungskreise Safety, Security und (folgende) organisatorische Maßnahmen wirklich ineinander greifen (können) und damit die höchstmögliche Sicherheit gemäß Schutzzieldefinition vorliegt (vgl. Abbildung 6.2).

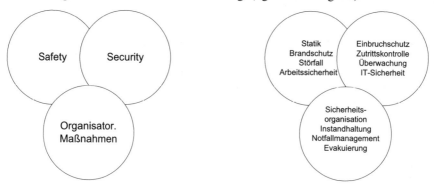

Abbildung 6.2   Überschneidung der einzelnen Maßnahmen des Sicherheitskonzepts

Bereits in der Abschlussphase werden die notwendigen Vorkehrungen für die Bewirtschaftung getroffen. Dazu zählen Anforderungen an den korrekten Betrieb und die richtige Wartung aller sicherheitstechnischen Gewerke, Anforderungen an die Notfall- und Evakuierungsorganisation, an das Verhalten bei baulichen, technischen oder organisatorischen Änderungen etc. Je nach Art, Umfang und Komplexität der Sicherheitsmaßnahmen sind vor der Inbetriebnahme umfangreiche Schulungsmaßnahmen, Tests und Übungen sowie eine Probebetriebsphase notwendig. Die Anlagen- und Funktionsbeschreibungen müssen zudem sowohl schriftlich als auch in elektronischer Form, in für einen Fachmann verständlicher Sprache, vorliegen. Zudem ist, je nach Produkt, die Wartungs- und Garantiefrage durch den Abschluss entsprechender Wartungsverträge zu lösen.

Bewirtschaftung

Im Rahmen der Bewirtschaftung wird zunächst, nach Inbetriebnahme, der Betrieb der Sicherheitsmaßnahmen sichergestellt und, bei Bedarf, optimiert. Das betreffende Projekt ist dabei vom Ersteller an das Unternehmen (bzw. die operativ tätigen Einheiten des Unternehmens) übergeben. Dieses ist nun dafür verantwortlich, dass die korrekt erstellten Sicherheitsmaßnahmen, Gebäude etc. auch richtig betrieben und unterhalten werden. Die entsprechenden Vorgaben wurden bereits während der Realisierung erstellt. Sofern notwendig, sind diese Vorgaben an die effektiv vorhandene Organisationsstruktur anzupassen (unter Einhaltung aller Schutzziele, ggf. ist eine Rücksprache mit Sicherheitsplanern oder Behörden notwendig).

Wesentliche Bedeutung kommt während der Bewirtschaftung dem Unterhalt der Sicherheitsmaßnahmen und somit der Aufrechterhaltung und Kontrolle der Unternehmenssicherheit zu; diesem Themenkreis wird sich aufgrund seiner Bedeutung allerdings im folgenden Kapitel 7 gesondert gewidmet. Bereits bei der ersten Inbetriebnahme ist aber zu berücksichtigen, dass neben den baulich-technischen Sicherheitsmaßnahmen auch die notwendigen organisatorischen Sicherheitsmaßnahmen zu ergreifen sind. Die Initialisierung dieser Maßnahmen lässt sich zwar ebenfalls den zuvor beschriebenen Leistungsphasen zuordnen, weist jedoch im Vergleich zu baulich-technischen Maßnahmen einige Besonderheiten auf. Hierzu gehört einerseits die Tatsache, dass mit dem grundlegenden Aufbau der Sicherheitsorganisation und ihrer Einbindung in das Unternehmen nicht nur eine wesentliche Determinante des unternehmensbezogenen Sicherheitsniveaus fixiert, sondern auch umfangreich in die Strukturen des Normalbetriebs eingegriffen wird. Andererseits basieren organisatorische Sicherheitsmaßnahmen zum größten Teil auf den Mitarbeitern des Unternehmens; der sog. „Faktor Mensch" im Sicherheitskonzept zeichnet sich allerdings durch verschiedene Spezifika aus, die Erfolg bzw. Misserfolg organisatorischer Maßnahmen wesentlich beeinflussen können.

In den folgenden Unterkapiteln wird sich daher, ergänzend zur grundsätzlich beschriebenen Verfahrensweise bei der Implementierung von Sicherheitsmaßnahmen, diesen Aspekten dezidiert gewidmet. Neben Überlegungen zur Implementierung organisatorischer Sicherheitsmaßnahmen erfolgt die detaillierte Auseinandersetzung mit menschlichen Verhaltensweisen, Stärken und Schwächen, welche die zielgerichtete Umsetzung und Aufrechterhaltung eines Sicherheitskonzepts erschweren, aber auch erleichtern können.

6.2   Implementierung organisatorischer Maßnahmen

6.2.1   Einbindung der Sicherheitsorganisation in das Unternehmen

Neben der Implementierung baulich-technischer Maßnahmen der Unternehmenssicherheit ist auch die Umsetzung der einschlägigen organisatorischen Maßnahmen notwendig. Bezüglich einiger organisatorischer Maßnahmen, etwa dem Aufbau eines Werkschutzes bzw. einer Werkfeuerwehr, ist eine Anlehnung an das oben beschriebene Leistungsmodell durchaus möglich. Andere organisatorische Maßnahmen wie Schulungen und Kontrollen werden mit der Inbetriebnahme erstmalig und danach periodisch wiederkehrend durchgeführt und sind deshalb in Kapitel 7 ausführlich beschrieben. Ihre Implementierung stellt in der Unternehmensrealität auch selten einen größeren Eingriff dar. Zentral ist hingegen der Aufbau einer Sicherheitsorganisation im Unternehmen, die alle sicherheitsrelevanten Tätigkeiten koordiniert und stark von der Normalorganisation abhängt. Die verschiedenen Organisationsformen der Unternehmenssicherheit sind in Box 31 dargestellt.

Box 31: Organisationsformen der Unternehmenssicherheit

Normalorganisation

Die Normalorganisation stellt den Normalbetrieb eines Unternehmens sicher. Sie besteht aus der von der Unternehmensführung vorgegebenen und dauerhaft umgesetzten Aufbauorganisation, an deren Spitze die Unternehmensführung steht. Die Aufgabenverteilung und Abteilungsgliederung, das System der Weisungsbefugnisse und das unternehmensinterne Kommunikationssystem sind definiert (vgl. Laux/Liermann, 2003: 179–181). Sicherheitsrelevante Überlegungen spielen für den Aufbau der Normalorganisation eine untergeordnete Rolle. Aus Sicht der Unternehmenssicherheit wird angestrebt, dass die Normalorganisation möglichst permanent aufrechterhalten werden kann.

Sicherheitsorganisation

Die Sicherheitsorganisation stellt im Normalbetrieb die Planung und Durchführung aller vorbeugenden Maßnahmen sicher. Sie übernimmt präventive Aufgaben und verantwortet die Wartung und Instandhaltung baulich-technischer Maßnahmen sowie die Durchführung der organisatorischen Sicherheitsmaßnahmen. Weiterhin ist die Sicherheitsorganisation für die Vorbereitung aller abwehrenden Maßnahmen im Ereignisfall zuständig, d. h. sie ist dafür besorgt, dass die Notfallorganisation jederzeit einsatzbereit ist. Wichtigste Aufgabe der Sicherheitsorganisation ist jedoch, sicherheitskritische Ereignisse möglichst zu verhindern. Die Sicherheitsorganisation ist Teil der Normalorganisation; ihre Aufgaben, die Angliederung im Unternehmen bzw. die Abteilungsgliederung der Sicherheitsorganisation und das spezifische System der Weisungsbefugnisse variieren zwischen einzelnen Unternehmen teilweise stark.

Notfallorganisation

Die Notfallorganisation löst bei einem sicherheitskritischen Ereignis, welches ein bestimmtes, durch das Unternehmen im Vorfeld zu definierendes Ausmaß übersteigt, die Normalorganisation ab und übernimmt die Führung. Die einzelnen Organe bzw. Mitglieder der Notfallorganisation sind dafür verantwortlich, dass das sicherheitskritische Ereignis und seine Folgen bewältigt werden und übergeben nach Abschluss ihrer Tätigkeiten den Betrieb wieder an die Normalorganisation. Die Notfallorganisation kann sich bezüglich des Systems der Weisungsbefugnisse sehr stark an die Normalorganisation anlehnen oder von dieser in erheblichem Maß abweichen. Leitende Mitglieder der Notfallorganisation üben in der Regel auch eine leitende Funktion in der Sicherheitsorganisation aus. Art und Anzahl der Organe der Notfallorganisation variieren je nach Unternehmen und unternehmensspezifischer Risikosituation stark. Aus Sicht der Unternehmenssicherheit wird angestrebt, dass die Notfallorganisation nur während kurzer Zeit eingesetzt wird.

Jedes Unternehmen, das sich ernsthaft mit seiner Sicherheit befasst, muss deshalb über eine seinen Strukturen und Risiken angemessene Sicherheitsorganisation verfügen. Diese Sicherheitsorganisation nimmt im Normalbetrieb des Unternehmens alle vorbereitenden und vorbeugenden, koordinierenden und instruierenden Aufgaben bezüglich der Unternehmenssicherheit wahr und stellt sicher, dass Ereignisse möglichst verhindert werden bzw. bei Eintritt effizient bewältigt werden können.

Die Normalorganisation und ihre Gestaltung ist in der Regel nicht Gegenstand der Unternehmenssicherheit. Nur in wenigen Hochrisikobereichen, etwa Kernkraftwerken oder militärischen Einrichtungen, richtet sich die gesamte Aufbau- und Ablauforganisation eines Unternehmens an Sicherheitsüberlegungen aus. Dann handelt es sich allerdings eher um eine Sicherheitsorganisation, die auch für die Durchführung des Normalbetriebs zuständig ist. Die Notfallorganisation wiederum kommt erst mit dem Eintritt eines sicherheitskritischen Ereignisses zum Tragen und ist nicht Bestandteil der Normalorganisation, die sie im Ereignisfall temporär ablöst. Dem gesamten Themenbereich der Notfall- und Krisenbewältigung (inkl. Aufbau der Notfallorganisation) widmet sich Kapitel 8 ausführlich.

Jedes Unternehmen steht bei der Planung und Implementierung der vorgesehenen Sicherheitsmaßnahmen somit vor der Frage, wie die Sicherheitsorganisation tatsächlich ausgestaltet und in das Unternehmen, also die Normalorganisation, eingebunden werden kann. Konkrete gesetzliche Anforderungen an die Sicherheitsorganisation sind dabei kaum zu beachten, da die meisten einschlägigen Vorschriften lediglich fordern, dass ein Sicherheitsverantwortlicher oder Sicherheitsbeauftragter vorhanden sein muss und die grundsätzlichen Aufgaben und Pflichten dieser Funktionsträger definieren. Weiter enthalten die meisten Normenwerke keine Anforderungen an die Sicherheitsorganisation des Unternehmens, die Ausgestaltung dieser Organisation obliegt somit mehrheitlich den Unternehmen selbst. Mitunter nehmen allerdings Dritte, beispielsweise Versicherungen oder im Rahmen von (Kredit- oder Bilanz-) Prüfungen beauftragte Sachverständige, zumindest partiell Einfluss.

Aus Sicht der Unternehmenssicherheit ist zur Prävention und Vorbereitung der effektiven Bekämpfung eventueller Ereignisse jedoch in den meisten Fällen eine umfassende und leistungsfähige Sicherheitsorganisation notwendig, die auf die unternehmensspezifischen Risiken, die ergriffenen baulich-technischen und organisatorischen Maßnahmen sowie die Gegebenheiten der Normalorganisation abgestimmt ist. Bei der in der Regel weitestgehend freien Gestaltung der eigenen Sicherheitsorganisation sind durch das betroffene Unternehmen daher folgende Grundsatzentscheidungen zu fällen:

- Welches grundsätzliche Modell der Sicherheitsorganisation bezüglich der Eingliederung ihrer Funktionsträger (haupt- oder nebenamtliche Tätigkeit) und ihres Aufbaus soll gewählt werden?
- Welche Organe bzw. Funktionen soll die Sicherheitsorganisation aufweisen und wie werden die Mitarbeiter bzw. Spezialisten unterschiedlicher Abteilungen (z. B. Facilitymanagement, IT, Interne Revision) in die Sicherheitsorganisation eingebunden?
- Welche weiteren organisatorischen Maßnahmen und Hilfsmittel sind für die Sicherheitsorganisation vorzuhalten?

Diese Fragestellungen werden in den folgenden Unterkapiteln abgehandelt. In der Unternehmensrealität müssen sie aufgrund ihrer teilweise erheblichen, gegenseitigen Abhängigkeiten immer ganzheitlich betrachtet werden, um eine auf das jeweilige Unternehmen und die konkrete Risikosituation passende Organisationsform zu gestalten.

6.2.2 Verschiedene Modelle der Sicherheitsorganisation

Zur Umsetzung der organisatorischen Maßnahmen muss durch das betroffene Unternehmen zunächst entschieden werden, welchem grundsätzlichen Modell die dafür zuständige Sicherheitsorganisation folgen soll. Dabei sind sowohl die unternehmensbezogenen Risiken und ergriffenen Maßnahmen der Unternehmenssicherheit als auch die aus der Sicherheitsorganisation resultierenden Kosten zu berücksichtigen. In der unternehmerischen Praxis sind im Wesentlichen drei Modelle der Sicherheitsorganisation verbreitet:

- nebenamtliches Modell,
- hauptamtliches Modell,
- Mischmodell.

Diese drei Modelle, ihre Besonderheiten bzw. Vor- und Nachteile sind im Folgenden überblickartig dargestellt.

Im *nebenamtlichen Modell* nehmen Funktionsträger der Normalorganisation anteilig auch Funktionen in der Sicherheitsorganisation wahr. Der Anteil dieser Arbeiten ist zumeist vergleichsweise gering, sodass eine oder mehrere hauptamtliche Kraft nicht ausreichend ausgelastet wären. In der Regel ist die Sicherheitsorganisation im nebenamtlichen Modell bezüglich Kompetenzen und Verantwortung an die Normalorganisation des Unternehmens angelehnt.

Das nebenamtliche Modell ist in jenen Unternehmen Usus, die über eine überschaubare Risikolandschaft ohne spezifische Risiken verfügen und bezüglich Mitarbeiterzahl, Umsatz bzw. Bilanzsumme als eher klein (gemäß den einschlägigen Definitionen der Handelsgesetzbücher) einzustufen sind. Die wesentlichen Vorteile des nebenamtlichen Modells liegen in den geringen Kosten sowie den aus der Normalorganisation resultierenden, eindeutigen Kompetenzen und Verantwortlichkeiten ihrer Funktionsträger. Als Nachteil ist jedoch die in diesem Modell implizierte, untergeordnete Bedeutung der Unternehmenssicherheit hervorzuheben.

Das hauptamtliche Modell integriert die Sicherheitsorganisation als eigene Organisationseinheit (Abteilung, Stab) in die Normalorganisation, wobei die Funktionsträger der Sicherheitsorganisation ausschließlich oder zumindest überwiegend für sicherheitsrelevante Tätigkeiten zuständig sind. Die übrigen Mitarbeiter des Unternehmens sind, abgesehen vom gebotenen sicherheitsgerechten Verhalten zur Verhinderung und Bekämpfung von Ereignissen, kaum in die Sicherheitsorganisation eingebunden.

Ein rein hauptamtliches Modell findet sich nur in wenigen, meistens größeren Unternehmen mit speziellem Risikoprofil. Die Sicherheitsorganisation hat dann häufig auch eine eher koordinierende und beratende Funktion, Kompetenzen zur Durchsetzung von Maßnahmen liegen bei der Normalorganisation. Der große Vorteil einer hauptamtlichen Sicherheitsorganisation liegt in der qualifizierten und umfassenden Berücksichtigung sicherheitsrelevanter Fragestellungen; als nachteilig sind häufig auftretende Reibungsverluste zwischen der Normal- und der Sicherheitsorganisation aufgrund ihrer Entkopplung und daraus resultierender unklarer Zuständigkeiten und Kompetenzen aufzuführen.

Aufgrund der jeweiligen Nachteile der beiden Modelle verbinden die meisten Unternehmen haupt- und nebenamtliches Modell im Rahmen eines *Mischmodells* mit sowohl haupt- als auch nebenamtlichen Funktionsträgern. Dabei werden wesentliche Funktionen der Sicherheitsorganisation, insbesondere die fachliche Leitung, durch hauptamtliche Funktionsträger wahrgenommen, denen häufig ebenfalls hauptamtliche Spezialisten für einzelne Bereiche oder sogar Spezialabteilungen innerhalb der Sicherheitsorganisation zugeordnet sind. Die weiteren Aufgaben der Sicherheitsorganisation werden hingegen, wie Abbildung 6.3 beispielhaft verdeutlicht, durch nebenamtliche Funktionsträger übernommen. In dem Organigramm eines fiktiven Industrieparkbetreibers sind die nebenamtlichen Funktionen kursiv, die hauptamtlichen Funktionen im Normaldruck hervorgehoben.

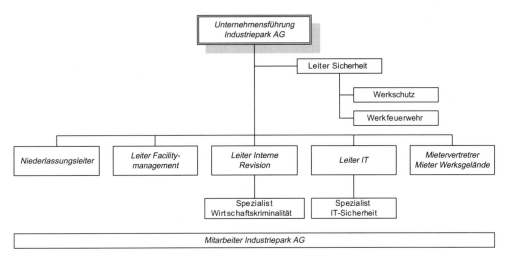

Abbildung 6.3   Sicherheitsorganisation im Mischmodell (Beispiel)

Mischmodelle sind aufgrund begrenzter finanzieller und personeller Ressourcen weit verbreitet. Bei sorgfältiger Ausgestaltung können sie zur effizienten und effektiven Ereignisprävention beitragen, in dem sowohl auf das fachspezifische Wissen der hauptamtlichen Mitarbeiter als auch die Unterstützung der nebenamtlichen Funktionsträger zurückgegriffen wird. Nachteilig sind hingegen die in der Realität häufig zu beobachtenden Konflikte zwischen haupt- und nebenamtlichen Funktionsträgern und die aus unterschiedlichen Hierarchiepositionen der Mitarbeiter dieser beiden Gruppen resultierenden, unklaren Zuständigkeiten und insbesondere Verantwortlichkeiten. Neben der Entscheidung für ein grundsätzliches Modell der Sicherheitsorganisation muss daher auch festgelegt werden, welche Organe und Funktionen in dieser Sicherheitsorganisation vertreten sind und mit welchen Verantwortlichkeiten, Zuständigkeiten und Kompetenzen jede einzelne Position ausgestattet ist.

6.2.3   Organe und Funktionen der Sicherheitsorganisation

Umfang und Möglichkeiten der Sicherheitsorganisation werden wesentlich durch ihre einzelnen Organe sowie deren Funktionen determiniert. Diese Kriterien der Organisationsgestaltung hängen wiederum sehr stark mit den Unternehmenscharakteristika und dem gewählten Modell der Sicherheitsorganisation zusammen. Nichtsdestoweniger lässt sich in allgemein gültiger Form formulieren, welche Organe eine Sicherheitsorganisation grundsätzlich aufweisen sollte und welche Funktionen (d. h. Verantwortlichkeiten, Zuständigkeiten und Kompetenzen) ihnen zukommen. Die grundsätzliche hierarchische Struktur bzw. der Umfang der Sicherheitsorganisation ergibt sich dabei beispielhaft aus der obigen Abbildung 6.3. Im Folgenden sind die einzelnen Organe detailliert beschrieben.

Die *Unternehmensführung* ist für die grundsätzliche Sicherheits- und Risikopolitik des Unternehmens verantwortlich. Auch wenn sie konzeptionelle und operative Tätigkeiten an den Leiter der Sicherheitsorganisation delegiert hat, ist sie auch für die Sicherheitsorganisation, insbesondere ihre personelle und finanzielle Ausstattung, zuständig. Diese Zuständigkeit beschränkt sich allerdings in der Praxis mehrheitlich auf Delegation und Kontrolle der sicherheitsrelevanten Aufgaben. Aufgrund der uneingeschränkten Weisungsrechte der Unternehmensführung innerhalb des Unternehmens setzt sie sicherheitsrelevante Weisungen etc. in Kraft und kann bei nichtsicherheitsgerechtem Verhalten Disziplinarmaßnahmen ergreifen.

Der *Leiter Sicherheitsorganisation* ist für die Koordination aller vorbeugenden Maßnahmen, ihre Durchführung sowie den Unterhalt bzw. die Sicherstellung der baulichen, technischen und organisatorischen Sicherheitsmaßnahmen fachlich verantwortlich. Er verfolgt die Bedrohungslage für das Unternehmen und ermittelt ggf. notwendige Anpassungen am Sicherheitskonzept. Für seine Tätigkeiten stellt er ein Budget zuhanden der Unternehmensführung auf und berichtet dieser regelmäßig. In der Regel hat der Leiter Sicherheitsorganisation keine weitgehenden Kompetenzen; häufig handelt es sich im Unternehmen um eine nur beratend und koordinierend tätige Stabsstelle. Die konkrete Umsetzung der Sicherheitsmaßnahmen liegt aufgrund ihrer Weisungsbefugnisse bei den entsprechenden Hierarchiepositionen (Leiter der Organisationseinheiten) der Normalorganisation. Bereits mittlere Unternehmen trennen zudem die Position des Leiters Sicherheitsorganisation in einen Leiter Safey (oder Health, Safety and Environment, HSE) bzw. einen Leiter Security auf. In diesem Fall ist die genaue Zuordnung von Zuständigkeiten sowie fachlicher Verantwortung und Entscheidungskompetenz unabdingbar, um die Abhängigkeiten zwischen den beiden Themengebieten ausreichend berücksichtigt zu wissen. Nur dann werden auch übergeordnete Themen, etwa im Kontext des Notfall- und Krisenmanagements, adäquat berücksichtigt und bearbeitet.

Dem Leiter Sicherheitsorganisation im Beispiel direkt zugeordnet sind die einzelnen *Fachspezialisten und Fachbereiche* der Sicherheitsorganisation. Hierzu gehören gegebenenfalls der Werkschutz und die Werkfeuerwehr, Brandschutz- oder Gefahrgutbeauftragter sowie Spezialisten für IT-Sicherheit, Wirtschaftskriminalität etc. Sie sind für die ihnen zugewiesenen Spezialgebiete der Ereignisprävention zuständig, verfolgen die diesbezügliche Bedrohungslage und koordinieren die fachspezifischen Maßnahmen in ihrem Zuständigkeitsbereich.

In den seltensten Fällen handelt es sich bei den Fachspezialisten um hauptamtlich tätige, hierarchisch direkt dem Leiter der Sicherheitsorganisation unterstellte Mitarbeiter, die ausschließlich für sicherheitsrelevante Fragestellungen zuständig sind und gemeinsam mit dem Leiter Sicherheitsorganisation eine Sicherheitsabteilung in der Normalorganisation bilden. Der Aufbau entsprechender Strukturen ist äußerst personal- und kostenintensiv und daher nur für solche Unternehmen lohnend, die über eine ausreichende Größe und ein entsprechendes Risikoprofil verfügen. Bei derartigen Strukturen ist zudem sicherzustellen, dass die durch die Spezialisten der Sicherheitsabteilung erarbeiteten Konzepte und Maßnahmen in den einzelnen Organisationseinheiten der Normalorganisation tatsächlich umgesetzt werden. Umgekehrt muss gewährleistet werden, dass die notwendigen Informationen aus dem operativen Betrieb des Unternehmens (z. B. über sicherheitskritische Zustände oder Maßnahmeneffektivität) auch bis zu den Fachspezialisten der Sicherheitsabteilung gelangen. In der Praxis findet sich daher leider häufig der Fall einer weitestgehend entkoppelten Koexistenz von Sicherheitsabteilung einerseits und Fachbereichen bzw. Spezialisten der übrigen Normalorganisation andererseits.

In vielen Unternehmen verbreitet ist aufgrund des Ressourcenbedarfs und der kurz skizzierten Nachteile der vorgenannten Struktur die direkte und nebenamtliche Einbindung von Mitarbeitern der einzelnen Fachabteilungen (z. B. Interne Revision, IT, Facilitymanagement etc.) in die Sicherheitsorganisation. Für jede benötigte Fachabteilung nimmt ein entsprechend qualifizierter Mitarbeiter die fachspezifischen Aufgaben in der Sicherheitsorganisation wahr und steht dem Leiter Sicherheitsorganisation für einschlägige Abklärungen und Arbeiten zur Verfügung. Die Eingliederung in die Sicherheitsorganisation erfolgt entweder fallweise auf Initiative des Leiters Sicherheitsorganisation bzw. des Fachspezialisten oder ist durch regelmäßige Sitzungen bzw. periodische Informationspflichten institutionalisiert. Die beschriebene Struktur wird häufig in kleineren Unternehmen mit überschaubarer Risikolandschaft angewendet. Vorteilhaft ist, neben finanziellen Aspekten, die direkte Einbindung des Fachspezialisten in die Normalorganisation bzw. Fachabteilung, sodass die Gefahr organisatorischer Parallelitäten und eines etwaigen Informationsverlusts durch Kommunikationsprobleme minimiert wird. Allerdings stoßen die nur nebenamtlich für Sicherheitsbelange zuständigen Mitarbeiter besonders dann an ihre Kapazitäts- und Wissensgrenzen, wenn sie umfangreiche und schnellem (technologischem) Wandel unterliegende Gefahren und Maßnahmen abdecken sollen.

Als Verbindung der beiden vorgenannten Strukturen praktizieren einige Unternehmen daher ein Modell zur Einbindung von Spezialisten, das die Ernennung eines quasi hauptamtlichen Sicherheitsspezialisten in der betroffenen Fachabteilung vorsieht, der aber nicht dem Leiter der Sicherheitsorganisation sondern „seinem" Vorgesetzten hierarchisch zugeordnet ist. Hierzu sind beispielsweise Mitarbeiter der IT-Abteilung, die sich überwiegend um Sicherheitsbelange kümmern, oder Mitarbeiter der internen Revision mit Arbeitsschwerpunkt Wirtschaftskriminalität zu zählen. Neben der Möglichkeit zum umfangreichen Kompetenzaufbau (gegenüber dem nebenamtlichen Spezialisten) wird auch die Eingliederung und somit der

Informationsaustauch mit den übrigen Mitarbeitern der Fachabteilung erleichtert. Allerdings basiert diese Organisationsgestaltung auf einem regelmäßigen Informationsaustausch zwischen Spezialisten und Leiter Sicherheitsorganisation, damit die einzelnen Personen bzw. durch sie vertretenen Fachbereiche nicht völlig voneinander entkoppelt sind.

Die *Leiter der einzelnen Organisationseinheiten* (z. B. Hauptabteilungen, Niederlassungen, Produktionsstätten oder Gebäude) sind in der Regel nebenamtlich zuständig für die Sicherheitsbelange in ihrer Organisationseinheit und setzen die vom Leiter Sicherheitsorganisation vorgesehenen Maßnahmen um. Je nach Größe und Risikolandschaft der von ihnen verantworteten Organisationseinheit können sie diese Aufgabe auch an einen neben- oder hauptamtlich tätigen Mitarbeiter ausdifferenzieren; die obigen Aussagen zur Einbindung der Fachspezialisten gelten dann bezüglich dieses Personenkreises sinngemäß. Auch bei Bezeichnung eines zuständigen Mitarbeiters bleiben die Leiter der Organisationseinheiten (bzw. die ihnen hierarchisch untergeordneten Mitarbeiter, z. B. Teamleiter) aufgrund ihrer Weisungsbefugnisse in der Normalorganisation für die Maßnahmenumsetzung und den sicheren Betrieb verantwortlich, sie werden allenfalls fachlich unterstützt. Da in der Regel kein direktes Hierarchieverhältnis zwischen dem Leiter der Sicherheitsorganisation und den Leitern der einzelnen Organisationseinheiten besteht, muss die Pflicht zur Umsetzung von Sicherheitsmaßnahmen und zu ähnlich gelagerten, mitunter unproduktiven Tätigkeiten im Rahmen der Ereignisprävention durch letztgenannte Mitarbeiter entweder in den entsprechenden Arbeitsverträgen fixiert oder durch die Unternehmensführung durchgesetzt werden. In der Unternehmensrealität begrenzt dies häufig den Kooperationswillen der Leiter der einzelnen Organisationseinheiten.

Je nach Geschäftsprozessen und Leistungen eines Unternehmens ist auch die *Integration Dritter* in die Sicherheitsorganisation notwendig. Dazu können beispielsweise Mieter, Nutzer von Einrichtungen des Unternehmens (etwa Netznutzer bei Eisenbahn-Infrastukturbetreibern), Zulieferbetriebe, Händler oder Logistikunternehmen gehören. Sie müssen eine für Sicherheitsbelange verantwortliche Person benennen und entsenden, die sicherheitsrelevante Anforderungen ihres Arbeitgebers mit denen des betrachteten Unternehmens abgleicht und für die Maßnahmenumsetzung in ihrem Einflussbereich zumindest gegenüber dem Leiter Sicherheitsorganisation verantwortlich ist. Wie die konkreten Organisationsstrukturen bezüglich Umsetzung im dritten Unternehmen sind, ist dabei zunächst vernachlässigbar. Da aufgrund der unterschiedlichen Arbeitgeber kein Weisungsrecht auf Ebene der Mitarbeiter existiert, muss in Verträgen mit Dritten möglichst genau fixiert werden, welche Pflichten, Zuständigkeiten und Kompetenzen jeweils bei den Vertretern der Vertragsparteien in der Sicherheitsorganisation liegen. Kritische Punkte sind dabei häufig die Aufdeckung von Informationen, etwa aus Unternehmensstatistiken, und die Abläufe bei der Behebung sicherheitsrelevanter Mängel. Selbst bei vermeintlich einfachen Sachverhalten empfiehlt sich daher bei der Vertragsgestaltung oft die Konsultation eines erfahrenen Juristen.

Die *Mitarbeiter* eines Unternehmens (und ggf. dritter Unternehmen) sind nebenamtlich in die Sicherheitsorganisation einzubinden. Sie müssen regelmäßig an Schulungen und Übungen zu sicherheitsgerechtem Verhalten teilnehmen, die einschlägigen Anweisungen der übergeordneten Stellen der Sicherheitsorganisation umsetzen und im Rahmen ihrer Möglichkeiten sicherheitskritische Zustände erkennen, beseitigen und melden. Eventuell werden ihnen auch besondere Aufgaben, etwa als Sammelplatzleiter, Betriebsnothelfer oder Mitglied der Betriebsfeuerwehr übertragen.

Die aufgeführten Organe und Funktionen stellen das Grundgerüst einer Sicherheitsorganisation dar. Für jedes Unternehmen oder Objekt muss jedoch individuell festgehalten werden, wie die Sicherheitsorganisation tatsächlich ausgestaltet sein soll, welche Funktionen und Verantwortlichkeiten vergeben werden und welche Leistungen ggf. durch Dritte erbracht werden können, die als Fremdfirmen in die Sicherheitsorganisation eingebunden sind. Zunehmend werden in diesem Zusammenhang auch externe Spezialisten mit einem dauerhaften Beratungsmandat ausgestattet, die den internen Leiter Sicherheitsorganisation entweder unterstützen oder sogar komplett ablösen. Bei diesem Modell ist positiv, dass keine Fix- oder Opportunitätskosten für das eigene Personal anfallen sowie unternehmensübergreifendes Expertenwissen verfüg- und nutzbar gemacht werden kann. Gerade bei einer dünnen Personaldecke des betroffenen Unternehmens ist zudem das Ausfallrisiko deutlich geringer. Je nach Mandat und beauftragtem Beratungsunternehmen verringert sich zudem das Haftungsrisiko des Unternehmens. Vor dem Hintergrund der in Kapitel 1 bereits beschriebenen Problematik sogenannter Sicherheitsberater und ihrer schwer zu überprüfenden Qualifikation sind jedoch auch einige Nachteile zu bedenken: Einerseits kann die Qualität des Mandatsträgers aufgrund des vergleichsweise seltenen Kontakts und der Art der erbrachten Leistungen nur schwer überprüft werden. Dies ist insbesondere in Verbindung mit dem mit Beraterverträgen immer einhergehenden Informationsabfluss kritisch zu beurteilen. Schließlich verfügt ein externer Berater auch nicht über die spezifischen Unternehmensinformationen, die eigene Mitarbeiter in ihre Überlegungen und Einschätzungen einfließen lassen können. Ob sich die dauerhafte Beauftragung eines oder mehrerer externer Berater als Bestandteil der Sicherheitsorganisation positiv auswirkt, kann daher nicht allgemeingültig beantwortet werden. Die Einschätzung hängt daher von der Qualität und Qualifikation des ins Auge gefassten Beraters in Verhältnis zu den intern bei realistischer Betrachtungsweise vorhandenen Ressourcen und Qualifikationen ab. In Verbindung mit finanziellen Überlegungen kann aus diesen Einflussfaktoren unternehmensbezogen ein sehr günstiges, aber auch ein eher ungünstiges Nutzen-/ Aufwand-Verhältnis resultieren.

6.2.4 Implementierung weiterer organisatorischer Maßnahmen

Neben dem Aufbau einer zweckdienlichen Sicherheitsorganisation ist die Implementierung weiterer organisatorischer Maßnahmen, wie anfangs bereits erwähnt, ebenfalls notwendig. Neben der Erarbeitung und Verabschiedung der in Kapitel 5.4 beschriebenen Richtlinien und Konzepte sowie der Durchführung von Schulungs- und Übungsmaßnahmen (vgl. Kapitel 7) müssen die Notfall- und Krisenbewältigung bereits im Normalbetrieb vorbereitet sein. Die entsprechend notwendigen Tätigkeiten sowohl vor als auch während und nach einem Ereignis sind in Kapitel 8 gebündelt beschrieben.

Letztlich ist überdies zu klären, über welche Hilfsmittel die Sicherheitsorganisation des Unternehmens verfügen soll. Dabei kann unterschieden werden zwischen:

- baulichen Hilfsmitteln, insbesondere notwendige Räumlichkeiten,
- technischen Hilfsmitteln, insbesondere Leit- und Gefahrenmanagementsysteme, Funkanlagen, Fahrzeuge etc.,
- organisatorischen Hilfsmitteln, d. h. Checklisten, Vorlagen, Telefonlisten etc.

Diese Hilfsmittel müssen mit Implementierung der Sicherheitsorganisation funktions- und einsatzfähig vorliegen, damit diese ihren Aufgaben von Anfang an seriös nachkommen kann. Sie sind daher im Folgenden beschrieben.

Die *baulichen Hilfsmittel* bestehen zumeist ausschließlich aus den Räumlichkeiten zur Unterbringung der Mitglieder der Sicherheitsorganisation bzw. der benötigten technischen Hilfsmittel. Bei einer überwiegend nebenamtlich organisierten Sicherheitsorganisation sind, sofern keine Fahrzeuge, etwa einer nebenamtlichen Betriebsfeuerwehr, vorgehalten werden, wenig bauliche Hilfsmittel nötig, da die Mitglieder an ihren üblichen Arbeitsplätzen bereits mit Büroräumlichkeiten versorgt sind. Bei einer hauptamtlich orientierten Sicherheitsorganisation (oder dauerhaft extern beigezogenen Kräften) ist von einem deutlich höheren Bedarf auszugehen, da neben den einzelnen Büros auch noch Besprechungsräume, Lager etc. vorgehalten werden müssen. Je nach Anzahl der hauptamtlichen Kräfte und ihrem Tätigkeitsbereich bzw. den dazu benötigten technischen Hilfsmitteln ist ggf. sogar der Bezug eines eigenen Gebäudes (bzw. einer Wache) anzustreben.

Die Räumlichkeiten der Sicherheitsorganisation sind gemäß ihrer späteren Nutzung auszustatten. Dies schließt entsprechende Objektschutzmaßnahmen ein, wenn, wovon auszugehen ist, sicherheitskritische Informationen oder Anlagen in diesen Räumlichkeiten untergebracht sind. Aus diesem Grund empfiehlt es sich auch, Technikräume sowie Lager und Archive, die von der Sicherheitsorganisation genutzt werden, von sonstigen Räumen vergleichbarer Funktion zu trennen. Schließlich ist für die Bestimmung der baulichen Hilfsmittel auch die Frage relevant, ob eine eigene Sicherheits- oder Betriebsleitzentrale vorgehalten wird.

Die *technischen Hilfsmittel* der Sicherheitsorganisation bestehen zunächst aus den technischen Sicherheitsmaßnahmen zur Erhöhung von Safety und Security, den zu ihrem Betrieb notwendigen Informations- und Kommunikationssystemen (insbesondere Gebäude- und Sicherheitsleitsysteme, Alarmübermittlungseinrichtungen sowie Betriebsfunkanlagen), der technischen Ausstattung einer ggf. selbst betriebenen Sicherheitsleitzentrale und den möglicherweise benötigten Fahrzeugen der Sicherheitsorganisation. Je nach Unternehmen, relevanten Risiken und Aufgaben der Sicherheitsorganisation können weitere, umfangreiche technische Hilfsmittel (z. B. feuerwehrtechnisches Gerät, Waffen, geheimdienstliche Ausstattung etc.) hinzukommen. Bei der Beschaffung und Vorhaltung dieser Hilfsmittel ist immer zu prüfen, ob die avisierten Mittel zur Erreichung der Schutzziele tatsächlich gebraucht werden, welche Anforderungen an Anzahl und Qualifikation der Mitglieder der Sicherheitsorganisation daraus resultieren und ob diese Anforderungen im Rahmen der gegebenen Rahmenbedingungen tatsächlich erfüllt werden können. Häufig stellt sich im Rahmen dieser Abklärungen heraus, dass technikintensive Hilfsmittel und die mit ihnen zusammenhängenden Dienstleistungen durch Dritte mit höherer Qualität und zu einem günstigeren Preis erbracht werden können. Zudem sind bei Beschaffungen die einschlägigen Normen und Vorschriften (auch die Beschaffungsrichtlinien des Unternehmens) zu beachten; gegebenenfalls sind Ausschreibungen notwendig, wobei sich die Aussagen aus Kapitel 6.1 anwenden lassen.

Schließlich benötigt jede Sicherheitsorganisation zur Erfüllung ihrer Aufgaben *organisatorische Hilfsmittel*, die vor allem im Notfall, aber auch für präventive Tätigkeiten, z. B. Instandhaltungsarbeiten, benötigt werden. Art und Umfang der benötigten Hilfsmittel ergeben sich in jedem Unternehmen individuell, abhängig von der Normalorganisation, der Risikolandschaft und den oben diskutierten Parametern der Sicherheitsorganisation. Grundsätzlich sollten durch jede Sicherheitsorganisation folgende organisatorische Hilfsmittel vorgehalten werden:

- technische Unterlagen und Betriebsanleitungen zu den Sicherheitseinrichtungen,
- Wartungs- und Instandhaltungspläne der Sicherheitseinrichtungen,
- Gebäudepläne, bevorzugt Brandschutz- oder Feuerwehreinsatzpläne, sowie aktuelle Nutzungsbeschreibungen der einzelnen Gebäude und Räumlichkeiten,
- Organigramme und Telefonlisten des Unternehmens, aus denen die Ansprechpersonen (und deren Stellvertreter) für die einzelnen Unternehmensbereiche, Organisationseinheiten und Gebäude bzw. Räumlichkeiten hervorgehen,
- Unterlagen zu den im Ereignisfall und für Prävention zuständigen Ereignisdiensten, Behörden und sonstigen externen Dienstleistern (z. B. Energieversorger),
- Schulungs- und Übungspläne inkl. dazugehöriger Schulungsunterlagen und Bescheinigungen über die Teilnahme an den Schulungen,
- Unterlagen, aus denen eventuelle Auflagen der Behörden und Versicherungen oder sonstiger Dritter sowie ihre Erfüllung hervorgehen,
- Unterlagen und Dokumente zu vergangenen sicherheitskritischen Ereignissen und ihrer Auswertung.

Idealerweise werden diese Unterlagen zentral geführt und dokumentiert sowie an einem zweiten, sicheren Ort vorgehalten. In Kapitel 7.4 sind die Grundsätze der Dokumentation und des Berichtswesens detailliert dargestellt; in Kapitel 8 wird zudem dezidiert darauf eingegangen, welche Unterlagen für die Ereignisbewältigung (in welcher Form) vorliegen müssen.

6.3 Der „Faktor Mensch" im Sicherheitskonzept

6.3.1 Sicherheitsorganisation und Mensch

Die unternehmensinterne Sicherheitsorganisation ist für einen dauerhaft zuverlässigen Betrieb jedes Unternehmens unabdingbar. Nur wenn bauliche und technische Sicherheitsmaßnahmen regelmäßig kontrolliert, gewartet und sich ständig wandelnden Rahmenbedingungen angepasst werden, können sicherheitskritische Ereignisse verhindert resp. deren Folgen minimiert werden. Auch für die Abwehr einmal eingetretener Ereignisse ist ein koordiniertes Vorgehen notwendig, das ebenfalls durch die Funktionsträger der Sicherheitsorganisation vorbereitet und geschult wird.

Spätestens bei der Inbetriebnahme sicherheitstechnischer Einrichtungen bzw. der Initialisierung eines Sicherheitskonzepts muss die Sicherheitsorganisation theoretisch ausgestaltet und in Grundzügen umgesetzt sowie mit den notwendigen Hilfsmitteln versehen sein. Dazu gehört in Kombination mit der detaillierten Ausarbeitung des Organigramms die Aufstellung von Pflichtenheften für die einzelnen Funktionsträger der Sicherheitsorganisation. In ihnen muss neben den Verantwortlichkeiten und Kompetenzen der einzelnen Personen insbesondere festgelegt werden, wie Informationswege über sicherheitsrelevante Beobachtungen zu verlaufen haben, d. h. wie und unter welchen Rahmenbedingungen Informationen innerhalb der Sicherheitsorganisation weitergegeben werden müssen. Die hohe Bedeutung dieser Informationswege resultiert aus der wissenschaftlich breit untersuchten und durch unzählige Beobachtungen bestätigten Feststellung, dass viele Unfälle und Katastrophen hätten verhindert werden können, wenn die durchaus vorhandenen Informationen zu sicherheitskritischen Zuständen von den Mitarbeitern in der betroffenen Organisation bzw. Unternehmen weitergegeben und zielgerichtet verarbeitet worden wären (vgl. Kapitel 8.1).

Sind die Pflichtenhefte für die einzelnen Funktionsträger der Sicherheitsorganisation erarbeitet, auf die Organisationsstruktur der Normal- und Sicherheitsorganisation sowie untereinander abgestimmt, ist die Auswahl geeigneter Mitarbeiter zur Besetzung der Funktionen notwendig. Während für Führungspositionen der Sicherheitsorganisation in der Regel entsprechend vorgebildete und geeignete Mitarbeiter ausgewählt werden, zumal wenn es sich um hauptamtliche Funktionen handelt, ist die Einbindung der weiteren Mitarbeiter des Unternehmens in die Sicherheitsorganisation häufig problematisch. Dies liegt zumeist daran, dass die Mitarbeiter sicherheitsgerechtes Verhalten entweder nicht konsequent praktizieren können oder es sogar nicht wollen. Gelingt es nicht, dieses Verhalten zu unterbinden oder zumindest zu minimieren, ist die Umsetzung der Sicherheitsmaßnahmen von vornherein erschwert.

Neben den eher organisatorischen Fragestellungen, die oben bereits ausführlich diskutiert wurden, muss daher bei der Implementierung von Sicherheitskonzepten geklärt werden, welche besonderen Aspekte und Probleme sich durch die Eigenheiten des Menschen, der im Rahmen der Sicherheitsorganisation als Sicherheitsmaßnahme eingesetzt wird, auf den sich aber auch einige der baulichen und technischen Sicherheitsmaßnahmen beziehen, zu beachten sind. Ohne den Einbezug dieser Überlegungen führt die Implementierung von Sicherheitskonzepten möglicherweise nicht zu den gewünschten Effekten, da sich die Mitarbeiter des Unternehmens bewusst oder unbewusst nicht sicherheitsgerecht verhalten. Andererseits kann ein hohes Sicherheitsbewusstsein der Mitarbeiter auch eventuelle Schwächen der baulichen und technischen Sicherheitsmaßnahmen ausgleichen, weshalb mitunter vom „Mensch als stärkstes und schwächstes Glied in der Sicherheitskette" (Biland, 2007: 5) gesprochen wird.

6.3.2   Grundlagen menschlichen Verhaltens

Ausgangspunkt der Überlegungen zum Mensch als Bestandteil des Sicherheitskonzepts sind wiederholte Beobachtungen in der Praxis, die nicht sicherheitsgerechtes Verhalten der Mitarbeiter eines Unternehmens oder Dritter belegen. Dabei ist sowohl die Ereignisprävention als auch die Ereignisbewältigung betroffen. Grundsätzlich kann in solchen Fällen davon ausgegangen werden, dass die betroffenen Personen das gewünschte und situationsadäquate Verhalten entweder (1) nicht an den Tag legen wollen oder (2) nicht an den Tag legen können.

Bezüglich der ersten Variante, die häufig bei der Missachtung bzw. Vernachlässigung von Präventionsmaßnahmen anzutreffen ist, kann die sog. Prinzipal-Agenten-Theorie als Erklärungsmodell herangezogen werden. Sie entstammt der wirtschaftswissenschaftlichen Theorie und dient (vereinfachend erklärt) der Analyse von Delegationsbeziehungen jeder Art zwischen einen Auftraggeber (sog. Prinzipal) und einem Auftragnehmer (sog. Agent), die durch asymmetrische Informationsverteilung und abweichende Zielvorstellungen der beiden Parteien gekennzeichnet sind (vgl. weiterführend Kräkel, 1999: 22–36). Die Theorie wird unter Anderem zur Untersuchung von Arbeitsbeziehungen zwischen Arbeitgeber (Prinzipal) und einem Arbeitnehmer (Agent) angewendet und kann daher auch zur Prognose menschlicher Verhaltensweisen bei der Umsetzung eines Sicherheitskonzepts dienen.

In Unternehmen ergeben sich in der Regel individuelle Entscheidungsspielräumen durch die asymmetrische Informationsverteilung zwischen Vorgesetzten und einzelnen Mitarbeitern, da der Vorgesetzte die Mitarbeiter bzw. ihren Arbeitseinsatz und Leistungen nicht vollständig überwachen und beurteilen kann bzw. will. Gleichzeitig ist fast immer von Interessensdivergenzen zwischen Vorgesetzten (die übergeordnete Unternehmensziele vertreten) und Mitarbeitern, die eigene Ziele (etwa wenig Arbeitsaufwand, keine Konflikte, Bonusauszahlungen etc.) verfolgen, auszugehen. In dieser in der Praxis permanent auftretenden Konstellation besteht die latente Gefahr, dass Mitarbeiter (zunächst) unbeobachtet die Vorgaben des Sicherheitskonzepts nicht einhalten bzw. sogar zum eigenen Vorteilsgewinn bewusst missachten. Beispiele für entsprechende Verhaltensweisen lassen sich einfach finden:

- Bei gefährlichen Arbeiten wird aus Gründen der Bequemlichkeit und Zeitersparnis nicht die notwendige Schutzkleidung verwendet.
- Rauchverbote in brandgefährdeten Bereichen werden missachtet, da zum Aufsuchen des Raucherbereichs ein Ausstempeln notwendig ist.
- In einer Abteilung werden sicherheitsrelevante und gewinnmindernde Investitionen in Instandhaltungsmaßnahmen vernachlässigt, da der Jahresbonus des Abteilungsleiters an eine Gewinngröße der Abteilung gebunden ist.
- Der Sicherheitsbeauftragte eines Gewerbeparks sieht, dass einzelne Mieter Flucht- und Rettungswege nicht frei halten. Da er die Auseinandersetzung mit den Mieterverantwortlichen scheut bzw. Beschwerden der Mieter bei seinem Vorgesetzten befürchtet, geht er diesen sicherheitskritischen Zuständen nicht nach.

Um derartige und ähnliche Verhaltensweisen, die letztendlich jedes Sicherheitskonzept untergraben, zu vermeiden, sind grundsätzlich zwei Handlungsoptionen denkbar: Einerseits können die diskretionären Handlungsspielräume der Mitarbeiter bezüglich sicherheitsrelevanten Verhaltens eingegrenzt und somit die Möglichkeiten zum nichtsicherheitsgerechten Verhalten reduziert werden. Andererseits ist es möglich, die Interessensdivergenzen zwischen dem Unternehmen (bzw. der die Interessen des Unternehmens vertretenden Unternehmensführung) und den einzelnen Mitarbeitern bezüglich sicherheitsrelevantem Verhalten zu reduzieren. In der Realität sind die eingesetzten Maßnahmen zur Berücksichtigung menschlichen Verhaltens nicht trennscharf einer der beiden Handlungsoptionen zuzuordnen, da sie häufig sowohl auf die Verringerung von Entscheidungsspielräumen als auch von Interessensdivergenzen abzielen. Verzichtet werden kann auf entsprechende Maßnahmen allerdings kaum, da sicherheitsgerechtes Verhalten in der Praxis ansonsten schnell als unproduktive Tätigkeit wahrgenommen und dementsprechend vernachlässigt wird oder Sicherheitsmaßnahmen zu Gunsten der eigenen Entscheidungsspielräume bewusst umgangen werden. Viele der im nächsten Unterkapitel diskutierten Maßnahmen dienen deshalb der Eingrenzung von Handlungsspielräumen bzw. der Interessensangleichung von Unternehmen und Mitarbeitern.

Gerade im Bereich der Ereignisbewältigung ist weiterhin häufig zu beobachten, dass Menschen sich grundsätzlich sicherheitsgerecht verhalten wollen, ihnen dies jedoch aufgrund ihrer Aufregung, mangelnder Erfahrung mit Notfällen oder aus ähnlich gelagerten Gründen nicht gelingt und sie irrationale Verhaltensweisen an den Tag legen. In der Regel wird bei der Gestaltung von Sicherheitskonzepten aber vorausgesetzt, dass sich die beteiligten Menschen bei der Auswahl und Durchführung ihrer Handlungen rational verhalten.

Der Begriff des Rationalverhaltens ist im umgangssprachlichen Gebrauch durch eine gewisse Mehrdeutigkeit gekennzeichnet. Im hier betrachteten Zusammenhang beschreibt er eine bestimmte Beziehung zwischen einem angestrebten Zweck oder Ziel und den zu seiner Erreichung angewandten Mitteln. Eine rationale Entscheidung bzw. rationales Verhalten ist demnach, stark vereinfacht, das Verhalten, dass nach intersubjektiv zu überprüfenden Maßstäben angemessen oder vernünftig für die situationsspezifischen Bedingungen ist. Ungeachtet gewisser definitorischer Unschärfen verdeutlicht diese Begriffsklärung, dass die Annahme rationalen Verhaltens die Umsetzung von Sicherheitskonzepten bzw. ihrer organisatorischer Komponenten erheblich vereinfachen würde: Den Mitarbeitern eines Unternehmens, insbesondere den Mitgliedern der Sicherheitsorganisation, müsste lediglich vermittelt werden, was unter den in Frage kommenden Rahmenbedingungen (Normalbetrieb bzw. Ereignisbewältigung) vernünftige Verhaltensweisen sind. Damit sie über ausreichende Kenntnisse zur Ereignisprävention und Bewältigung verfügen, sind dann vor allem eine intensive Vermittlung der Sicherheitskonzepte bzw. Schulungen und Übungen notwendig.

In der Realität kann allerdings, wie sowohl die in Kapitel 4.3 vorgestellten wissenschaftlichen Untersuchungen als auch umfangreiche empirische Evidenz aus realen Unternehmen und Ereignissen zeigen, kaum von durchgängig rationalem Verhalten ausgegangen werden. Feldforschungen, Laborexperimente und Fallstudien belegen, dass Menschen einerseits unter bestimmten Umständen keine ausreichenden Vorsorgeaufwendungen realisieren oder sicherheitsrelevante Maßnahmen im Normalbetrieb trotz besseren Wissens vernachlässigen, andererseits bei Ereignissen inadäquat reagieren. Letztgenannte Verhaltensweisen schließen beispielsweise Fluchtverhalten traumatisierter Personen nach Verkehrsunfällen bei Eintreffen des Rettungsdienstes, Panikreaktionen von Angehörigen der Feuerwehr bei Atemschutzeinsätzen oder völlige Apathie von Betroffenen in Gefahrensituationen ein. Solches Verhalten, welches der Vernunft widerspricht und von einem Außenstehenden als unangemessen bezeichnet wird, ist ohne Zweifel irrational. Sicherheitskonzepte müssen deshalb nach Möglichkeit so ausgestaltet sein, dass sie irrationale Verhaltensweisen weitestgehend verhindern oder eindämmen. Einen anspruchsvollen Sonderfall stellen dabei bedingt rationale oder individuell rationale Verhaltensweisen dar; ein Mensch verhält sich individuell rational, wenn er seinen individuellen Nutzen maximiert, ohne dabei Rücksicht auf die Auswirkungen für andere Menschen zu nehmen. Ein solches Verhalten ist insbesondere dann wahrscheinlich, wenn ein starker Zielkonflikt zwischen individuellen Zielen (beispielsweise Fluchtinstinkt, Zeitersparnis, Angst vor Verantwortung) und kollektiven Zielen (langsame Räumung eines Gebäudes, langwierige und gefährliche Präventionstätigkeiten) besteht. Auch diesem Problem muss im Rahmen eines tragfähigen Sicherheitskonzepts begegnet werden. Zusammenfassend lässt sich somit festhalten, dass:

- rationales Verhalten in bezug auf Sicherheitskonzepte nicht immer vorausgesetzt werden kann.
- rationales Verhalten durch die Vermittlung von Kenntnissen über angemessene Handlungen unterstützt werden muss.
- irrationales Verhalten in der Realität sowohl bei präventiven als auch abwehrenden Handlungen zu beobachten ist.
- individuell rationales Verhalten nicht zwingend zu kollektiv rationalem Verhalten und somit der erwünschten Umsetzung des Sicherheitskonzepts führt.

Die erfolgreiche Implementierung von Sicherheitskonzepten bedingt daher, dass auch etwaigen irrationalen Verhaltensweisen vorgebeugt wird. Die dazu notwendigen Maßnahmen überschneiden sich zumindest in Teilen mit jenen zur Einschränkung von Handlungsspielräumen und Interessensdivergenzen und sind im nächsten Unterkapitel dargestellt.

6.3.3   Die Berücksichtigung menschlichen Verhaltens

Die obigen Ausführungen zu den Besonderheiten menschlichen Verhaltens verdeutlichen, dass bei der Erarbeitung und Umsetzung von Sicherheitskonzepten auf den Menschen und seine Bedürfnisse bzw. Verhaltensweisen Rücksicht genommen werden muss. Bei der Erarbeitung der Sicherheitskonzepte, also der Maßnahmenplanung, ist insbesondere die permanente Überprüfung der Betriebsverträglichkeit einzelner (baulich-technischer) Maßnahmen notwendig (vgl. Box 16), um eine hohe Akzeptanz und somit die tatsächliche und zielgerichtete Umsetzung zu erreichen. Bei organisatorischen Maßnahmen ist neben der Betriebsverträglichkeit auch zu prüfen, ob geeignete Mitarbeiter für die einzelnen Funktionen und Aufgaben vorhanden sind.

Im Rahmen der Umsetzung von Sicherheitskonzepten bzw. einzelnen Maßnahmen ist die weitergehende Beachtung menschlichen Verhaltens obligatorisch, da nur durch sicherheitsgerechtes Verhalten aller Mitarbeiter die (im Idealfall menschbezogen geplanten) Sicherheitskonzepte effektiv implementiert werden können. Die dazu notwendigen Schritte umfassen sowohl flankierende Maßnahmen, die bei der Initialisierung von Sicherheitskonzepten eingesetzt werden, als auch solche Maßnahmen, die für die dauerhafte Umsetzung der Konzepte hilfreich sind. Auch letztgenannte Maßnahmen müssen aber bereits im Rahmen der erstmaligen Umsetzung eines Sicherheitskonzepts angegangen werden, da nachträgliche Eingriffe bei fehlender Akzeptanz oder Beachtung eines Sicherheitskonzepts durch die Mitarbeiter erfahrungsgemäß im Zeitablauf immer schwieriger werden. Zu den bei der Umsetzung von Sicherheitskonzepten hilfreichen Maßnahmen gehören daher nach Ansicht der Autoren insbesondere folgende Aspekte:

- umfassende und nachvollziehbare Vermittlung von Sinn und Zweck der Sicherheitsmaßnahmen,
- Einführung und Umsetzung einer sogenannten Sicherheitskultur (inkl. vorbildlichem Verhalten der Führungskräfte),
- glaubhafte Sanktionsdrohungen bei nichtsicherheitsgerechtem Verhalten,
- Implementierung eines Ombudswesens für sicherheitsrelevante Beobachtungen.

Diese Maßnahmen werden in den folgenden Ausführungen beschrieben. Da die erstmalige Implementierung und die dauerhafte Aufrechterhaltung von Sicherheitskonzepten in der Praxis nie vollständig voneinander zu trennen sind (z. B. aufgrund von Anpassungen an Konzepten, Mitarbeiterwechseln etc.), ergeben sich gewisse Überschneidungen zum nachfolgenden Kapitel 7, insbesondere Kapitel 7.2. An den entsprechenden Stellen wird daher mitunter auch auf dieses Kapitel verwiesen.

Vermittlung von Sinn und Zweck der Sicherheitsmaßnahmen

Bei der Umsetzung von Sicherheitskonzepten ist es grundsätzlich hilfreich, die betroffenen (in der Regel alle) Mitarbeiter über Sinn und Zweck der vorgesehenen Sicherheitsmaßnahmen zu informieren. Dies dient einerseits der Minimierung von Interessensdivergenzen, da den Betroffenen aufgezeigt werden kann, inwieweit sie von den Sicherheitsmaßnahmen im Ereignisfall oder ggf. im Normalbetrieb profitieren können. Andererseits ist die ausreichende Kenntnis über Art und Ziele der Sicherheitsmaßnahmen Voraussetzung dafür, dass die Mitarbeiter sie zur Ereignisprävention oder Bewältigung nutzen und sich situationsadäquat, also rational, verhalten können.

Organisatorische Sicherheitskonzepte, die auf den Unterhalt baulich-technischer Maßnahmen abzielen bzw. darüber hinausgehend menschliche Tätigkeiten zur Prävention und Bewältigung von sicherheitskritischen Ereignissen erfordern, können abstrakt betrachtet als Verhaltensnormen aufgefasst werden (vgl. Gundel, 2007: 35). Sie schreiben zuvor definierten Personengruppen der Sicherheitsorganisation vor, wie sie sich zur Prävention oder Abwehr sicherheitskritischer Ereignisse zu verhalten haben. Diese Verhaltensnormen variieren in der Regel zwischen den einzelnen Personengruppen, etwa dem Leiter der Sicherheitsorganisation oder einem Mitarbeiter des Facilitymanagements, mitunter beziehen sie sich jedoch auch auf alle Mitarbeiter eines Unternehmens, beispielsweise bei allgemeinen Grundsätze zur Brandverhütung. Generell unterscheidet man zwischen expliziten und impliziten Verhaltensnormen (vgl. Laux/Liermann, 2003: 16–17). Explizite Verhaltensnormen schreiben einem Entscheidungsträger für alle möglichen Situationen ausdrücklich vor, welche Maßnahmen zu ergreifen sind; im Rahmen von Sicherheitskonzepten findet man diesen Typus der Verhaltensnorm beispielsweise im Rahmen von Instandhaltungsplänen oder bei Abfragealgorithmen auf Leitstellen. Im Rahmen impliziter Verhaltensnormen werden Entscheidungen hingegen derart an Personen delegiert, dass ihnen ein Ziel vorgegeben wird, die Maßnahmen zur Zielerreichung jedoch bis zu einem gewissen Grad den handelnden Personen überlassen werden. Implizite Verhaltensnormen sind insbesondere für höhere Hierarchiepositionen in der Sicherheitsorganisation relevant, die in weitgehend eigenem Ermessen Maßnahmen für einen sicheren Betriebsablauf ergreifen müssen; auch allgemeine Grundsätze (z. B. Regeln zur Brandverhütung) haben oft den Charakter impliziter Verhaltensnormen.

Unabhängig vom Typus der Verhaltensnorm ist für ihre Befolgung durch die Mitarbeiter eines Unternehmens allerdings unabdingbar, dass ihre Bedeutung für den einzelnen Mitarbeiter klar kommuniziert und von den Mitarbeitern wahrgenommen wird bzw. dass der Mitarbeiter sich bezüglich der Umsetzung der durch die Verhaltensnorm vorgegebenen Maßnahmen tatsächlich rational verhält. Beides wird unter Anderem durch die Vermittlung der Notwendigkeit von Sicherheitsmaßnahmen erreicht. Zu diesem Zweck empfiehlt es sich, in entsprechenden Schulungen und Unterweisungen zunächst immer auf die übergeordnete Notwendigkeit des Sicherheitskonzepts bzw. der darin enthaltenen Maßnahmen einzugehen, bevor konkrete Maßnahmen vermittelt werden. Die Begründung der Notwendigkeit muss dabei wahrheitsgemäß und möglichst plastisch erfolgen, wobei die individuelle Situation der Mitarbeiter nicht außer Acht gelassen werden darf. Mögliche Begründungsmuster sind beispielsweise:

- Die Umsetzung eines Arbeitssicherheitskonzepts senkt die Wahrscheinlichkeit eines Berufsunfalls der einzelnen Mitarbeiter.
- Die konsequente Umsetzung des Vier-Augen-Prinzips bei Entscheidungen senkt die Wahrscheinlichkeit von wirtschaftskriminellen Handlungen, die die Vermögenslage des Unternehmens und dadurch die Beschäftigungsaussichten aller Mitarbeiter gefährden.
- Die regelmäßigen Evakuierungsübungen dienen der Sicherheit der Mitarbeiter und Gäste im Ernstfall. Ein Ereignis mit Verletzten oder sogar Toten würde die Reputation und Existenz des Unternehmens nachhaltig gefährden.
- Die Einführung bestimmter baulicher Maßnahmen führt zu sinkenden Versicherungsbeiträgen. Die resultierenden Minderkosten können in Forschung und Entwicklung investiert werden und die Zukunftsfähigkeit des Unternehmens sichern.

Begründungen, die primär auf externe Einflüsse abzielen, beispielsweise Behördenauflagen oder Wünsche der Versicherungen, sind ebenso zu vermeiden wie rein an finanziellen Überlegungen orientierte Ausführungen, da sie wenig Bezug zum einzelnen Mitarbeiter herstellen. Auch durch die Übermittlung von eventueller Skepsis der Unternehmensleitung bezüglich des umzusetzenden Sicherheitskonzepts oder einzelner Sicherheitsmaßnahmen sowie in der Unternehmensöffentlichkeit ausgetragene Diskussionen über grundsätzliche Notwendigkeit, Art und Umfang der Maßnahmen durch verschiedene Führungskräfte wird das Verständnis für sicherheitsrelevante Tätigkeiten und Maßnahmen kaum erhöht. Im Rahmen der Implementierung von Sicherheitsmaßnahmen muss vielmehr erreicht werden, dass allen Mitarbeitern die übergeordnete Notwendigkeit des Sicherheitskonzepts und die Bedeutung der einzelnen, sie betreffenden Verhaltensnormen klar ist. Um dabei die Glaubwürdigkeit zu erhalten, sind auch Nachteile der Sicherheitsmaßnahmen (etwa hoher Zeit- und Arbeitsaufwand, Produktivität sinkt im Normalbetrieb gegebenenfalls) aufzuführen und in die Begründung der Maßnahmen einzubeziehen.

Neben der grundsätzlichen Vermittlung der Inhalte eines Sicherheitskonzepts ist im Rahmen von Vorstellungen oder Schulungen des Konzepts auch die nähere Erläuterung und Diskussion der einzelnen Maßnahmen notwendig. Dies betrifft gerade solche Maßnahmen, die für in sicherheitstechnischer Hinsicht unbedarfte Personen nicht intuitiv nachzuvollziehen sind (vgl. Box 32).

Box 32: Beispiele für kontraintuitive Sicherheitsmaßnahmen

Menschen neigen dazu, bei Brandereignissen die Fenster aufzumachen, um frische Atemluft zuzuführen. Notwendig ist jedoch die Schließung der Fenster, um dem Feuer den benötigten Sauerstoff zu entziehen.

Gerade in Gebäuden mit fremden Nutzern werden ausgeschilderte Fluchtwege selten genutzt; die Besucher verlassen das Gebäude im Ereignisfall bevorzugt über die ihnen bekannten Verkehrswege und ignorieren die Fluchtwegbeschilderung.

Bei medizinischen Notfällen wird oft die Notwendigkeit zur Lagerung in der stabilen Seitenlage (Sicherung der Atemwegsfunktionen) bzw. der absoluten Ruhigstellung des Patienten aufgrund von etwaigen Verletzungen an der Wirbelsäule falsch eingeschätzt. Ersthelfer unterlassen dann aus Angst vor Fehlern häufig jegliche Maßnahme.

Die Vermittlung von Sinn und Zweck eines Sicherheitskonzepts bzw. einzelner Maßnahmen erfolgt in der Regel im Rahmen von entsprechenden Schulungen. Hinweise und Vorschläge zum Aufbau solcher Schulungen, unterschiedlichen Arten von Schulungen und ihrer Periodizität finden sich in Kapitel 7.2, da sie nicht nur bei der Umsetzung, sondern vor allem auch zur dauerhaften Aufrechterhaltung von Sicherheitskonzepten hilfreich sind. Es ist allerdings von außerordentlicher Bedeutung, dass mit der Durchführung solcher Sicherheitsschulungen nicht erst nach der Implementierung von Konzepten bzw. Maßnahmen begonnen wird, sondern diese vor oder spätestens mit der Inbetriebnahme erstmalig abgeschlossen sind. Nur dann können Maßnahmen zielgerichtet eingesetzt und Sicherheitskonzepte vollständig umgesetzt werden.

Einführung und Umsetzung einer Sicherheitskultur

Mit der glaubwürdigen und umfassenden Vermittlung der Notwendigkeit des unternehmensbezogenen Sicherheitskonzepts bzw. der einzelnen Maßnahmen ist ein wichtiger Schritt zur Umsetzung des Sicherheitskonzepts vollzogen. Um sicherheitsgerechtes Verhalten dauerhaft zu gewährleisten, streben gerade Unternehmen mit besonderen Risiken darauf aufbauend die Einführung und Umsetzung einer sogenannten Sicherheitskultur an, um die Förderung und stetige Weiterentwicklung von auf den sorgfältigen Umgang mit sicherheitskritischen Prozessen und Systemen abzielende Werthaltungen und Orientierungsmuster der Unternehmensmitglieder zu erreichen.

Eine Sicherheitskultur ist, wenn sie tatsächlich eingeführt und umgesetzt wird, Teil der Unternehmenskultur. Die Unternehmenskultur wiederum besteht aus den gemeinsam gelebten Normen, Denkhaltungen und Meinungen der Mitarbeiter bzw. dem im Unternehmen vorherrschenden Wertsystem. Sie wird im Verhalten der Mitarbeiter, bei der Entscheidungsfindung und bei Handlungen bzw. in der Kommunikation innerhalb des Unternehmens und mit Außenstehenden sichtbar. Die Unternehmenskultur wird von Generation zu Generation weitergetragen und ggf. angepasst und bestimmt das Verhalten der Unternehmensmitglieder bewusst, vor allem aber auch unterbewusst (vgl. Macharzina, 2003: 218). Im Gegensatz zu den konkreten Verhaltensanweisungen eines Managementsystems bzw. Sicherheitskonzepts handelt es sich bei einer Unternehmens- bzw. Sicherheitskultur um im höchsten Maße implizite Verhaltensnormen, die mehrheitlich informell, oft auch in nebensächlichen Organisationsfeldern, zwischen den einzelnen Organisationsmitgliedern weitergegeben werden.

Eine Sicherheitskultur ist somit zwar prinzipiell erlernbar, es vergehen allerdings in der Regel sehr lange Zeiträume, bis sich die gewünschte Kultur entwickelt hat und an neue Organisationsmitglieder weitergegeben werden kann (vgl. Macharzina, 2003: 220). Sie ist dadurch gekennzeichnet, dass das Bekenntnis zur Sicherheit und der Versuch, selbige Sicherheit auch zu erlangen, wesentlicher Bestandteil einer Unternehmenskultur ist (vgl. Hopkins, 2002: 2). Sowohl in der einschlägigen Literatur als auch in der unternehmerischen Praxis ist umstritten, wie weit der Begriff der Sicherheitskultur tatsächlich geht. Die Einführung allgemein gültiger Sicherheitsstandards im Unternehmen, sog. Sicherheitsleitlinien oder Sicherheitsweisungen, kann in der Regel noch nicht als Sicherheitskultur, eher als Basis eines rudimentären Sicherheitsklimas gesehen werden (vgl. Pidgeon, 1997: 6). Eine tatsächliche Sicherheitskultur besteht erst dann, wenn über einen langen Zeitraum sicherheitsgerechtes Vorgehen von allen Unternehmensmitarbeitern verinnerlicht wird, wobei sich dieses Verhalten bei einer tatsächlich habituell gewordenen Sicherheitskultur nicht nur auf den Arbeitsplatz, sondern auf das gesamte Verhalten der Mitarbeiter bezieht (vgl. Hopkins, 2002: 4). Sicherheit muss, sofern man von einer tatsächlichen Sicherheitskultur sprechen will, als oberstes Unternehmensziel anerkannt und von den Führungskräften sowie allen sonstigen Mitarbeitern umgesetzt werden, wobei neben der Befolgung praxisnaher Sicherheitsbestimmungen auch ein vertrauensvoller Umgang mit Unfallmeldungen oder die permanente Information der Mitarbeiter über Gefahrensituationen zu einer Sicherheitskultur zu zählen sind. Sicherheitsgerechtes Verhalten muss sozusagen als selbstverständlich und natürlich angesehen werden; ein Referent verglich die Selbstverständlichkeit sicherheitsgerechten Verhaltens bei einer ausgebildeten Sicherheitskultur einmal mit dem selbstverständlichen Anlegen eines Sicherheitsgurts beim Autofahren (vgl. Künzler, 2007: 19).

Die tatsächliche Einführung einer Sicherheitskultur ist allerdings äußerst anspruchsvoll: Eine Sicherheitskultur kann nicht allein von den Führungskräften kurzfristig eingeführt werden, sondern muss in einem langwierigen, permanenten Prozess gemeinsam erarbeitet werden. Da die Unternehmens- bzw. Sicherheitskultur als Merkmal einer ganzen Gruppe angesehen wird, ist nur ein über individuelle Maßnahmen hinausgehender, ganzheitlicher Ansatz erfolgreich (vgl. Hopkins, 2002: 4). Selbst wenn eine Sicherheitskultur eingeführt wurde, kann sich über die Zeit eine Divergenz von einmal angedachter Kultur und praktischem Verhalten entwickeln, etwa wenn sich Arbeitsabläufe im Alltag ungewollt verändern und somit die einmal entwickelte, vorgesehene Sicherheitskultur durch eine neue, weniger sicherheitsgerechte Kultur abgelöst wird. Zudem können sich innerhalb einer Organisation auch abgekoppelte Untergruppen bilden, welche völlig andere Vorstellungen über sicherheitsgerechtes Verhalten teilen und somit Subkulturen bilden (vgl. Gheradi/Nicolini/Odella, 1998). Eine Sicherheitskultur zu implementieren und auch aufrecht zu erhalten ist daher anspruchsvoll und muss nach Ansicht der Autoren (bei entsprechendem Bedürfnis des betroffenen Unternehmens) gemeinsam mit der erstmaligen Implementierung des Sicherheitskonzepts zumindest initialisiert werden. Auch nachträgliche Anpassungen an der Sicherheitskultur sind denkbar, mehrheitlich aber deutlich schwerer durchzusetzen.

Eine Sicherheitskultur lässt sich kaum durch klar umrissene, „harte" Maßnahmen implementieren. Pidgeon (1997: 7) hat nichtsdestoweniger vier wesentliche Handlungsfelder zur Erreichung einer Sicherheitskultur identifiziert:

- Die Führungskräfte erkennen die Notwendigkeit der Unternehmenssicherheit bzw. von Sicherheitskonzepten an und verhalten sich diesbezüglich vorbildlich.
- Allen Mitarbeitern sind die unternehmensbezogenen Gefährdungen und ihre Auswirkungen auf das Unternehmen bzw. die betroffenen Personen bekannt; sie sind somit für sicherheitskritische Ereignisse und deren Auswirkungen sensibilisiert.
- Die Maßnahmen, Verhaltensanweisungen und Normen bezüglich Prävention und Bewältigung von Ereignissen sind realistisch und flexibel.
- Die praktische Umsetzung von Maßnahmen sowie ihre Eignung zur Erreichung der Schutzziele werden permanent überprüft und analysiert. Abweichungen führen nach eingehender Prüfung zur Anpassung des Sicherheitskonzepts.

Die aufgeführten Punkte verdeutlichen neben der bereits diskutierten Notwendigkeit von Schulungen vor allem die ebenfalls bereits angesprochene Wichtigkeit der Betriebsverträglichkeit von Maßnahmen sowie die besondere Bedeutung der Führungskräfte bei der Umsetzung von Sicherheitsmaßnahmen. Schließlich ist auch die permanente Aufrechterhaltung und Anpassung des Sicherheitskonzepts Bestandteil einer Sicherheitskultur, einer Thematik, der sich in Kapitel 7 umfassend gewidmet werden wird.

Sanktionsdrohungen und Sanktionen
Die beiden vorgenannten Maßnahmen zur Umsetzung von Sicherheitskonzepten dienen vor allem der Minimierung von Interessensdivergenzen und der Herbeiführung von Rationalverhalten. In Kapitel 6.3.2 wurde allerdings ausgeführt, dass Menschen aufgrund abweichender Zielvorstellungen und bestehender Handlungsspielräume oft auch nicht gewillt sind, die erwünschten und notwendigen Verhaltensweisen tatsächlich an den Tag zu legen. Aus derartigen Kooperationsproblemen ergibt sich dann der Bedarf an Sanktionierung nichtsicherheitsgerechten Verhaltens bzw. an glaubwürdigen Sanktionsdrohungen.

Aufgrund von Bequemlichkeit, Zeit- oder Geldersparnis, insbesondere bei stark leistungsbezogener Vergütung, auf deren Bemessungsgrundlage Sicherheitsmaßnahmen negativ einwirken, oder sogar krimineller Energie werden Sicherheitsvorkehrungen missachtet bzw. bewusst ausgehebelt. Derartige Vorgänge finden sich im gewerblichen Bereich, insbesondere bezüglich Arbeitssicherheit und Gesundheitsschutz, ebenso wie bei administrativen Tätigkeiten, wo nicht selten interne Kontrollsysteme umgangen werden. Schließlich sind viele gravierende sicherheitskritische Ereignisse auf fahrlässige, vorhandenem Wissen und existierenden Regularien widersprechende Verhaltensweisen zurückzuführen, wobei sowohl die Missachtung übergeordneter, ordnungsrechtlicher Rahmenbedingungen durch die Unternehmensleitung als auch die Missachtung unternehmensinterner Richtlinien durch Mitarbeiter des Unternehmens zu beobachten sind.

Für die Umsetzung von Sicherheitskonzepten und, in besonderem Maße, für die Etablierung einer Sicherheitskultur ist daher notwendig, sicherheitsrelevantes Fehlverhalten zu sanktionieren. Die entsprechenden Sanktionsmechanismen und Folgen von Verstößen müssen ebenfalls bereits mit der Initialisierung des Sicherheitskonzepts gültig und bekannt sein, damit bei den Mitarbeitern nicht bereits bei der Einführung von Sicherheitsmaßnahmen und korrespondierenden Regeln der Eindruck entsteht, diese hätten keinen verbindlichen Charakter.

Bei der Erarbeitung von Sanktionsmechanismen muss bezüglich der Konsequenzen von Regelverstößen zwischen leichtester und leichter Fahrlässigkeit, grober Fahrlässigkeit und Vorsatz unterschieden werden. Während bei Fällen leichter Fahrlässigkeit vor allem die Verbesserung des Sicherheitsbewusstseins des betroffenen Mitarbeiters im Vordergrund stehen sollte und nur geringfügige disziplinarische Maßnahmen (z. B. anteilige Haftung des Mitarbeiters bei entstandenem Schaden) in der Regel ausreichend sind, muss bei Fällen grober Fahrlässigkeit oder sogar Vorsatz unbedingt entsprechend durchgegriffen werden. Denkbare Sanktionen können beispielsweise Versetzungen, schriftliche Abmahnungen oder sogar fristlose Kündigungen sein. Dabei empfiehlt sich neben der Berücksichtigung der bisherigen Leistungen und des Verhaltens des Mitarbeiters und seiner persönlichen Umstände unbedingt die Konsultation eines entsprechend ausgewiesenen Juristen, um die einschlägigen Aspekte des Arbeitsrechts zu berücksichtigen. Unternehmen sollten überdies bei sicherheitskritischen Tätigkeiten darauf dringen, dass die Mitarbeiter ergänzend eine ausreichende private Haftpflichtversicherung für Fehlverhalten während der Arbeit abschließen.

Unternehmen neigen in der Praxis, auch bedingt durch den gesetzlichen Regelrahmen im Bereich des Arbeitsrechts, häufig zum Verzicht auf disziplinarische Maßnahmen bei geringfügigen Vergehen, zumal wenn diese schwer nachzuweisen sind. Derartiges Vorgehen wirkt sich jedoch auf die übrige Belegschaft und ihre Motivation zur Regelbefolgung regelmäßig negativ aus, sodass (innerhalb des gesetzlich zulässigen und menschlich vertretbaren Rahmens) immer angemessene Sanktionsmaßnahmen ergriffen werden sollten. Dies gilt auch dann, wenn sicherheitsrelevantes Fehlverhalten erst nach Austritt aus oder Stellenwechsel innerhalb des Unternehmens aufgedeckt wird.

Einrichtung eines Ombudswesens
Die zuvor angesprochenen Sanktionen bzw. Sanktionsdrohungen scheitern in der unternehmerischen Praxis aufgrund der Handlungsspielräume vieler Arbeitnehmer häufig daran, dass Informationen über sicherheitsrelevantes Fehlverhalten nicht die zuständigen Stellen erreichen und die Mitarbeiter sich daher weitgehend unbeobachtet fühlen.

Nichtsdestoweniger liegen die entsprechenden Informationen jedoch fast immer im Unternehmen vor, in jedem Fall beim Betroffenen selbst. Wichtige Aufgabe der Unternehmensleitung bzw. des Sicherheitsverantwortlichen ist daher, diese Informationen zu erlangen und zu verwerten. Handelt es sich um Vorgänge, die fahrlässig, jedoch nicht aus krimineller Energie des Betroffenen resultieren, muss oberstes Ziel sein, den oder die betroffenen Mitarbeiter selbst zur Informationsaufdeckung zu bewegen.

Neben den bereits angesprochenen Sanktionsdrohungen und ihrer genügenden Ausdifferenzierung können dabei eine fehlerverzeihende Kultur, ein betriebliches Vorschlagswesen zur

Aufdeckung betrieblich störender oder inadäquater Sicherheitsregeln sowie die soziale Kontrolle der Mitarbeiter untereinander sinnvoll und hilfreich sein. In diesem Zusammenhang ist vor allem zu beachten, dass ein repressives Vorgehen zumeist kontraproduktiv wirkt und möglicherweise Fehlverhalten und seine Verdeckung eher befördert als verhindert.

Auch bei sicherheitsrelevantem Fehlverhalten, das als grobe Fahrlässigkeit bzw. sogar kriminelles Handeln zu bezeichnen ist, existieren in einer Vielzahl von Fällen im Unternehmen Mitwisser. Da durch den Betroffenen selbst kaum bewusste Hinweise auf Fehlverhalten zu erwarten sind, müssen sich Anstrengungen zur Informationsgenerierung daher auf besagte Kollegen, ggf. auch Kunden oder Geschäftspartner beziehen. Häufig sind diese allerdings nicht ohne Weiteres bereit sich zu äußern, da sie sich unter Gruppendruck oder ähnlichen Zwängen (z. B. Abhängigkeit vom Täter) befinden. Um dennoch an die entsprechenden Informationen zu gelangen, hat sich in vielen Unternehmen die Implementierung eines sogenannten Ombudswesens bewährt, bei dem Mitarbeiter (offen oder anonym) Hinweise zu sicherheitsrelevantem Fehlverhalten, mehrheitlich wirtschaftskriminelle Delikte, bei einer unabhängigen Stelle außerhalb des normalen Hierarchiesystems äußern können (vgl. Füss/Gundel/Hecker, 2006: 17). Bei dieser Stelle handelt es sich entweder um eine besondere Stabstelle des Unternehmens oder aber externe Personen, beispielsweise einen entsprechend qualifizierten Anwalt.

Ursprünglich im anglo-amerikanischen Raum unter dem Begriff des „Whistleblowing" eingeführt, vertrauen mittlerweile auch diverse deutsche Unternehmen auf ein Ombudswesen. Bei der Errichtung und dem Unterhalt eines Ombudswesens ist jedoch Vorsicht walten zu lassen, da derartige Systeme mitunter von unzufriedenen Mitarbeitern zur ungerechtfertigten Disqualifizierung von unliebsamen Kollegen genutzt werden. Der Ombudsmann und seine Mitarbeiter müssen daher in der Unterscheidung zwischen oft nur schwer zu belegenden, aber begründeten Verdachtsmomenten sowie unrechtmäßigem Denunziantentum, das anstatt wertvoller Hinweise nur haltlose Anschuldigungen hervorbringt, versiert sein. Bei regelmäßigem Missbrauch des Ombudswesens wird vermutlich ansonsten eher das Vertrauen der Mitarbeiter in das Unternehmen bzw. untereinander zerstört und somit der Auf- und Ausbau einer nachhaltigen Sicherheitskultur verhindert.

7 Aufrechterhaltung und Überprüfung der Unternehmenssicherheit

7.1 Instandhaltung und Kontrolle baulich-technischer Maßnahmen

7.1.1 Einleitung

Die Planung sowie Implementierung geeigneter Sicherheitsmaßnahmen stellen wesentliche Schritte zur Erhöhung der Unternehmenssicherheit dar. Dauerhaft sichere Abläufe können dennoch nur dann erreicht werden, wenn ergriffene Maßnahmen regelmäßig in ihrer Wirksamkeit und Funktionsfähigkeit kontrolliert bzw. auf ihre Eignung zur Minimierung der unternehmensbezogenen Risiken überprüft werden. Dementsprechend muss der einwandfreie bauliche und technische Zustand der sicherheitsrelevanten Einrichtungen und Anlagen permanent sichergestellt werden, was im Rahmen von Instandhaltungsmaßnahmen erreicht werden kann. Ergänzend sind regelmäßige Kontrollen, auch im Rahmen integraler Tests, notwendig, um die grundsätzliche Funktionsfähigkeit und Eignung sowie gegenseitige Beeinflussung, Vollständigkeit und Wirtschaftlichkeit der eingesetzten Maßnahmen zu überprüfen. Letztgenannte Aufgaben sind sinnvollerweise im Zusammenhang mit der Aktualisierung von Gefährdungs- und Risikoanalyse bzw. Revision der Schutzzieldefinition zu sehen. Nach Änderungen der baulichen, technischen oder auch organisatorischen Rahmenbedingungen innerhalb des Unternehmens oder in seinem Umfeld sind die entsprechenden Instandhaltungs- und Kontrollmaßnahmen besonders bedeutsam.

Bei der Instandhaltung und Kontrolle baulich-technischer Maßnahmen sind Unternehmen zumeist mit deutlich größeren Freiheitsgraden und Unsicherheiten konfrontiert als bei der Implementierung der Maßnahmen. Dies liegt einerseits an den gesetzlichen Rahmenbedingungen, welche die Umsetzung, Überprüfung und behördliche Abnahme bestimmter Safety-Maßnahmen mit der Inbetriebnahme einer Anlage oder Einrichtung verbinden. Somit herrscht teilweise erheblicher Aussendruck, Sicherheitsmaßnahmen regelkonform zu implementieren. Durch behördliche Abnahmen ist ergänzend die Ordnungsmäßigkeit der umgesetzten baulichen und technischen Maßnahmen dokumentiert, was gerade für Unternehmen ohne ausgeprägtes internes Wissen, in der Regel kleinere Unternehmen ohne eigene Sicherheitsabteilung, von großer Bedeutung ist. Nach der Inbetriebnahme schreiben die einschlägigen Normen und Richtlinien hingegen selten konkrete Instandhaltungsmaßnahmen oder Wartungsintervalle vor. Oft finden sich diesbezüglich nur recht allgemein gehaltene Auflagen, die sinngemäß eine ordnungsgemäße Wartung und regelmäßige Instandhaltung der Sicherheitsmaßnahmen fordern, ohne Einzelheiten zu konkretisieren. In einigen Fällen werden immerhin die Kontrollintervalle und durchzuführenden Tätigkeiten vorgeschrieben.

Schließlich kann bei der Installation baulich-technischer Maßnahmen auf das Wissen der Lieferanten der sicherheitsrelevanten Komponenten zurückgegriffen werden, die in der Betriebsphase nur noch in größeren Zeitabständen (bei entsprechenden Wartungsverträgen) oder auf Anfrage des Unternehmens kostenpflichtig zur Verfügung stehen. In der Betriebsphase obliegt der Unterhalt der Sicherheitseinrichtungen daher häufig dem Facilitymanagement des betroffenen Unternehmens, das unter Anderem für den technischen Gebäudeunterhalt und die Verfügbarkeit der unternehmenseigenen Infrastruktur zuständig ist (vgl. Box 33).

Box 33: Begriff und Aufgaben des Facilitymanagements

Der Begriff und somit auch die Aufgaben des Facilitymanagements (FM) sind in verschiedenen Normen definiert. In der Definition der International Facilitymanagement Association (IFMA) heißt es treffend und prägnant:

Facilitymanagement ist eine Disziplin, die Gebäude, Ausstattungen und technische Hilfsmittel eines Arbeitsplatzes und den Arbeitsablauf der Organisation koordiniert. Ein effizientes Facilitymanagement-Programm muss Vorgaben von Verwaltung, Architektur Design und die Kenntnisse der Verhaltens- und Ingenieurwissenschaften integrieren.

Zu den Aufgaben des Facilitymanagements werden in der Regel, neben einer strategischen Komponente, kaufmännisches Gebäudemanagement (KGM), technisches Gebäudemanagement (TGM) und infrastrukturelles Gebäudemanagement (IGM) gezählt. Für den Bereich der Unternehmenssicherheit sind insbesondere TGM und IGM relevant:

Technisches Gebäudemanagement umfasst die Leistungen zu Nutzung und Betrieb der technischen Systeme (insbesondere Haustechnik) der Unternehmensgebäude. Dazu sind z. B. Instandhaltungen und Modernisierungen sowie der tägliche Betrieb der betroffenen Anlagen zu zählen.

Infrastrukturelles Gebäudemanagement umfasst die unterstützenden Leistungen zum Gebäudebetrieb, etwa Reinigungs- und Hausmeisterdienste, Verpflegungsmanagement oder, je nach Ausgestaltung der Sicherheitsorganisation, auch Sicherheitsdienste.

Aufgrund des hohen Marktvolumens von FM-Leistungen und des je nach Aufgaben hohen Bedarfs an Spezialwissen gibt es mittlerweile eine Vielzahl von FM-Dienstleistern. Nur wenige Unternehmen mit einem großen oder spezifischen Gebäudebestand erbringen daher die für die Instandhaltung und Kontrolle notwendigen Leistungen des technischen Gebäudemanagements ausschließlich durch eigene Mitarbeiter. Dies ist bezüglich der Sicherheitsanlagen vor dem Hintergrund des mit Fremdvergaben einhergehenden Informations- und Kontrollverlusts allerdings kritisch zu beurteilen.

Weiterführende Literatur: Diederichs (2006), Gondring/Wagner (2007)

Sofern weder ein unternehmenseigenes Facilitymanagement noch ein beauftragter externer Anbieter zur Verfügung stehen oder alleine in der Lage sind, die notwendigen Instandhaltungs- und Kontrollmaßahmen durchzuführen, gibt es weitere Möglichkeiten zur Gewährleistung der regelmäßigen Instandhaltung der Sicherheitseinrichtungen.

Häufig praktiziert wird der Abschluss sog. Wartungsverträge mit den Lieferanten der einzelnen sicherheitsrelevanten Komponenten bzw. Systeme, in denen die durch die Lieferanten zu erbringenden Instandhaltungsmaßnahmen inkl. Zeitabstände der Wartungen vor Ort definiert sind. Die meisten Wartungsverträge sehen eine fixe, entweder jährlich oder für die Laufzeit des Wartungsvertrags (häufig 5 Jahre) zu entrichtende Vergütung vor und definieren auch die Stundenansätze bei Zusatzarbeiten nach Aufforderung. Je nach Ausgestaltung des Wartungsvertrages sind auch Notdienstleistungen oder Ersatzteile in der Grundpauschale enthalten.

Die Vorteile der Wartungsverträge liegen zunächst in produktspezifischem und, je nach Komplexität und Einzigartigkeit der betroffenen Sicherheitseinrichtung, projektspezifischem Wissen der Lieferanten. Zudem sind der Abschluss von Wartungsverträgen und Garantieleistungen der Lieferanten meistens eng miteinander verknüpft: Gerade Lieferanten von Spezialprodukten binden über das gesetzliche Mindestmaß hinausgehende Gewährleistungspflichten in der Regel an den Abschluss eines Wartungsvertrages, garantieren dafür aber im Gegenzug auch die Funktionsfähigkeit und Verfügbarkeit ihrer Produkte bzw. umfangreiche Serviceleistungen in Störungsfällen mit dem Abschluss eines Wartungsvertrags. Nachteilig an einem auf Wartungsverträge beruhenden System ist jedoch die fehlende interne Kompetenz zur Instandhaltung und Störungsbehebung, die zur Abhängigkeit vom Lieferanten, mangelhafter Diagnose- und Lösungskompetenz bei sich abzeichnendem Instandhaltungsbedarf und Störungen sowie, je nach Ausgestaltung des Vertrages, hohen Kosten bei der Inanspruchnahme von nicht in der Grundpauschale abgedeckten Leistungen führt. Besonders bei komplexen Systemen, die an eine übergeordnete Managementebene (etwa ein Sicherheitsleitsystem oder eine Sicherheitsleitzentrale) angebunden sind, ist zudem die Definition der Zuständigkeiten, Schnittstellen und Verantwortlichkeiten (insbesondere hinsichtlich der Sicherstellung des bestimmungsgemäßen Zusammenspiels der einzelnen Komponenten) der verschiedenen Lieferanten bezüglich Instandhaltung problematisch. Bei derartigen Systemen empfiehlt sich daher, bereits bei der Vergabe der baulich-technischen Leistungen für klare Verhältnisse zu sorgen und die Leistungen auf einen Unternehmer bzw. auf wenige, klar abgegrenzte Lieferanten aufzuteilen. Gerade bei großen Unternehmen mit komplexen Anlagen steigt dann aber wiederum die Abhängigkeit von den wenigen Lieferanten auf dem Markt, die entsprechend umfangreiche Leistungen erbringen können. Nichtsdestoweniger kann man den Abschluss eines oder mehrerer Wartungsverträge bei Sicherheitseinrichtungen bereits aufgrund der oben angesprochenen Verbindung zu den Gewährleistungskonditionen kaum vermeiden. Unternehmen sollten daher bereits vor der Vergabe, aus einer besseren Verhandlungsposition, einen für sie möglichst vorteilhaften Wartungsvertrag mit entsprechend langer Laufzeit abschließen.

Unabhängig von den beteiligten Stellen, d. h. insbesondere internes oder externes Facilitymanagement sowie den Lieferanten der Sicherheitsanlagen, gibt es verschiedene notwendige Maßnahmen bzw. Methoden zur Instandhaltung und Kontrolle baulich-technischer Maßnahmen. Diese müssen im Rahmen eines zu definierenden Instandhaltungs- und Kontrollplans zudem in ihrer Periodizität festgelegt werden. In den folgenden Unterkapiteln sind daher die wichtigsten Aspekte der Instandhaltung und Kontrolle von Safety-Maßnahmen, Security-Maßnahmen, Maßnahmen der IT-Sicherheit und Leit- und Managementsystemen beschrieben; dabei wird auch darauf eingegangen, in welchen zeitlichen Abständen die einzelnen Maßnahmen und Anlagen grundsätzlich zu warten bzw. kontrollieren sind.

7.1.2   Instandhaltung und Kontrolle von Safety-Maßnahmen

Baulich-technische Maßnahmen zur Safety-Erhöhung (d. h. Statik, Erdbebensicherheit, Brandschutz, Störfallvorsorge, Arbeitssicherheit) sind grundsätzlich durch einen hohen Anteil baulicher Maßnahmen gekennzeichnet. Dies gilt insbesondere für den Bereich der Statik (inkl. Erdbebensicherheit), aber auch für den vorbeugenden Brandschutz. Entsprechende Maßnahmen weisen in der Regel Langlebigkeit und geringen Instandhaltungsaufwand auf, müssen aber nichtsdestoweniger regelmäßig auf eventuelle Schäden oder Anpassungsbedarf aufgrund von Nutzungsänderungen überprüft werden. Wesentliche Aufgaben in diesem Zusammenhang ergeben sich wie folgt:

- Regelmäßige, d. h. je nach Art des Gebäudes mindestens zweijährige Überprüfung des Tragwerks auf Beschädigungen und Materialermüdung bzw. Überprüfung der Einhaltung des Nutzungsplans.
- Regelmäßige, d. h. zwei- bis fünfjährige Überprüfung der brandabschnittbildenden Bauteile (insbesondere Brandabschottungen in Kanälen und Steigzonen) und Fluchtwege. Ergänzend sind außerplanmäßige Kontrollen und Instandhaltungsarbeiten nach baulichen Veränderungen (z. B. Verlegung neuer Kabel in Steigzonen) und Nutzungsänderungen obligatorisch.
- Regelmäßige Kontrollen von baulichen Maßnahmen der Störfallvorsorge, wobei diese Maßnahmen (z. B. Explosionsschutzmauern, Einhausungen von Leitungen etc.) vergleichsweise selten anzutreffen sind und daher von vergleichsweise langen Wartungszeiträumen auszugehen ist. Planmäßige Kontrollen und Instandhaltungsmaßnahmen sollten dennoch spätestens alle 5 Jahre durchgeführt werden.
- Auch bauliche Maßnahmen der Arbeitssicherheit sind vergleichsweise selten anzutreffen und nicht besonders wartungsintensiv. Wesentliche Bestandteile, etwa Fluchtwege, werden zudem bereits im Bereich Brandschutz abgedeckt, sodass einschlägige Kontrollaktivitäten fast vernachlässigt werden können.

Grundsätzlich gilt bei allen baulichen Maßnahmen die Regel, dass sie mit zunehmendem Alter eines Gebäudes in kürzeren Zeitabständen überprüft werden müssen. Umfassende Änderungen in der Nutzung oder Umbauten bedingen zudem nach Erfahrung der Verfasser immer zusätzliche, außerplanmäßige Kontrollen auch der baulichen Einrichtungen. Unabhängig von Anlass und Art der Kontrolle müssen sie sorgfältig vorbereitet, anhand geeigneter Checklisten durchgeführt und dokumentiert und die aus ihnen resultierenden Instandhaltungsmaßnahmen zeitnah veranlasst und durchgeführt werden. Auch die Dokumentation der Durchführung empfiehlt sich nicht zuletzt aus Haftungsgründen immer.

Weitaus kontroll- und wartungsintensiver sind die technischen Safety-Anlagen, da es sich bei ihnen zumeist um deutlich artifiziellere und somit störungsanfällige Maßnahmen handelt. Sie sind vor allem für den Brandschutz und die Störfallvorsorge relevant. Zu den besonders wartungsintensiven Anlagen gehören dabei Brand- und Gasmeldeanlagen, Rauch- und Wärmeabzugsanlagen, Brand- und Explosionsschutzklappen sowie Einrichtungen der Notstromversorgung. Sie müssen, wie alle technischen Maßnahmen, mindestens einmal jährlich auf Funktionsfähigkeit der einzelnen Komponenten real getestet werden (zu über einzelne Komponenten hinausgehenden Tests vgl. Abschnitt 7.1.5). Zudem empfiehlt sich dringend, mindestens eine jährliche Wartung (in der Regel gemäß Vorgaben Hersteller) durchzuführen. Anlagen, die auf Verbrauchsgegenstände (etwa leicht beschädigte Melder, Akkumulatoren etc.) angewiesen sind, sollten unbedingt in kürzeren Zeitabständen überprüft werden. Dabei ist auch zu kontrollieren, ob die Komponenten noch situationsadäquat und risikominimierend sind oder ob Veränderungen der Rahmenbedingungen Anpassungen, etwa den Austausch von Gasmeldern aufgrund anderer Nutzungen, erfordern. Die obigen Aussagen zu Vorbereitung und Dokumentation der Kontrollen baulicher Maßnahmen gelten dabei sinngemäß.

Im Rahmen der Überprüfung von Maßnahmen bezüglich Arbeitssicherheit und Gesundheitsschutz steht, neben der Identifikation und Beseitigung von offensichtlichen Missständen, vor allem die Berücksichtigung neuer technischer Entwicklungen bzw. ergonomischer Erkenntnisse auf Ebene der eingesetzten Arbeitsmittel im Mittelpunkt der Aufrechterhaltung der Unternehmenssicherheit. Da je nach Unternehmen und zu betrachtenden Arbeitsplätzen eine unüberschaubare Menge von Informationen zu verarbeiten ist, sind die zuständigen Sicherheitsfachkräfte hier sehr stark auf die aktive Unterstützung der betroffenen Mitarbeiter angewiesen, die sicherheitskritische oder belastende Zustände selbständig melden sollten.

Safety-Maßnahmen werden je nach Branche bzw. Art des Unternehmens und Risikopotential nicht selten auch durch Behörden, etwa Brandschutzbehörden, Berufsgenossenschaften oder Unfallversicherungen bzw. den TÜV, überprüft. Solche externen Audits können aufgrund des meistens vorhandenen Expertenwissens der externen Prüfer für das betroffene Unternehmen äußerst hilfreich und wertvoll sein, müssen aber gut vorbereitet werden. Vor den externen Prüfungen, welche in der Regel angekündigt werden, ist daher die interne Überprüfung und gegebenenfalls Mängelbehebung der zu inspizierenden Anlagen dringend angezeigt. Bei einer funktionierenden internen Kontrolle und Wartung sollten dann auch keine unangenehmen Überraschungen warten.

7.1.3   Instandhaltung und Kontrolle von Security-Maßnahmen

Maßnahmen zur Abwehr krimineller Angriffe müssen bezüglich ihrer Umsetzung und Funktionsfähigkeit ebenfalls regelmäßig überprüft werden. Auch bei den baulich-technischen Security-Maßnahmen überwiegt wiederum der Instandhaltungs- und Kontrollaufwand elektrotechnischer Anlagen, die deutlich wartungsintensiver sind als eingesetzte bauliche Maßnahmen.

Die baulichen Security-Maßnahmen, d. h. Zäune, Tore und Türen, Fenster und Mauerwerk, müssen regelmäßig auf Beschädigungen und Manipulationen überprüft werden. Dazu gehören insbesondere Risse in der Struktur, Beschädigungen an den Türkomponenten (Schloss,

Bandung, Verriegelung) sowie Spuren von Angriffsversuchen. Diese Kontrollen sind mehrheitlich in kurzen Abständen, durch eine in Augenscheinnahme bei Rundgängen des Sicherheitsdienstes oder einer geeigneten Person, durchzuführen. Mindestens einmal jährlich empfiehlt sich zudem die genaue Überprüfung aller für das Sicherheitskonzept bedeutsamen Komponenten des Einbruchschutzes (bzw. zumindest der Komponenten an neuralgischen Punkten).

Die technischen Maßnahmen sind aufgrund der eingesetzten Komponenten bzw. ihren Funktionalitäten in viel höherem Maße von Ausfällen und Fehlfunktionen betroffen, sodass ihre Kontrolle deutlich breiteren Raum einnehmen muss. Besonderes Augenmerk ist dabei auf Zutrittskontrollsysteme und, falls vorhanden, Einbruch- und Überfallmeldeanlagen sowie Videoanlagen zu legen.

Bezüglich *Zutrittsmanagement und Zutrittskontrollsystem* muss höchste Priorität auf der regelmäßigen Kontrolle der ausgegebenen Zutrittsberechtigungen, d. h. Schlüssel, Badges, Karten etc., liegen. Einerseits ist das Unternehmen dabei auf die Hilfe und Ehrlichkeit der Mitarbeiter angewiesen, die den Verlust von Berechtigungen unaufgefordert und unverzüglich melden müssen. Da dieses Verhalten nicht uneingeschränkt vorausgesetzt werden kann, sollte mindestens einmal jährlich im Rahmen eines Prüflaufs getestet werden, ob sich tatsächlich alle ausgegebenen Berechtigungen noch im Besitz der vorgesehenen Nutzer befinden. Damit geht gerade bei größeren Unternehmen zwar ein hoher Aufwand einher; durch sorgfältige Planung und geeignete Methoden (etwa Abgabe der Berechtigung bei Eintritt an der Pforte, Rückgabe nach Überprüfung am Abend) kann dieser Aufwand jedoch minimiert werden.

Bei der Verwendung nichtkonventioneller Zutrittssysteme sollte weiterhin regelmäßig überprüft werden, ob die Komponenten an den Türen unbeschädigt und funktionstüchtig sind. Dabei ist vor allem die Kontrolle ausreichender Stromversorgung (insbesondere bei mechatronischen Beschlagslösungen, also Schlössern mit integrierter Batterie) der Türkomponenten bedeutsam. Ebenso wichtig ist die periodische Aktualisierung der vergebenen Zutrittsberechtigungen an den einzelnen Türen, damit die Flexibilität der Systeme auch ausgeschöpft werden kann. Bei elektronischen Onlinesystemen kann dies fast im Tagesrhythmus geschehen, Änderungen bei nicht vernetzten, mechatronischen Systemen sind monatlich bzw. quartalsweise sinnvoll.

Besondere Komponenten, etwa biometrische Erfassung oder Personenvereinzelungsschleusen, müssen individuell geprüft und gewartet werden. Häufig geschieht dies im Rahmen der oben angesprochenen Wartungsverträge direkt durch die Lieferanten bzw. Hersteller.

Einbruch- und Überfallmeldeanlagen müssen einerseits regelmäßig auf die technische Funktionsfähigkeit der einzelnen Endkomponenten (Melder, Kontakte etc.) bzw. der Anschlüsse und Steuerung überprüft werden. Um den diesbezüglichen Aufwand gering zu halten, empfiehlt sich die Ausschreibung und Beschaffung einer Anlage, die bei Komponentenausfällen oder sonstigen Störungen eine Störmeldung an die zuvor definierten Stellen, in der Regel die Sicherheitsleitzentrale oder das Facilitymanagement, absondert. Ergänzend kann eine periodische Inaugenscheinnahme bei Rundgängen bzw. Begehungen sinnvoll sein.

Neben der Kontrolle der Funktionsfähigkeit ist es notwendig, die Einstellung der Melder, insbesondere Bewegungsmelder, bzw. den Überwachungsumfang der Einbruchmeldeanlage regelmäßig (d. h. jährlich) zu überprüfen. Spätestens dabei können auch etwaige Manipulationen an der Anlage erkannt und behoben werden.

Für **Videoüberwachungsanlagen** gelten grundsätzlich die gleichen Bemerkungen wie für Einbruchmeldeanlagen. Neben der technischen Funktionsfähigkeit der einzelnen Kameras bzw. Steuerelemente ist die Positionierung und Eignung der eingesetzten Kameras regelmäßig zu überprüfen. Dies gilt in besonderem Maße, wenn die Videoanlage über Bewegungsmelderfunktionen oder sonstige programmierte Algorithmen verfügt. Gegebenenfalls müssen die Kameras (bei Verfügbarkeit technisch besser geeigneter Modelle) ersetzt werden, wobei hier, wie auch bei eventuellen Erweiterungen der Videoanlage um zusätzliche Kameras, die Leistungsfähigkeit der eingesetzten Netzwerke zur Datenübertragung bzw. der Auswertungs- und Aufzeichnungskomponenten häufig als limitierende Randbedingung zu beachten ist.

Nicht zuletzt aus datenschutzrechtlichen Gründen ist auch die mindestens jährliche Überprüfung der Datenbestände mit Aufzeichnungen, die Gewährleistung des Zugriffschutzes und, unter Berücksichtigung etwaiger Aufbewahrungspflichten, die Löschung nicht mehr benötigter Daten angebracht.

7.1.4   Instandhaltung und Kontrolle der IT-Sicherheitsmaßnahmen

Die Aufrechterhaltung und Kontrolle der Sicherheitsmaßnahmen aus dem Bereich der Informations- und IT-Sicherheit stellen aufgrund der sich rasant ändernden Bedrohungslage und der permanenten Weiterentwicklung der zugrunde liegenden Systeme eine besondere Herausforderung dar. Trotz des daraus resultierenden hohen Aufwands darf dieses Handlungsfeld keinesfalls vernachlässigt werden, da die Bedeutung von Informationen, wie in Kapitel 5.3.5 verdeutlicht wurde, zukünftig noch weiter zunehmen wird. Die in diesem Zusammenhang besonders wichtigen Maßnahmen zur Aufrechterhaltung der IT-Sicherheit werden daher an dieser Stelle gesondert beschrieben. Bauliche Maßnahmen zur Informations- und IT-Sicherheit bzw. ihre Aufrechterhaltung und Überprüfung sind unter die bereits abgehandelten Security-Maßnahmen einzuordnen, sodass sich die folgenden Ausführungen ausschließlich auf die Aufrechterhaltung technischer Maßnahmen zur IT-Sicherheit konzentrieren.

Grundsätzlich verlangt das volatile Umfeld der IT-Sicherheit nach einer permanenten Analyse der aktuellen Gefährdungen (z. B. Viren, Würmer, unternehmensbezogene Hackerangriffe). Aufgrund des hohen Aufwands wird allerdings häufig auf das damit verbundene, andauernde Kontrollieren der Systemaktivitäten verzichtet (vgl. Eckert, 2005: 88) bzw. es werden extern bereitgestellte Tools eingesetzt. Hiermit steigt die Abhängigkeit von Dritten; aufgrund des dynamischen Umfelds kann jedoch kaum ein Unternehmen auf derartige Unterstützung von außen verzichten. Jedes Unternehmen sollte daher täglich eine Überprüfung auffälliger Aktivitäten des unternehmensinternen Netzwerkes (bzw. weiterer Systeme) durchführen, die Ergebnisse protokollieren und aus ihnen gegebenenfalls zielgerichtete Sofortmaßnahmen ableiten. Darüber hinaus können sog. IT-Security Scans mithilfe der eingesetzten Security Scanner die Systeme und Netze konkret auf eventuelle Sicherheitslücken testen, in dem Sicherheitschecks und Angriffe auf das System durchgeführt bzw. simuliert werden (vgl. Müller, 2005: 376). Um zielgerichtete Maßnahmen zur Schließung etwaiger Sicherheitslücken durchführen zu können, ist die Anbindung der Security Scanner (die als kommerzielle und Freeware-Tools verfügbar sind) an die auf den Unternehmensrechnern installierte Sicherheitssoftware notwendig. Das bereits mehrfach erwähnte Bundesamt für Sicherheit in der Informationstechnologie (BSI) bietet auf seiner Homepage Hinweise und Tools zur Durchführung von Security Scans an.

Als praktisch spiegelbildliches Handlungsfeld zur Analyse etwaiger Abweichungen ist die regelmäßige Aktualisierung der verwendeten Software, insbesondere der Firewalls und Einbrucherkennungssysteme, notwendig. Hierbei ist vor allem darauf zu achten, dass die Updates von den Vertreibern der Software regelmäßig und vollständig geliefert werden, was gerade bei frei verfügbarer Software (sog. Shareware) nicht immer vorausgesetzt werden kann. Auch die Installation auf den einzelnen Rechnern der Nutzer muss gewährleistet sein, was erfahrungsgemäß bei steigender Anzahl der Mitarbeiter schwierig ist. Grundsätzlich müssen die Mitarbeiter in den Unterhalt der IT-Sicherheit einbezogen werden; dazu gehört auch der sorgfältige Umgang mit Passwörtern, der durch regelmäßige Aufforderungen zur Passwortänderung unterstützt werden kann.

Schließlich erlauben extern beauftragte Penetrationstests die Erkennung von Sicherheitslücken, indem Tester in der Rolle eines Angreifers versuchen, Sicherheitslücken des Unternehmens zu identifizieren und auszunutzen. Je nach Informationen, die dem Tester seitens des Unternehmens vorliegen, unterscheidet man zwischen Black-Box-Tests (der Tester kennt nur den Namen des Unternehmens), Grey-Box-Tests (der Tester erhält Detailinformationen über das Unternehmen als Angriffsziel) und White-Box-Tests, bei denen der Tester umfangreiche, fast vollständige Informationen über das Unternehmen sowie die eingesetzten Komponenten und Systeme erhält und praktisch einen Innentäter simuliert (vgl. Müller, 2005: 374–376). Penetrationstests stellen somit praktisch die unternehmensbezogene Version der Security Scans (vgl. oben) dar.

7.1.5   Instandhaltung und Kontrolle von Leit- und Managementsystemen

Neben den einzelnen Komponenten des Sicherheitskonzepts muss auch ihre übergeordnete Vernetzung (z. B. im Rahmen von Brandfallsteuerungen) bzw. die Management- und Steuerebene regelmäßig gewartet und überprüft werden. Die planmäßige Instandhaltung wird aufgrund der Komplexität der Systeme und des dazu notwendigen Spezialwissens in der Regel durch die Hersteller der Anlagen durchgeführt. Hierbei ist darauf zu achten, dass durch die mehrheitlich unabdingbare Integration verschiedener Systeme unterschiedlicher Hersteller nicht Wartungslücken aufgrund unklarer Zuständigkeiten oder nicht abgedeckter Systemschnittstellen entstehen. In diesem Zusammenhang sind insbesondere Netzwerkinfrastrukturen und ihre Wartung bis zu einzelnen Übergabepunkten häufig kritisch.

Neben der planmäßigen Instandhaltung der eingesetzten physisch-technischen Komponenten ist in zumeist deutlich kürzeren Zeitabständen auch die Anpassung bzw. der Unterhalt auf der Steuer- bzw. Softwareebene notwendig. Hierzu gehören einerseits Neukonfigurationen bei Änderungen der betrieblichen Rahmenbedingungen (etwa Anpassungen an Brandfallsteuerung, Alarmierungsalgorithmen, Einsatzleitsystemen), die nach Bedarf und mehrheitlich durch interne Kräfte durchgeführt werden. Andererseits ist die permanente und je nach Unternehmen bzw. verwendeten Systemen täglich durchzuführende Datenpflege obligatorisch. Hierunter fallen schwerpunktmäßig die Neuaufnahme, Veränderung oder Löschung von Datensätzen zu den angeschlossenen Sicherheitssystemen und ihren Komponenten sowie zu Alarmierungszwecken. Gerade der letztgenannte Punkt ist in großen Unternehmen oder Unternehmen mit hoher Personalfluktuation äußerst zeit- und personalintensiv.

Neben dem Unterhalt der Systeme durch interne oder externe Kräfte ist zur Aufrechterhaltung der gewünschten Funktionsfähigkeit gerade bei komplexen Systemen ein Fehler bzw. Störungen erkennendes und meldendes Leitsystem unabdingbar. Ergänzend sind mindestens zwei- bis dreijährig integrale Tests durchzuführen, um die reale Funktionsfähigkeit und das gewünschte Zusammenspiel der einzelnen Systeme tatsächlich überprüfen zu können. Diese Tests unterscheiden sich von grundsätzlicher Vorgehensweise und Umfang nicht von den Tests bei der Inbetriebnahme.

7.1.6   Instandhaltungspläne und Kontrollintervalle

Die Instandhaltungs- und Kontrolltätigkeiten der baulich-technischen Maßnahmen lassen sich, wie oben bereits verdeutlicht, in regelmäßige und außerplanmäßige Aktivitäten unterteilen. Um diese Tätigkeiten zu steuern, muss daher ein Instandhaltungs- und Wartungsplan existieren, in dem die regelmäßigen Tätigkeiten inkl. Intervalle möglichst mit konkreten Terminen und Verantwortlichkeiten fixiert sind. Die Erarbeitung des Plans erfolgt in der Regel durch das Facilitymanagement des Unternehmens unter Berücksichtigung der Wartungsintervalle der Hersteller. Der Instandhaltungs- und Wartungsplan muss dem Leiter Sicherheitsorganisation vorgelegt und von diesem freigegeben werden.

Daneben sind bei außerordentlichen Anlässen und Ereignissen besondere Instandhaltungs- bzw. Kontrollmaßnahmen möglich. Diese umfassen:

- nach sicherheitskritischen Ereignissen und Übungen die Überprüfung und ggf. Instandhaltung aller betroffenen Sicherheitseinrichtungen;
- nach Um- oder Anbauten bzw. Eingriffen in die bestehenden Anlagen die Überprüfung der bestimmungsgemäßen Funktionstüchtigkeit, auch bei der IT-Infrastruktur;
- nach Ausfällen oder Störmeldungen die Fehlersuche und Behebung sowie die Überprüfung vernetzter Einrichtungen bzw. Komponenten;
- vor besonderen Anlässen und planbaren Ereignissen, etwa angekündigten Demonstrationen, Besuch von exponierten Persönlichkeiten etc., die Überprüfung und ggf. Durchführung von integralen Tests über das Gesamtsystem oder einzelne Teilsysteme der Sicherheitsanlagen.

Bei allen Instandhaltungs-, Test- bzw. Kontrollmaßnahmen ist die vollständige Dokumentation der durchgeführten Kontrollen bzw. Maßnahmen, erhobener, beseitigter und bestehender Mängel und vorgenommener Anpassungen notwendig, um bisherige und zukünftige Entwicklungen bezüglich der Sicherheitseinrichtungen nachvollziehen zu können und in etwaigen Haftungsfällen umfassend dokumentiert zu sein. Dieser Thematik wird sich allerdings in Kapitel 7.4 nochmals gesondert gewidmet.

In längeren Zeitabständen (ca. alle 5 Jahre) empfiehlt sich die über Einzelmaßnahmen hinausgehende Überprüfung aller bestehenden Sicherheitseinrichtungen, bei der sowohl umfangreiche, das Gesamtsystem betreffende integrale Tests durchgeführt werden als auch die grundsätzliche Eignung der Sicherheitsmaßnahmen in ihrer Gesamtheit kritisch hinterfragt wird. Je nach regulatorischem Umfeld und betroffenen Anlagen kann der Einbezug von Behördenvertretern bei diesen Überprüfungen sinnvoll sein, etwa wenn Betriebsbewilligungen verlängert werden müssen. Diese grundsätzliche Überprüfung der implementierten Sicherheitsmaßnahmen sollte idealerweise im Zusammenhang mit der regelmäßig fälligen Anpassung der Risiko- und Gefährdungsanalyse durchgeführt werden, damit die sich fast zwangsläufig ergebenden Interdependenzen in der Veränderung der Risikolandschaft und der Anpassung von Maßnahmen vollumfänglich erfasst werden können.

7.2   Aufrechterhaltung und Kontrolle organisatorischer Maßnahmen

7.2.1   Einleitung

Neben dem Unterhalt der baulich-technischen Maßnahmen müssen auch organisatorische Komponenten des Sicherheitskonzepts in ihrer Eignung und Umsetzung regelmäßig überprüft werden, um die Schutzziele des Unternehmens dauerhaft zu erreichen. Die Vor- und Nachteile organisatorischer Maßnahmen wurden in den vorangegangenen Kapiteln ausführlich beleuchtet; trotz gewisser Schwächen kann ohne übergeordnete organisatorische Sicherheitsmaßnahmen zur Prävention und Abwehr sicherheitskritischer Ereignisse die Unternehmenssicherheit in den seltensten Fällen gewährleistet werden. Diesem Bedürfnis steht die empirisch validierte Feststellung gegenüber, das die überwiegende Mehrheit (einige Forscher sprechen sogar von bis zu 80%) von Unfällen oder Katastrophen auf organisatorische Ursachen und falsches Management zurückgeht (vgl. Münchener Rück, 2003; Turner, 1994: 215; Turner/Toft, 1988: 299). Aus diesen Beobachtungen lässt sich ableiten, dass die permanente Sicherstellung organisatorischer Maßnahmen offensichtlich eine anspruchsvolle Aufgabe der Unternehmenssicherheit darstellt.

Zur Erklärung des hohen Anteils organisatorischer Ursachen wurden umfangreiche Arbeiten der interdisziplinären Krisenforschung vorgelegt, die beispielsweise in Gundel (2004) oder Schauenberg (2004) vorgestellt bzw. diskutiert werden und in Teilen auch in diesem Buch verarbeitet sind. Von besonderer Praxisrelevanz sind allerdings folgende Erklärungsansätze für aus nicht umgesetzten organisatorischen Sicherheitsmaßnahmen resultierende Ereignisse:

- Organisatorische Konzepte basieren auf den involvierten Mitgliedern der Organisation, d. h. Menschen. Aufgrund verschiedener Ursachen, z. B. mangelnde Kenntnisse, Emotionen, Überbelastung oder fehlende Qualifikation, können sie mit größerer Wahrscheinlichkeit fehlerbelastet sein als eine einmal installierte und abgenommene technische Anlage. Darüber hinaus gehen Informationen über sicherheitskritische Ereignisse und Prozesse bzw. geeignete Verhaltensweisen zur Prävention und Abwehr solcher Ereignisse durch die in jedem Unternehmen zu beobachtenden Mitarbeiterwechsel permanent (zumindest in Teilen) verloren. Neben der bereits in Kapitel 6.3 angesprochenen Auswahl geeigneter Mitarbeiter für Positionen in der Sicherheits- und Notfallorganisation ist daher die regelmäßige Schulung sowohl dieser Mitarbeiter als auch der gesamten Belegschaft unabdingbar.

- Die mit der Umsetzung organisatorischer Maßnahmen betrauten Menschen haben, wie ebenfalls in Kapitel 6.3 ausführlich dargestellt wurde, verschiedene Interessen, die nicht immer mit jenen des Unternehmens übereinstimmen. Da die Effektivität der vorhandenen Maßnahmen zur Minimierung von Interessenkonflikten letztendlich begrenzt ist, muss der Entscheidungsspielraum der Mitarbeiter bezüglich sicherheitskritischer Verhaltensweisen eingegrenzt werden. Hierzu sind wiederum Kontrollen und Audits das geeignete Mittel.

- Organisatorische Sicherheitskonzepte werden in der Regel aufgrund theoretischer Kenntnisse oder Erfahrungen der Ersteller aus vergleichbaren Unternehmen oder Projekten erarbeitet, um unternehmens- und objektspezifische Besonderheiten ergänzt und dann in Kraft gesetzt. Bei diesem Prozess ist es fast unmöglich, alle spezifischen Gegebenheiten des Unternehmens, seiner Mitarbeiter und seines Umfelds (z. B. Struktur und Möglichkeiten der Ereignisdienste) korrekt zu erfassen. Etwaige Fehlannahmen oder Lücken organisatorischer Konzepte, beispielsweise nicht definierte Aufgaben oder Informationswege, werden dann erst bei Realereignissen entdeckt – nicht selten mit entsprechend nachteiligen Folgen für die Betroffenen. Die regelmäßige Durchführung und Auswertung von Übungen erlaubt allerdings, viele Schwachstellen organisatorischer Konzepte frühzeitig zu erkennen und zu beheben.

Die drei vorgenannten Punkte zeigen sowohl die grundsätzlichen Probleme bei der Aufrechterhaltung organisatorischer Konzepte in einem Unternehmen als auch die denkbaren Lösungsansätze auf. Ein geeignetes Konzept zur dauerhaften Umsetzung und Überprüfung organisatorischer Maßnahmen beruht somit in der Regel auf drei Säulen: Schulungen, die der theoretischen (seltener praktischen) Vermittlung bzw. Auffrischung des Wissens über sicherheitsgerechtes Verhalten dienen, Kontrollen und Audits, mit deren Hilfe die Umsetzung der organisatorischen Sicherheitskonzepte überprüft wird, und Übungen, bei denen die Bewältigung sicherheitskritischer Ereignisse simuliert werden kann. Die einzelnen Säulen und ihr Verhältnis zueinander werden im Folgenden ausführlich beleuchtet.

7.2.2   Schulungen der Sicherheitsorganisation

Unterschiedliche Arten von Schulungen

Auf die Notwendigkeit von Schulungen wurde bereits im Zusammenhang mit der initialen Umsetzung des Sicherheitskonzepts in Kapitel 6 verwiesen. Sie dienen einerseits der erstmaligen Vermittlung des sicherheitsgerechten Verhaltens, sind jedoch andererseits während des Betriebs auch wesentlicher Bestandteil der Aufrechterhaltung des Sicherheitskonzepts, dessen Durchsetzung auf ihrer Basis überprüft und kontrolliert werden kann. Sie haben daher nicht in erster Linie direkt überprüfenden Charakter; die Durchführung von regelmäßigen Schulungen ist vielmehr Voraussetzung, um die dauerhafte Umsetzung des geschulten Verhaltens zu erreichen. Um die Wissensvermittlung über sicherheitsgerechtes Verhalten zu institutionalisieren ist die Aufstellung eines Schulungsplans sinnvoll, der

- allgemeine Sicherheitsschulungen,
- fachspezifische Sicherheitsschulungen und
- funktionsspezifische Schulungen

enthält. Die Schulungen richten sich im Wesentlichen an die einzelnen Funktionsträger der Sicherheitsorganisation, können aber auch an die gesamte Belegschaft (die Mitarbeiter sind ohnehin Bestandteil jeder Sicherheitsorganisation) oder, in selteneren Fällen, an die Personen außerhalb des eigenen Unternehmens gerichtet sein.

Allgemeine Sicherheitsschulungen

Allgemeine Sicherheitsschulungen richten sich an alle Mitarbeiter eines Unternehmens. Je nach Größe und Randbedingungen des Unternehmens finden sie gesondert nach Organisationseinheiten, Standorten etc. statt. Die allgemeinen Sicherheitsschulungen dienen dazu, die Mitarbeiter bezüglich der Notwendigkeit der Unternehmenssicherheit und des sicherheitsgerechten Verhaltens zu sensibilisieren, die implementierten Sicherheitsmaßnahmen überblickartig darzustellen und ggf. zu demonstrieren sowie den Beitrag der einzelnen Mitarbeiter zur Aufrechterhaltung des Sicherheitskonzepts aufzuzeigen. Allgemeine Sicherheitsschulungen sind daher mehrheitlich wie folgt aufgebaut:

- *Einführung:* Die Notwendigkeit eines unternehmensbezogenen Sicherheitskonzepts wird anhand spezifischer Gefährdungen dargestellt. Die Sicherheitsorganisation zur Umsetzung dieses Konzepts sowie die Rolle der einzelnen Mitarbeiter in der Sicherheitsorganisation wird erläutert. Die Einführung sollte vor allem die besonderen, unternehmensspezifischen Gefährdungen hervorheben und nicht allseits bekannte Szenarien, die für das betrachtete Unternehmen eventuell sogar untergeordnet sind (z. B. Brand), rekapitulieren.
- *Darstellung des Sicherheitskonzepts:* Das implementierte Sicherheitskonzept mit seinen baulichen, technischen und organisatorischen Maßnahmen wird aufgezeigt. Dabei ist es empfehlenswert, die Informationen u.a. aus Gründen der Verständlichkeit, aber auch der Geheimhaltung auf das Wesentliche zu beschränken. Den Mitarbeitern soll primär vermittelt werden, welche Maßnahmen zur Prävention und Abwehr sicherheitskritischer Ereignisse sie betreffen und warum sie ergriffen wurden. Dies gilt insbesondere für kontroverse Maßnahmen (z. B. Rauchverbot, Ausweistragepflicht).

- *Sicherheitsgerechtes Verhalten zur Prävention von Ereignissen:* Den Mitarbeitern wird anhand von Stichworten bzw. Aufzählungen erläutert, wie sie konkret zur Prävention von sicherheitskritischen Ereignissen beitragen können. Bei diesem Teil ist der Verzicht auf alleiniges Referieren von Allgemeinplätzen (z. B. „Vermeiden Sie Arbeitsunfälle!") obligatorisch, da die Aufmerksamkeit der Zuhörer ansonsten schnell schwindet. Sinnvoll ist es, auf unternehmensspezifische Gegebenheiten einzugehen und anhand von Beispielen oder Bildern das erwünschte Verhalten und seine Wichtigkeit zu vermitteln. Auch die Problematik von Innentätern sollte in diesem Teil der Schulungen offensiv angegangen werden.

- *Richtiges Verhalten bei Eintritt von Ereignissen:* Im Rahmen von Sicherheitsschulungen nimmt die Vermittlung von Verhaltensanweisungen für den Ereignisfall traditionell breiten Raum ein. Auch hier wird häufig auf allgemeingültige Verhaltensanweisungen („Was tun wenn's brennt?") gesetzt, die aufgrund ihrer weiten Verbreitung und ihrem hohen Abstraktionsniveau jedoch meistens wenig Effekt erzielen. Hilfreich ist vielmehr, z. B. anhand von Auszügen aus den Brandschutzplänen bzw. der Brandschutzordnung und dem Evakuierungskonzept aufzuzeigen, wie die Evakuierung aus den Unternehmensgebäuden verläuft, wo Sammelplätze eingerichtet sind und wo sich Feuerlöscheinrichtungen befinden. Aufgrund der in Kapitel 6 ausführlich dargestellten Besonderheiten des Menschen ist gerade der Erläuterung kontraintuitiv erscheinender Maßnahmen ausreichend Zeit zu widmen.

- *Praktischer Teil / Begehungen:* Je nach Anzahl der Schulungsteilnehmer empfiehlt sich am Ende der allgemeinen Sicherheitsschulungen die Durchführung einer kleinen Begehung oder praktischen Schulung, beispielsweise der Fluchtwege oder in der Bedienung von Wasserlöschposten. Dadurch wird ein höherer Erinnerungseffekt erreicht und die Mitarbeiter können das Gehörte zumindest teilweise anhand von praktischen Tätigkeiten verinnerlichen.

Die allgemeinen Sicherheitsschulungen werden, bei entsprechender Größe der Sicherheitsorganisation, sinnvoller Weise von eigenen Mitarbeitern des Unternehmens durchgeführt. Nur bei zeitlicher Überlastung oder fehlender didaktischer Eignung der Mitglieder der Sicherheitsorganisation bzw. wenn wirtschaftliche Überlegungen diese Variante attraktiv erscheinen lassen, empfiehlt sich der Beizug externer Referenten. In diesem Fall ist sicherzustellen, dass sie über die notwendigen Kenntnisse des unternehmensspezifischen Sicherheitskonzepts verfügen, etwa weil sie an seiner Erarbeitung oder Umsetzung mitgewirkt haben. Die Dauer der allgemeinen Sicherheitsschulungen sollte inklusive des praktischen Anteils 90 Minuten keinesfalls überschreiten, um die Aufnahmefähigkeit und Motivation der Mitarbeiter nicht zu beeinträchtigen.

Allgemeine Sicherheitsschulungen sollten etwa zweijährlich wiederholt werden, um das einmal vermittelte Wissen aufzufrischen sowie zwischenzeitliche Änderungen an den Sicherheitskonzepten vermitteln zu können. Dabei ist darauf zu achten, dass sich die Schulungen aufgrund des meistens im Wesentlichen identischen Teilnehmerkreises nicht völlig gleichen, da ansonsten gerade bei Fach- und Führungskräften relativ schnell Langeweile aufkommt. Die Abgabe von entsprechend aufbereiteten Schulungsunterlagen ist ergänzend hilfreich, um zwischenzeitlich auftretende Fragen oder Unsicherheiten der Mitarbeiter zu beantworten. Neu

eingetretene Mitarbeiter sollten bei einer entsprechenden Fluktuation innerhalb eines Viertel-
jahres nach Eintritt in das Unternehmen außer der Reihe geschult werden. Wenn die Anzahl
der innerhalb dieses Zeitraums neu eingetretenen Mitarbeiter eine eigene Schulung nicht
rechtfertigt, muss zumindest die Abgabe und Erläuterung der Schulungsunterlagen durch eine
geeignete Person (z. B. Vorgesetzter) sichergestellt werden. Sofern allgemeine Sicherheitsschulungen auch für externe Mitarbeiter (z. B. Lieferanten, Mieter, FM-Dienstleister) relevant
sind, sollten sie unbedingt ebenfalls zu den Schulungen eingeladen werden. Besteht aus Sicht
der Unternehmenssicherheit Anwesenheitspflicht aufgrund spezifischer Inhalte, muss dies
gegebenenfalls in den zugrundeliegenden Verträgen mit den betroffenen Firmen definiert
werden.

Fach- und funktionsspezifische Schulungen
Neben den allgemeinen Sicherheitsschulungen sind meistens auch fach- oder funktionsspezifische Schulungen notwendig. Sie richten sich nicht an die gesamte Belegschaft, sondern an
bestimmte Funktionsträger innerhalb der Sicherheitsorganisation (z. B. Führungsstab, Evaku-
ierungsleiter, Facilitymanagement, Sicherheitsdienst) oder an Fachkräfte in sicherheitsrelevanten Bereichen, etwa in der IT-Abteilung oder der Internen Revision.

Die funktionsspezifischen Schulungen gleichen im Aufbau primär den allgemeinen Sicherheitsschulungen, unterscheiden sich allerdings in den dort vermittelten Verhaltensweisen zur
Prävention bzw. bei Eintritt eines Ereignisses, die den besonderen Aufgaben des entsprechenden Teilnehmerkreises angepasst sind. In diesen Schulungsteilen gehen sie daher deutlich über die allgemeinen Sicherheitsschulungen hinaus. Je nach Anzahl unterschiedlicher
Funktionen in einer Sicherheitsorganisation und der Unterschiedlichkeit der von den Funktionsträgern erwarteten Handlungen können funktionsspezifische Schulungen als Ergänzung
zur allgemeinen Sicherheitsschulung oder als eigenständige Schulungen durchgeführt werden, wobei die Zusammenlegung verschiedener Funktionen in eine Schulung aus wirtschaftlichen Gründen überprüft werden sollte. In den Bereichen Brandschutz bzw. Arbeitssicherheit und Gesundheitsschutz sind funktionsspezifische Schulungen für die entsprechenden
Funktionsträger (z. B. Brandschutz- oder Sicherheitsbeauftragte, Fachkräfte für Arbeitssicherheit) aufgrund gesetzlicher Vorgaben in vielen Ländern obligatorisch und nehmen teilweise erheblichen Umfang ein. Entsprechende Schulungen beinhalten ein Zertifikat oder
Zeugnis einer anerkannten Bildungseinrichtung und können daher nur außerhalb des Unternehmens, unabhängig von der allgemeinen Sicherheitsschulung, besucht werden.

Fachspezifische Schulungen sind ebenfalls weitestgehend unabhängig von allgemeinen Sicherheitsschulungen und variieren in Inhalt und Aufbau stark. Durch sie soll vor allem der
Transfer aktuellen Wissens zu Bedrohungen und Maßnahmen in das betroffene Unternehmen
gewährleistet werden, weshalb häufig externe Referenten die Durchführung der Schulungen
übernehmen. Mittlerweile existieren auch unzählige Fortbildungs- und Schulungsangebote
privater Dienstleister bzw. der öffentlichen Hand, die von Mitarbeitern des Unternehmens
aufgesucht werden können. Über sinnvolle Dauer, Periodizität und Inhalte lässt sich in allgemeingültiger Form kaum etwas sagen. Oft werden die entsprechenden Schulungen aufgrund
ihrer spezifischen Inhalte daher auch durch die einzelnen Fachabteilungen der Unternehmen
koordiniert, ohne dass die Initiative von der Sicherheitsorganisation des Unternehmens aus-

geht. Es ist dennoch anzustreben, dass der Sicherheitsverantwortliche über die Durchführung bzw. den Besuch sicherheitsrelevanter, fachspezifischer Schulungen informiert wird, damit er bei Bedarf an den gewonnen Erkenntnissen teilhaben bzw. diese in die allgemeinen Sicherheitsschulungen integrieren kann.

Mitunter kann es auch notwendig sein, dass Mitarbeiter des Unternehmens fachspezifische Schulungen für externe Mitarbeiter durchführen, etwa bei der Integration von IT-Systemen der Zulieferer oder Kunden, für externe FM-Dienstleister, welche für den Unterhalt der Sicherheitseinrichtungen zuständig sind, oder für beauftragte Sicherheitsdienstleister. Ebenso wie bei den allgemeinen Sicherheitsschulungen gilt hier, dass entsprechende Verpflichtungen der Geschäftspartner in den zugrunde liegenden Verträgen nach Möglichkeit vor Erstunterzeichnung fixiert sein sollten, um spätere Auseinandersetzungen über Mitarbeiterabstellung und Finanzierung zu vermeiden.

7.2.3 Kontrollen und Audits

Die Durchführung von Schulungen dient ausschließlich der Wissensvermittlung und der Aufrechterhaltung eines definierten Kenntnisstandes über die Sicherheitskonzepte bei den Mitarbeitern. Ergänzend muss jedoch überprüft werden, ob das vermittelte Wissen und die geforderten Verhaltensweisen tatsächlich auch ein- bzw. umgesetzt werden. Das Wirtschaftsprüferhandbuch hält dazu prägnant fest: „In einem gut funktionierenden System sollte keine Arbeit ohne Kontrolle bleiben" (IDW, 2000: 1747). Zu diesem Zweck haben die meisten Unternehmen ein sogenanntes internes Kontrollsystem (IKS) implementiert, dessen einzelne Regelungen helfen sollen, unbewusste oder bewusste Fehler bei der Durchführung von Unternehmensprozessen bzw. deren einzelnen Tätigkeiten aufzudecken oder zu verhindern. Im Wirtschaftsprüfer-Handbuch ist bezüglich der Rechnungslegung eines Unternehmens dargestellt, welche Einflussfaktoren die Wirksamkeit eines internen Kontrollsystems beeinflussen (vgl. IDW, 2000: 1746–1753). Die dort genannten Faktoren können problemlos auch auf andere sicherheitsrelevante Unternehmensprozesse ausgeweitet werden und umfassen vor allem:

- allgemeine betriebliche Organisation, d. h. insbesondere die Prozessorientierung und Vorgabe von Formularen, Richtlinien und Arbeitsanweisungen (z. B. Vier-Augen-Prinzip, keine Buchung ohne Beleg etc.);
- Funktionstrennung bei Aufgabenstellungen, die im Sinne des internen Kontrollsystems nicht miteinander vereinbar sind (z. B. Trennung von Kassenführung und Buchführung);
- Kontrolle von Tätigkeiten der Mitarbeiter anhand des Ergebnisvergleichs mit einer unabhängig erstellten Arbeit (z. B. Überprüfung Kassenbestände durch Buchhaltung anhand von Belegen).

Die regelmäßige Kontrolle finanzieller Prozesse und somit die Verhinderung oder Aufdeckung etwaiger (wirtschafts-)krimineller Delikte ist zumeist Aufgabe der internen Revision oder, sofern ein Unternehmen nicht über eine derartige Abteilung verfügt, des Rechnungswesens. In diesem Zusammenhang werden zumeist weniger Mitarbeiter, die sicherheitsrelevante Tätigkeiten nicht durchführen können, sondern solche Mitarbeiter, die sich nicht an die Vorgaben und Arbeitsanweisungen halten wollen (insbesondere Innentäter) identifiziert und kontrolliert. Die Kontrolle weiterer sicherheitsrelevanter Verhaltensanweisungen, etwa bezüglich Freihaltung von Fluchtwegen, Verwendung der vorgeschriebenen persönlichen Schutzausrüstung etc. obliegt zumeist den jeweiligen Vorgesetzten und erfordert aufgrund der recht einfachen Entdeckung etwaigen Fehlverhaltens zumeist keine besonderen Systeme. Allerdings muss in internen Stellenbeschreibungen und Regelwerken eindeutig fixiert werden, wer für die entsprechenden Kontrollen zuständig ist und welche Konsequenzen die Nichtbeachtung von sicherheitsrelevanten Vorschriften hat. Sind unternehmensexterne Akteure beteiligt, etwa Mieter, Nutzer von Infrastruktur oder für die Arbeitssicherheit zuständige Bauunternehmen, sind diese Aspekte auch in den zugrunde liegenden Vertragsgrundlagen zu regeln.

Neben den permanenten Kontrollen ist es gerade bei komplexeren organisatorischen Konzepten und Systemen sinnvoll, regelmäßig unabhängige Prüfungen der Einhaltung von entsprechenden Vorgaben durchzuführen. Für derartige Kontrollen hat sich im Rahmen der Verbreitung von Qualitätsmanagementsystemen bzw. der Arbeit von Prüfungsgesellschaften der Begriff des Audits etabliert (vgl. Box 34).

Box 34: Audit

Unter einem Audit versteht man gemäß der DIN ISO-Norm 9000 einen systematischen, unabhängigen und dokumentierten Prozess zur Erlangung von Auditnachweisen. Das Audit dient der objektiven Beurteilung, inwieweit vereinbarte Kriterien erfüllt werden.

In Anlehnung an die von Linß (2005: 393) gewählte Konkretisierung dieser Definition von Audits im Qualitätsmanagement kann man Audits des unternehmensbezogenen Sicherheitskonzepts als systematische und unabhängige Prüfungen sicherheitsbezogener Tätigkeiten auffassen, mit deren Hilfe geprüft wird, ob diese Tätigkeiten gemäß den Anordnungen des Sicherheitskonzepts durchgeführt werden und ob die Anordnungen unter den gegebenen Bedingungen betriebsverträglich sind. Mit Audits können überwiegend präventiv wirksame Sicherheitsmaßnahmen kontrolliert und beurteilt werden; in Bezug auf abwehrende Maßnahmen kann höchstens überprüft werden, ob die notwendigen Hilfsmittel (z. B. Rettungsmittel, Notfallunterlagen etc.) vollständig und in einwandfreiem Zustand vorliegen bzw. ob die notwendigen Abläufe bekannt sind.

Ein Auditsystem für Sicherheitskonzepte basiert zunächst auf internen, geplanten Audits. Sie werden durch eigene Mitarbeiter, meistens Mitarbeiter der Sicherheitsorganisation oder der internen Revision, in regelmäßigen Abständen durchgeführt und können den Charakter von Inaugenscheinnahmen, Interviews oder Prüfungen von Unterlagen haben. Ziel dieser Audits ist, die Umsetzung organisatorischer Sicherheitskonzepte auf Ebene der einzelnen Mitarbeiter zu überprüfen, eventuell abweichendes Verhalten systematisch zu erfassen und die Hintergründe dieser Abweichungen zu ermitteln. Daraus kann sich auch ergeben, dass vorgeschriebene Verhaltensanweisungen in der Praxis nicht durchführbar oder zu aufwändig sind, sodass aus den Audits nicht nur eine Kontrolle der Umsetzung des Sicherheitskonzepts, sondern auch seiner Eignung resultiert. Interne, geplante Audits müssen anhand von aus dem Sicherheitskonzept generierten Checklisten vorbereitet und standardisiert werden, um eine einheitliche Beurteilung zu ermöglichen. Gerade bei der Beurteilung organisatorischer Maßnahmen bzw.

einzelner Individuen spielen subjektive Einschätzungen eine große Rolle, die durch entsprechende Hilfsmittel möglichst eliminiert werden sollen. Dazu gehört auch der regelmäßige Wechsel des Auditors. Bei der Durchführung ist schließlich darauf zu achten, dass bei den Auditierten nicht der Eindruck einer sanktionsbewährten Prüfung entsteht, da sie ansonsten auf Fragen nicht wahrheitsgemäß antworten und somit Informationen über Schwächen des Sicherheitskonzepts nicht kommuniziert werden. Sinnvoll ist daher die Vorankündigung des Audits und seiner Ziele.

Mutwilliges bzw. kriminelles Fehlverhalten kann durch geplante Audits in der Regel nicht aufgedeckt werden; dafür stehen jedoch das interne Kontrollsystem und ungeplante Audits zur Verfügung. In einigen Fällen werden die geplanten Audits auch durch externe Stellen durchgeführt, etwa Geschäftspartner oder, bei entsprechenden Zertifizierungen des Qualitäts- oder Sicherheitsmanagementsystems, durch die ausgebende Stelle. Bei Prüfungen der Behörden oder vergleichbarer Einrichtungen (z. B. TÜV) spricht man zwar in der Regel nicht von einem externen Audit, Ziele und Inhalte sind jedoch meist identisch. Der wesentliche Unterschied zwischen externen und internen Audits liegt hingegen in den möglicherweise resultierenden Sanktionen.

Ungeplante Audits werden vor allem dann durchgeführt, wenn sicherheitskritisches Verhalten beobachtet oder vermutet wird. Je nach Art des vermuteten Fehlverhaltens kann es für die Betroffenen bei einem entsprechenden Ergebnis erhebliche Sanktionen nach sich ziehen. Bei kleineren Vergehen wird das ungeplante Audit durch interne Mitarbeiter durchgeführt. Besteht der Verdacht auf kriminelles Verhalten, empfiehlt sich auf jeden Fall der Beizug der Rechtsabteilung bzw. eines Rechtsanwaltes. Handelt es sich sogar möglicherweise um ein schwereres Delikt, von dem auch Dritte betroffen sein könnten oder tatsächlich involviert sind, sollte im Normalfall die Polizei bzw. Staatsanwaltschaft informiert und hinzugezogen werden (dann spricht man allerdings nicht mehr von einem Audit). Sie übernimmt dann die Federführung der Ermittlungen und greift ggf. auf interne Mitarbeiter des Unternehmens zurück. Mitunter empfiehlt sich auch die Beauftragung spezialisierter externer Auditoren, etwa aus dem Bereich der forensischen IT oder Wirtschaftsprüfung.

Jedes Audit, unabhängig ob geplant oder ungeplant, endet mit einem Auditbericht, in dem die Rahmenbedingungen des Audits (Teilnehmer, Anlass und Prüfgrundlagen), die durchgeführten Audittätigkeiten sowie die Ergebnisse und resultierenden Handlungsempfehlungen des Audits dokumentiert sind. Es geht nach Erstellung unter Anderem an den Sicherheitsverantwortlichen, der die Auditberichte prüft, auswertet, ggf. an Dritte weiterleitet und die notwendigen Maßnahmen zur Beseitigung sicherheitskritischer Zustände veranlasst. Wie bereits angesprochen kann dies durchaus auch die Revision von Teilen oder sogar des gesamten Sicherheitskonzepts beinhalten.

7.2.4 Übungen

Sofern durch entsprechende Schulungen die Grundlagen für sicherheitsgerechtes Verhalten vermittelt worden sind und bestenfalls bereits im Rahmen von Kontrollen und Audits überprüft wurde, dass die vorgesehenen Maßnahmen tatsächlich bekannt und umgesetzt sind, können darauf aufbauend Notfall- und Rettungsübungen durchgeführt werden. Durch sie wird vor allem das Zusammenspiel zwischen verschiedenen organisatorischen, aber auch baulich-technischen Maßnahmen im Rahmen der Simulation eines Realereignisses getestet.

Notfallübungen werden auf Ebene einzelner Unternehmen fast ausschließlich für Safety-Ereignisse (d. h. Brände, Naturereignisse, Evakuierungen etc.) durchgeführt, in Zusammenarbeit mit Polizeibehörden und bei besonderem Schutzbedarf selten auch für die Bewältigung krimineller Handlungen, etwa Geiselnahmen. Die Durchführung von Übungen ist in der Praxis bei den meisten Unternehmen eher selten, da nur wenige allgemeingültige Regelwerke die regelmäßige Durchführung von Notfall- oder Evakuierungsübungen für Bauwerke konkret vorschreiben und dabei zudem auch noch hinlänglich unspezifisch bezüglich Übungsintervallen und Umfang der Übung sind. Auch Behörden erlassen in den seltensten Fällen entsprechende Auflagen, sodass die Planung und Durchführung von Übungen zumeist in der Entscheidungskompetenz des Unternehmens liegt. Davon abweichend werden allerdings für bestimmte Branchen und Betriebe recht konkret notwendige Übungen vorgeschrieben, die zumeist auf die schnelle Evakuierung bzw. Rettung von Personen und die Zusammenarbeit mit öffentlichen Ereignisdiensten abzielen. Solche normativen Vorgaben finden sich z. B. im See- und Luftverkehr sowie teilweise in der Störfallverordnung.

Übungen vorzubereiten und durchzuführen ist meistens mit hohem Aufwand und großem zeitlichen Vorlauf verbunden. Neben dem Aufwand für die Planung, Vorbereitung, Durchführung und Auswertung der Übung, Leistungen, die gerade bei Übungen größeren Umfangs nicht nur intern erbracht werden können, sind dabei besonders die entstehenden Kosten durch den Betriebsunterbruch zu berücksichtigen. Sofern andere Unternehmen betroffen sind, etwa die Mieter eines Einkaufszentrums, ist zwingend eine rechtliche Grundlage für die Übungen zu schaffen (etwa entsprechende Klauseln im Mietvertrag), um nach einer Übung nicht für eventuelle Betriebsausfälle Dritter aufkommen zu müssen. In vielen Bereichen mit direktem Kundenkontakt (etwa Messen, Hotels, Flughäfen, Stadien) verbietet sich aufgrund der Rahmenbedingungen auch die Durchführung von Übungen unter Realbedingungen, da das Risiko von Folgeereignissen zu hoch und wirtschaftliche Zwänge stark ausgeprägt sind. In diesen Fällen kann höchstens versucht werden, durch eine entsprechende Übungsauslegung, beispielsweise den Beizug von Figuranten, trotzdem eine (mit entsprechenden Abstrichen) realitätsnahe Übung durchzuführen.

Grundsätzlich existieren verschiedene Arten von Übungen:

- *Vollübungen* beziehen die gesamte Notfallorganisation und damit umfangreiche Teile des Unternehmens (z. B. Gebäude oder Gebäudeteile, Standorte etc.) ein. Wie bei einem Realereignis werden sowohl die koordinierenden Tätigkeiten auf der Leitungsebene der Notfallorganisation als auch die Verhaltensweisen der Mitarbeitenden bzw. sonstigen Personen im einbezogenen Perimeter des Unternehmens überprüft. Die Vollübungen kommen bei entsprechender Vorbereitung der Realität am nächsten und lassen zumeist wertvolle Rückschlüsse auf Mängel implementierter Sicherheitskonzepte zu. Neben dem mit ihnen verbunden hohen Aufwand ist an Vollübungen nachteilig, dass bestimmte Szenarien kaum realitätsnah dargestellt werden können (oder sollten) und aufgrund der Vielzahl Beteiligter nicht auszuschließen ist, dass es im Rahmen der Übungen unbeabsichtigt zu Realereignissen kommt.

- *Stabsübungen* richten sich ausschließlich an die leitenden Funktionsträger der Sicherheitsorganisation und beinhalten die Beübung von Entscheidungsabläufen und koordinierenden Tätigkeiten des Führungs- oder Krisenstabs sowie die Zusammenarbeit dieser Organe mit den öffentlichen Ereignisdiensten. Der reale Betrieb des Unternehmens wird durch Stabsübungen nicht tangiert. Aufgrund des stark simulierenden Charakters dieser Übungen können auch ausgefallene Szenarien berücksichtigt werden.

- *Evakuierungs- und Rettungsübungen* dienen ausschließlich der Überprüfung von einzelnen Algorithmen oder Verhaltensweisen auf Ebene der einzelnen Mitarbeiter oder ggf. Gäste. Sie beginnen mit der Alarmauslösung und enden mit der Verbringung der betroffenen Personen in einen sicheren Bereich. Entscheidungsabläufe und koordinative Tätigkeiten auf Leitungsebene der Notfallorganisation werden nicht oder kaum beübt.

Unabhängig von der Art der Übung ist ihre detaillierte Planung von großer Bedeutung, um Übungen zielgerichtet und ohne Zwischenfälle durchführen zu können bzw. anhand der Übung valide Rückschlüsse auf Schwachstellen des Sicherheitskonzepts zu ermöglichen.

Zur Erreichung dieser Ziele hat sich in der Praxis eine fünfstufige Vorgehensweise etabliert, die in Abbildung 7.1 visualisiert und im Folgenden ausführlich dargestellt wird.

Abbildung 7.1   Ablauf bei der Planung und Durchführung von Übungen

Erster Schritt ist die Festlegung von Sinn und Zweck der Übung und somit des Übungsziels. Hierbei ist vor allem zu klären, welche Teile der Notfallorganisation grundsätzlich einbezogen bzw. schwerpunktmäßig beübt werden sollen. Aus dem grundlegenden Übungsziel ergeben sich dann auch die Rahmenbedingung der Übung, insbesondere der räumliche und zeitliche Umfang, das der Übung zugrunde liegende Szenario und die Beteiligten. Wichtiger Einflussfaktor ist hier der Einbezug der Ereignisdienste, die als Beobachter oder aktive Übungsteilnehmer eingebunden werden können. Empfehlenswert ist auf jeden Fall, sie frühzeitig über die geplante Übung zu informieren, da Polizei und Rettungsdienste je nach Unternehmen und

Objekt nicht selten ein großes Interesse an der Teilnahme zeigen und vor allem aufgrund ihrer Erfahrung mit Übungen und Realeinsätzen wertvolle Beiträge zur Übungsvorbereitung und Durchführung leisten können. Selbst wenn sie nicht aktiv an der Übung teilnehmen können, werden gerade bei Evakuierungs- und Vollübungen Rettungsmittel zur schnellen Reaktion bei durch die Übung entstehenden Realereignissen vorzuhalten sein.

Nach Definition der grundsätzlichen Rahmenbedingungen muss im zweiten Schritt ein detailliertes Übungsdossier erstellt werden, in dem der Übungsablauf und alle damit zusammenhängenden organisatorischen Aspekte detailliert dargestellt sind. Ein derartiges Übungsdossier gliedert sich zweckmäßig wie folgt auf:

- Darstellung des übergeordneten Übungsziels und des gewählten Szenarios,
- Darstellung der konkreten Übungsziele für die einzelnen Funktionen der Notfallorganisation,
- Zusammenstellung der zu prüfenden Aspekte (abgeleitet aus den konkreten Übungszielen),
- Darstellung der Übungsorganisation inkl. Beobachterkonzept,
- Übungsdrehbuch, in dem die zeitlichen Abläufe der Übung inkl. Vor- und Nachbereitung aufgezeigt sind,
- Kommunikation und Informationswege vor und während der Übung, insbesondere bei außergewöhnlichen Ereignissen,
- notwendige Hilfsmittel zur Durchführung der Übung,
- vorgesehene Auswertung der Übung inkl. notwendiger Sitzungen.

Das Übungsdossier entscheidet wesentlich über Erfolg oder Misserfolg der Übung, insbesondere durch eine adäquate Darstellung der konkreten Übungsziele und der zu ihrer Erreichung notwendigen Beobachterorganisation. Es sollte möglichst durch den späteren Übungsleiter erstellt werden und vor dem Start der Vorbereitungen mit den wichtigsten Beteiligten, d. h. lokale Ereignisdienste und Mitglieder der Beobachterorganisation, abgestimmt werden. Je nach absehbaren Betriebsunterbrechungen ist zusätzlich eine Genehmigung durch die Unternehmensleitung sinnvoll. Dabei ist allerdings darauf zu achten, dass die Übungsvorbereitung möglichst vertraulich vor sich geht, da durch eine breite Streuung relevanter Informationen der überraschende Charakter der Übung verloren geht und eine realitätsnahe Beübung deutlich erschwert wird. Im Rahmen der Erstellung des Übungsdossiers müssen auch die notwendigen Beobachter und ihre Verfügbarkeit sichergestellt werden sowie die vorgesehenen technischen und organisatorischen Hilfsmittel beschafft werden. Zu ihnen gehören neben Kenzeichnungswesten, Kommunikationsmitteln und Checklisten auch ggf. einzusetzende Aufzeichnungsmittel (Videokameras).

Als dritter Schritt schließt sich die unmittelbare Vorbereitung der Übung wenige Stunden vor Übungsbeginn an. Hierzu gehört in erster Linie das sog. Briefing der vorgesehenen Beobachter, die über die Übungsziele und die durch sie zu dokumentierenden Beobachtungsschwerpunkte informiert werden müssen. Hierbei ist es sinnvoll, nicht zu detailliert auf die gewünschten Verhaltensweisen einzugehen, da ansonsten die Beobachtungen durch die Erwartungen verzerrt werden können. Die Vorbereitung und Abgabe von Checklisten ist obligatorisch, um ein strukturiertes Feedback der Beobachter zu erhalten. Neben der Vorbereitung der Beobachter müssen auch betroffene, aber nicht direkt beübte Einrichtungen wie insbesondere Leitstellen der öffentlichen Ereignisdienste und ggf. vorgehaltene Rettungsmittel, der technische Dienst (zur Überwachung der eingesetzten baulichen und technischen Sicherheitsmaßnahmen) und die Kommunikationsverantwortlichen des Unternehmens informiert und instruiert werden, um das unerwartete Erscheinen von Ereignisdiensten oder Pressevertretern zu verhindern. Erst wenn alle notwendigen und im Übungsdossier definierten Vorbereitungstätigkeiten abgeschlossen und dokumentiert sind, kann die Übung tatsächlich ausgelöst werden.

Nach Ende der Vorbereitung wird die eigentliche Übung gemäß Übungsdrehbuch ausgelöst. Dies kann entweder durch die Betätigung von Alarmanlagen (z. B. Eindrücken eines Handtasters der BMA), persönliche oder telefonische Alarmierung (z. B. telefonische Bombendrohung) oder, bei Evakuierungs- und Rettungsübungen, durch die reine Ankündigung einer Übung als solcher geschehen. In der Regel empfiehlt sich jedoch die Benutzung der auch im Fall eines Realereignisses gewählten Alarmierungsmittel, da bei einer angekündigten Übung der Spannungsgrad der Beteiligten sinkt. Während der Übung muss an exponierter Stelle eine Übungsleitung eingerichtet werden, bei der ein Übungsjournal oder Logbuch geführt wird, in dem alle Abläufe und Entscheidungen minutengenau dokumentiert werden. Dieses Übungsjournal dient einerseits als Basis für die spätere Auswertung, andererseits der Dokumentation der Übung bei der späteren Aufarbeitung etwaiger Zwischenfälle. Die Übungsleitung muss zudem über Telefon oder Funkgerät für jeden Beobachter jederzeit erreichbar sein, und entscheidet bei entsprechenden Rückmeldungen über den Abbruch der Übung. Die beübten Mitglieder der Sicherheitsorganisation bewältigen derweil das fiktive Ereignis in freier Führung; die Übungsleitung bzw. die Beobachter greifen nur ein, wenn getroffene Entscheidungen weit über die geplanten Übungsziele hinausgehen und wirtschaftliche Schäden verursachen bzw. die Personensicherheit gefährden (z. B. durch die Anordnung der Evakuierung eines weiteren Gebäudes). Sind die geplanten Übungsziele erreicht oder zeichnet sich ab, dass die wesentlichen Erkenntnisse zur Umsetzung der Sicherheitskonzepte gewonnen wurden, bricht der Übungsleiter die Übung ab. Alle beteiligten Mitarbeiter sollten danach via Lautsprecheranlage, Rundmail oder persönlicher Ansprache über die Übung und ihren Zweck informiert werden. Je nach Übungsszenario und beübtem Objekt ist es zudem zwingend, während der Übung einen Kommunikationsverantwortlichen vorzuhalten, der Anfragen von Pressevertretern sofort beantworten kann und die (heute durch Mobiltelefone und Internet rasant vor sich gehende) Verbreitung von Falschmeldungen durch gezielte Kommunikation möglichst eindämmt. In Box 35 ist exemplarisch am Beispiel einer Evakuierungsübung im Schweizer Einkaufszentrum Sihlcity dargestellt, wie schnell sich Informationen über eine Evakuierungsübung verselbstständigen.

Box 35: Medienecho auf die Evakuierungsübung Sihlcity

Am 02. Oktober 2007 fand im Züricher Einkaufszentrum Sihlcity eine Evakuierungsübung statt, bei der ein halbes Jahr nach Eröffnung die Tauglichkeit der Notfall- und Evakuierungsplanung bzw. ihre praktische Umsetzung überprüft werden sollte. Die Übung war mit den Ereignisdiensten vorbereitet worden und sah eine Evakuierung des Einkaufszentrums nach einer gegen 10.00 Uhr eingehenden Bombendrohung vor. Der Einsatz von Ereignisdiensten war nicht vorgesehen, es standen allerdings ca. 10 Angehörige der Berufsfeuerwehr und etwa 4 Mitarbeiter der Stadtpolizei als Beobachter zur Verfügung. Die Übung verlief im Wesentlichen erfolgreich und konnte gegen 10.45 Uhr beendet werden.

Bereits um 10:58 Uhr las sich am Übungstag allerdings auf der Internetpräsenz der Schweizer Gratiszeitung *20 Minuten* unter Anderem, dass „Polizei und Feuerwehr das neue und größte Einkaufszentrum der Stadt Zürich hermetisch abgeriegelt haben", und „verstörte MMS-Reporter" an die Redaktion melden, dass es nach einem Brand riecht. Erst durch einen Anruf der Redaktion der Gratiszeitung bei der Leitung des Einkaufszentrums können Redaktion und verstörte Leser beruhigt werden. Dennoch erscheint um 15:11 Uhr eine erneute Meldung auf der Seite, die auf einen gleichzeitigen Feiertag im Kanton Luzern eingeht und suggeriert, mit der Terminierung der Übung sollten Bewohner des Kantons ausgesperrt werden („Sihlcity-Evakuierung: Sollten die Luzerner draußen bleiben?"). Auch zur Kommentierung dieser Meldung ist der Sprecher des Einkaufszentrums gefragt und „entschuldigt sich bei allfälligen Luzerner Feiertagsopfern".

Quelle: 20minuten.ch (Abrufe am 02. Oktober 2007)

Nach Ende der Übung erfolgt im direkt anschließenden Schritt ihre Auswertung. Diese Auswertung beginnt unmittelbar nach Übungsende mit der Entgegennahme der Rückmeldungen von den Beobachtern. Dazu hat sich bewährt, ca. 30–60 Minuten nach Übungsende in einem geeigneten Besprechungsraum den tatsächlichen Übungsablauf im Vergleich mit dem vorgesehenen Ablauf durch die Übungsleitung darzustellen und danach die einzelnen Beobachter um die kurze Schilderung ihrer Eindrücke zu bitten. Dies wird durch die Übungsleitung protokolliert und durch die ausgefüllten Checklisten der Beobachter ergänzt. Auch die leitenden Funktionsträger der Sicherheitsorganisation sollten ihr vorläufiges Fazit der Übung ziehen. Die Übungsleitung verfasst dann einen schriftlichen Auswertungsbericht, in dem vorgesehener und tatsächlicher Ablauf der Übung sowie baulich-technische, konzeptionelle und organisatorische Mängel aufgeführt werden. Bei diesem Bericht ist eine sachliche Herangehensweise und Darstellung unabdingbar, weshalb mit der gesamten Planung, Durchführung und Auswertung der Übung bevorzugt unabhängige Dritte beauftragt werden sollten. Der Auswertungsbericht schließt mit konkreten Handlungsempfehlungen bzw. einem Maßnahmenkatalog und sollte spätestens 10 Tage nach der Übung vorgelegt werden. Auf dieser Basis können dann die an der Übung Beteiligten sowie die relevanten Entscheidungsträger (Unternehmensleitung, Leiter FM, Leiter Sicherheitsorganisation, Ereignisdienste etc.) über die Annahme der Handlungsempfehlungen sowie das weitere Vorgehen entscheiden. Dabei muss die konkrete Umsetzung von Maßnahmen innerhalb eines definierten Zeitrahmens und mit den Verantwortlichkeiten definiert und protokoliert werden. Möglicherweise ergeben sich daraus auch erhebliche Rückkopplungen auf die Beurteilung der Risikosituation des

Unternehmens bzw. des gewünschten Sicherheitsniveaus, sodass umfangreiche Anpassungen der gesamten Sicherheitskonzeption des Unternehmens notwendig werden.

Die Vorbereitung, Durchführung und Auswertung von Übungen bzw. die aus Übungen resultierenden Anpassungen am unternehmensbezogenen Sicherheitskonzept stellen einen langwierigen, mit hohem Aufwand verbundenen Prozess dar. Auch aufgrund der eingangs erwähnten Auswirkungen der Übung auf den Normalbetrieb und ggf. Dritte sollten Übungen deshalb nur selten durchgeführt werden. Sie sind auch nur sinnvoll, wenn die gewünschten Verhaltensweisen und Abläufe in einem Notfall allen Beteiligten theoretisch klar sind, weil dann ihre Umsetzung sowie etwaige konzeptionelle Mängel erkannt werden können. Erfolgt die Ereignisbewältigung weitestgehend spontan, kann zumeist nur die Führungsfähigkeit einzelner Mitglieder der Sicherheitsorganisation sowie das Sozialverhalten in Stresssituationen beobachtet werden, ohne Rückschlüsse auf Schwächen und Versäumnisse bezüglich der implementierten Sicherheitsmaßnahmen ziehen zu können. Vor der Durchführung von Übungen sollten deshalb immer die o.g. Sicherheitsschulungen (sowohl allgemein als auch funktionsspezifisch) durchgeführt werden, damit die Übungsauswertung ein möglichst vollständiges Bild der grundsätzlichen Eignung und Umsetzungstiefe der für das Unternehmen oder den beübten Bereich gültigen Sicherheitskonzepte ermöglicht.

7.3   Auswertung von Ereignissen und Beinahe-Ereignissen

Die Eignung von Sicherheitskonzepten und Systemen zur Verhinderung und Abwehr eingetretener sicherheitskritischer Ereignisse lässt sich streng genommen nur im Zusammenhang mit sicherheitsrelevanten Zwischenfällen belastbar überprüfen. Da andererseits die wenigsten Unternehmen derartige Ereignisse bewusst herbeiführen wollen, um ihr Sicherheitskonzept zu überprüfen, dienen simulierte Ereignisse, beispielsweise im Rahmen der oben beschriebenen Übungen oder vorgetäuschter Attacken auf die Informationssicherheit, üblicherweise als Realitätsersatz. Nichtsdestoweniger erlauben tatsächlich eingetretene Ereignisse oder sogenannte Beinahe-Ereignisse, bei denen die Auswirkungen durch frühzeitiges Eingreifen minimiert werden konnten, mehrheitlich tiefe und ungetrübte Einblicke in das tatsächliche Sicherheitsniveau des Unternehmens.

Neben dem Erkenntnisgewinn über sicherheitsrelevante Versäumnisse kann die vertiefte Auswertung sicherheitskritischer Ereignisse auch für die Etablierung und Aufrechterhaltung einer Sicherheitskultur sinnvoll sein, da nicht der Eindruck der Bagatellisierung von Unfällen oder Katastrophen entsteht. Die sogenannten *High Reliability Organisations* (vgl. Box 36) legen beispielsweise besonderen Wert auf die sofortige und gründliche Auswertung von Ereignissen und Beinahe-Ereignissen in ihrem Einflussbereich.

Box 36: High Reliability Organisations

Im Jahr 1984 hat sich in den USA eine interdisziplinäre Forschergruppe gebildet, die Organisationen untersucht, welche unter anspruchsvollen Rahmenbedingungen mit potentiell gefährlichen Technologien arbeiten und dabei ein Sicherheitsniveau erreichen, welches weit über jenem ähnlicher Organisationen liegt. Dieser Forschungsansatz der High Reliability Organisations (HRO) hat seitdem großen Zuspruch erlangt. Dementsprechend existiert mittlerweile eine Fülle einschlägiger Fallstudien und Untersuchungen, etwa über militärische Organisationen und Einrichtungen, den Schiffsverkehr und seine Überwachung, Flughäfen und Fluggesellschaften, Krankenhäuser und Atomkraftwerke.

Fast allen untersuchten Organisationen ist gemein, dass sie eine Reihe von Eigenschaften und Verhaltensweisen an den Tag legen, die nach Ansicht der Forscher positiv auf das Sicherheitsniveau wirken. Hierzu gehören vor allem eine starke, grundsätzliche Sicherheitsorientierung, die Auswahl und das Training geeigneten Personals, leistungsfähige Kommunikations- und Informationsstrukturen sowie die umfassende Untersuchung von kleineren Zwischenfällen ebenso wie Beinahe-Unfällen. Weiterhin spielen ergonomische Gestaltungskriterien und der Einbau technischer wie organisatorischer Redundanzen eine wichtige Rolle. Schließlich ist auch die Ausgestaltung der Entscheidungsstrukturen mit Delegation wesentlicher Entscheidungsrechte an untere Hierarchiestufen hervorzuheben.

Die Arbeiten der HRO-Forscher sind vor allem aufgrund der aus ihnen hervorgehenden Gestaltungshinweise sehr beliebt. Allerdings muss kritisch hinterfragt werden, ob sich ihre Erkenntnisse tatsächlich auf alle Unternehmen übertragen lassen. Viele Krisenforscher bemängeln auch, dass die Forschungsgruppe sich grundsätzlich zu optimistisch mit der Frage der organisatorischen Verhinderung von Ereignissen auseinandersetzt.

Weiterführende Literatur: Rochlin (1996), Rochlin/La Porte/Roberts (1987), Schauenberg (2004)

Die Tatsache, dass derartige Auswertungen aufgrund der seltenen Möglichkeit zur Realitätsbeobachtung sinnvoll sind, ist in der Krisenforschung weitestgehend unumstritten. In der Realität stehen den möglichen positiven Effekten jedoch verschiedene praktische Hindernisse entgegen, die von Unternehmen mit ambitiösen Sicherheitszielen beachtet werden müssen.

Grundsätzliches Problem bei der Auswertung von eingetretenen Ereignissen oder Beinahe-Ereignissen ist, dass mehrheitlich keine vollständigen Aufzeichnungen über das entsprechende, unerwartet eingetretene Ereignis vorliegen. Die Auswertung ist daher auf nachträgliche Schilderungen der Betroffenen angewiesen, die notwendigerweise subjektiv sind. Möglicherweise werden dann, je nach Interessens- und Gefühlslage der Befragten, falsche Schlüsse aus den Ereignissen gezogen, überhastete Maßnahmen im Nachhinein rationalisiert und zukünftige Gefahren unterschätzt, da im vergangenen Fall eine mehr oder minder adäquate Problemlösung umgesetzt wurde (vgl. Stern, 1997: 79). Ergänzend können häufig auch sogenannte macht- und hierarchiebedingte sowie interessens- und konkurrenzbedingte Verzerrungen bei der Informationsweitergabe auftreten. Empirische Studien über die Weitergabe von Informationen über Beinahe-Ereignisse kamen beispielsweise zu folgenden Ergebnissen:

- Verantwortliche für Beinahe-Ereignisse werden umso seltener genannt, je näher sich die Mitarbeiter im Arbeitsprozess stehen und je größer die Konsequenzen der Verfehlungen waren (vgl. Mascini, 1998: 39–40).
- Mitarbeiter auf hohen Hierarchiestufen nennen Untergebene schnell als Verantwortliche, während Mitarbeiter auf unteren Hierarchieebenen wiederum Vorgesetzte hart kritisieren. Mitarbeiter auf gleicher Hierarchieebene halten sich hingegen mit Meldungen über gegenseitige, sicherheitsrelevante Versäumnisse zurück (vgl. Mascini, 1998: 39–40).
- Mitteilungen über Beinahe-Ereignisse werden bevorzugt weitergegeben, wenn dies im eigenen Interesse des Berichtenden ist bzw. er sich davon Vorteile verspricht (vgl. Tamuz, 1987).
- Mitteilungen über Beinahe-Ereignisse werden insbesondere auch dann weitergegeben, wenn dies im Interesse des Arbeitgebers des Berichtenden ist (vgl. Hawkins, 1992).

Neben den menschlichen Problemen bei der Aufarbeitung von Beinahe-Unfällen zeigen andere Beispiele auch, dass die gesamte Unternehmenskultur auf die Vertuschung von sicherheitskritischem Fehlverhalten ausgerichtet ist und versucht wird, Ereignisse oder Beinahe-Ereignisse mit Bedienfehlern oder menschlichem Versagen zu erklären (vgl. Perrow, 1992: 4–9). In einem solchen Umfeld ist mit der zukunftsgerichteten Auswertung sicherheitsrelevanter Zwischenfälle nicht zu rechnen; die betroffenen Unternehmen müssten vielmehr umgehend ihre gesamte Sicherheitskultur überdenken, ein, wie in Kapitel 6 beschrieben, langwieriger Prozess.

In der Praxis stellt sich daher vor dem Hintergrund der oben beschriebenen Beobachtungen die Frage, wie Unternehmen bei der Auswertung sicherheitsrelevanter Vorgänge vorgehen können und von der Auswertung möglichst profitieren. Im Mittelpunkt dieser Bemühungen muss einerseits der Versuch stehen, überhaupt belastbare Informationen über das Stattfinden von Ereignissen und Beinahe-Ereignissen zu erhalten bzw. die genauen Abläufe anhand von Befragungen und Recherchen zu ermitteln. Gerade bei größeren und komplexen Unternehmen mit viel Eigenverantwortung der Mitarbeiter ist bereits dieser Punkt problematisch. Andererseits muss die saubere Auswertung der erlangten Informationen erfolgen; hier ist aufgrund der Tatsache, dass möglicherweise weitreichende Entschlüsse aus einzelnen Ereignissen und somit einer geringen Beobachtungsanzahl resultieren, ebenfalls höchste Vorsicht geboten. Schließlich ist noch zu gewährleisten, dass die neu gewonnen Erkenntnisse aus der Auswertung von Ereignissen und Beinahe-Ereignissen auch tatsächlich in die Sicherheitskonzepte und Verhaltensweise der Mitarbeiter Eingang finden.

Um möglichst vollständige Informationen über im Unternehmen aufgetretene Ereignisse, aber vor allem auch Beinahe-Ereignisse zu erhalten, ist die Kooperation der einzelnen Mitarbeiter obligatorisch. Oft ist nur ein kleiner Kreis von Mitarbeitern beteiligt und behält sicherheitskritische (Beinahe-)Ereignisse aus Furcht vor Sanktionen soweit wie möglich unter sich; sind im Rahmen eines Ereignisses Schäden entstanden und werden intern oder durch Dritte (z. B. Untersuchungsbehörden, Versicherungen) aufgearbeitet, teilen die Beteiligten zumeist nur das Nötigste mit. Ein derartiges Verhalten mag kurzfristig bei der Abwehr von Haftungsansprüchen auch für das Unternehmen vorteilhaft sein, führt aber mittel- bis langfristig eher zu einem sinkenden Sicherheitsniveau im Unternehmen, da Fehlerquellen und sicherheitskritische Prozesse nicht im Detail bekannt sind. Notwendig ist daher ein Drei-Säulen-Modell zur Ermittlung von sicherheitskritischen Situationen:

- *Säule 1:* Fehler und Unzulänglichkeiten werden als Teil des Unternehmens akzeptiert und ihre Bedeutung für die permanente Verbesserung hervorgehoben. Mitarbeiter werden regelmäßig zur Mitteilung von Ereignissen und Beinahe-Ereignissen aufgefordert. Eine Sanktionierung einzelner Mitarbeiter erfolgt nur bei groben Verstößen; das Lernen aus den sicherheitskritischen Situationen steht im Vordergrund.
- *Säule 2:* Für sicherheitskritische Ereignisse sind unternehmensweit Formulare verfügbar (z. B. im Intranet), auf denen die (Beinahe-)Ereignisse namentlich oder anonym dokumentiert werden können. Diese Formulare dienen der subjektiven, aber möglichst sachlichen Schilderung eines Ereignisses durch die Mitarbeiter, sollten jedoch auch ein Freifeld zur Eintragung der vom Berichtenden vermuteten Ursachen enthalten.
- *Säule 3:* Nicht immer können sicherheitskritische Ereignisse schriftlich so dokumentiert werden, dass die (möglicherweise gewünschte) Anonymität des Berichtenden gewährleistet bleibt. Gerade anonyme Hinweise erhalten teilweise aber sehr wertvolle Informationen zu sicherheitsrelevanten Missständen im Unternehmen, dienen möglicherweise aber auch reinem Denunziantentum. Um an diese Hinweise zu gelangen und eine sorgfältige Aufarbeitung zu ermöglichen, hat sich gerade in Bezug auf vorsätzlich herbeigeführte Ereignisse, insbesondere wirtschaftskriminelle Handlungen, die Einführung eines Ombudswesens bewährt (vgl. Kapitel 6.3.3).

Mit der Sammlung von Informationen über sicherheitskritische (Beinahe-)Ereignisse ist ausschließlich die Grundlage zu ihrer Auswertung vorhanden. Mindestens genauso anspruchsvoll ist die anschließende Aufarbeitung und Ursachenermittlung durch den oder die Sicherheitsverantwortlichen, die möglichst von der disziplinarischen Aufarbeitung getrennt werden sollte. Bei der Ursachenermittlung und Aufarbeitung stehen folgende Fragen im Mittelpunkt:

- Handelt es sich um baulich-technische oder organisatorische Ursachen?
- Waren die notwendigen Maßnahmen zur Verhinderung des Ereignisses nicht vorhanden oder wurden sie umgangen bzw. waren außer Betrieb?
- Lässt sich eine isolierte Ursache erkennen oder führten mehrere Gründe zu dem Ereignis?
- Wurde das Ereignis fahrlässig oder mutwillig herbeigeführt?
- Bestehen grundsätzlich konzeptionelle Mängel im unternehmensbezogenen Sicherheitskonzept? Ist die Risikoanalyse vollständig und die Definition des gewünschten Sicherheitsniveaus adäquat?
- Welche zukünftigen Maßnahmen sind geeignet, derartige Ereignisse zukünftig zu verhindern bzw. ihre Auswirkungen zu begrenzen?

Bei der Beantwortung aller Fragen muss, auch wenn es sich um einen scheinbar eindeutigen Sachverhalt handelt, mit großer Sorgfalt und Vorsicht vorgegangen werden. Mehrheitlich gibt es verschiedene unmittelbare und mittelbare Ursachen, wobei aus den Angaben der Betroffenen letztere zumeist nicht direkt hervorgehen. Für die Ermittlung zielgerichteter Änderungen am Sicherheitskonzept sind allerdings gerade die mittelbaren, tieferen Ursachen von hoher Bedeutung. Weiterhin muss bei der Auswertung immer die dünne empirische

Basis sowie die bei jedem Ereignis verbleibende Unsicherheit berücksichtigt werden, bevor über mögliche Anpassungen und Veränderungen entschieden wird. Die Ableitung einer Theorie über Ursachen und Wirkung kann bei vielen hochkomplexen Ereignissen kaum willkürfrei gelingen, eine Tatsache, unter der auch die wissenschaftliche Krisenforschung leidet (vgl. Schauenberg, 2004: 248–249). Zur methodisch sauberen Aufarbeitung wäre jedoch eine Datenbasis aus deutlich mehr vergleichbaren Beobachtungen notwendig, die sich (glücklicherweise) in den meisten Unternehmen jedoch nicht ergibt. Gegebenenfalls ist es daher auch hilfreich, externe, in der Ermittlung von Ursachen erfahrene Personen (z. B. Sicherheitsberater, Mitarbeiter von Versicherungen, Sachverständige etc.) hinzuzuziehen. Die gesamte Ursachenermittlung inklusive resultierender Maßnahmen sollte schließlich in einem Bericht zusammengefasst werden.

Bevor eventuelle Anpassungen am Sicherheitskonzept vorgenommen werden, empfiehlt sich die vergleichende Auswertung auf den ersten Blick heterogen wirkender Ereignisse im Unternehmen. Oft lassen sich dadurch auf abstraktem Niveau Ähnlichkeiten erkennen, die Rückschlüsse auf grundsätzliche Mängel in der Sicherheitskonzeption zulassen. Dazu gehört etwa die aus sehr verschiedenen Ereignissen ableitbare Beobachtung, das sicherheitsrelevante Verstöße immer von Fremdpersonal begangen werden, dass über die internen Sicherheitsrichtlinien offensichtlich nicht ausreichend informiert wird. Um solche Auswertungen zu ermöglichen, ist die informationstechnische Erfassung der Ursachen in auswertbarem Format (z. B. Datenbanken) notwendig. Auch die Verknüpfung der ermittelten Ursachen mit Übungsberichten sowie Erkenntnissen aus Instandhaltungs- und Kontrollmaßnahmen ist für eine zielgerichtete Anpassung der Sicherheitskonzeption unabdingbar.

7.4   Dokumentation und Berichtswesen

Ein sehr bedeutender, in der Realität aber häufig vernachlässigter Bestandteil der Aufrechterhaltung und Überprüfung der Unternehmenssicherheit besteht in der ordentlichen Dokumentation aller mit der Unternehmenssicherheit zusammen hängenden Aspekte inklusive aussagekräftigem Berichtswesen. Diese Dokumentation verfolgt im Wesentlichen drei Zielsetzungen:

- Alle die Unternehmenssicherheit betreffenden Prozesse, Vorgänge sowie baulichen und technischen Einrichtungen sind für interne Zwecke dokumentiert. Die entsprechende Dokumentation erlaubt den autorisierten Mitarbeitern, getroffene Entscheidungen nachzuvollziehen und ermöglicht zu jedem gegebenen Zeitpunkt einen vollständigen Überblick über Analysen, Konzepte und Maßnahmen bezüglich der Unternehmenssicherheit. Mit dem zugehörigen Berichtswesen können die Entscheidungsträger des Unternehmens regelmäßig über die von der Unternehmenssicherheit behandelten Risiken und getroffenen Maßnahmen informiert werden.
- Durch die periodische Aktualisierung der Dokumentation und insbesondere des Berichtswesens kann der Status quo der Unternehmenssicherheit auch für externe Zwecke dargestellt werden. Beispielsweise können entsprechende Berichte als Basis für den zu

erstellenden Risikolagebericht im Unternehmensabschluss (vgl. Keitsch, 2007: 194) oder bei externen Audits bzw. gegenüber Versicherungen verwendet werden. Nach sicherheitskritischen Ereignissen dient eine aussagekräftige Dokumentation schließlich der Nachweis- bzw. Beweisführung der einschlägigen Unternehmensaktivitäten gegenüber Behörden, Medien oder sonstigen Interessenten.

- Auf Basis der Dokumentation und Berichte kann ein regelmäßiges „Sicherheitscontrolling" stattfinden. Unter Controlling versteht man grundsätzlich die „Steuerung des gesamten Betriebsprozesses anhand der Abweichungsanalysen" (Schmalen, 2002: 183); das Sicherheitscontrolling hat dementsprechend die Aufgabe, anhand der verfügbaren Dokumente und Unterlagen zu überprüfen, ob im Berichtszeitraum das angestrebte Sicherheitsniveau tatsächlich erreicht wurde bzw. woraus etwaige Abweichungen resultieren.

Zur Erreichung dieser Ziele ist eine umfassende Dokumentation mit verschiedenen Inhalten notwendig. Diese Dokumentation beginnt, dem Prozessmodell der Unternehmenssicherheit folgend, mit Gefährdungs- und Risikoanalysen bzw. dem Schutzzielkatalog und wird über die einzelnen Entwicklungsstufen fortgeschrieben bzw. laufend ergänzt. In Abbildung 7.2 ist eine Grundstruktur der Dokumentation aufgezeigt, die verschiedene Konzepte und Dokumente einzelnen Unterdokumentationen zuordnet und dadurch die notwendige Übersichtlichkeit herstellt.

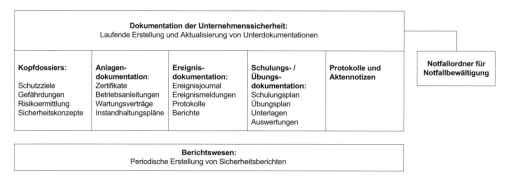

Abbildung 7.2   Grundstruktur der Sicherheitsdokumentation

Die Kopfdossiers der Sicherheitsdokumentation beinhalten die Grundlagen zu allen die Unternehmenssicherheit betreffenden Aspekten. Sie werden ausschließlich dann angepasst, wenn grundlegende Dokumente und Analysen revidiert werden. Jedes Unternehmen sollte grundsätzlich über folgende Kopfdossiers verfügen:

- *Schutzziele:* Hier sind die konkreten, qualitativen und quantitativen Schutzziele sowie die zur Ermittlung der Schutzziele notwendigen Grundlagen und Verfahrensschritte dokumentiert, möglichst getrennt nach Ergebnissen, Methodik und gesetzlichen Grundlagen. Es sollte jederzeit bzw. am Ende jeder Berichtsperiode eine aktuelle Übersicht (z. B. Bericht oder Tabelle) über die derzeit gültigen Schutzziele vorliegen.
- *Gefährdungen:* Analog zu den Schutzzielen sind in diesem Dossier die für das Unternehmen als gesamtes bzw. für die einzelnen Unternehmensbereiche getrennt die ein-

schlägigen Gefährdungen sowie die Vorgehensweise zu ihrer Ermittlung dokumentiert. Die obigen Ausführungen zur Aktualisierung gelten sinngemäß.

- *Risikoermittlung:* Auch die Risikoermittlung muss zwingend in einem Kopfdossier dargestellt sein, wobei ein wesentlicher Teil dieser Dokumentation die zugrunde liegende Methodik bzw. die Auswahl dieser Methodik zum Inhalt hat. Auch hier ist eine periodische, vollständige Aktualisierung obligatorisch.

- *Sicherheitskonzepte:* Im letzen Kopfdossier sind die Sicherheitskonzepte mit den grundsätzlichen Aussagen zu Maßnahmen dokumentiert. Hierzu gehören übergeordnete Gesamtsicherheitskonzepte ebenso wie objekt- oder fachspezifische Konzepte zu Brandschutz, Security oder IT-Sicherheit. Sie werden in der Regel seltener aktualisiert, da sie als Basis für die weiteren Maßnahmenplanungen dienen; werden sie ergänzt oder angepasst, gelten die obigen Ausführungen wiederum sinngemäß.

In den Kopfdossiers befinden sich dementsprechend übergeordnete Informationen zur Unternehmenssicherheit. Sie werden deshalb selten angepasst oder erweitert und stellen somit den „Kopf" jeder Sicherheitsdokumentation dar. Tagesaktuelle Anpassungen oder Details zur Ausführung des Sicherheitskonzepts können ihnen hingegen nicht entnommen werden.

Die Anlagendokumentation beinhaltet alle Informationen zu den eingesetzte baulichtechnischen Sicherheitsmaßnahmen. Je nach Umfang und Heterogenität der eingesetzten Komponenten kann diese Dokumentation thematisch, geografisch oder schlicht alphabetisch angelegt werden. In ihr finden sich insbesondere Zertifikate (z. B. der Widerstandsklasse oder Angriffshemmung verbauter Türen und Fenster), Betriebsanleitungen, Wartungsverträge und Instandhaltungspläne, Unterlagen zu durchgeführten Reparaturen und Anpassungen sowie die Kontaktdaten und Hotlines der Lieferanten. Neben den Unterlagen zu den einzelnen Komponenten und Anlagen ist auch die Dokumentation übergeordneter integraler Tests sinnvoll.

In der Ereignisdokumentation finden sich alle Informationen zu sicherheitskritischen Ereignissen und Beinahe-Ereignissen im Unternehmen. Dazu gehören ein Ereignisjournal in tabellarischer Form mit den wesentlichen Informationen je Ereignis im Überblick sowie Formulare, Bilder, Protokolle und Berichte zu den einzelnen Ereignissen. Das Ereignisjournal wird in der Regel chronologisch geführt.

In der Schulungs- und Übungsdokumentation sind analog zur Ereignisdokumentation alle Informationen zu durchgeführten Schulungen und Übungen abgelegt. Dazu gehört zunächst ein tabellarischer Schulungs- und Übungsplan mit Angaben zu Inhalt, Teilnehmerkreis und Periodizität der einzelnen Schulungen, der durch die Detailunterlagen der einzelnen Schulungen (Einladungen, verwendete Präsentation, Teilnehmerlisten etc.) und Übungen (Übungsdossier und Auswertung, Checklisten, Bildmaterial etc.) ergänzt wird. Auch die Schulungs- und Übungsdokumentation ist in der Regel chronologisch aufgebaut.

Protokolle und Aktennotizen ermöglichen eine tagesaktuelle Übersicht über aktuelle Entwicklungen der Unternehmenssicherheit. Hier sind alle Besprechungen und Anpassungen aus dem Bereich der Unternehmenssicherheit dokumentiert. Zu diesem Zweck müssen die Protokolle und Aktennotizen nachvollziehbar nummeriert werden. Da sich viele sicherheitsrelevante Informationen erst nachträglich in ihrem Wert beurteilen lassen, sollte hier großzügig dokumentiert werden.

Für die Notfallbewältigung ist ergänzend die Vorhaltung der Informationen zur Notfallbewältigung in einem oder mehreren Notfallordnern notwendig. Details zu Aufbau und Inhalten dieser Ordner finden sich in Kapitel 8.3.

Neben der laufenden Dokumentation ist in den meisten Unternehmen ein Berichtswesen sinnvoll. Es beinhaltet periodisch erstellte Sicherheitsberichte, die sich auf alle sicherheitsrelevanten Ereignisse und Vorgänge innerhalb eines definierten Zeitrahmens beziehen. Für die meisten Unternehmen ist ein am Geschäftsjahr angelehnter, jährlicher Berichtszeitraum ausreichend. Je nach Risikosituation und dokumentierten Prozessen kann auch eine Zwischenberichterstattung in kürzeren Abständen, beispielsweise eine monatliche Dokumentation zur volatilen IT-Sicherheit, sinnvoll sein. Die periodischen Sicherheitsberichte wenden sich an Entscheidungsträger im Unternehmen, d. h. die Unternehmensleitung, betroffene Abteilungsleiter (z. B. Interne Revision, IT-Abteilung) oder die Kommunikationsverantwortlichen, besondere Geschäftspartner und, in Ausnahmefällen, in angepasster Form an die Öffentlichkeit. Sie beinhalten Informationen zu:

- Veränderungen der Gefährdungen, der Schutzziele und der Risikosituation des Unternehmens im Berichtszeitraum,
- neu eingeführten oder angepassten Sicherheitsmaßnahmen im Berichtszeitraum,
- Schulungen, Übungen und Ereignisse im Berichtszeitraum,
- finanziellen Aspekten der getroffenen und ergänzend notwendigen Maßnahmen, bevorzugt in Relation zu ihrem finanziellen Nutzen (nur bei internen Adressaten),
- zukünftigen Entwicklungen im Bereich der Unternehmenssicherheit.

Je nach Schwerpunkt der Tätigkeiten der Sicherheitsabteilung und dem Adressatenkreis können die Inhalte der Sicherheitsberichte allerdings stark variieren. Grundsätzlich unterscheiden sich die Sicherheitsberichte jedoch von den Dokumenten in den Kopfdossiers dadurch, dass sie keine zeitpunktbezogene, sondern eine zeitraumbezogene Darstellung beinhalten und dementsprechend tief auf die zeitliche Entwicklung der Unternehmenssicherheit eingehen. Sie dienen daher auch als Basis für das Sicherheitscontrolling.

Zuständig für die Dokumentation und das Berichtswesen ist der Leiter der Sicherheitsorganisation eines Unternehmens, der gerade bei der Erstellung periodischer Berichte auf die Inputs aus anderen Fachbereichen und Abteilungen angewiesen ist. Die Erarbeitung dieser Berichte kann deshalb als auch Anlass für eine jährliche Besprechung des aktuellen Status der Unternehmenssicherheit genommen werden, in dem grundsätzliche Aspekte und Fragestellungen der Unternehmenssicherheit diskutiert werden. Nach Möglichkeit sollte dann mindestens einmal jährlich der Sicherheitsbericht der Unternehmensleitung persönlich vorgestellt werden, wobei dies gerade in größeren Unternehmen in der Praxis häufig illusorisch bleibt. Die vollständige Sicherheitsdokumentation sollte jedoch in jedem Fall in einfacher Ausführung auch bei der Unternehmensleitung vorliegen; weitere Aufbewahrungsorte sind das Büro des Leiters Sicherheitsorganisation sowie, falls vorhanden, das Archiv des Unternehmens.

8 Notfallbewältigung und Krisenmanagement

8.1 Die Entstehung von Notfällen und Krisen

Selbst umfangreiche präventive Maßnahmen zur Erhöhung bzw. Gewährleistung der Unternehmenssicherheit können nicht immer verhindern, dass sich sicherheitskritische Ereignisse plötzlich oder nach einer gewissen Vorlaufzeit ergeben und den Normalbetrieb des Unternehmens stören oder je nach Intensität des Ereignisses sogar außer Kraft setzen. In diesen Fällen ist die schnelle und möglichst effektive Notfallbewältigung ebenso gefragt wie ein zielgerichtetes Krisenmanagement, das die Bewältigung der Folgen des Notfalls bzw. den möglichst baldigen Übergang in den Normalbetrieb gewährleistet. Die Beschreibung der notwendigen Schritte und Aufarbeitung damit verbundener Probleme füllt aufgrund der vielen, miteinander interagierenden Probleme und Lösungsmöglichkeiten sowie der Komplexität und Einzigartigkeit fast jedes Ereignisses alleine mindestens ein Buch. Auf begrenztem Raum sollen dennoch in den folgenden Unterkapiteln zumindest die wichtigsten, bei einem Realereignis zu bedenkenden Aspekte dargestellt und diskutiert werden, um die Vorbereitung einer effektiven Ereignisbewältigung zu ermöglichen.

In den vorangegangenen Kapiteln wurde bisher im einschlägigen Zusammenhang immer von einem (sicherheitskritischen) Ereignis gesprochen, ohne dieses näher zu qualifizieren. Tatsächlich lassen sich Ereignisse jedoch unter Anderem anhand ihrer Intensität bezüglich der notwendigen Maßnahmen unterscheiden. Diese Unterscheidung kann durch Berücksichtigung verschiedener Merkmale und Eskalationsstufen eines Ereignisses fast beliebig vertieft werden. Für unsere Zwecke ist eine einfache Unterscheidung zwischen Notfällen und Krisen ausreichend, da sich die notwendigen Maßnahmen zur Bewältigung sinnvoll trennen lassen. Der Notfall stellt dabei die erste Eskalationsstufe eines sicherheitskritischen Ereignisses dar; übersteigt er ein zu definierendes Ausmaß, spricht man von einer Krise:

- Unter einem **Notfall** versteht man ein plötzlich eintretendes, außerordentliches und unerwünschtes Ereignis, das unaufschiebbare Maßnahmen zur Abwehr einer unmittelbaren Gefahr bzw. zur Begrenzung von Folgeschäden an Lebewesen und/oder Gütern erfordert. Ein Notfall kann entweder erwartbar, d. h. in der Risikoanalyse berücksichtigt, oder nach normalem menschlichen Ermessen nicht erwartbar sein (wie beispielsweise seinerzeit die Terroranschläge des 11. September 2001). Unabhängig von der Möglichkeit zur Planung konkreter Gegenmaßnahmen erfordert ein Notfall immer die sofortige Bekämpfung durch unternehmensinterne, in der Regel aber auch durch unternehmensexterne Ereignisdienste.

Kann die Ereignisbewältigung innerhalb eines überschaubaren Zeitrahmens abgeschlossen werden, ohne dass der Normalbetrieb des betroffenen Unternehmens wesentlich (gemäß unternehmensspezifischer Definition) eingeschränkt wird, spricht man von reiner Notfallbewältigung. Die sog. Notfallorganisation ist dementsprechend für die akute Bewältigung des Ereignisses zuständig.

• Von einer **Krise** im Kontext der Unternehmenssicherheit spricht man dann, wenn der Normalbetrieb in einem mittel- bis langfristigen Zeitraum teilweise oder gänzlich eingeschränkt bzw. sogar vollständig unterbrochen ist. Eine Krise unterscheidet sich von einem Notfall also durch ihren zeitlichen Umfang und ihre Auswirkungen, dies bedeutet aber nicht, dass Notfall und Krise nicht auch gleichzeitig auftreten können. Ab welcher Schwelle man von einer Krise spricht, variiert von Unternehmen zu Unternehmen stark. Als zeitlicher Richtwert kann eine Unterbrechung des Normalbetriebs von ca. ½ bis 1 Tag gelten; eine Praxisregel besagt zudem, dass man bezüglich der Auswirkungen von einer Krise sprechen kann, wenn die Leistungen gegenüber dem Kunden nicht mehr in adäquater Qualität erbracht werden können. Dementsprechend muss man im Dienstleistungsbereich (beispielsweise Hotels und Tourismus, Vermietung oder Veranstaltungsgeschäft) recht schnell von einer Krise sprechen. Das Krisenmanagement hat dann im Gegensatz zur Notfallbewältigung nicht die Aufgabe, das zugrunde liegende Ereignis zu bewältigen, sondern vor allem seine Folgen zu minimieren und den schnellstmöglichen Übergang in den Normalbetrieb sicherzustellen.

Notfälle und Krisen treten in der Wahrnehmung der akut Betroffenen immer plötzlich und in Zeit und Ort unerwartet auf. Nichtsdestoweniger lohnt sich vor der Betrachtung möglicher Maßnahmen zur Ereignisbewältigung die Diskussion der Frage, wie Ereignisse entstehen und möglichst frühzeitig in ihrer Entwicklung zu erkennen sind. Dieser Themenstellung widmet sich seit geraumer Zeit die wissenschaftliche Krisenforschung, die bezüglich der Entstehung von Ereignissen vor allem zwei, mitunter als kontrovers bezeichnete Erklärungsansätze hervorgebracht hat. Der deutlich bekanntere dieser beiden Ansätze ist als *Normal Accidents-Theorie* weit verbreitet und geht auf den Soziologen Charles Perrow zurück. In seinem Buch „Normal accidents", in deutscher Ausgabe unter dem Titel „Normale Katastrophen: Die unvermeidlichen Risiken der Großtechnik" mittlerweile in zweiter Auflage erhältlich (vgl. Perrow, 1992), analysiert Perrow das Katastrophenpotential von atomaren und petrochemischen Anlagen, dem Luftverkehr, der Seefahrt sowie Staudämmen, Erdbeben und Bergwerken. Seine Kernaussage ist recht plakativ und besagt, dass bei komplexen und eng gekoppelten technischen Systemen Unfälle und Katastrophen unvermeidlich sind. Diese recht pessimistische Einschätzung hat Perrow später zumindest in Teilen relativiert und festgehalten, dass komplexe Anlagen und Systeme bei langsamen Wachstumsprozessen, sorgfältigem Umgang mit Informationen über sicherheitsrelevante Abweichungen oder großer Erfahrung mit der Steuerung der Systeme beherrschbarer sind (vgl. Perrow, 1994a, 1994b, 1999). Für die praktische Umsetzung sind seine Ausführungen jedoch nichtsdestoweniger nur begrenzt hilfreich, zumal sie sich nur auf technische Sicherheitsprobleme beziehen. Als Handlungsempfehlung kann dementsprechend nur festgehalten werden, dass beim Betrieb komplexer technischer Systeme eine behutsame, von erfahrenen Experten begleitete Inbetriebnahme bzw. Ausbau der Anlagen die Entstehung von Ereignissen unwahrscheinlicher macht.

Einen weitaus höheren Praxisbezug für die Unternehmenssicherheit haben die Forschungsarbeiten Barry Turners, der sich bereits 1976 im Rahmen einer Dissertation mit der Entstehung von Unfällen und Katastrophen befasste und aufgrund seines zwei Jahre später erschienenen Buches „Man-made disasters" (Turner, 1978) bis heute als Begründer der modernen Krisenforschung gilt. Auf Basis der Auswertung verschiedener, seinerzeit viel beachteter Ereignisse kommt Turner zu dem Schluss, dass vor allem nachlässiges Management, vor allem Informationsverarbeitungsprobleme, die Entstehung von Notfällen und Krisen begünstigen. Diese Erkenntnis ergibt sich aus einem von Turner entwickelten Prozessverlauf, der sicherheitskritische Ereignisse in die in Abbildung 8.1 dargestellten sechs einzelnen Stufen unterteilt (vgl. Turner, 1976a: 379–381).

Stufe	Bezeichnung
1	Normalphase
2	Inkubationsperiode
3	Auslösung des Ereignisses
4	Ereignis
5	Unmittelbare Intervention
6	Ermittlung der Ursachen

Abbildung 8.1   Prozessverlauf von Ereignissen nach Turner (vgl. Turner, 1976a: 381)

Nach Turners Prozessmodell ergeben sich Notfälle und Katastrophen nicht unmittelbar aus dem Normalbetrieb (Stufe 1), vielmehr geht ihnen eine teilweise sehr lange Inkubationsperiode (Stufe 2) vorweg. Nach dieser Inkubationsperiode wird das Ereignis dann, für Außenstehende vermeintlich plötzlich, ausgelöst (Stufe 3) und bricht demzufolge aus (Stufe 4). Danach erfolgt die unmittelbare Ereignisbewältigung und Ermittlung der Ursachen (Stufen 5 und 6). Für die Untersuchung der Entstehung von sicherheitskritischen Ereignissen ist vor allem die genauere Betrachtung der Inkubationsperiode von Belang. Laut Turner ist die Inkubationsperiode dadurch gekennzeichnet, dass sich Hinweise auf Sicherheitsprobleme verdichten, jedoch nicht an den richtigen Stellen bekannt sind bzw. nicht oder nur unvollständig verstanden werden. Die daraus resultierende Unfähigkeit der Verantwortlichen, das sich abzeichnende Ereignis zu verhindern, führt Turner auf eine gewisse Ignoranz bzw. Optimismus, schlechtes Informationsmanagement inklusive der bewussten Manipulation von Informationen und veraltete oder nicht vollständige Normen und Richtlinien, deren Erfüllung als ausreichend betrachtet wird, zurück (vgl. Turner, 1976b: 759). Aufgrund seiner Untersuchungen kommt Turner bereits 1976 zu einem abschließenden Ergebnis, das sich auch 30 Jahre später bei der Auswertung von sicherheitskritischen Ereignissen allzuoft bestätigt (Turner, 1976a: 395):

> *The overall findings reported here could be restated as the proposition that disaster-provoking events tend to accumulate because they have been overlooked or misinterpreted as a result of false assumptions, poor communications, cultural lag, and misplaced optimism.*

Aus dieser Schlussfolgerung lassen sich wertvolle Hinweise für die frühzeitige Erkennung von sich abzeichnenden, sicherheitskritischen Ereignissen ableiten. Wichtigster Baustein eines proaktiven Ereignismanagements ist demzufolge die saubere Auswertung vorliegender Informationen zu sicherheitskritischen Entwicklungen, auch wenn diese noch schwach und widersprüchlich sind. Sicherheitsverantwortliche sollten sich daher regelmäßig folgende Fragen stellen:

- Haben bereits die (in Kapitel 7 beschriebenen) Kontroll- und Überprüfungsmaßnahmen Hinweise auf sich abzeichnende Ereignisse gegeben?
- Liegen Hinweise aus anderen Abteilungen vor, welche alleine oder in Kombination mit eigenen Informationen auf sicherheitskritische Ereignisse hindeuten?
- Liegen Hinweise aus anderen Unternehmen, den Medien oder von sonstigen dritten Parteien (z. B. Kunden) vor, die auf sicherheitskritische Ereignisse im eigenen Unternehmen hindeuten?
- Werden tatsächlich alle sicherheitsrelevanten Bereiche durch die implementierten Maßnahmen abgedeckt? Fehlt im Unternehmen möglicherweise Wissen über Gefährdungen und geeignete Gegenmaßnahmen?
- Sind die auf den ersten Blick vernachlässigbar erscheinenden, fast täglich und überall auftretenden, sicherheitsrelevanten Zwischenfälle im Zusammenhang betrachtet nicht Zeichen für gravierendere Probleme?
- Würde ein unabhängiger Dritter die Sicherheitslage des Unternehmens genauso einschätzen wie man selbst?

Gerade die letzte Frage verdeutlicht ein gravierendes Problem bei der Entstehung von Ereignissen: Aufgrund ihrer subjektiven Sichtweise sind interne Mitarbeiter eines Unternehmens häufig nicht in der Lage, Sicherheitsprobleme realistisch einzuschätzen. Möglicherweise kann daher bei widersprüchlichen Informationen und dem Verdacht auf sich entwickelnde Ereignisse sinnvoll sein, einen unabhängigen Dritten, beispielsweise einen Sicherheitsverantwortlichen aus einem anderen Unternehmen, einen Vertreter der zuständigen Behörden bzw. Ereignisdienste oder einen Sicherheitsberater, beizuziehen. Grundsätzlich kann jedoch nie ausgeschlossen werden, dass Informationen und Hinweise auf sich abzeichnende Ereignisse übersehen werden. Viele dieser Hinweise lassen sich überhaupt erst im Nachhinein richtig interpretieren, während vor dem Ereignis eine Vielzahl von Überlegungen die Reaktion auf alle neuen, verfügbaren Informationen irrational erscheinen lassen (vgl. Schauenberg, 2004: 254–255). Bereits Turner hatte deshalb relativiert, dass die Komplexität und Mehrdeutigkeit der vorhandenen Informationen ihre korrekte Verarbeitung deutlich erschwert (Turner/Pidgeon, 1997: 111). Es lässt sich daher kaum jeder Notfall proaktiv verhindern; umso wichtiger ist deshalb, durch ein zielgerichtetes Notfall- und Krisenmanagement die Ausbreitung des Ereignisses und somit die entstehenden Schäden einzudämmen.

8.2   Ziele des Notfall- und Krisenmanagements

In einschlägigen Publikationen und Vorträgen wird häufig gefordert, dass ein Unternehmen über ein Krisenmanagement, Business Continuity Management, Notfallhandbuch oder dergleichen verfügen müsse, ohne dass die entsprechenden Ziele und somit die Inhalte dieser

Maßnahmen immer präzisiert werden. Erschwerend kommt hinzu, dass unterschiedliche Autoren bzw. Unternehmen die obigen Begriffe keinesfalls synonym, sondern mit unterschiedlichen Bedeutungen verwenden. Bevor auf die notwendigen Maßnahmen des Notfall- und Krisenmanagements eingegangen wird, ist daher eine übergeordnete Zieldefinition unabdingbar, aus der auch eine klare Abgrenzung von Inhalten des Notfallmanagements einerseits und des Krisenmanagements andererseits hervorgeht.

Ziele des Notfallmanagements
Gemäß den vorangegangenen Ausführungen unterscheiden sich Notfälle und Krisen in ihrer Intensität bzw. ihrem Ausmaß. Jegliches sicherheitskritische Ereignis ruft demzufolge zunächst das Notfallmanagement auf den Plan, das ggf. durch Maßnahmen des Krisenmanagements ergänzt werden muss. Unter Notfallmanagement versteht man die Gesamtheit aller organisatorischen Sicherheitsmaßnahmen, die zur unmittelbaren Bewältigung eines sicherheitskritischen Ereignisses ergriffen werden. Sie sind vorgängig in einer Notfallplanung, einem Notfallhandbuch oder einer vergleichbaren Dokumentation in geeigneter Form darzustellen und dienen folgenden übergeordneten Zielen:

- Die direkte Ereignisbewältigung ist vorbereitet und kann somit unmittelbar nach Eintritt des Ereignisses schnell und effizient beginnen.
- Die direkten Schäden aus dem Ereignis können minimiert werden.
- Die Ausweitung des Ereignisses zu einer Krise wird verhindert.

Zur Erreichung dieser Ziele sind verschiedene Maßnahmen notwendig, insbesondere die Definition der notwendigen Handlungen bzw. Sofortmaßnahmen bei Ereigniseintritt und der Verantwortlichkeiten zur Durchführung dieser Handlungen. Dabei darf nicht vergessen werden, dass ein Notfall selten so eintritt, wie angenommen. Aus diesem Grund sollten die entsprechenden Maßnahmen nicht zu starr formuliert sein. Diesen und weiteren Aspekten wird sich im folgenden Unterkapitel dezidiert gewidmet.

Das Notfallmanagement kann, basierend auf der obigen Zielbeschreibung, als gelungen bezeichnet werden, wenn die direkten Schäden möglichst gering sind und das Ereignis ohne Entwicklung zu einer Krise erfolgreich bewältigt wurde. Gelingt Letzteres nicht, ist die Auslösung des Krisenmanagements notwendig. Wesentlich für diesen Schritt ist deshalb vor allem, dass im Vorhinein möglichst eindeutige Kriterien definiert werden, ab welchem Ausmaß man von einer Krise spricht.

Ziele des Krisenmanagements
Krisenmanagement verfolgt aufgrund seiner zeitlichen Verzögerung gegenüber dem Notfallmanagement andere Ziele. Dabei steht kaum noch die direkte und unmittelbare Ereignisbewältigung im Mittelpunkt, sondern vielmehr eine mittel- bis langfristig ausgerichtete Minimierung aller negativen Konsequenzen für das Unternehmen durch das Ereignis. Anhand dieser Abgrenzung können auch die Ziele des Krisenmanagements konkret wie folgt gefasst werden:

- Die Verhinderung und Bewältigung durch das Ereignis entstehender indirekter Schäden auf materielle und immaterielle Vermögensgüter des Unternehmens ist koordiniert und sichergestellt.
- Der Betrieb des Unternehmens wird weitestmöglich aufrechterhalten, insbesondere werden Leistungen gegenüber dem Kunden so wenig wie möglich eingeschränkt.
- Die Zeit bis zum Übergang in den regulären Normalbetrieb wird minimiert.
- Eine nachteilige Außendarstellung wird vermieden, in dem proaktiv kommuniziert wird.
- Die administrativen und finanziellen Aspekte der Ereignis- und Schadensbewältigung werden mit Versicherungen, Kapitalgebern, Geschäftspartnern und Betroffenen geregelt.

Wesentlicher Unterschied zwischen Notfall- und Krisenmanagement ist, neben der zugrunde liegenden Ereignisentwicklung, dass Krisenmanagement einen deutlich proaktiven Charakter hat, Notfallmanagement hingegen rein reaktiv ist. Mit Maßnahmen des Notfallmanagements kann auf ein eingetretenes Ereignis nur reagierend eingewirkt werden, um Schäden zu minimieren. Eine vollständige Verhinderung des Notfalls ist nicht möglich. Übergeordnetes Ziel des Krisenmanagements ist hingegen, proaktiv zu verhindern dass sich ein Notfall zu einer (umfangreichen) Krise auswirkt und gegebenenfalls sogar die Existenz des Unternehmens gefährdet.

Grundsätzlich sollte jedes Unternehmen mit betriebsgefährdenden Risiken über die notwendigen Maßnahmen zur Erreichung der zuvor beschriebenen Ziele verfügen. Die Gewichtung der einzelnen Ziele des Notfall- und Krisenmanagements muss dabei unternehmens- und risikospezifisch erfolgen; während beispielsweise für ein produzierendes Unternehmen der Metallindustrie bei einem Notfall die Minimierung der direkten Schäden aus finanziellen Überlegungen wichtigstes Ziel sein kann, muss der Betreiber eines Atomkraftwerks bei einem sicherheitskritischen Ereignis als oberstes Ziel die Verhinderung einer Ausweitung des Notfalls zu einer technisch und gesellschaftlich kaum noch zu beherrschenden Krise verfolgen. Daraus ergeben sich nicht nur die grundsätzliche Bewertung der Notwendigkeit einzelner Maßnahmen im Rahmen der dem Ereignis vorgelagerten Notfallplanung, sondern auch die Prioritäten bezüglich zu ergreifender Maßnahmen nach Eintritt eines Ereignisses. Möglicherweise wird der besagte AKW-Betreiber kostenintensive und mit weiteren Schäden verbundene Notfallmaßnahmen ergreifen, die für ein anderes Unternehmen aufgrund finanzieller Überlegungen ein ungünstiges Kosten/Nutzen-Verhältnis aufweisen.

Neben der Prioritätensetzung innerhalb des Notfall- und Krisenmanagements muss jedes Unternehmen ergänzend individuell klären, ob und in welchem Umfang beide Maßnahmen benötigt werden bzw. in welchem Verhältnis sie zueinander stehen. Unternehmen, bei denen aufgrund zeitunkritischer Prozesse und Verträge, übersichtlicher Besitzverhältnisse und wenig öffentlicher Aufmerksamkeit die Entstehung von ernsthaften Krisen als eher unwahrscheinlich zu beurteilen ist, können gegebenenfalls mit einer erweiterten Notfallplanung die Ereignisbewältigung konzeptionell und organisatorisch abdecken. Andere Unternehmen hingegen, insbesondere im Dienstleistungssektor, benötigen aufgrund wenig vorhandener physischer Infrastruktur kaum eine elaborierte Notfallplanung, sind jedoch im Ereignisfall auf ein funktionierendes Krisenmanagement inklusive zweckdienlicher Kommunikation angewiesen. Dies gilt beispielsweise für Touristikunternehmen, bei denen aufgrund der bei jedem Ereignis betroffenen Vielzahl von Personen fast immer vom Normalbetrieb direkt in eine Krisensituation gewechselt werden muss. Für solche Fälle bietet sich der Verzicht auf eine umfangreiche Notfallplanung bei gleichzeitiger Ausweitung des Krisenmanagements auf die notwendigen und möglichen Maßnahmen der direkten Notfallbewältigung an.

Unabhängig vom unternehmensspezifischen Umfang und Verhältnis des Notfall- und Krisenmanagements ist die Vorbereitung und Implementierung, ergänzt durch die adäquate Beübung, entsprechender Maßnahmen bereits während des Normalbetriebs obligatorisch. Die noch in vielen Unternehmen verbreitete Vorstellung, sicherheitskritische Ereignisse bei Eintritt mit improvisierten Maßnahmen vermeintlich geeigneter Führungs- und Fachkräfte zu bewältigen, erweist sich in der Realität fast immer als fataler Trugschluss. Dementsprechend sind mindestens folgende Maßnahmen vorgängig zu implementieren:

- Ein organisatorisches Konzept, das die notwendigen Abläufe und Zuständigkeiten bei einem sicherheitskritischen Ereignis, eventuell getrennt nach Eskalationsstufe, festlegt und aufzeigt (sog. Notfall- und Krisenplanung).
- Die Definition und Bereithaltung der notwendigen baulichen und technischen Infrastruktur, auf die im Ereignisfall zurückgegriffen werden kann.
- Ein Konzept zur Zusammenarbeit mit den zuständigen Ereignisdiensten und Behörden inkl. entsprechender Dokumentation, um unnötigen Abstimmungsbedarf und Reibungsverluste bei der Ereignisbewältigung zu vermeiden.
- Ein vorbereitetes Konzept zur Kommunikation im Ereignisfall, das alle Informationskanäle, die durch das Unternehmen im Normalbetrieb genutzt werden, einbezieht.

Diese Maßnahmen sind im folgenden Unterkapitel detailliert beschrieben. In der Regel können sie vom Leiter der Sicherheitsorganisation nicht alleine geplant und definiert werden, da unterschiedliche Fachbereiche bis hin zur Geschäftsleitung des Unternehmens im Ereignisfall benötig werden. Die Erarbeitung eines umfassenden und umsetzbaren Notfall- und Krisenmanagements stellt daher für jedes Unternehmen eine große Herausforderung dar.

8.3 Maßnahmen des Notfall- und Krisenmanagements

8.3.1 Notfall- und Krisenplanung

Grundlagen
Erste und übergeordnete Maßnahme des Notfall- und Krisenmanagements ist die Erarbeitung einer Notfall- bzw. Krisenplanung. Diese Maßnahme wird häufig mit der physischen Erstellung eines sog. Notfallhandbuchs gleichgesetzt, geht aber im Normalfall deutlich darüber hinaus (vgl. die Definitionen in Box 37).

Box 37: Notfall- und Krisenplanung (Definition)

Notfallplanung umfasst die vorausschauende Planung aller organisatorischen Abläufe bei bzw. nach Eintritt jedes als Notfall definierten und identifizierten Ereignisses, um Schäden für Leib und Leben sowie Güter abzuwenden oder zumindest zu minimieren.

Krisenplanung umfasst die vorausschauende Planung aller organisatorischen Abläufe bei einem Notfall zuvor definierten Ausmaßes, um die Entstehung einer Krise zu verhindern, weitergehende Schäden für das Unternehmen abzuwenden und die möglichst schnelle Überführung in den Normalbetrieb zu ermöglichen.

Wie im vorangegangenen Kapitel beschrieben, ist in der Regel von einer Zweizeitigkeit der Ereignisbewältigung auszugehen, wobei sich das Krisenmanagement an das Notfallmanagement anschließt. Nichtsdestoweniger ist eine gemeinsame Erarbeitung der Notfall- und Krisenplanung sinnvoll, da diese beiden Konzepte eng aufeinander abgestimmt sein müssen und gemeinsam in die Notfallunterlagen als Hilfsmittel zur Ereignisbewältigung einfließen. Somit besteht die Notfall- und Krisenplanung aus drei Dokumenten:

- Notfallkonzept, in dem die Annahmen, Grundsätze, Aufgaben und Zuständigkeiten zur unmittelbaren Bewältigung von sicherheitskritischen Ereignissen definiert sind;
- Krisenmanagementkonzept, in dem die Annahmen, Grundsätze, Aufgaben und Zuständigkeiten zur Krisenbewältigung definiert sind;
- Notfallunterlagen, in denen die Grundsätze und Abläufe in gestraffter und übersichtlicher Form (Checklisten, Formulare etc.) zusammengefasst sind und die bei Eintritt eines Ereignisses als Entscheidungshilfe dienen. Sie werden mitunter auch als Notfallhandbuch bezeichnet.

Die Bezeichnung bzw. der Inhalt der drei vorgenannten Dokumente kann je nach Unternehmen stark variieren, insbesondere wenn Notfall- und Krisenmanagementkonzept aus den oben beschriebenen Überlegungen zusammengefasst werden. Es sollte allerdings immer darauf geachtet werden, dass konzeptionelle Grundlagen und Entscheidungshilfen für den Ereignisfall (d. h. die Notfallunterlagen) klar voneinander getrennt und somit gesondert dokumentiert sind. In den meisten Fällen sind die Entscheidungsträger mit den Konzepten nicht so vertraut, dass sie zur konkreten Ereignisbewältigung notwendige Informationen in (umfangreichen) Dokumenten in einer Ausnahmesituation sofort finden. Die gemeinsame Darstellung aller Informationen in einem Konzept, Ordner oder Handbuch kann daher, obwohl aus administrativen Gründen mitunter bevorzugt, keinesfalls empfohlen werden.

Notfallkonzept

Erster Baustein der Notfall- und Krisenplanung ist das Notfallkonzept. Es fasst alle wesentlichen Informationen zur Vorsorge und Bewältigung von Notfällen jeder Größenordnung und Provenienz im Einflussbereich des Unternehmens zusammen und dient deshalb als eines der wichtigsten Dokumente für die Sicherheitsorganisation im Betrieb. Das Notfallkonzept verdichtet praktisch die Informationen aus den baulich-technischen Sicherheitskonzepten eines oder mehrerer Objekte und führt sie mit den betrieblich-organisatorischen Konzepten zusammen, damit alle für die Ereignisprävention und Bewältigung relevanten Informationen an einem Ort dokumentiert sind.

Ein Notfallkonzept besteht aus verschiedenen Teilen, die sich in der Regel in folgende Bestandteile untergliedern lassen:

- Systemdarstellung, in der Geltungsbereich und Abgrenzung des Konzepts, die betroffenen Unternehmensbereiche unter dem Blickwinkel der Notfallbewältigung (inklusive der relevanten Sicherheitseinrichtungen) und die betrachteten Ereignisse beschrieben sind;
- Beschreibungen der Notfall- und Sicherheitsorganisation, aus denen sich die Aufbauorganisationen und die einzelnen Zuständigkeiten zur Prävention und Bewältigung von Notfällen ergeben (1. Hauptteil);
- Aussagen zur Ereignisbewältigung, insbesondere zu den notwendigen Maßnahmen bei Eintritt eines Notfalls, den notwendigen Abläufen und Hilfsmitteln (2. Hauptteil);
- Grundsätze zu Unterhalt und eventuellen Anpassungen des Konzepts.

Zu Beginn eines Notfallkonzeptes ist zunächst sein Geltungsbereich zu definieren. Je nach Unternehmen sind dazu verschiedene Abgrenzungen notwendig. Verfügt ein Unternehmen über verschiedene, organisatorisch, geografisch oder rechtlich getrennte Bereiche, ist zu definieren, welcher Bereich durch die Notfallplanung abgedeckt ist und in welchem hierarchischen Verhältnis sie zu anderen, über- oder untergeordneten Notfallkonzepten steht. Dabei gilt die Regel, dass zwar nachrangige Notfallplanungen sinnvoll sein können, etwa wenn ein standortbezogenes Evakuierungskonzept die unternehmensweite Notfallplanung nachrangig ergänzt, jedoch nie verschiedene, gleichrangige Notfallplanungen für ein Unternehmen, Unternehmensbereich oder Objekt gültig sein können. Deshalb ist auch bei Objekten mit verschiedenen Nutzern, etwa Industrieparks oder Einkaufszentren, eine übergeordnete Notfallplanung zu bestimmen, an die sich die weiteren nutzerbezogenen Konzepte anzupassen haben. Zweiter wesentlicher Bestandteil der Abgrenzung ist das Verhältnis zu zeitlich nach- oder vorgelagerten Konzepten, d. h. dem nachgelagerten Krisenmanagementkonzept und eventuell vorgelagerten Instandhaltungskonzepten zur Behebung technischer Defekte. Es ist deshalb hinlänglich genau zu definieren, ab welchem Zeitpunkt welches Konzept zur Anwendung kommt. Die Aussagen zum Geltungsbereich des Notfallkonzepts werden deshalb sinnvollerweise von einer Aufstellung der mitgeltenden Unterlagen ergänzt.

Ebenfalls Bestandteil des Notfallkonzepts ist die Beschreibung der betroffenen Unternehmensbereiche bezüglich Lage, Ausdehnung und Nutzung; aus dieser Darstellung ergibt sich in wesentlichem Maße die zielgerichtete Notfallorganisation. Auch die im Zusammenhang mit einem Notfall und der Notfallbewältigung stehenden Sicherheitseinrichtungen, zumeist Brandmelde- und Sprinkleranlage, Fluchtwegkonzept, Löschposten und Feuerlöscher, Beschallungsanlage sowie Videoüberwachung, sollten im Notfall- und Evakuierungskonzept nochmals überblickartig dargestellt werden, damit bei diesbezüglichen Unklarheiten im Ereignisfall nicht noch weitere Dokumente oder Konzepte konsultiert werden müssen. Weiter ist die Darstellung der für die Notfallplanung relevanten Ereignisse Bestandteil der Systemdarstellung, wobei die relevanten Ereignisszenarien aus der Gefährdungsermittlung entnommen werden können. Sie sind gegebenenfalls um solche Ereignisse zu bereinigen, die keine Notfälle im engeren Sinne mit Notwendigkeit zur unmittelbaren Intervention darstellen, etwa wirtschaftskriminelle Handlungen, oder die durch das Unternehmen keine direkten Maßnahmen der Notfallbewältigung erfordern (beispielsweise die Blockierung einer wichtigen Zufahrtsstraße außerhalb des Werksgeländes durch einen Erdrutsch).

Im ersten Hauptteil eines Notfallkonzeptes werden aufbauend auf die Systemdarstellung die organisatorischen Rahmenbedingungen der Notfallprävention und Notfallbewältigung definiert. Hierzu gehört zunächst die Darstellung der Sicherheitsorganisation für den Normalbetrieb; in der Regel sollte diese bereits im Rahmen der Implementierung des Sicherheitskonzepts definiert und dokumentiert sein (vgl. Kapitel 6.2). Da sie allerdings stark mit der Notfallorganisation zusammenhängt, wird sie in der Praxis oft erst im Rahmen der Erarbeitung einer Notfallplanung definiert. Im Notfallkonzept sollte sie dann anhand eines Organigramms dargestellt sowie die Verantwortung und Zuständigkeiten der einzelnen Mitglieder der Sicherheitsorganisation festgelegt werden. Die Aufbereitung im Notfallkonzept ist jedoch nicht zwingend; ist die Sicherheitsorganisation an anderer Stelle beschrieben, kann auf ihre ausführliche Darstellung im Notfallkonzept verzichtet werden.

Diese Option gibt es für die Notfallorganisation nicht. Sie ist zwingend im Notfallkonzept darzustellen und besteht, je nach Unternehmen, aus folgenden Instanzen:

- *Führungsebene:* Die Notfallbewältigung wird durch einen Führungsstab bzw. einen einzigen Einsatzleiter (Notfallmanager) koordiniert. Zumeist bietet sich eine zweistufige Führungsorganisation an, d. h. der komplette Führungsstab wird erst bei einem gewissen Ausmaß des Ereignisses durch den Einsatzleiter einberufen.
- *Bereichsverantwortliche:* Bei größeren Unternehmen müssen sog. Bereichsverantwortliche die Führungsebene unterstützen, in dem sie die Notfallbewältigung in ihrem Gebäude, Unternehmensbereich etc. koordinieren und leiten und Informationen der ihnen zugeordneten Mitarbeiter gefiltert an die Führungsebene weitergeben.
- *Sammelplatzleiter:* Für jeden Sammelplatz bei einer Evakuierung wird ein Sammelplatzleiter benötigt, der die Betreuung der evakuierten Personen und ihre Registrierung organisiert.
- *Fachkräfte:* In der Notfallorganisation müssen die vorhandenen Fachkräfte vertreten sein, die zur Notfallbewältigung beitragen können. Neben dem Facilitymanagement (oft auch eigener Bereich der Notfallbewältigung) gehört hierzu gegebenenfalls der unternehmenseigene Rettungs- oder Sanitätsdienst, der Werkschutz, interne oder externe Alarmzentralen und, falls vorhanden, der Gefahrgut- oder Umweltschutzbeauftragte. Obligatorisch ist zudem ein Kommunikationsverantwortlicher.
- *Verbindungspersonen:* Sind bei einem Notfall potentiell andere Unternehmen betroffen, etwa Mieter, Vermieter, Lieferanten oder benachbarte Unternehmen, sind entsprechende Verbindungspersonen in die Notfallorganisation aufzunehmen. Diese können auch von staatlichen Institutionen stammen.
- *Mitarbeiter:* Die Aufgaben der Mitarbeiter bei der Notfallbewältigung sind ebenfalls zu definieren. Hierbei sind Mitarbeiter mit Hilfstätigkeiten (etwa Räumungshelfer) von den Mitarbeitern ohne besondere Aufgaben zu trennen.

In der Darstellung der Notfallorganisation ist an dieser Stelle bereits, zumindest schematisch, aufzuzeigen wo der Krisenstab des Unternehmens angehängt ist. Auch das Hierarchieverhältnis zu den öffentlichen Ereignisdiensten muss aus der Darstellung der Notfallorganisation hervorgehen. Abbildung 8.2 zeigt das Organigramm einer typischen Notfallorganisation eines großen Unternehmens; eine derartige Festlegung und Darstellung der Aufbauorganisation bildet immer die Grundlage für die weiteren Planungen bezüglich Aufgaben der einzelnen Mitglieder der Notfallorganisation.

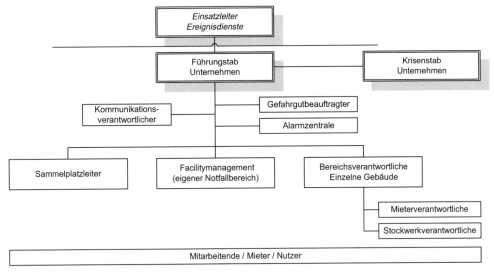

Abbildung 8.2   *Aufbau einer Notfallorganisation (Beispiel)*

Aufbauend auf die Aufbauorganisation können Verantwortung und Zuständigkeiten der einzelnen Mitglieder der Notfallorganisation stringent und aufeinander abgestimmt definiert werden. Dabei sind die wesentlichen Handlungsfelder und Tätigkeiten der einzelnen Instanzen ebenso darzustellen wie die Grundsätze der Informationsweitergabe. Gerade der letztgenannte Aspekt ist für eine effektive Notfallbewältigung von hoher Bedeutung; es muss unbedingt definiert und festgeschrieben werden, wer zu welchem Zeitpunkt welche Information an wen unaufgefordert weiterzugeben hat, bzw. wer welche Informationen aktiv einfordern muss, da es ansonsten zu unklaren Zuständigkeiten und Informationsverlust kommt. Nach Abschluss des (theoretischen) Aufbaues der Notfallorganisation muss daher, etwa anhand eines fiktiven Notfalls, theoretisch durchgespielt werden, ob alle notwendigen Tätigkeiten definiert und eindeutig einer Instanz zugeordnet sind. Schließlich müssen noch die Grundsätze der personellen Besetzung der Notfallorganisation geklärt werden, d. h. es ist zu definieren, welche Mitarbeiter des Unternehmens die einzelnen Funktionen wahrnehmen und wie ihre Verfügbarkeit zu regeln ist. Dabei ist zu beachten, dass die Funktionen meistens auch in Rand- und Urlaubszeiten besetzt werden können müssen, gleichzeitig Doppelbesetzungen aber auszuschließen sind. In Unternehmen mit wenig permanent anwesendem Personal und dem Bedürfnis nach einer umfangreichen Notfallorganisation kann sich dies schnell als problematisch erweisen. Zudem gelten auch bei der Bestimmung der Mitglieder der Notfallorganisation die Aussagen aus Kapitel 6.3 zu den Besonderheiten und Bedürfnissen des Menschen als Mitglied einer Notfall- oder Sicherheitsorganisation, die durch das Unternehmen beachtet werden müssen.

Aufbauend auf die Aussagen zur Notfallorganisation können im zweiten Hauptteil eines Notfallkonzepts die Maßnahmen und Abläufe zur Notfallbewältigung festgelegt werden. Hierzu gehört ein Alarmierungskonzept, in dem Alarmierungswege, Alarmmeldungen und die bei verschiedenen Ereignissen zu alarmierenden Stellen definiert sind, ebenso wie eine grundsätzliche Beschreibung der Abläufe bei einem Ereignis bzw. der Evakuierungsgrundsätze (Auslösung und Reihenfolge der Evakuierung). Ergänzend müssen die Standorte der Funktionsträger der Notfallorganisation, insbesondere jene des Führungsstabes, definiert und Sammelplätze für Evakuierungen festgelegt sein. Für eine schnelle und effiziente Notfallbewältigung sind außerdem gewisse Hilfsmittel (z. B. Warnwesten, Funkgeräte, Notfallunterlagen etc.) notwendig; im Notfallkonzept werden Art, Anzahl und Verteilung der Hilfsmittel der Notfallorganisation ebenso geregelt wie ihre Aufbewahrung bzw. Instandhaltung. Entsprechende Hinweise zu den benötigten Hilfsmitteln finden sich in Kapitel 8.3.2.

Ein Notfallkonzept schließt mit Aussagen zur Verantwortlichkeit für das Konzept, der Handhabung von eventuellen Anpassungen oder Anpassungswünschen und einem Schulungs- und Übungskonzept. Letzteres ist mit dem übergeordneten Schulungs- und Übungsprogramm abzustimmen (vgl. Kapitel 7.2).

Krisenplanung
Ein Krisenmanagementkonzept definiert, aufbauend auf das Notfallkonzept, die Abläufe und Zuständigkeiten im Fall einer Krise bzw. wenn diese unmittelbar bevorsteht. Der Aufbau eines Krisenmanagementkonzepts ist ähnlich zu jenem des Notfall- und Evakuierungskonzepts: Es beginnt üblicherweise mit einer Systemdarstellung, in der eine inhaltliche und örtliche Abgrenzung des Konzepts analog zum Notfall- und Evakuierungskonzept, die Beschreibung des betrachteten Unternehmens(bereichs) und die relevanten Ereignisse enthalten sind. Daran schließen sich wiederum die zwei Hauptteile zur Notfall- und Krisenorganisation bzw. Krisenbewältigung an, bevor der Unterhalt des Krisenmanagementkonzepts abgehandelt wird.

Bei der Systemdarstellung wird zunächst ebenfalls der Geltungsbereich des Konzepts, sozusagen spiegelbildlich zum Notfallkonzept festgelegt. Bezüglich des betrachteten geografischen oder organisatorischen Systems haben Krisenmanagementkonzepte meistens einen anderen Geltungsradius als Notfallkonzepte; sie gelten in der Regel für das gesamte Unternehmen, sodass, abgesehen von entsprechenden Dokumenten anderer Unternehmen, keine vor- oder nachgelagerten Krisenmanagementkonzepte existieren. Nichtsdestoweniger sollten auch hier die mitgeltenden Unterlagen aufgeführt werden. Bei der Beschreibung des betrachteten Unternehmens oder der betrachteten Unternehmensbereiche wird, nach einer dem Notfallkonzept vergleichbaren grundsätzlichen Systembeschreibung, eine andere Akzentuierung notwendig: Die für die direkte Ereignisbewältigung relevanten Sicherheitseinrichtungen sind für die Krisenbewältigung größtenteils uninteressant; auf ihre nochmalige Darstellung kann daher verzichtet werden. Unbedingt aufgeführt werden müssen jedoch die kritischen Infrastruktureinrichtungen für den Betrieb des Unternehmens, da ihre Beeinträchtigung fast immer eine Krise hervorruft, sowie die gesamten Besitz- und Vertragsverhältnisse des Unternehmens oder des betroffenen Unternehmensbereichs, da durch sie die notwendigen Aufgaben zur umfassenden Krisenbewältigung determiniert werden. Hierzu gehören die Besitzverhältnisse von Gebäuden und Anlagen des Unternehmens, die Vertragsverhältnisse mit Kunden und Geschäftspartnern inklusive Lieferfristen, die von Dritten erbrachten und mit kritischen Infrastrukturen des Unternehmens in Zusammenhang stehenden Leistungen sowie sonstige Vertragsverhältnisse, aus denen sich für das betroffene Unternehmen wesentliche Rechte oder Pflichten ergeben. Bei den kritischen Infrastrukturen sind zudem unbedingt auch solche aufzunehmen, die nicht mehr direkt im Einflussbereich des Unternehmens liegen (z. B. eingemietete Transformatoren, Funkantennen, etc.).

Die Darstellung der Ereignisse unterscheidet sich ebenfalls vom Notfall- und Evakuierungskonzept, da nur diejenigen Ereignisse, welche nach menschlichem Ermessen überhaupt zu einer Krise führen können, identifiziert und dargestellt werden müssen.

Im ersten Hauptteil wird die Notfallorganisation des Unternehmens nochmals anhand des einschlägigen Organigramms überblickartig (zusammen mit den Schnittstellen zur Krisenorganisation) dargestellt, um einen Gesamtüberblick über die Funktionen dieser Organisation zu erhalten. Auf eine detaillierte Darstellung der einzelnen Zuständigkeiten kann jedoch mit Ausnahme des Krisenstabs verzichtet werden. Dieser Krisenstab ist stattdessen im Folgenden detailliert darzustellen, wobei zunächst die notwendigen Funktionen definiert werden müssen:

- *Leitung des Krisenstabs:* Die Leitung des Krisenstabs muss in der Regel durch ein Mitglied der Geschäftsleitung oder durch eine von der Geschäftsleitung direkt beauftragte Person mit den notwendigen, vollumfänglichen Entscheidungsbefugnissen übernommen werden.
- *Vertreter Rechtsdienst:* Aufgrund der in der Regel mit Krisen verbundenen rechtlichen Fragestellungen ist ein Vertreter der Rechtsabteilung des Unternehmens im Krisenstab notwendig.
- *Kommunikationsverantwortlicher:* Einer sachgerechten und zeitnahen Kommunikation kommt im Krisenfall große Bedeutung zu. Der Krisenstab muss daher unbedingt über einen eigenen Kommunikationsverantwortlichen verfügen, der nach Einberufung des Krisenstabs die gesamte Kommunikation nach außen (in Absprache mit den Behörden und Ereignisdiensten) übernimmt.
- *Vertreter Notfallorganisation:* Ein Mitglied der Notfallorganisation, in der Regel ein Mitglied des Führungsstabes, informiert den Krisenstab über den Fortgang der Notfallbewältigung und unterstützt ihn bei sicherheitstechnischen Fragestellungen.
- *Spezialist Infrastruktur:* Ein Mitglied des Krisenstabs muss mit der Einschätzung der Auswirkungen des Ereignisses auf die kritischen Infrastrukturen des Unternehmens, ihrer Verfügbarkeit und möglicher Sofortmaßnahmen betraut sein. Je nach Unternehmen kann er über ein Team verfügen und verschiedene Infrastrukturen (IT, Gebäude, Fahrzeuge etc.) betreuen.
- *Vertreter Geschäftspartner:* Je nach Unternehmen und betroffenen Vertragsbeziehungen sind Vertreter der betroffenen Geschäftspartner Mitglieder des Führungsstabes. Dabei kann es sich beispielsweise um Mieter- oder Vermietervertreter, Vertreter von Lieferan-

ten oder wesentlicher Kunden handeln. Die Anzahl dieser Vertreter ist a priori zu begrenzen, damit der Krisenstab jederzeit entscheidungsfähig bleibt.

Die Organisation des Krisenstabs variiert von Unternehmen zu Unternehmen stark. Mitunter kann es auch sinnvoll sein, den Krisenstab in einen Kernstab, der voll entscheidungsbefugt ist, und einen erweiterten Stab, in dem bei Bedarf hinzuziehende Vertreter mit ausschließlich beratender Stimme vertreten sind, aufzuteilen. Abbildung 8.3 zeigt beispielhaft den Aufbau eines Krisenstabs für ein fiktives Unternehmen, das die soeben angesprochene Unterteilung realisiert hat.

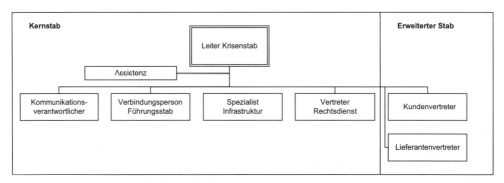

Abbildung 8.3   *Aufbau eines Krisenstabs (Beispiel)*

Ist die grundsätzliche Organisation des Krisenstabs geklärt, müssen wiederum die Verantwortung und Zuständigkeiten der einzelnen Mitglieder des Krisenstabs definiert werden. Hierbei gilt der Grundsatz, dass der Krisenstab vollumfänglich entscheidungsbefugt sein muss, um alle weitreichenden Entscheidungen für die direkte Ereignisbewältigung tatsächlich fällen zu können. Aus dieser Anforderung ergeben sich wiederum weitreichende Implikationen für die Grundsätze der personellen Besetzung. Dabei ist auch nochmals die Abgrenzung zum Notfall- und Evakuierungskonzept relevant; einerseits muss ein enger Austausch zwischen Führungs- und Krisenstab auch personell gewährleistet werden, andererseits können die Mitglieder des Führungsstabs nicht auch noch Aufgaben im Krisenstab wahrnehmen. Eine sorgfältige Beurteilung und Zuteilung der vorhandenen personellen Ressourcen ist daher unabdingbar.

Auch das Krisenmanagementkonzept muss unterhalten, aktualisiert und beübt werden. Dementsprechend gehören diesbezügliche Ausführungen ebenfalls in ein entsprechendes Dokument. Obwohl Notfallorganisation und Krisenstab verschiedene Inhalte abdecken, ist der gemeinsame Unterhalt durch den Leiter der Sicherheitsorganisation ohne Zweifel sinnvoll.

Notfallunterlagen
Die beiden zuvor beschriebenen Dokumente legen die Rahmenbedingungen und Abläufe der Ereignisbewältigung auf konzeptioneller Ebene fest. Kommt es tatsächlich zu einem Ereignis, sind sie aufgrund ihrer eher theoretischen Ausrichtung als Arbeitsinstrumente hingegen weitestgehend ungeeignet und dienen nur als Nachschlagewerk für vertiefte Informationen.

Gerade in der Chaosphase unmittelbar nach Eintritt eines Ereignisses sind jedoch klar strukturierte und übersichtliche Arbeitshilfen unerlässlich, welche die wesentlichen Zuständigkeiten und Abläufe überblickartig darstellen sowie die notwendigen Planunterlagen beinhalten. Diese Dokumente finden sich in den Notfallunterlagen, die gemeinsam mit den o.g. Konzepten und den im folgenden Unterkapitel definierten Hilfsmitteln zur Ereignisbewältigung bei den Funktionsträgern griffbereit vorhanden sein müssen.

Ein kompletter Satz der Notfallunterlagen besteht mindestens aus folgenden Dokumenten:

- *Inhalt und Verteiler* (Inhaltsverzeichnis, Verteiler, Organigramm der Notfallorganisation, Datum Erstellung und letzte Aktualisierung)
- *Telefonlisten*
  - externe und interne Notrufnummern (Ereignisdienste, medizinische Einrichtungen, Leitstellen und Sicherheitsdienste, Auskunftsnummern etc.)
  - Telefonnummern der Mitglieder des Führungs- und Krisenstabs sowie der Geschäftsleitung
  - Telefonnummern der übrigen Mitglieder der Notfallorganisation
  - gesamtes Telefonverzeichnis des Unternehmens
  - Telefonnummern der wichtigen Geschäftspartner und sonstiger Dritter
- *Ablaufdiagramme mit notwendigen Schritten der einzelnen Funktionen der Notfallorganisation*
  - Notfall (allgemein)
  - spezifische Notfälle nach Bedarf
  - Evakuierung
  - Krise
- *Checklisten*
  - Checklisten Notfall/Krise für die einzelnen Funktionsträger
  - Checklisten Evakuierung für die einzelnen Funktionsträger
  - funktionsübergreifende Checklisten für einzelne Szenarien (z. B. Brand, Explosion, Straftat, Naturereignis)
- *Pläne*
  - Gebäudepläne
  - Übersichtspläne mit Sammelplätzen
  - Feuerwehreinsatzpläne und/oder Brandschutzpläne
- *Formulare* (Notfallmeldungen, Ereignisjournal etc.)

Die Notfallunterlagen als Arbeitsinstrument müssen permanent aktuell gehalten werden, insbesondere die Telefonlisten sollten monatlich überprüft und ggf. angepasst werden. Zuständig hierfür ist ebenfalls der Leiter der Sicherheitsorganisation.

Mit der Erarbeitung, Umsetzung und Beübung einer Notfall- und Krisenplanung inklusive der zugehörigen Notfallunterlagen sind die grundsätzlichen Voraussetzungen für eine erfolgreiche Ereignisbewältigung geschaffen. Einige der bereits angesprochenen Aspekte des Notfall- und Krisenmanagements sind für den erfolgreichen und möglichst schnellen Übergang in den Normalbetrieb nach einem Ereignis allerdings von besonderer Bedeutung und müssen daher auch gesondert vorbereitet werden. Hierzu gehören die Vorhaltung und der zielgerich-

tete Umgang mit Hilfsmitteln zur Ereignisbewältigung, die Zusammenarbeit mit Ereignisdiensten und Behörden sowie die Krisenkommunikation. Die nachfolgenden Unterkapitel
widmen sich deshalb detailliert diesen Themenkreisen.

8.3.2   Notwendige Hilfsmittel und Infrastruktur

Mit der Erarbeitung und Implementierung einer Notfall- und Krisenplanung sind die organisatorischen Abläufe bei einem sicherheitskritischen Ereignis zumindest theoretisch definiert.
Derartige Konzepte sind für die Ereignisbewältigung daher unbedingt notwendig, alleine
jedoch keinesfalls ausreichend. Ergänzend muss sichergestellt werden, dass die Funktionsträger der Notfallorganisation im Ereignisfall über die notwendigen Hilfsmittel und eine
geeignete baulich-technische Infrastruktur verfügen, um die ihnen zugewiesenen Tätigkeiten
auch unter anspruchsvollen Rahmenbedingungen erfolgreich durchführen zu können. Diese
Thematik wurde bereits im Rahmen der Ausführungen über die Sicherheitsorganisation in
Kapitel 6.2 angesprochen und soll an dieser Stelle notfallspezifisch vertieft werden.

Organisatorische Hilfsmittel
Zunächst ist grundlegende Voraussetzung für die erfolgreiche Umsetzung der Notfall- und
Krisenplanung, dass die Mitglieder der Notfallorganisation mit den entsprechenden organisa-
torischen Hilfsmitteln ausgerüstet sind. Hierzu gehören folgende Bestandteile:

- *Notfallunterlagen:* Die oben beschriebenen Notfallunterlagen dienen der Strukturierung
  der Notfallbewältigung und müssen daher jedem Mitglied der Notfallorganisation in geeigneter Ausführlichkeit zur Verfügung stehen. Grundsätzlich muss auf der Führungsebene der Notfallorganisation und im Krisenstab pro Funktion ein kompletter Satz der
  Notfallunterlagen vorhanden sein. Für die anderen Funktionsträger reicht eine funktionsspezifische Version der Notfallunterlagen aus, die beispielsweise nur aus der zugehörigen
  Checkliste, einer Telefonliste und einem Gebäudeplan besteht.
- *Schreibutensilien:* Zusätzlich zu den Notfallunterlagen sollte jedes Mitglied der Notfallorganisation über ausreichend Papier (inkl. Klemmbrett) und Stifte verfügen.
- *Signalweste:* Die Mitglieder der Notfallorganisation müssen sich gegenüber anderen
  Personen deutlich abheben und für diese sowie die Ereignisdienste deutlich erkennbar
  sein. Dies geschieht durch die Ausrüstung der einzelnen Personen mit Warnwesten, wobei eine farbliche Unterscheidung der verschiedenen Positionen innerhalb der Notfallorganisation gewählt werden kann.
- *Kommunikationsmittel:* Bei der Auswahl der Kommunikationsmittel für die Notfallorganisation ist auf ihre Verfügbarkeit, einfache Bedienbarkeit und Robustheit (stoß- und
  schlaggeschützt) zu achten. Dementsprechend kommen mit wenigen Ausnahmen nur
  Funksysteme in Frage; dabei sind etwaige besondere Anforderungen an die Geräte (beispielsweise Einsatz in explosionsgefährdeten Bereichen) einzubeziehen.
- *Persönliche Schutzausrüstung:* Sofern es die unternehmensspezifischen Risiken und die
  Funktion innerhalb der Notfallorganisation erfordern, müssen die Funktionsträger der
  Notfallorganisation mit geeigneter Schutzkleidung und Ausrüstung ausgestattet sein. Dies
  gilt auch, wenn in besonderen Anlagen und Räumen (beispielsweise Reinräume) gearbei-

tet werden muss. Grundsätzlich sollten immer einfache Hilfsmittel wie z. B. Taschenlampen, Schutzhelme etc. in ausreichender Anzahl bereitgehalten werden.

- *Hilfsmittel und Werkzeug:* Je nach Funktion innerhalb der Notfallorganisation, Risiken und im Normalbetrieb vorhandenen Gerätschaften müssen die Mitglieder der Notfallorganisation mit spezifischen Hilfsmitteln und Werkzeug ausgestattet werden. Dazu können Notfallkoffer, medizinisches Gerät (z. B. Defibrilator) und ein oder mehrere Werkzeugkoffer, ggf. mit besonderem Inhalt für den technischen Dienst, gehören. Umfangreichere Gerätschaften, etwa komplette Notfallfahrzeuge, werden in der Regel bereits für die Sicherheitsorganisation beschafft – ihre Anschaffung hängt allerdings stark von der Risikosituation des Unternehmens ab.

- *Spezifische Hilfsmittel Evakuierung:* Für Evakuierungen empfiehlt sich die Vorhaltung gesonderter Hilfsmittel, insbesondere Klebeschilder mit Hinweisen zur erfolgten Räumung, die an der Türe des entsprechenden Stockwerks/Raumes angebracht werden können und die spätere Räumungskontrolle erleichtern, sowie Formularen und Listen zur Durchführung der Evakuierungskontrolle auf Ebene von Gebäuden, Abschnitten oder des gesamten Unternehmens. Ergänzend müssen auch Hilfsmittel für den oder die Sammelplätze, z. B. Wegweisungsmaterial, Beschilderung, Beleuchtungsmaterial, vorgehalten werden.

Die organisatorischen, funktions- und somit personenbezogenen Hilfsmittel sollten nach Möglichkeit permanent griffbereit an einem Ort gelagert werden, damit sie von den Mitgliedern der Notfallorganisation bei einem Ereignis sofort in Betrieb genommen werden können. Handelt es sich um eine überschaubare Menge an Hilfsmitteln mit geringem Gewicht, können Rucksäcke gefüllt und am Arbeitsplatz des Funktionsträgers gelagert werden. Bei umfangreicherem Material (insbesondere für den Führungsstab und den Sammelplatzleiter) empfiehlt sich eine Lagerung am Standort, wobei dann, da immer mindestens ein Ausweichstandort vorhanden sein sollte, mehrere Notfallsets zusammengestellt werden müssen. Großgeräte und Fahrzeuge sollten unabhängig davon in der Regel an einem gesonderten Standort vorgehalten werden.

Technische und bauliche Infrastruktur
Neben den organisatorischen Hilfsmitteln verlangt eine erfolgreiche Ereignisbewältigung nach geeigneter technischer und baulicher Infrastruktur. Hierzu gehören vor allem eine zweckmäßige Alarmierungs- und Kommunikationslösung sowie adäquate Räumlichkeiten und Standorte.

Um die Notfallorganisation zeitnah aufbieten zu können, muss die Möglichkeit zur schnellen Alarmierung der einzelnen Mitglieder vorhanden sein. Hierfür existieren verschiedene Möglichkeiten: Sofern eine Beschallungsanlage existiert, kann über diese neben allen Mitarbeitern und Besuchern auch die Notfallorganisation alarmiert werden. Dabei kann entweder der allgemeine Alarmierungstext auch als Aufforderung für die Notfallorganisation zur Bereithaltung definiert werden oder durch gesonderte, möglicherweise verschlüsselte Sprachdurchsagen die Alarmierung einzelner oder aller Funktionsträger der Notfallorganisation erfolgen. Vorteil einer derartigen Lösung ist der (kostenneutrale) Rückgriff auf eine bereits vorhandene Anlage, die bereits gewissen Anforderungen an die Zuverlässigkeit genügen muss. Allerdings sind auch verschiedene Nachteile zu beachten: Die Alarmierung ist immer quasi öffentlich, wodurch die Möglichkeit der Vermittlung von weitergehenden, sensiblen Informationen entfällt, und es fehlt eine Vorlaufzeit für die Mitglieder der Notfallorganisation, die praktisch gleichzeitig mit allen anderen Personen über ein Ereignis informiert werden. Aufgrund dieser Nachteile entscheiden sich viele Unternehmen für eine Alarmierung über GSM-Mobiltelefon bzw. SMS; von diesem System raten die Verfasser allerdings aufgrund der geringen Zuverlässigkeit öffentlicher Mobilfunknetze und der ebenfalls geringen Aufmerksamkeit, die Handynutzer eingehenden SMS meistens schenken, dringend ab. Sofern nicht Diensttelefone ausgegeben wurden, scheitert dieses Alarmierungssystem häufig auch daran, dass nicht alle Mitarbeiter bereit sind, ihre private Telefonnummer für diese Zwecke herauszugeben.

Eine optimale Lösung zur Alarmierung und Kommunikation stellt deshalb nach Ansicht der Autoren ein eigenes Betriebsfunksystem dar, über das sowohl die Alarmierung der einzelnen Mitglieder der Notfallorganisation (via Pager) als auch die spätere Kommunikation innerhalb der Notfallorganisation (via Handfunkgeräte) erfolgen kann. Sofern es sich um ein digitales System handelt, und nur diese Systeme sind heute aufgrund der voranschreitenden Ablösung analoger Funksysteme noch zukunftsfähig, sind neben der hohen Verfügbarkeit auch die Möglichkeiten zur zuverlässigen Verschlüsselung hervorzuheben. Dennoch sind auch Funksysteme mit Nachteilen verbunden, wobei neben der für ungeübte Personen ungewohnten Bedienung vor allem der hohe Preis zur zögerlichen Verbreitung führt. Dieser Preis resultiert zumeist weniger aus Endgeräten, sondern den bei großen und verwinkelten Anlagen notwendigen Übertragungseinrichtungen (etwa strahlende Kabel und Verstärker in Untergeschossen). In der Regel lohnt sich die komplette Ausrüstung der Notfallorganisation mit Funkgeräten daher nur für Unternehmen mit großen Risiken und/oder Unternehmen, die bereits aus betrieblichen Gründen bestimmte Komponenten (etwa eine Leitzentrale und Gebäudefunk) vorhalten. Andere Unternehmen sollten jedoch nichtsdestoweiger zumindest für die wichtigsten Funktionen der Notfallorganisation Funkgeräte vorhalten, sofern die lokalen Gegebenheiten eine ausreichende Verfügbarkeit ermöglichen. Die Alarmierung der übrigen Mitglieder der Notfallorganisation kann dann über Beschallungsanlage oder, in Ausnahmefällen, via dem drahtgebundenen Telefonnetz erfolgen. Für besondere Bereiche, etwa Labors oder gefährliche Räume mit allein arbeitenden Personen, können ergänzend verschiedene Sonderlösungen, etwa IP-Telefonie mit aufwändigeren Endgeräten und zusätzlichen Funktionalitäten, eingesetzt werden.

Von ebenso hoher Bedeutung wie die Alarmierungs- und Kommunikationsmittel sind die Vorhaltung geeigneter Räumlichkeiten für die Notfallorganisation, eines oder mehrerer Sammelplätze für eine Evakuierung und die vorausschauende Auswahl von Ersatzräumlichkeiten für den Fall einer Krise. Dabei muss zunächst der Standort des Führungs- und Krisenstabs ausgewählt werden. Ein geeigneter Ort verfügt über mindestens zwei Räume, die direkt miteinander verbunden sind, die notwendige Kommunikationsinfrastruktur (d. h. Telefon, Internetanschluss, Faxgerät) aufweisen und ermöglicht im Idealfall eine Übersicht über das Unternehmensgelände. Er darf sich außerdem keinesfalls in der Nähe besonders gefährlicher Anlagen oder Bereiche des Unternehmens befinden, da ansonsten die Verfügbarkeit des Führungs- und Krisenstabs nicht gewährleistet ist. Grundsätzlich müssen deshalb in der Regel mindestens zwei geeignete Örtlichkeiten definiert und als Führungszentren vorbereitet werden, da sich je nach Ort und Art des zugrundeliegenden Ereignisses jeder Bereich des Unternehmens als besonders gefährdet erweisen kann. Die ausgewählten Räumlichkeiten sollten nach Möglichkeit mit den zuständigen Ereignisdiensten abgestimmt werden, da eine schnelle Verbindung zu ihrer Einsatzleitung im Ereignisfall obligatorisch ist; danach können sie mit den entsprechenden Hilfsmitteln versehen und betriebsbereit gehalten werden. Besitzt das Unternehmen eine eigene Alarmzentrale mit entsprechenden Kommunikations- und Sicherheitseinrichtungen, sollte das Führungszentrum in unmittelbarer Nähe zu diesen Räumlichkeiten eingerichtet werden.

Für die Mitarbeiter und Besucher des Unternehmens muss im Fall einer Evakuierung ein ausreichend dimensionierter Sammelplatz zur Verfügung stehen. Hier können sich die Evakuierten bis zum Wiederbezug des Gebäudes (bzw. bis sie nach Hause gehen können) aufhalten, werden ggf. registriert und betreut. Ein Sammelplatz sollte möglichst in einem überdachten Bereich angesiedelt sein; in bestimmten Regionen ist dies sogar obligatorisch. Weiterhin muss er über ausreichend Platz verfügen, damit sich die besammelten Personen ausreichend verteilen und bewegen können. Es ist dabei davon auszugehen, dass maximal zwei Personen pro Quadratmeter Platz finden, ohne dass es zu unangenehmen Personendichten und Engegefühl kommt. Sofern ausreichender Platz nicht a priori zur Verfügung steht, etwa in unterirdischen Verkehrsanlagen, muss er durch geeignete bauliche Maßnahmen geschaffen werden. Der Sammelplatz sollte außerdem möglichst einfach zu erreichen sein und Gelegenheit zur Betreuung verletzter Personen (inkl. Zufahrt für Fahrzeuge des Rettungsdienstes), Platz zur Ermittlung der Vollständigkeit der Evakuierten und sanitäre Anlagen in unmittelbare Nähe bieten. Aufgrund der bereits beschriebenen Überlegungen zu möglicherweise gefährdeten Bereichen sollte mindestens ein Ersatzsammelplatz zur Verfügung stehen; von der gleichzeitigen Benutzung mehrerer Sammelplätze wird hingegen aufgrund des damit verbundenen Koordinationsaufwandes verschiedener Sammelplatzleiter und der Gefahr von Missverständnissen bezüglich des Status der Evakuierung (sind alle Personen vollständig evakuiert?) abgeraten.

Neben der Vorhaltung zur unmittelbaren Notfallbewältigung notwendiger baulich-technischer Infrastruktur empfiehlt es sich, gewisse Vorkehrungen für den Fall einer Krise mit mittel- bis langfristiger Unterbrechung des Normalbetriebs an einem oder mehreren Unternehmensstandorten zu treffen. Hierzu gehört, dass geeignete Ersatzräumlichkeiten für Verwaltung, Produktion und Lager im Vorhinein definiert und nach Möglichkeit entsprechende Vorbereitungen für den Umzug bereits während des Normalbetriebs getroffen werden. Zunächst können zu diesem Zweck geeignete Räumlichkeiten an anderen Standorten des Unternehmens ausgewählt und definiert werden; eine Planung zum Umzug bzw. der Umleitung von Warenströmen sollte sich dann anschließen. Reichen die eigenen Möglichkeiten nicht aus bzw. existieren keine geeigneten Räumlichkeiten in sinnvollem Umkreis, müssen potentielle Ersatzstandorte bei dritten Parteien gesucht und deren Verfügbarkeit vorher abgestimmt werden. Hierzu gehören benachbarte Betriebe ebenso wie Lieferanten, Kunden oder sonstige Geschäftspartner. Auch Logistikunternehmen bieten heute vielfach zumindest die Lagerung von Waren und Produktionsmitteln an. Gerade die Auswahl schnell verfügbarer Büroräumlichkeiten ist im Voraus allerdings schwierig, da der Markt für Büroimmobilien in der Regel recht volatil ist. Dadurch ergibt sich allerdings häufig die Möglichkeit, kurzfristig geeignete Büros anzumieten; die vorgelagerten Möglichkeiten des Krisenmanagements beschränken sich deshalb darauf, den Umzug der Arbeitsplätze, insbesondere der wichtigsten Daten, bei einem Krisenfall vorzubereiten. Für diesen Fall kann es sinnvoll sein, die notwendigen Arbeitsmittel und Datensätze (etwa auf bereits vorbereiteten Laptops) an sicheren Orten für eine schnelle Inbetriebnahme vorzuhalten.

8.3.3   Zusammenarbeit mit Ereignisdiensten

Wesentlicher Bestandteil des Notfall- und Krisenmanagements ist die zweckdienliche Zusammenarbeit mit den zuständigen Ereignisdiensten und Behörden bei der Ereignisbewältigung, aber auch der Aufbereitung des Ereignisses und der Ursachenermittlung. In der Regel kann nur mithilfe der öffentlichen Stellen ein Ereignis effektiv und innerhalb nützlicher Frist bewältigt sowie im Nachgang juristisch aufbereitet werden. Zu diesem Zweck ist es zunächst hilfreich, die Aufgaben und Möglichkeiten der einzelnen Ereignisdienste (d. h. Feuerwehr, Rettungsdienst und Polizei) sowie der Staatsanwaltschaft als Ermittlungsbehörde näher zu beleuchten:

- *Feuerwehr und technisches Hilfswerk:* Die Feuerwehr ist primär für die Gefahrenabwehr bei Bränden und technischen Hilfeleistungen zuständig, d. h. sie soll gemäß deutscher Formulierung „Retten, Löschen, Bergen und Schützen". Das Retten, also die Abwendung von Lebensgefahr für Menschen und Tiere, hat dabei immer Priorität vor anderen Maßnahmen und erfolgt in der Regel gemeinsam mit dem Rettungsdienst. Die nachfolgende Priorisierung ergibt sich in der Schweiz aus „halten" und „beheben". Die Aufgaben und Organisationsformen der Feuerwehr sind in Deutschland in Landesgesetzen der einzelnen Bundesländer (häufig sog. Brand- und Katastrophenschutzgesetze) geregelt, wobei die Umsetzung der entsprechenden Anforderungen den einzelnen Kommunen obliegt. In Deutschland existieren Berufsfeuerwehren (im Wesentlichen abhängig von Einwohnerzahl oder Status der Stadt), Freiwillige Feuerwehren oder Mischformen, die als „Freiwillige Feuerwehren mit hauptamtlichen Kräften" bezeichnet werden. In der Schweiz existiert ein grundsätzlich ähnliches System aus Berufsfeuerwehren und freiwilligen Feuerwehren, wobei letztgenannte in vielen Kantonen auf einer allgemeinen Feuerwehrpflicht basieren und daher zwar nebenamtlich, nicht jedoch freiwillig im engeren Sinne betrieben werden. Zudem sind in der Schweiz auch sog. Stützpunktfeuerwehren weit verbreitet, die über besondere Ausbildung, Ausrüstung und Zuständigkeiten verfügen. In Österreich wiederum wird mit einem ähnlichen System aus Berufs- und Freiwilligen Feuerwehren wie in Deutschland gearbeitet. Zur Unterstützung der Feuerwehr stehen für besondere Einsätze gesonderte Hilfs- und Rettungsdienste zur Verfügung, wobei in Deutschland das Technische Hilfswerk (THW) als Bundesanstalt für technische Hilfe bei Unglücksfällen größeren Ausmaßes und in der Schweiz die kantonalen Chemiewehrstützpunkte hervorzuheben sind.
- *Rettungsdienst:* Der Rettungsdienst ist in Deutschland Aufgabe der Länder, die diese Aufgabe an die unteren Verwaltungsbehörden (Landkreise, kreisfreie Städte) delegiert haben. Auf Grundlage der Landesrettungsdienstgesetze werden mit der konkreten Durchführung von Notfallrettung und Krankentransport in der Regel die großen Hilfsorganisationen und Berufsfeuerwehren, seltener private Leistungserbringer betraut. Aufgaben des Rettungsdienstes sind die medizinische Erstversorgung bei Notfallpatienten mit akut ge-

störten oder bedrohten Vitalfunktionen (bzw. Patienten, bei denen solche Störungen oder Bedrohungen zu befürchten sind) inkl. sachgerechtem Transport in eine geeignete Klinik sowie qualifizierte Krankentransporte von Nicht-Notfallpatienten, die aus medizinischen Gründen bzw. aufgrund der notwendigen Betreuung nicht anderweitig (z. B. Taxi) transportiert werden können. Dazu, insbesondere zur Notfallrettung, werden auch verschiedene gesonderte Rettungsdienste (Luft-, Berg-, Wasser- und Seerettung) vorgehalten, die im Normalfall über den normalen Rettungsdienst alarmiert und koordiniert werden. In der Schweiz und in Österreich ist der Rettungsdienst Sache der Gemeinde, wobei auf Gesetze der Kantone bzw. Bundesländer zurückgegriffen wird. In der Schweiz sind Rettungsdienste an übergeordnete Sicherheitsorganisationen oder einzelne Spitäler angegliedert, in Österreich wiederum häufig an kommunale Feuerwehren oder werden, vergleichbar zu Deutschland, von großen Hilfsorganisationen betrieben. Häufig können in allen deutschsprachigen Ländern bei den Leistungserbringern des Rettungsdienstes auch sanitätsdienstliche Leistungen (etwa für Großveranstaltungen) gegen Entgelt bezogen werden.

- *Polizei:* Die Polizei ist als Exekutivorgan des Staates in den föderalen Systemen Deutschlands und der Schweiz vor allem Ländersache bzw. Aufgabe der Kantone, in Österreich hingegen werden die entsprechenden Aufgaben mehrheitlich von der Bundespolizei wahrgenommen. Die Polizei ist auf Basis der entsprechenden Polizeigesetze damit betraut, die öffentliche Sicherheit und Ordnung zu gewährleisten sowie als Strafverfolgungsbehörde strafbare (oder zumindest ordnungswidrige) Handlungen zu erforschen bzw. im Rahmen der polizeilichen Gefahrenabwehr zu verhindern bzw. zu unterbinden. Die letztgenannten Aufgaben der Gefahrenabwehr können allerdings auch, je nach Bundesland oder Kommune, an Verwaltungsbehörden (etwa Ordnungsämter) übertragen sein, sodass die uniformierte Polizei in diesen Fällen nur subsidiär zum Einsatz kommt. In allen Ländern wird die Arbeit der Polizei durch besondere Einrichtungen (etwa Bundeskriminalamt, Bundes- oder Bahnpolizei, Zollbehörden) unterstützt. Bei fast jedem sicherheitskritischen Ereignis im Unternehmen empfiehlt sich die Alarmierung der Polizei zur unabhängigen Beweissicherung; dies gilt auch für vermeintliche Bagatellfälle wie Autokollisionen oder Arbeitsunfälle auf dem Werksgelände. Die Aufklärung gravierender Straftaten im Bereich des Unternehmens ist aufgrund ihrer besonderen Befugnisse und Fähigkeiten sowieso nur mithilfe der Polizei möglich.

- *Staatsanwaltschaft:* Die Staatsanwaltschaft ist Teil der Justiz und für die Strafverfolgung bzw. die Strafvollstreckung zuständig. Sie führt zunächst das Ermittlungsverfahren beim Verdacht einer Straftat (z. B. nach einer Anzeige), wobei sie mit der Durchführung von Ermittlungsmaßnahmen die Polizei beauftragt. Ergeben die Ermittlungen einen hinreichenden Tatverdacht, erhebt die Staatsanwaltschaft Anklage bei dem zuständigen Gericht und vertritt diese Anklage. Grundlage der Arbeit der Staatsanwaltschaft ist vor allem die Strafprozessordnung (StPO). In der Schweiz sind die Aufgaben der Staatsanwaltschaft in etwa vergleichbar, wobei die meisten Kantone noch mit sog. Untersuchungsrichtern arbeiten, die zwar ähnliche Aufgaben aber andere Befugnisse als die Staatsanwaltschaft haben und formal Richter sind. In Österreich wiederum sind, vergleichbar zu Deutschland, die staatsanwaltschaftlichen Behörden für die Ingangsetzung von Ermittlungen und die Anklage vor Gericht zuständig.

Aufgrund ihrer Bedeutung für die Ereignisbewältigung und Ursachenermittlung müssen die vorgenannten Institutionen in das Notfall- und Krisenmanagement unbedingt vorzeitig eingebunden werden. Dies beginnt idealerweise bereits in der Erarbeitungsphase, in der Vertreter von Feuerwehr und Rettungsdienst sowie der Polizei nach Möglichkeit beigezogen werden. Falls noch kein Kontakt zu den entsprechenden Personen besteht, dient dies auch zur Vorstellung des Unternehmens, seiner spezifischen Risiken, Besonderheiten und Sicherheitsmaßnahmen. In den Abstimmungsgesprächen sollten mindestens folgende Punkte thematisiert werden:

- Ist die gewählte Notfall- und Sicherheitsorganisation nach Ansicht der Ereignisdienste adäquat?
- Wie wird die Einsatzleitung der Ereignisdienste organisatorisch, räumlich und kommunikationstechnisch in die Notfallorganisation eingebunden?
- Wo befinden sich die Standorte der Ereignisdienste bei einem Ereignis?
- Sind Begehungen, Übungen oder sonstige gemeinsame Aktivitäten während des Normalbetriebs notwendig (und möglich), um im Ereignisfall zielgerichtet handeln zu können?
- Benötigen die Ereignisdienste besondere Hilfsmittel für die Ereignisbewältigung im Unternehmen?

Die letzten beiden Punkte sind insbesondere für Unternehmen und Objekte mit spezifischen Gegebenheiten und Risiken relevant, können jedoch auch in scheinbar „normalen" Unternehmen sinnvoll sein. Auf jeden Fall empfiehlt sich die Erstellung einer Einsatzplanung bzw. von Einsatzunterlagen für die Feuerwehr, die aus einem Zufahrtsplan, Situations- und Entwässerungsplan, Gefahrenplan und einzelnen Stockwerkplänen (inkl. relevanten Sicherheitseinrichtungen und Fluchtwegen) besteht und den Einsatzkräften die Orientierung im Ereignisfall erleichtern. Für den Rettungsdienst sollte zumindest ein aussagekräftiger Zufahrtsplan (ggf. auch ein Situationsplan bei einem ausgedehnten Werksgelände), für die Polizei ergänzt durch einzelne Stockwerkspläne, bereitgestellt werden. Je nach Objekt und Nutzung müssen auch weitergehende Hilfsmittel, etwa besondere Atemluftgeräte, Schutzausrüstungen oder sogar Fahrzeuge für Tunnel, Schutzanzüge für Labors und Reinräume oder explosionsgeschützte Gerätschaften für die Arbeit in Ex-Zonen, angeschafft werden. Sie können entweder vor Ort an einer vereinbarten und entsprechend gekennzeichneten Stelle oder beim zuständigen Ereignisdienst gelagert werden. Kostenteilung, resultierende Verpflichtungen der Ereignisdienste sowie Regelungen den Unterhalt betreffend sollten schriftlich in einer sogenannten Leistungsvereinbarung zwischen Unternehmen und betroffenem Ereignisdienst definiert werden.

Sind die zuvor angesprochenen Aspekte im Vorhinein ausreichend koordiniert und bearbeitet worden, sollte die tatsächliche Ereignisbewältigung im Ernstfall zumeist weitestgehend problemlos verlaufen. Nichtsdestoweniger besteht dennoch in vielen Fragen kurzfristiger Abstimmungsbedarf, der mithilfe in der Notfallplanung festgelegter Organisationsstrukturen und Informationswege bereinigt werden kann. Ein in diesem Zusammenhang bedeutsamer Punkt ist die Kommunikation nach außen. Für das betroffene Unternehmen ist es von besonderer Bedeutung, gerade bei einem gravierenden oder langanhaltenden Ereignis die Öffentlichkeit zeitnah informieren zu können und somit die öffentliche Meinung bis zu einem gewissen Grad zu beeinflussen bzw. zumindest Gerüchte möglichst zu verhindern. Demgegenüber stehen allerdings oftmals ermittlungstaktische Überlegungen der Polizei und der Staatsanwaltschaft, die detaillierte Informationen über Ereignishergang, Ursachen und Konsequenzen möglichst lange zurückhalten oder nur gefiltert an die Öffentlichkeit geben wollen. Gerade in diesem Bereich ist eine enge Zusammenarbeit mit den Ereignisdiensten und Behörde daher äußerst sinnvoll und sollte bereits im Vorfeld abgestimmt und bestenfalls eingeübt werden. Aufgrund der besonderen Bedeutung der Krisenkommunikation für das Unternehmen wird sich diesem Themenfeld allerdings abschließend ausführlich gewidmet.

8.3.4 Krisenkommunikation

Inhalt und Ziele der Krisenkommunikation

Als letzter Bestandteil des Krisenmanagements soll die Kommunikation während bzw. nach sicherheitskritischen Ereignissen detailliert betrachtet werden, da bei Notfällen, vor allem aber Krisen, die Information der Öffentlichkeit von immenser Bedeutung ist, um nachhaltig negative Auswirkungen für das Unternehmen zu vermeiden. Die entsprechenden Anstrengungen eines Unternehmens subsummiert man unter dem Begriff der Krisenkommunikation (vgl. Box 38).

Box 38: Krisenkommunikation (Definition)

Unter Krisenkommunikation versteht man alle offiziellen Verlautbarungen eines Unternehmens während und nach einem sicherheitskritischen Ereignis, unabhängig von Adressat und Form der Kommunikation, die sich auf das Ereignis, seine Ursachen, Folgen sowie Bewältigung beziehen. In der Regel soll durch die Krisenkommunikation die Meinung des Adressaten zugunsten des betroffenen Unternehmens beeinflusst werden.

In diesem Rahmen verfolgt Krisenkommunikation insbesondere folgende Zielsetzungen:

- Die fast zwangsläufig auftretenden Anfragen der Medien, Geschäftspartner und sonstiger interessierter Dritter sowie gegebenenfalls auch der Mitarbeiter und ihrer Angehörigen werden kanalisiert, damit die eigentliche Arbeit des Führungs- und Krisenstabes, die Bewältigung des Ereignisses bzw. seiner Folgen, nicht gestört wird.
- Die Kommunikation nach außen erfolgt einheitlich und unternehmensweit koordiniert über eine einzige Anlaufstelle, um die für die einzelnen Interessenten bestimmten Informationen zeitnah, strukturiert und widerspruchsfrei zugänglich zu machen.
- Die Außendarstellung von mit dem Ereignis bzw. der Krise zusammenhängenden Informationen erfolgt ausschließlich in Absprache mit den beteiligten Dritten, insbesondere den Ereignisdiensten, Behörden und eventuell betroffenen Fremdfirmen, um Behinderungen der Ursachenermittlung sowie spätere juristische Nachteile aufgrund der Krisenkommunikation (beispielsweise vorschnelle Schuldzuweisungen) zu vermeiden.

Der Kommunikationsverantwortliche (häufig der Pressesprecher des Unternehmens) ist deshalb wesentlicher Bestandteil der Notfallorganisation, der mitunter, je nach Ausmaß der Krise, durch ein Mitglied der Geschäftsleitung unterstützt wird.

Krisenkommunikation muss aufgrund ihrer großen Bedeutung ebenfalls sorgfältig geplant und vorbereitet sein. Sie ist entweder Bestandteil des Notfall- und/oder Krisenmanagement-konzepts oder wird, je nach Bedeutung, die das Unternehmen grundsätzlich der Außendarstellung beimisst, in einem gesonderten, den vorgenannten Konzepten untergeordnetem Dokument abgehandelt. Unabhängig von seiner Zuordnung sollten im besagten Konzept folgende Fragen betrachtet werden:

- Wer ist für die Krisenkommunikation verantwortlich bzw. wie ist diese organisiert?
- Wie wird kommuniziert?
- Was wird kommuniziert und welche konkrete Zielsetzung soll damit erreicht werden?
- Wann wird kommuniziert?

Die Beantwortung dieser vier Fragen fällt je nach Unternehmen vermutlich sehr unterschiedlich aus und bedingt den Einbezug verschiedener unternehmerischer Rahmenbedingungen. In den folgenden Ausführungen soll dennoch versucht werden, allgemeingültige Antworten und Grundsätze für die vier Punkte zu formulieren, auf deren Basis jedes Unternehmen ein eigenes Konzept zur Krisenkommunikation aufbauen kann.

Organisation der Krisenkommunikation

Die Beantwortung der Frage bezüglich der Organisation der Krisenkommunikation erscheint zunächst naheliegend: Zumeist wird die Krisenkommunikation dem „normalen" Kommunikationsverantwortlichen, häufig der Pressesprecher eines Unternehmens, übertragen. Dieses Modell hat verschiedene Vorteile: Einerseits sollte der Kommunikationsverantwortliche eines Unternehmens im Umgang mit den Medien so versiert sein, dass auch in außergewöhnlichen Situationen eine sachdienliche Informationspolitik zu erwarten ist. Zudem verfügt er in der Regel über die notwendigen Kontakte zu den Medienvertretern bzw. kennt die jeweiligen Besonderheiten der regionalen, möglicherweise auch überregionalen Medienlandschaft, ein während einer Krise nicht zu unterschätzender Vorteil. Schließlich entlastet der Kommunikationsverantwortliche auch, wie oben eindeutig als Zielsetzung der Krisenkommunikation definiert, den Führungs- und Krisenstab.

Trotz dieser Vorteile kann selten die gesamte Krisenkommunikation ausschließlich durch den Kommunikationsverantwortlichen des Unternehmens erfolgen. Dagegen sprechen sowohl die Vielzahl von recht schnell eintreffenden Anfragen als auch der Wunsch der Medien, während oder nach einem Ereignis mit einem Entscheidungsträger zu sprechen. Daraus ergibt sich einerseits, dass der Kommunikationsverantwortliche ein Team für die Krisenkommunikation aufbauen muss, um bei einem stark beachteten Ereignis handlungsfähig zu bleiben. Für den Inhalt der Informationen ist dann immer noch er verantwortlich; transportiert werden sie jedoch durch verschiedene Mitarbeiter, die in der Praxis häufig nach betroffenen Medien (z. B. TV, Rundfunk, Printmedien, Internet) strukturiert werden. Abbildung 8.4 verdeutlicht beispielhaft eine derartige Organisation zur Krisenkommunikation.

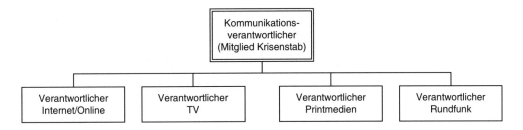

Abbildung 8.4   Kommunikationsverantwortliche für Krisenkommunikation (Beispiel)

Gerade bei spektakulären und medienwirksamen Ereignissen reicht die alleinige Kommunikation durch die zuständige Fachstelle des Unternehmens in der Regel nicht aus. In der Öffentlichkeit und bei den Medienvertretern besteht dann schnell der Wunsch, eine Stellungnahme der Führungskräfte des Unternehmens zu erhalten. Nach Möglichkeit soll es sich dabei um ein in der Öffentlichkeit bekanntes Mitglied der Geschäftsleitung handeln, das auch im Normalbetrieb für Stellungnahmen und Auftritte in der Öffentlichkeit verantwortlich ist. Die Inhalte dieser Stellungnahmen werden ebenfalls durch den Kommunikationsverantwortlichen vorbereitet; ist die vorgesehene Person durch das Ereignis selbst (emotional) stark betroffen, empfiehlt sich zudem, zunächst eine schriftliche Stellungnahme abzugeben.

Bei Ereignissen mit Beteiligung von Ereignisdiensten, gerade bei solchen mit unklaren Ursachen und Hintergrund, muss durch den Kommunikationsverantwortlichen zumindest in der Anfangsphase jede Äußerung mit den entsprechenden Stellen der Polizei und Staatsanwaltschaft abgestimmt werden, um unbedachte Stellungnahmen zum Nachteil der Betroffenen, des Unternehmens oder der späteren Ursachenermittlung zu vermeiden. Meistens behalten sich die Vertreter der Behörden dann zunächst auch die alleinige Kommunikation vor; die Einbindung der Kommunikationsverantwortlichen des Unternehmens in Stellungnahmen oder Pressekonferenzen liegt in solchen Fällen meistens ausschließlich in ihrem Ermessen.

Art und Mittel der Kommunikation
Im Rahmen der Krisenkommunikation wird häufig die Bedeutung der Kommunikationsmittel unterschätzt. Deshalb muss vorgängig ebenfalls bereits festgelegt werden, wie, d. h. mit welchen Mitteln, und gerade bei aufgezeichneten Stellungnahmen, an welchem Ort kommuniziert wird. Grundsätzlich stehen zur Krisenkommunikation folgende Kommunikationsmittel zur Verfügung:

- Schriftliche Stellungnahmen zuhanden von Medienvertretern, der allgemeinen Öffentlichkeit (z. B. in Form von Anzeigen) oder ausgewählten Adressaten, etwa der Mitarbeiter.
- Persönliche Stellungnahmen im Rahmen von Interviews, Pressekonferenzen oder Stellungnahmen im Internet.
- Schriftliche und ggf. bildliche Darstellungen auf der Internetpräsenz.

Da in der Regel eine schnelle Reaktion auf das sicherheitskritische Ereignis notwendig ist, sind schriftliche Stellungnahmen zunächst nur in begrenztem Rahmen möglich. Umfassende Erklärungen, etwa in Form von ausführlichen Sachdarstellungen, können nach der Notfall- bzw. Krisenbewältigung verbreitet werden. Da sie ereignisspezifisch erstellt werden müssen, ist eine fundierte Vorbereitung kaum möglich. Nichtsdestoweniger sollten bereits im Normalbetrieb standardisierte Stellungnahmen zu verschiedenen Arten sicherheitskritischer Ereignisse erstellt werden, die bei einem Notfall ergänzt bzw. angepasst und direkt verwendet werden können. Sie beinhalten jeweils eine kurze und oberflächliche Darstellung des Sachverhalts (variabler Teil), an die sich allgemeine Ausführungen zur Notfallbewältigung und dem weiteren Vorgehen anschließen. In Box 39 ist eine solche Stellungnahme beispielhaft dargestellt.

Vorteil derartiger schriftlicher Stellungnahmen ist, dass unmittelbar nach einem Ereignis kommuniziert werden kann, ohne detaillierte Informationen preiszugeben. Da anders als bei persönlichen Stellungnahmen Rückfragen zunächst nicht möglich sind, gewinnt das Unternehmen zunächst Zeit für die Vorbereitung detaillierter Kommuniqués. Ausführliche und ereignisspezifische, schriftliche oder mündliche Stellungnahmen sind dann in Zusammenarbeit mit ggf. betroffenen Dritten zu erstellen; hierbei ist zu beachten, dass schriftliche Verlautbarungen deutlich schwerer zu widerrufen sind als mündliche Aussagen und dementsprechend genau geprüft werden müssen.

Box 39: Vorbereitete Stellungnahme der XY-Bahn AG für ein Ereignis (Beispiel)

Am heutigen Tag kam es um ca. *XX.XX Uhr* zu einem Betriebsunfall auf der von der XY-Bahn AG betriebenen Eisenbahnstrecke zwischen *Ort* und *Ort*. Nach ersten Erkenntnissen handelte es sich um *die Entgleisung eines Güterzugs ohne vorherige Fremdeinwirkung. Es ist Gefahrgut ausgetreten.*

Derzeit werden durch die Mitarbeiter der XY-Bahn AG in Zusammenarbeit mit Feuerwehr und Rettungsdienst die notwendigen Maßnahmen zur Unfallbewältigung ergriffen. Die Polizei ist ebenfalls vor Ort und klärt mit unseren Mitarbeitern den genauen Unfallhergang ab.

Aufgrund des Unfalls kann es auf der betroffenen Strecke zu Betriebsbeeinträchtigungen sowohl im Personen- als auch im Güterverkehr kommen. Aktuelle Informationen werden auf der Internetpräsenz der XY-Bahn AG sowie unter der Hotline *XXX/XXX XXX XX* bereitgestellt. Um *XX.XX Uhr* ist am heutigen Tag eine Pressekonferenz der XY-Bahn AG in *Ort* vorgesehen, an der detailliert über das Ereignis informiert wird.

Kursive Textstellen sind variabel.

Persönliche Stellungnahmen sollten nie unmittelbar während oder nach einem Ereignis abgegeben werden und immer einer schriftlichen Ankündigung folgen. Ausnahmefälle, etwa bei der persönlichen Überbringung bestimmter Nachrichten, werden im Folgenden noch diskutiert. Da sich persönliche Stellungnahmen in der Regel an direkt anwesende Zuhörer richten, sollten sie sorgfältig vorbereitet und hinlänglich ergiebig sein, da ansonsten detaillierte Nachfragen nur noch passives Reagieren zulassen. Allgemeingültige Hinweise für die mündliche Krisenkommunikation lassen sich kaum ableiten; hier hängt viel vom Auftreten und Geschick des jeweiligen Unternehmensrepräsentanten, insbesondere seiner Glaubwürdigkeit, ab. Bei persönlichen Stellungnahmen ist außerdem der Ort der Stellungnahme von großer Bedeutung. Befindet sich der Kommunikationsverantwortliche direkt vor Ort, erhöht dies in der Regel die Glaubwürdigkeit und zeigt Empathie mit den Betroffenen. Bei Stellungnahmen an einem anderen Ort ist daher besonders auf einen angemessenen Rahmen zu achten.

Für die meisten Unternehmen ist heutzutage auch das Internet eine wichtige Kommunikationsplattform, die im Normalbetrieb für den Kundenkontakt genutzt wird. Nicht zuletzt aus Gewohnheit und aufgrund der vermeintlichen Aktualität werden daher im Fall eines medienwirksamen Ereignisses besonders viele Zugriffe auf die Internetpräsenz des betroffenen Unternehmens zu verzeichnen sein. Deshalb empfiehlt sich, auch dieses Kommunikationsmittel für die Krisenkommunikation zu nutzen. Dies bedingt, dass einerseits ein entsprechend qualifizierter Mitarbeiter mit Programmierkenntnissen im Team des Kommunikationsverantwortlichen angesiedelt ist, andererseits möglicherweise bestimmte Seiten bereits im Normalbetrieb vorbereitet sind und dann nur noch hochgeladen werden müssen. Die aktuellen Informationen müssen sich nach Möglichkeit immer direkt auf der Startseite befinden oder als eigenes Fenster automatisch von dieser gestartet werden.

Je nach Unternehmen und potentiellem Adressatenkreis empfiehlt es sich sogar, bei einem gravierenden Ereignis die normale Homepage durch eine gesonderte Internetpräsenz, auf der sich ausschließlich ereignisrelevante Informationen und mit dem Ereignis zusammenhängende Hintergrundinformationen befinden, zu ersetzen (vgl. Snellen, 2003). Dies bedingt allerdings erheblichen Aufwand im Normalbetrieb und die Existenz sinnvoll im Internet darzustellender Inhalte. In der Praxis hat sich dieses Modell daher nach Kenntnis der Autoren bisher nicht in vielen Unternehmen durchsetzen können.

Inhalt und Zeitpunkt der Krisenkommunikation
Die ohne Zweifel wichtigste Entscheidung im Zusammenhang mit Krisenkommunikation ist jene den Inhalt der Stellungnahmen betreffend. Eng damit zusammen hängt auch der Zeitpunkt der Kommunikation, da sich die zu veröffentlichen Informationen im Verlauf eines Ereignisses verändern. Schließlich hängt der Inhalt der Krisenkommunikation auch mit den Adressaten der jeweiligen Verlautbarungen zusammen. Diese Aspekte lassen sich anhand eines 4-Phasen-Modells der Krisenkommunikation zusammengefasst darstellen. Es unterscheidet Kommunikation

- während des Ereignisses (Phase 1),
- unmittelbar nach dem Ereignis (Phase 2),
- in einer eventuellen Krisenphase mit Betriebseinschränkungen (Phase 3),
- und nach Rückkehr in den Normalbetrieb (Phase 4).

In den folgenden Abschnitten sind die Inhalte und Besonderheiten der Kommunikation in den einzelnen Phasen ausführlich dargestellt.

Die Krisenkommunikation während eines Ereignisses (Phase 1) richtet sich grundsätzlich an alle Interessenten außer- und innerhalb des Unternehmens. Sie hat eine reine Informationsfunktion und informiert sachlich über Art, Ort und Ausmaß eines Ereignisses, verweist auf laufende abwehrende Maßnahmen und enthält bei Bedarf konkrete Warnhinweise für die Betroffenen. Ziel der Kommunikation in Phase 1 ist, sachgerecht und aktiv über ein Ereignis zu informieren. Kommt diese Information zu spät, steht das Unternehmen bereits unter Zugzwang und sieht sich gegebenenfalls dem Vorwurf einer Vertuschung oder Bagatellisierung des Ereignisses ausgesetzt.

Stellungnahmen in Phase 2 unmittelbar nach dem Ereignis präzisieren zunächst die Informationen aus Phase 1, insbesondere bezüglich des Ausmaßes eines Ereignisses. Mit Abschluss der unmittelbaren Ereignisbewältigung sollten beispielsweise die Anzahl von Verletzten oder Toten, eine ungefähre Abschätzung des Sachschadens und der kurz- bis mittelfristigen Konsequenzen eines Ereignisses bekannt sein. Entsprechende Stellungnahmen werden je nach medialem Interesse häufig mündlich verbreitet; Kommunikationsverantwortliche sollten sich dann auf die Frage nach Ursachen gefasst machen. Häufig liegen zu diesem Zeitpunkt allerdings noch keine genauen Informationen vor oder werden aufgrund laufender Ermittlungen von Staatsanwaltschaft und Polizei zurückgehalten. Grundsätzlich richtet sich die Kommunikation in Phase 2 wiederum an alle Interessierten. Es kann je nach aus dem Ereignis resultierenden Konsequenzen sinnvoll sein, vorab die direkt Betroffenen, etwa Angehörige von Verletzten oder Verstorbenen bzw. die Gesamtbelegschaft, zu informieren. Dennoch sollte der Inhalt der Informationen weitestgehend übereinstimmen, da auch Stellungnahmen in vermeintlich vertrautem Kreis heutzutage schnell an die Öffentlichkeit dringen und bei einer Abweichung zu nach außen gerichteten Verlautbarungen die Glaubwürdigkeit des Unternehmens beschädigt wird.

Nach Bewältigung des zugrunde liegenden Ereignisses nimmt das öffentliche Interesse am Unternehmen in der Regel vergleichsweise schnell ab. Davon unberührt bleiben, bei entsprechender Interessenslage, die Informationen zur Ursachenermittlung inklusive juristischer Aufarbeitung der Geschehnisse. Eine diesbezügliche Kommunikation verfolgt neben der Informationsfunktion vor allem das Ziel der Beeinflussung der öffentlichen Meinung, sofern von einem Verschulden des Unternehmens oder seiner Mitarbeiter auszugehen ist. Entsprechende Stellungnahmen, mehrheitlich schriftlich und in Form von Anzeigenkampagnen, ausführlichen Sachverhaltsdarstellungen oder Untersuchungsberichten, sollten sich bei Aussagen über das Ereignis unbedingt an den tatsächlichen Gegebenheiten orientieren und vor allem zukunftsgerichtet, insbesondere bezüglich beabsichtigter Verbesserungen des unternehmerischen Sicherheitskonzepts, sein. Fallweise kann sich auch der Beizug unabhängiger Dritter zur Untersuchung der Ursachen empfehlen, wenn sich das Unternehmen schlecht dargestellt sieht. Von der Ursachenaufarbeitung abgesehen richtet sich die Kommunikation in Phase 3 jedoch vor allem an die eigenen Mitarbeiter und Geschäftspartner, die über aktuelle und zukünftige Betriebseinschränkungen sowie Maßnahmen zur Verringerung der für sie nachteiligen Konsequenzen informiert werden. Dies kann je nach Kundenstruktur und Beeinträchtigungen in allgemeingültiger, nichtpersonalisierter Form geschehen, etwa durch Aushänge, Informationen auf der Homepage oder, im Dienstleistungsbereich, Servicepersonal bzw. Durchsagen. Bei wichtigen Kunden, bei denen auch auf individuelle Rahmenbedingungen und Maßnahmen eingegangen werden muss, ist eine personalisierte Kommunikation obligatorisch.

In Phase 4 befindet sich das Unternehmen wieder im Normalbetrieb. Krisenkommunikation im engeren Sinne ist dann nicht mehr notwendig. Je nach Ausgang der Ursachenermittlung kann allerdings eine abschließende Stellungnahme zum Ereignis, seiner Entstehung sowie Maßnahmen zur zukünftigen Verhinderung sinnvoll sein.

Für jedes Unternehmen stellen bestimmte Ereignisse nochmals besondere Herausforderungen dar, insbesondere betreffend der Kommunikation nach außen, aber auch nach innen. Hierzu gehören zunächst solche Ereignisse, bei denen es zu schweren Verletzungen oder sogar Todesfällen unter den Betroffenen kommt. In diesen Fällen ist eine besonders intensive Betreuung der Angehörigen notwendig, die meist nur durch Spezialisten gewährleistet werden kann. Jedes Unternehmen sollte daher in seinem Konzept zur Krisenkommunikation entsprechende Maßnahmen berücksichtigen, welche von der Vermittlung an eine öffentliche Beratungsstelle bis zur Einrichtung einer eigenen Hotline reichen können. Neben der unmittelbaren Betreuung in der Akutphase ist dabei auch die Beratung in praktischen Dingen (rechtliche und finanzielle Fragen, Abstimmungen mit Versicherungen etc.) notwendig (vgl. Hausmann, 2004: 188). Gerade bei Unternehmen mit vielen Mitarbeitern oder Kunden sind diesbezügliche Vorkehrungen äußerst nützlich.

Ebenfalls kritisch ist ein Ereignis, bei dem Mitarbeiter des Unternehmens einer Straftat verdächtigt werden oder ihnen diese praktisch oder faktisch nachgewiesen wurde. Das mediale Interesse und die Auswirkungen auf das Unternehmen hängen dann in besonderem Maße vom Sachverhalt und der Stellung der Betroffenen im Unternehmen ab. Für das Unternehmen ist es in jedem Fall besonders schwierig, glaubwürdig auf Außenstehende zu wirken. Eine konsequente Informationspolitik mit größtmöglicher Transparenz kann jedoch zu einer Minimierung des fast zwangsläufig entstehenden Imageschadens führen, der allerdings stark vom Verhalten der Betroffenen abhängt. Langwierige gerichtliche Auseinandersetzungen, die möglicherweise auch noch massenmedial begleitet werden, führen häufig zu erheblichen negativen Auswirkungen auf das Unternehmen. Auch Schuldzuweisungen an einzelne Personen, sofern diese offensichtlich illegale Praktiken nicht zum eigenen Vorteil, sondern zum Vorteil des Unternehmens zu verantworten haben, wirken in der Regel nicht besonders glaubwürdig. Wesentliche Aufgabe der Unternehmenssicherheit ist deshalb, bereits die Entstehung dieser Ereignisse zu verhindern.

Literaturverzeichnis

BACHMANN, H. (2002): Erdbebensicherung von Bauwerken, Birkhäuser, Basel.

BAfB (2003): Management operationeller Risiken – Praxisempfehlungen für Banken und Bankenaufsicht, Basler Ausschuss für Bankenaufsicht, Bank für Internationalen Zahlungsausgleich, Basel.

BAFU (2006): Erdbebensicheres Bauen in der Schweiz. Worauf es ankommt – und warum. Faltblatt des Bundesamts für Umwelt BAFU, 2. Auflage 2006.

BAFU (2007): Ist unser Haus erdbebensicher? Wann eine Überprüfung und allfällige Ertüchtigung zu empfehlen ist – und warum. Faltblatt des Bundesamts für Umwelt BAFU, 1. Auflage 2007.

BATEMAN, M. (2003): Tolley's Practical Risk Assessment Handbook, LexisNexis UK, Reed Elsevier, Croydon.

BILAND, J.-P. (2007): Man / Machine Interface: Der Mensch als stärkstes und schwächstes Glied in der Sicherheitskette – Sicherheit in der betrieblichen Realität, ein Versuch einer Standortbestimmung, Tagungsband zur SSI-Fachtagung „Faktor Mensch und Sicherheit" vom 8. Mai 2007 und 16. November 2007 in Zürich.

BMI (2005): Schutz Kritischer Infrastrukturen – Basisschutzkonzept, Bundesministerium des Innern, Berlin.

BORISON, A. (2001): Real Option Valuation – Der neue Standard für die Bewertung, die Auswahl und das Management von strategischen Informationen, in: HOMMEL, U. / SCHOLICH, M. / VOLLRATH, R. (Hrsg.): Wert schaffen durch Flexibilität: Realoptionen in der Unternehmenspraxis, Springer, Berlin et al., 3–12.

BRÜMMERHOFF, D. (2001): Finanzwissenschaft, Oldenbourg, München / Wien.

BSI (2007): Leitfaden IT-Sicherheit: IT-Grundschutz kompakt, Bundesamt für Sicherheit in der Informationstechnik, Bonn.

BUSSENIUS, S. (1996): Wissenschaftliche Grundlagen des Brand- und Explosionsschutzes, Band 1 von: LEMKE, E. (Hrsg.): Brand- und Explosionsschutz, Kohlhammer, Stuttgart et al.

CLARK, L. (1999): The Politics of Regulation: A Comparative-Historical Study of Occupational Health and Safety Regulation in Australia and the United States, in: Australian Journal of Public Administration, 58, 94–104.

DIEDERICHS, C.J. (2006): Immobilienmanagement im Lebenszyklus-Projektentwicklung, Projektmanagement, Facilitymanagement, Immobilienbewertung, Bertelsmann Springer, Berlin / Heidelberg.

DPA (2005): Identitätsdiebstahl: „Ich wurde geklaut", Deutsche Presseagentur, Pressemitteilung, 13.4.2005.

EBEL, B. (2003): Qualitätsmanagement, Verlag Neue Wirtschafts-Briefe, Herne / Berlin.

ECKERT, C. (2005): IT-Sicherheit: Konzepte – Verfahren – Protokolle, Oldenbourg, München.

FISCHHOFF, B. / SLOVIC, P. / LICHTENSTEIN, S. (1982): Lay Foibles and Expert Fables in Judgement about Risk, in: The American Statistician, 36 (2), Part 2, 240–255.

FÜSS, R. / GUNDEL, S. / HECKER, A. (2006): Wirtschaftskriminalität und Korruption in Deutschland, in Österreich und in der Schweiz, Ergebnisse einer Experten-Studie im Auftrag des Deutschen Instituts für Interne Revision (IIR), des Instituts für Interne Revision Österreich (IIRÖ) und des Schweizerischen Verbands für Interne Revision (SVIR), Frankfurt am Main / Wien / Zürich.

GHERADI, S. / NICOLINI, D. / ODELLA, F. (1998): What Do You Mean By Safety? Conflicting Perspectives an Accident Causation and Safety Management in a Construction Firm, in: Journal of Contingencies and Crisis Management, 6 (4), 202–213.

GLAAP, W. (1995): Umweltmanagement leichtgemacht, Hanser, München / Wien.

GLITZA, K.-H. (2008): Unternehmen: Oft leichtes Spiel für Wirtschaftsspione – Menschliche Stärken und Schwächen, in: SicherheitsForum: Schweizerische Fachzeitschrift für Sicherheit, 3 (Juni), 17–18.

GONDRING, H. / WAGNER, T. (2007): Facilitymanagement, Vahlen, München.

GUNDEL, S. (2004): Organisation von Zuverlässigkeit: Die Verhinderung und Bekämpfung von Katastrophen durch organisationsinterne und ordnungspolitische Maßnahmen, Dissertation, Universität Freiburg.

GUNDEL, S. (2005): Towards a New Typology of Crises, in: Journal of Contingencies and Crisis Management, 13 (3), 106–115.

GUNDEL, S. (2007): Sicherheitskonzepte unter Berücksichtigung von menschlichem Verhalten, Tagungsband zur SSI-Fachtagung „Faktor Mensch und Sicherheit" vom 8. Mai 2007 und 16. November 2007 in Zürich.

GWODZEK, M. (2007): Lexikon der Videoüberwachungstechnik: Planung, Beratung, Installation, Ecomed, Heidelberg.

HAUSMANN, C. (2004): Psychologische Betreuung von Angehörigen, in: BENGEL, J. (Hrsg.): Psychologie in Notfallmedizin und Rettungsdienst, Springer, Berlin et al., 183–190.

HAWKINS, K. (1992): FATCATS' and the Prosecution in a Regularory Agency: A Footnote on the Social Construction of Risk, in SHORT, R.F. / CLARKE, L. (eds.): Organizations, Uncertainties and Risk, Westview Press, Boulder, 275–296.

HECKER, A. / FÜSS, R. / GUNDEL, S. (2008): Charakteristik wirtschaftskrimineller Delikte, in: Zeitschrift für Führung + Organisation (zfo), 77 (3), 143–149.

HECKER, A. / GUNDEL, S. / FÜSS, R. (2006): Korruption – Ursachen, Formen und Konsequenzen, in: Zeitschrift Interne Revision (ZIR), 41 (2), 46–50.

HERBST, C. (1996): Risikoregulierung durch Umwelthaftung und Versicherung, Duncker & Humblot, Berlin.

HILKE, W. (2002): Bilanzpolitik, Gabler, Wiesbaden.

HINRICHS, S. / WORMUTH, L. / MUSAHL, H.-P. (2001): Gefährdungsbeurteilung – Objektive Analyse oder subjektive Gefährdungsanalyse?, Vortrag auf dem 11. Workshop Psychologie der Arbeitssicherheit und Gesundheit vom 21.–23. Mai 2001 in Nümbrecht.

HOPKINS, A. (2002): Safety Culture, Mindfulness and Save Behaviour: Converging Ideas?, Working Paper No. 7, National Research Centre for Occupational Health and Safety Regulation.

IDW (2000): Wirtschaftsprüfer-Handbuch 2000, 12. Auflage, IDW Verlag, Düsseldorf.

IETS (2001): Internationale Expertenkommission Tunnel-Standseilbahnen: Endbericht, Wien, 19. Dezember 2001.

KAHNEMAN, D. / TVERSKY, A. (1979): Prospect Theory: An Analysis of Risk under Uncertainty, in: Econometrica, 47 (2), 263–291.

KASTENBAUM, R. (1974): Disaster, death and human ecology, in: Omega: Journal of Death and Dying, 5 (1), 65–75.

KEITSCH, D. (2007): Risikomanagement, Schäffer-Poeschel, Stuttgart.

KLOSE, W. (1994): Ökonomische Analyse von Entscheidungsanomalien, in: Europäische Hochschulschriften, Reihe 5, Band 1553, Frankfurt am Main.

KLOTE, J. / MILKE, J. A. (2002): Principles of Smoke Management, American Society of Heating, Refrigerating and Air-Conditioning Engineers, Inc., Atlanta.

KRÄKEL, M. (1999): Organisation und Management, Mohr Siebeck, Tübingen.

KÜNZLER, C. (2007): Sicherheitskultur – ein praxistaugliches Konzept?, Tagungsband zur SSI-Fachtagung „Faktor Mensch und Sicherheit" vom 8. Mai 2007 und 16. November 2007 in Zürich.

KUNREUTHER, H. / BOWMAN, E.H. (1997): A Dynamic Model of Organizational Decision Making: Chemco revisited six years after Bhopal, in: Organization Science, 8 (4), 404–413

KUNREUTHER, H. / GINSBERG, R. / MILLER, L. / SAGI, P. / SLOVIC, P. / BORKAN, B. / KATZ, N. (1978): Disaster Insurance Protection: Public Policy Lessons, Wiley, New York.

KUNREUTHER, H. / SLOVIC, P. (1978): Economics, Psycholoy, and Protective Behaviour, in: American Economic Association: Papers and Proceedings, 68 (2), 64–69.

LAFFONT, J.-J. (1994): The New Economics of Regulation Ten Years after, in : Econometrica, 62 (3), 507–537.

LAUX, H. (1998): Entscheidungstheorie, Springer, Berlin et al.

LAUX, H. / LIERMANN, F. (2003): Grundlagen der Organisation, Springer, Berlin et al.

LEYENDECKER, H. (2008): Staatlicher Ideenklau: Wenn Nachrichtendienste Unternehmen anzapfen, in: Süddeutsche Zeitung, 134 vom 11.6.2008, 27.

LINß, G. (2005): Qualitätsmanagement für Ingenieure, Fachbuchverlag Leipzig, Carl Hanser, München et al.

LOCKE, R.M. (2003): The Promise and Perils of Globalization: The Case of Nike, Inc., in: KOCHAN, T.A. / SCHMALENSEE, R. (eds.): Management: Inventing and Delivering Its Future, MIT, Cambridge, 39–70.

MACHARZINA, K. (2003): Unternehmensführung, Gabler, Wiesbaden.

MASCINI, P. (1998): Risky Information: Social Limits to Risk Management, in: Journal of Contingencies and Crisis Management, 6 (1), 35–44.

MASLOW, A.A. (1954): Motivation and Personality, Harper and Row, New York.

McNEIL, B.J. / PAUKER, S.G. / SOX, H.C. / TVERSKY, A. (1982): On the Elicitation of Preferences for Alternative Therapies, in: New England Journal of Medicine, 306, 1259–1262.

MEHL, F. (2007): Bauordnungsrechtliche Schutzziele des vorbeugenden Brandschutzes, in: HOSSER, D. (Herausgeber): Tagungsband Braunschweiger Brandschutz-Tage 2007, Institut für Baustoffe, Massivbau und Brandschutz, Materialprüfanstalt für das Bauwesen, Braunschweig.

MESKOURIS, K. / HINZEN, K.-G. / BUTENWEG, C. / MISTLER, M. (2007): Bauwerke und Erdbeben: Grundlagen- Anwendung- Beispiele, Vieweg + Teubner, Wiesbaden.

MITROFF, I.I. (2002): Crisis-Learning: The lessons of failure, in: The Futurist, 36 (5), 19–21.

MITROFF, I.I. / ALPASLAN, M.C. (2003): Preparing for evil, in: Harvard Business Review, 81 (4), 109–115.

MÜLLER, K.-R. (2005): Handbuch Unternehmenssicherheit, Vieweg, Wiesbaden.

MÜLLER, G. / EYMANN, T. / KREUTZER, M. (2003): Telematik- und Kommunikationssysteme in der vernetzten Wirtschaft, Oldenbourg, München.

MÜNCHNER RÜCK (2003): Risikofaktor Mensch, in: Schadenspiegel, Themenheft 2/2003, 46 (2).

PERROW, C. (1984): Normal Accidents – Living with high-Risk Technologies, Basic Books, New York.

PERROW, C. (1992): Normale Katastrophen, Campus Wissenschaft, Frankfurt am Main / New York.

PERROW, C. (1994a): Accidents in High-Risk Systems, in: Technology Studies, 1 (1), 1–20.

PERROW, C. (1994b): The limits of safety: The enhancement of a theory of accidents, in: Journal of Contingencies and Crisis Management, 2 (4), 212–220.

PIDGEON, N. (1997): The Limits of Safety? Culture, Politics, Learning and Man-Made Disasters, in: Journal of Contingencies and Crisis Management, 5 (1), 1–14.

POLTHIER, K. (1998): Vorbeugender Brand- und Explosionsschutz, Kohlhammer, Stuttgart et al.

RDA-ARBEITSKREIS (2007): Rauchschutz-Druck-Anlagen Anwenderleitfaden, Fassung 09. Oktober 2007, Arbeitskreis Rauchschutz-Druck-Anlagen, Lemgo-Lieme.

QUARANTELLI, E.L. (2001): Another Selective Look at Future Social Crises: Some Aspects of Which We Can Already See in the Present, in: Journal of Contingencies and Crisis Management, 9 (4), 233–237.

RIKE, B. (2003): Prepared or Not… That is the Vital Question, in: The Information Management Journal, 37 (3), 25–33.

ROCHLIN, G.I. (1996): Reliable Organizations: Present Research and Future Directions, in: Journal of Contingencies and Crisis Management, 4 (2), 55–59.

ROCHLIN, G.I. / La PORTE, T.R. / ROBERTS, K.H. (1987): The self-designing high-reliability organization : Aircraft carrier flight operations at sea, in: Naval War College Review, 40, 76–90.

ROSENTHAL, U. / KOUZMIN, A. (1993): Globalizing an agenda for contingencies and crisis management: An editorial statement, in: Journal of Contingencies and Crisis Management, 1 (1), 1–12.

SCHAUENBERG, B. (2004): Organisation von Zuverlässigkeit: Befunde, Probleme und Lösungsmöglichkeiten, in: GILLENKIRCH, R. / SCHAUENBERG, B. / SCHENK-MATHES, H. / VELTHUIS, L. (Hrsg.): Wertorientierte Unternehmenssteuerung. Festschrift für Helmut Laux, Springer, Berlin et al., 233–263.

SCHMALEN, H. (2002): Grundlagen und Probleme der Betriebswirtschaft, Schäffer-Poeschel, Stuttgart.

SLOVIC, P. / LICHTENSTEIN, S. / FISCHHOFF, B. (1981): Facts and Fears: Societal Perception of Risk, in: Advances in Consumer Research, 81 (1), 497–502.

SNELLEN, M. (2003): How to build a „dark site" for crisis management – Using Internet technology to limit damage to reputation, in: SCM, 7 (3), 18–21.

SOMMERFELD, H. (1998): Brand- und Explosionsschutz als Bestandteile des Risikomanagements, Band 9 von: LEMKE, E. (Hrsg.): Brand- und Explosionsschutz, Kohlhammer, Stuttgart et al.

SPENGLER, H. (2004): Kompensatorische Lohndifferenziale und der Wert eines statistischen Lebens in Deutschland, in: Zeitschrift für Arbeitsmarktforschung, 37 (3), 2269–305.

STEFFEN, E. (1990): Verschuldungshaftung und Gefährdungshaftung für Umweltschäden, in: Neue Juristische Wochenzeitschrift, 43 (30), 1817–1822.

STERN, E. (1997): Crisis and Learning: A Conceptual Balance Sheet, in: Journal of Contingencies and Crisis Management, 5 (2), 69–86.

SUCHER, J. (2008): Spitzelskandal: Lidl soll Bußgelder in Millionenhöhe zahlen, in: Spiegel Online, Abruf am 6.9.2008.

TAMUZ, M. (1987): The Impact of Computer Surveillance on Air Safety Reporting, in: Columbia Journal of World Business, 22 (1), 69–77.

TURNER, B.A. (1976a): The organizational and interorganizational development of disasters, in: Administrative Science Quarterly, 21 (3), 378–397.

TURNER, B.A. (1976b): The development of disasters: A sequence model for the analysis of the origins of disasters, in: Sociological review, 24 (4), 753–774.

TURNER, B.A. (1978): Man-made disasters, Wykeham, London.

TURNER, B.A. (1994): Causes of disaster: Sloppy management, in: British Journal of Management, 5 (3), 215–219.

TURNER, B.A. / PIDGEON, N. (1997): Man-made disasters, 2nd Edition, Wykeham, London.

TURNER, B.A. / TOFT, B. (1988): Organizational Learning from Disasters, in: GOW, H.B.F. / KAY, R.W. (eds.): Emergency Planning for Industrial Hazards, Elsevier Applied Science, London / New York, 297–313.

TYAGUNOV, S. / GRÜNTHAL, G. / WAHLSTRÖM, R. / STEMPNIEWSKI, L. / ZSCHAU, J. / MÜNICH, J. C. (2006): Erdbebenrisiko-Kartierung für Deutschland, in: Beton- und Stahlbetonbau, 101 (10), 769–782.

VISCUSI, W.K. / ALDY, J.E. (2003): The Value of a Statistical Life: A Critical Review of Market Estimates Throughout the World, in: Journal of Risk and Uncertainty, 27 (1), 5–76.

WAILES, C. (2003): Crisis Communication 101, in: Business & Economic Review, October/ December 2003, 13–15.

WBGU (1998): Welt im Wandel – Strategien zur Bewältigung globaler Umweltrisiken: Jahresbericht 1998. Wissenschaftlicher Beirat der Bundesregierung globale Umweltveränderungen, Springer, Berlin.

WIRTSCHAFTSMINISTERIUM BADEN-WÜRTTEMBERG (2008): Erdbebensicher Bauen: Hinweise für das Bauen in Erdbebengebieten Baden-Württembergs, Informationsbroschüre des Wirtschaftsministeriums Baden-Württemberg, 6. Auflage, Stuttgart.

ZEELENBERG, M. / VAN DIJK, W.W. / MANSTEAD, A.S.R. / VAN DER PLIGT, J. (2000): On bad decisions and disconfirmed expectancies: The psychology of regret and disappointment, in: Cognition and Emotion, 14 (4), 521–541.

Verzeichnis der Gesetze, Normen und Richtlinien (Auszug)

Allgemeine und handelsrechtliche Gesetze (Deutschland)
- Bürgerliches Gesetzbuch (BGB)
- Strafgesetzbuch (StGB)
- Handelsgesetzbuch (HGB)
- Aktiengesetz (AktG)
- GmbH-Gesetz (GmbHG)
- Gesetz zur Kontrolle und Transparenz im Unternehmensbereich (KonTraG)
- Produkthaftungsgesetz (ProdHaftG)
- Umwelthaftungsgesetz (UmweltHG)

Allgemeine und handelsrechtliche Gesetze (Schweiz)
- Schweizerisches Zivilgesetzbuch (ZGB)
- Schweizerisches Strafgesetzbuch (StGB)
- Bundesgesetz über das Obligationenrecht (OR)
- Produktehaftpflichtgesetz (PrHG)
- Bundesgesetz betreffend die Haftpflicht der Eisenbahn- und Dampfschifffahrtsunternehmungen und der Post ((EHG)

Allgemeine und handelsrechtliche Gesetze (Österreich)
- Allgemeines bürgerliches Gesetzbuch (ABGB)
- Strafgesetzbuch – Bundesgesetz über die mit gerichtlicher Strafe bedrohten Handlungen (StGB)
- Unternehmergesetzbuch (vormals Handelsgesetzbuch) – Bundesgesetz über besondere zivilrechtliche Vorschriften für Unternehmen (UGB)
- Aktiengesetz (AktG)
- Gesetz über Gesellschaften mit beschränkter Haftung (GmbHG)
- Produkthaftungsgesetz (PHG)
- Bundes-Umwelthaftungsgesetz (B-UHG)

Gesetze, Richtlinien und Verordnungen zu Statik und Erdbebensicherheit
- Eurocodes 0-9 inkl. der jeweils gültigen nationalen Anhänge (www.eurocode-online.de)

- Baugesetzbuch der Bundesrepublik Deutschland (BauGB) und Landesbauordnungen (LBO) der einzelnen Bundesländer
- Bundesgesetz für die Raumplanung (RPG) der Schweiz und die kantonalen Gesetze über Raumplanung und Baurecht
- Baugesetze und Bauverordnungen der österreichischen Bundesländer
- DIN 4149:2005-04 „Bauten in deutschen Erdbebengebieten – Lastannahmen, Bemessung und Ausführung üblicher Hochbauten
- SIA 260-267 (sog. Swisscodes) „Einwirkungen auf Tragwerke"
- ÖNORM B 4015:2007 „Belastungsannahmen im Bauwesen – Außergewöhnliche Einwirkungen – Erdbebeneinwirkungen – Grundlagen und Berechnungsverfahren" (wird ersetzt durch die ÖNORM EN 1998-1)

Gesetze, Richtlinien und Verordnungen zum Brandschutz
- Baugesetzbuch der Bundesrepublik Deutschland (BauGB) und Landesbauordnungen (LBO) und Sonderbauverordnungen der einzelnen Bundesländer
- Bundesgesetz für die Raumplanung (RPG) der Schweiz und die kantonalen sowie kommunalen Gesetze über Raumplanung und Baurecht
- Brandschutznorm der Vereinigung kantonaler Feuerversicherungen (VKF) in der Schweiz inkl. deren Richtlinien, Erläuterungen und Arbeitshilfen (http://bsvonline.vkf.ch)
- Baugesetze und Bauverordnungen der österreichischen Bundesländer
- Technische Richtlinien Vorbeugender Brandschutz, herausgegeben vom Österreichischen Bundesfeuerwehrverband (ÖBFV) und den Österreichischen Brandverhütungsstellen (BV)
- Normen des Deutschen Institut für Normung e.V. (DIN) mit Brandschutzinhalten, insbesondere (unvollständige Auswahl):
  - DIN 4102-1 bis 4102-22 „Brandverhalten von Baustoffen und Bauteilen"
  - DIN EN 12101-1 bis 12101-10 „Rauch- und Wärmefreihaltung"
  - DIN 14011-1 bis 14011-9 „Begriffe aus dem Feuerwehrwesen"
  - DIN 14090 „Flächen für die Feuerwehr auf Grundstücken"
  - DIN 14095 „Feuerwehrpläne für bauliche Anlagen"
  - DIN 14096-1 bis 14096-3 „Brandschutzordnung"
  - DIN 14489 „Sprinkleranlagen"
  - DIN 14675 „Brandmeldeanlagen"
  - DIN 18232-1 bis 18232-6 „Rauch- und Wärmefreihaltung"
- Die einschlägigen Europäischen Normen, die als DIN EN oder EN/SN herausgegeben werden.
- Die Schweizer Richtlinien zu Brandmelde- und Sprinkleranlagen des SES (Verband Schweizerischer Errichter von Sicherheitsanlagen).

Gesetze, Richtlinien und Verordnungen zur Störfallvorsorge
- Zwölfte Verordnung zur Durchführung des Bundes-Immissionsschutzgesetzes (12. BImSchV) – Störfallverordnung in Deutschland
- Verordnung vom 27. Februar 1991 über den Schutz vor Störfällen (Störfallverordnung, StFV) – Störfallverordnung in der Schweiz. Dazu existieren verschiedene Vollzugshilfen (Handbücher, Richtlinien, Wegleitungen).

- 354. Verordnung des Bundesministers für Wirtschaft und Arbeit, mit der nähere Bestimmungen betreffend die Beherrschung der Gefahren bei schweren Unfällen in Betrieben erlassen werden und Verordnung des Bundesministers für Land- und Forstwirtschaft, Umwelt und Wasserwirtschaft, mit der nähere Bestimmungen betreffend die Beherrschung der Gefahren bei schweren Unfällen in Abfallbehandlungsanlagen erlassen werden (Industrieunfallverordnung – IUV).
- ATEX -Produktrichtlinie 94/9/EG (ATEX 95)
- ATEX-Betriebsrichtlinie 99/92/EG
- Ergänzende nationale Gesetze und Verordnungen mit Bezug zu Störfällen, d. h. z. B. Chemikaliengesetz, Sprengstoffgesetz, Explosionsschutzverordnung, Umweltschutzgesetzgebung etc.

Gesetze, Richtlinien und Verordnungen zu Arbeitssicherheit und Gesundheitsschutz

- Gesetz über die Durchführung von Maßnahmen des Arbeitsschutzes zur Verbesserung der Sicherheit und des Gesundheitsschutzes der Beschäftigten bei der Arbeit (Arbeitsschutzgesetz – ArbSchG). Gültig in Deutschland.
- Gesetz über Betriebsärzte, Sicherheitsingenieure und andere Fachkräfte für Arbeitssicherheit (Arbeitssicherheitsgesetz (ASiG). Gültig in Deutschland.
- Verordnung über Arbeitsstätten (Arbeitsstättenverordnung – ArbStättV). Gültig in Deutschland.
- Sozialgesetzbuch (SGB), insbesondere das Siebte Buch SGB VII zur gesetzlichen Unfallversicherung. Gültig in Deutschland.
- Unfallverhütungsvorschriften, Richtlinien und Regeln der Berufsgenossenschaften bzw. des Bundesverbands der Unfallkassen (vergleiche z. B. www.dguv.de)
- Bundesgesetz über die Unfallversicherung (UVG) und dazugehörige Verordnung über die Unfallverhütung (VUV). Gültig in der Schweiz.
- Bundesgesetz über die Arbeit in Industrie, Gewerbe und Handel (Arbeitsgesetz, ArG) inkl. Weisungen, Wegleitungen und Erläuterungen (insbesondere Wegleitung zu den Verordnungen 3 und 4 zum Arbeitsgesetz). Gültig in der Schweiz.
- Richtlinien, Checklisten und Leitfäden der Suva (www.suva.ch) bzw. der EKAS (www.ekas.ch).
- Bundesgesetz über Sicherheit und Gesundheitsschutz bei der Arbeit (ArbeitnehmerInnenschutzgesetz – ASchG). Gültig in Österreich.
- Verordnung der Bundesministerin für Arbeit, Gesundheit und Soziales, mit der Anforderungen an Arbeitsstätten und an Gebäuden auf Baustellen festgelegt und die Bauarbeiterschutzverordnung geändert wird (Arbeitsstättenverordnung – AstV). Gültig in Österreich.
- Bundesgesetz vom 9. September 1955 über die Allgemeine Sozialversicherung (ASVG). Gültig in Österreich.

Gesetze, Richtlinien und Verordnungen zu Einbruchschutz, Zutrittskontrolle und Überwachung

- Bundesdatenschutzgesetz (BDSG) der Bundesrepublik Deutschland und Landesdatenschutzgesetze der einzelnen deutschen Bundesländer.
- Bundesgesetz über den Datenschutz (DSG) der Schweizer Eidgenossenschaft und entsprechende kantonale Datenschutzgesetze.

- Bundesgesetz über den Schutz personenbezogener Daten (DSG) der Republik Österreich und die Landesdatenschutzgesetze der einzelnen österreichischen Bundesländer.
- DIN EN 1627-1630 „Einbruchhemmende Bauprodukte"
- DIN EN 356 „Glas im Bauwesen – Sicherheitssonderverglasung"
- DIN EN 1522 „Fenster, Türen, Abschlüsse – Durchschusshemmung"
- DIN EN 13123 „Fenster, Türen und Abschlüsse – Sprengwirkungshemmung"
- DIN EN 1303 „Baubeschläge – Schließzylinder für Schlösser"
- DIN 18251-1 bis 18251-3 „Schlösser – Einsteckschlösser"
- DIN 18252 „Profilzylinder für Türschlösser"
- DIN EN 179 „Schlösser und Baubeschläge – Notausgangsverschlüsse mit Drücker oder Stoßplatte für Türen in Rettungswegen"
- DIN EN 1125 „Schlösser und Baubeschläge – Paniktürverschlüsse mit horizontaler Betätigungsstange für Türen in Rettungswegen"
- DIN EN 50131-1 bis 50131-7: „Alarmanlagen – Einbruch- und Überfallmeldeanlagen"
- DIN EN 50133-1 bis 50133-7 „Alarmanlagen – Zutrittskontrollanlagen für Sicherungsanwendungen"
- DIN EN 50132 -1 bis 50132-7 „Alarmanlagen – CCTV-Überwachungsanlagen für Sicherungsanwendungen"
- DIN VDE 0833-1 bis 0833-4 „Gefahrenmeldeanlagen für Brand, Einbruch und Überfall"
- DIN EN 50518 „Notruf- und Serviceleitstellen (NSL)"

Gesetze, Richtlinien und Verordnungen zur Informations- und IT-Sicherheit
- Nationale Datenschutzgesetze und Datenschutzgesetze der Bundesländer bzw. Kantone (vgl. oben)
- DIN ISO/IEC 27001 „Informationstechnik – IT-Sicherheitsverfahren – Informationssicherheits-Managementsysteme"
- DIN ISO/IEC 27002 „Informationstechnik – IT-Sicherheitsverfahren – Leitfaden für Informationssicherheits-Management"
- DIN ISO/IEC 13335 „Informationstechnik – Sicherheitsverfahren – Management von Sicherheit in der Informations- und Kommunikationstechnik (IuK)"
- BSI-Grundschutz-Standard 100-2 / 100-3 des Bundesamtes für Sicherheit in der Informationstechnik

Richtlinien zu organisatorischen Sicherheitsmaßnahmen
- DIN 14095 „Feuerwehrpläne für bauliche Anlagen"
- DIN 14096-1 bis 14096-3 „Brandschutzordnung"
- DIN 77200 „Sicherheitsdienstleistungen – Anforderungen"

Durchblick im Dschungel der Kennzahlen

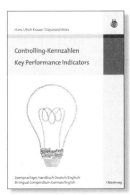

Hans-Ulrich Krause, Dayanand Arora
Controlling-Kennzahlen –
Key Performance Indicators
Zweisprachiges Handbuch Deutsch/Englisch –
Bi-lingual Compendium German/English

2008 | 666 S. | gebunden
€ 49,80 | ISBN 978-3-486-58207-9

Es gibt eine Vielzahl von Controlling-Kennzahlen. Was sie genau bedeuten und welchen betriebswirtschaftlichen Aussagegehalt sie haben, ist allerdings sowohl für Studierende als auch für Praktiker nicht immer auf den ersten Blick erkennbar.

Dieses Buch hilft dabei, im Dschungel der Controllling-Kennzahlen den Durchblick zu behalten – und dies nicht nur auf Deutsch, sondern auch auf Englisch.

Dieses Buch ist der ideale Begleiter durch ein betriebswirtschaftliches Studium und gibt auch Praktikern nützliche Tipps bei der Verwendung und Interpretation von Controlling-Kennzahlen.

Über die Autoren:
Professor Dr. Hans-Ulrich Krause ist Inhaber einer Professur für Betriebswirtschaftslehre mit Schwerpunkt »Controlling/Rechnungswesen« an der Fachhochschule für Technik und Wirtschaft Berlin.

Professor Dr. Dayanand Arora ist Inhaber einer Professur für Betriebswirtschaftslehre mit Schwerpunkt »Finanz- und Rechnungswesen« an der Fachhochschule für Technik und Wirtschaft Berlin.

Oldenbourg

150 Jahre
Wissen für die Zukunft
Oldenbourg Verlag

Bestellen Sie in Ihrer Fachbuchhandlung oder direkt bei uns: Tel: 089/45051-248, Fax: 089/45051-333
verkauf@oldenbourg.de

Risiko – ist das überhaupt objektiv?

Thomas Wolke
Risikomanagement

2. vollständig überarbeitete und
erweiterte Auflage 2008
308 S. | gebunden
€ 29,80 | ISBN 978-3-486-58714-2

Mittelständische Unternehmen und Großkonzerne
sind heute gleichermaßen vielfältigen betriebswirtschaftlichen Risiken ausgesetzt. Wollen sie nicht in
eine Krise geraten, müssen sie ein effektives Risikomanagement betreiben. Waren früher die Verfahren
der Risikomessung eher qualitativ und intuitiv, gewinnen heute mehr denn je objektiv nachvollziehbare
Verfahren an Bedeutung – unabhängig von der subjektiven Risikoeinschätzung des Managers.

Und wie konkret ist Risiko eigentlich?
In diesem Buch stellt Thomas Wolke das Thema systematisch dar und geht sowohl detailliert als auch
konkret auf die Problemfelder des Risikomanagements
ein. Genauer beleuchtet werden beispielsweise neue
Verfahren der Risikomessung und -analyse sowie die
Risikosteuerung. Daneben wird auf die vielfältigen
finanz- und leistungswirtschaftlichen Risiken eingegangen, denen Unternehmen heute ausgesetzt sind.

Abschließend stellt der Autor auch das Risikocontrolling
genauer dar und führt die gewonnen Erkenntnisse in
einer praxisnahen Fallstudie zusammen.

**Das Buch richtet sich an Bachelor- und Masterstuden-
ten mit Schwerpunkt Finance & Accounting wie auch
an Anwender, die mit dem Risikomanagement in
irgendeiner Form in Berührung kommen.**

150 Jahre
Wissen für die Zukunft
Oldenbourg Verlag

Bestellen Sie in Ihrer Fachbuchhandlung oder
direkt bei uns: Tel: 089/45051-248, Fax: 089/45051-333
verkauf@oldenbourg.de

Oldenbourg

Impulsgeber für die Wirtschaft

Bernd O. Weitz
Bedeutende Ökonomen
2008. VIII, 205 S., gb.
€ 19,80
ISBN 978-3-486-58222-2

Das Werk porträtiert herausragende Ökonomen vom 17. Jahrhundert bis heute. Die Autoren wollen neben dem wissenschaftlichen Vermächtnis der ausgewählten Wirtschaftswissenschaftler Eindrücke von deren historisch-sozialem Umfeld vermitteln, Querverbindungen zu anderen Ökonomen aufzeigen und verdeutlichen, welche Impulse für die weitere wirtschaftswissenschaftliche und gesellschaftliche Entwicklung erfolgten. Der Leser wird auf eine ökonomiehistorische Entdeckungsreise geschickt. In diesem Buch werden auch Werkauszüge, weitergehende Literaturanregungen sowie Hinweise auf vertiefende Quellen im Internet gegeben.

Behandelte Ökonomen: Adam Smith, Francois Quesnay, Johann Peter Becher, Jean-Babtiste Say, Johann Heinrich von Thünen, Thomas Robert Malthus, David Ricardo, Karl Marx, Leon Walras, Vilfredo Pareto, Max Weber, Joseph Alois Schumpeter, Walter Eucken, John Maynard Keynes, Friedrich von Hayek, Wassily Leontief, John Kenneth Galbraith, Ronald H. Coase, Milton Friedman, Ludwig Erhard, Alfred Müller-Armack.

Prof. Dr. Bernd O. Weitz lehrt an der Universität zu Köln Wirtschaftswissenschaft und ihre Didaktik.

Oldenbourg